Die innerstaatliche Haftung für Unionsrechtsverstöße in Spanien

Schriften der Deutsch-Spanischen Juristenvereinigung

Band 42

PETER LANG
Frankfurt am Main · Berlin · Bern · Bruxelles · New York · Oxford · Wien

Stefanie Espitalier

Die innerstaatliche Haftung für Unionsrechtsverstöße in Spanien

Eine Untersuchung der Verantwortungs- und Haftungsbeziehungen zwischen dem spanischen Zentralstaat und den Autonomen Gemeinschaften im Falle finanzwirksamer Entscheidungen der Europäischen Union

PETER LANG
Internationaler Verlag der Wissenschaften

Bibliografische Information der Deutschen Nationalbibliothek
Die Deutsche Nationalbibliothek verzeichnet diese Publikation in der Deutschen Nationalbibliografie; detaillierte bibliografische Daten sind im Internet über http://dnb.d-nb.de abrufbar.

Zugl.: Hamburg, Univ., Diss., 2011

Umschlagabbildung:
Logo der Deutsch-Spanischen Juristenvereinigung e.V.
Abdruck mit freundlicher Genehmigung
der Deutsch-Spanischen Juristenvereinigung e.V.

D 18
ISSN 1433-884X
ISBN 978-3-631-63192-8

www.peterlang.de

Meinen Eltern in Dankbarkeit

Vorwort

Die Arbeit wurde im Sommersemester 2011 von der Fakultät für Rechtswissenschaft der Universität Hamburg als Dissertation angenommen. Tag der mündlichen Prüfung war der 26. Oktober 2011. Rechtsetzung, Literatur und Rechtsprechung sind auf dem Stand von Anfang September 2011.

Ich möchte mich an dieser Stelle herzlich für die vielfältige Unterstützung bedanken, die mir während der Arbeiten an dem vorliegenden Text durch zahlreiche Personen zuteil wurde.

Mein aufrichtiger Dank gilt zu allererst meinem verehrten Doktorvater, Prof. Dr. Armin Hatje, Geschäftsführender Direktor der Abteilung Europarecht der Universität Hamburg. Sein exzellenter wissenschaftlicher Rat, die stete Gesprächsbereitschaft sowie das hohe Maß an Menschlichkeit, die seine Doktorandenbetreuung kennzeichneten, können nicht genug gewürdigt werden und förderten die zügige Fertigstellung der Arbeit. Frau Prof. Dr. Ulrike Lembke danke ich für die rasche Erstellung des Zweitgutachtens.

Tiefen Dank schulde ich ferner der Deutschen Botschaft in Madrid, vor allem Herrn Gunnar Schneider, bis Mitte 2009 Konsul ebendort sowie dem *Consejo de Estado de España*, hier stellvertretend Herrn Iñigo Coello de Portugal, Jurist am Staatsrat Spaniens. Durch die Teilnahme an dem Programm „Deutsche Rechtsreferendare und Doktoranden am spanischen Staatsrat in Madrid“ kam ich in den Genuss und die Ehre exzellentester Forschungsbedingungen, gekrönt durch die damit einhergehende Möglichkeit zum juristischen Dialog mit zahlreichen bedeutsamen Rechtsexperten Spaniens. Besonders motivierend war für mich das große Interesse, das meiner Arbeit hierbei allseits entgegengebracht wurde.

Von unschätzbarem Wert über die gesamte Dissertationszeit hinweg waren insbesondere der wissenschaftliche Rat und Austausch mit Herrn Dr. Alberto Gil Ibañez, Jurist am Staatsrat Spaniens, Herrn Dr. David Ordóñez Solís, Richter am Verwaltungsgericht von Oviedo sowie Mitglied des Netzwerkes in Angelegenheiten der Europäischen Union des Allgemeinen Rates der Rechtsprechenden Gewalt sowie Frau Nuria Díaz Abad, *Abogada del Estado* und Prozessbevollmächtigte Spaniens vor dem EuGH. Ich danke Ihnen herzlich dafür, meine zahlreichen Fragen nicht nur stets sofort und umfassend beantwortet, sondern mir darüber hinaus oft wertvolle Hinweise gegeben zu haben.

Dank gebührt auch dem Bibliotheksteam des Staatsrates für die Unterstützung meiner Literaturrecherchen sowohl während meiner Forschungszeit am Staatsrat als auch danach.

Der Deutsch-Spanischen Juristenvereinigung danke ich für die Aufnahme der Arbeit in ihre Schriftenreihe.

Die Fertigstellung der Arbeit ist für mich jedoch nicht denkbar ohne die umfassende Unterstützung und liebevolle Anteilnahme meiner Eltern. Die Arbeit ist ihnen zum Dank gewidmet.

Hamburg im November 2011 Stefanie Espitalier

Inhaltsverzeichnis

Abkürzungsverzeichnis

ABl.	Amtsblatt
a.a.O.	am angegebenen Ort
a.E.	Am Ende
AEUV	Vertrag über die Arbeitsweise der Europäischen Union
a.F.	Alte Fassung
AN	Audiencia Nacional (Nationales Obergericht)
AS	Autonomiestatut
ATC	Auto del Tribunal Constitucional (Beschluss des Verfassungsgerichts)
BMF	Bundesfinanzministerium
BOE	Boletín Oficial del Estado (Spanisches Amtsblatt)
BRD	Bundesrepublik Deutschland
CA	Comunidad Autónoma (Autonome Gemeinschaft)
CARCE	Conferencia para Asuntos relacionados con las Comunidades Europeas (Konferenz für Angelegenheiten der Europäischen Gemeinschaften)
CC	Código Civil (Bürgerliches Gesetzbuch)
CCAA	Comunidades Autónomas (mehrere Autonome Gemeinschaften)
CDP	Cuadernos de Derecho Político
CE	Constitución Española (Spanische Verfassung)
CEE	Comunidad Económica Europea (Europäische Wirtschaftsgemeinschaft)
CEPC	Centro de Estudios Políticos y Constitucionales (Zentrum für Politik- und Verfassungswissenschaften)
CNAL	Comisión Nacional de la Administración Local (Nationale Kommission der Lokalverwaltung)
CPFF	Consejo de Política Fiscal y Financiera de las Comunidades Autónomas (Steuer- und Finanzrat der Autonomen Gemeinschaften)
DÖV	Die öffentliche Verwaltung
DVBl.	Deutsches Verwaltungsblatt
EAGFL	Europäischer Ausrichtungs- und Garantiefonds für die Landwirtschaft
ECOFIN-Rat	Rat für Wirtschaft und Finanzen
EFF	Europäischer Fischereifonds
EFRE	Europäischer Fond für regionale Entwicklung
EGFL	Europäischer Garantiefonds für die Landwirtschaft

EGV	Vertrag der Europäischen Gemeinschaft
ELER	Europäischer Landwirtschaftsfonds für die Entwicklung des ländlichen Raums
ERC	Esquerra Republicana de Catalunya (Republikanische Linke Partei Kataloniens)
ESF	Europäischer Sozialfonds
EuG	Gericht der Europäischen Union
EuGH	Gerichtshof der Europäischen Gemeinschaften
EuGRZ	Europäische Grundrechte Zeitschrift
EUV	Vertrag über die Europäische Union
EWG	Europäische Wirtschaftsgemeinschaft
EWG-V	Vertrag der Europäischen Wirtschaftsgemeinschaft
FEDER	Fondo Europeo para el Desarrollo Regional (Europäischer Fonds für die regionale Entwicklung)
FEGA	Fondo Español de Garantía Agraria (Spanischer Fond zur Garantie der Landwirtschaft
FEOGA	Fondo Europeo de Orientación y Garantía Agrícola (Europäischer Ausrichtungs- und Garantiefonds für die Landwirtschaft)
FJ	Fundamento Jurídico (Entscheidungsgründe)
GA	Generalanwalt
GAP	Gemeinsame Agrarpolitik
GD	Generaldirektion
GG	Grundgesetz
Hdb	Handbuch
HS	Halbsatz
i.V.m.	In Verbindung mit
I.d.F.	In der Fassung
IGH	Internationaler Gerichtshof
i.H.v.	In Höhe von
ILC	International Law Commission
INAP	Instituto Nacional de Administraciones Públicas (Nationales Institut für öffentliche Verwaltung)
IVAP	Instituto Vasco de Administración Pública
JöR	Jahrbuch des öffentlichen Rechts
KVO	Königliche Verordnung
LES	Ley de Economía Sostenible (Gesetz zur nachhaltigen Wirtschaft)
LKV	Landes- und Kommunalverwaltung (Verwaltungsrechtszeitschrift)
LO	Ley Orgánica (Organgesetz)

LOFCA	Ley Orgánica de Financiación de las Comunidades Autónomas (Organgesetz über die Finanzierung der Autonomen Gemeinschaften)
LORAFNA	Ley Oránica de Reintegración y Amejoramiento del Régimen Foral de Navarra
LV	Lissabon-Vertrag
m.w.N.	Mit weiteren Nachweisen
n.F.	Neue Fassung
NVwZ	Neue Zeitschrift für Verwaltungsrecht
PNV	Partido Nacionalista Vasco (Baskische Nationalistische Partei)
RAAP	Revista Andaluza de Administración Pública
RAP	Revista de Administración Pública
RD	Real Decreto (Königliche Verordnung)
RDL	Real Decreto Legislatio (legislative Königliche Verordnung)
RDP	Revista de Derecho político
REA	Revista d'Estudis Autonómics
REAF	Revista d'Estudis Autonómics i Federals
REDA	Revista española de Derecho Administrativo
REDC	Revista Española de Derecho Constitucional
REDU	Revista española de Derecho europeo
RIE	Revista de Instituciones Europeas
RUEA	Revista Unión Europea Aranzadi
Rn.	Randnummer
Rs.	Rechtssache
Rspr.	Rechtsprechung
RVAP	Revista Vasca de Administración Pública
Rz.	Randzahl
SAN	Sentencia de la Audiencia Nacional (Urteil des Nationalen Obergerichts)
Slg.	Sammlung
SS	Sentencias (mehrere Urteile)
St.Rspr.	Ständige Rechtsprechung
STC	Sentencia del Tribunal Constitucional (Urteil des Verfassungsgerichts)
STS	Sentencia del Tribunal Supremo (Urteil des Obersten Gerichtshofs)
TC	Tribunal Constitucional (Verfassungsgericht)
TS	Tribunal Supremo (Oberster Gerichtshof)
UAbs.	Unterabsatz
UE	Unión Europea (Europäische Union)

UN	United Nations
Verb.Rs.	Verbundene Rechtssache
Verf.	VerfasserIn
VN	Vereinte Nationen
VO	Verordnung
WVK	Wiener Vertragsrechtskonvention
WWU	Wirtschafts- und Währungsunion

Einleitung

A. Einführung in die Fragestellung und Umgrenzung des Untersuchungsgegenstandes

Das von den Organen der Europäischen Union[1] geschaffene Recht muss zur Erreichung der in Art. 3 EUV[2] genannten Ziele - zuvörderst die Wahrung des Friedens in Europa und ein einheitlicher Binnenmarkt[3] - angewendet werden. Die Ziele des europäischen Integrationsprozesses werden durch den Vollzug der europäischen Rechtsvorschriften verwirklicht. Erst der Vollzug verleiht dem von den Organen der EU geschaffenem Recht „Leben"[4], so dass es die Lebensverhältnisse der Unionsbürger tatsächlich gestalten kann. Aus dieser Bedeutung des Vollzugs für die Realisierung des europäischen Integrationsprozesses folgt in der Konsequenz die Notwendigkeit, die Folgen des Vollzugs, insbesondere die Haftung für Vollzugsdefizite, also die verspätete oder fehlerhafte Umsetzung europäischen Rechts durch die Mitgliedstaaten[5], zu regeln. Denn werden die Rechtsvorschriften der EU unkorrekt angewandt und umgesetzt, besteht die Gefahr, dass die politischen Ziele nicht erreicht und die durch die Verträge garantierten Freiheiten nur teilweise garantiert werden können.[6]

Sowohl die Pflicht der Mitgliedstaaten zum Vollzug des Unionsrechts als auch die Pflicht zur Regelung der Haftung für den fehlerhaften Vollzug des Unionsrechts folgen aus dem „Wesen der Verträge", gestützt auf Art. 4 Abs. 3 UAbs. 2 EUV, nach dem die Mitgliedstaaten „alle geeigneten Maßnahmen allgemeiner oder besonderer Art zur Erfüllung der Verpflichtungen ergreifen, die sich aus den Verträgen oder den Handlungen der Organe ergeben".[7]

Die Union beruht auf ihren Mitgliedstaaten und ist auf deren Mitwirkung insbesondere wegen des weitgehenden Fehlens eigener Vollzugsorgane und

---

1 Im Folgenden EU.

2 Im Folgenden wird sich, sofern nichts anderes angegeben wird, stets auf Vorschriften des EUV und des AEUV in der Fassung des Vertrages von Lissabon v. 13.12.2007 (ABl. Nr. C 306 S. 1, ber. ABl. 2008 Nr. C 111 S. 56 und ABl. 2009 Nr. C 290 S. 1, Gesetz zum Vertrag von Lissabon v. 8.10.2008, BGBl. II, S. 1038 ff.), bezogen, wenn Artikel des EUV bzw. AEUV zitiert werden.

3 Vgl. *Bleckmann*, Europarecht, 6. Aufl., 1997, § 1, S. 20, Rn. 26.

4 In diese Richtung auch: *Europäische Kommission,* Mitteilung, v. 5.9.2007 „Ein Europa der Ergebnisse – Anwendung des Gemeinschaftsrechts", (Komm (2007) 502).

5 Vgl. *Oppermann/Classen/Nettesheim*, Europarecht, 4. Aufl., § 13 Rn. 47 ff., S. 244.

6 Vgl. *Europäische Kommission*, Mitteilung, v. 5.9.2007 „Ein Europa der Ergebnisse – Anwendung des Gemeinschaftsrechts", (Komm (2007) 502).

7 *Ordóñez Solís*, RVAP 59 (2001), 150.

letztlich auch wirksamer Sanktionsmöglichkeiten angewiesen.[8] Daher ist der Vollzug der unionsrechtlichen Vorschriften durch die Mitgliedstaaten, trotz der Zunahme der Vollzugsbefugnisse der Unionsorgane, nach wie vor die Regel.[9] Dieser Grundsatz ist durch Art. 291 Abs. 1 AEUV nunmehr ausdrücklich im Primärrecht festgeschrieben.[10] Grundsätzlich richtet sich der Vollzug des Unionsrechts daher nach den nationalen Rechtsordnungen der Mitgliedstaaten[11], die hierbei institutionelle und prozessuale Autonomie genießen.[12] An dieser Stelle wird in föderativ[13] organisierten Mitgliedstaaten der EU - deren Anzahl seit der Gründung der Verträge von zunächst bloß einem föderalen Mitgliedstaat (die Bundesrepublik Deutschland) auf mittlerweile fünf föderal organisierte Mitgliedstaaten (BRD, Österreich, Belgien, Spanien und Italien) deutlich angestiegen ist - die Tatsache relevant, dass nach ihrer inneren Staatsstruktur die staatlichen Kompetenzen zwischen verschiedenen staatlichen Ebenen aufgeteilt sind. In ihnen ist nicht nur ein Staatsorgan für die Gesetzgebung und die Verwaltung der nationalen Rechtsvorschriften zuständig, sondern die Staatsaufgaben werden von verschiedenen Ebenen und Gewalten wahrgenommen. Auf diese mitgliedstaatliche Realität wird im Vertrag von Lissabon stärker als noch in den vorherigen Verträgen Bezug genommen, indem etwa in Art. 4 Abs. 2 EUV nunmehr ausdrücklich erklärt wird, dass die Union die nationale Identität ihrer Mitgliedstaaten achtet und schützt, *„die in ihren grundlegenden politischen und verfassungsmäßigen Strukturen einschließlich der regionalen und lokalen Selbstverwaltung zum Ausdruck kommt."* Auch Art. 5 Abs. 3 EUV, der das Subsidiaritätsprinzip enthält, ist diesbezüglich neu gefasst worden und erklärt nunmehr, dass die Union in den Bereichen, die nicht in ihre ausschließliche Zuständigkeit fallen, nur tätig wird, *„sofern und soweit die Ziele der in Betracht gezogenen Maßahmen von den Mitgliedstaaten weder auf zentraler noch auf regionaler*

---

8 *Oppermann/Classen/Nettesheim*, Europarecht, 4. Aufl., § 13 Rn. 47 ff., S. 244 ff.

9 St. Rspr. des *EuGH*. Vgl. u.a. *EuGH*, v. 11.2.1971 – Rs. 39/70, Slg. 1971, 49, Rn. 4 – Fleischkontor; v. 21.9.1983 – Verb. Rs. 205- 215, Slg. 1983, S. I-2633, Rn. 17 – Deutsche Milchkontor; *Gundel*, in: *Schulze/Zuleeg/Kadelbach* (Hrsg.), Hdb Europarecht, 2. Aufl., § 3 Rn. 101; *Hatje*, in: *Schwarze*, EU- Kommentar, 2. Aufl., Art. 10 EGV Rn. 14; *Kotzur*, in: *Geiger/Khan/Kotzur*, EUV u. AEUV, 5. Aufl., 2010, Art. 291 Rn. 1; *Streinz*, in: *Streinz*, EUV/EGV, Art. 10 EGV Rn. 15 u. 25.

10 *Hetmeier*, in: *Lenz/Borchardt* (Hrsg.), EU- Verträge, Art. 291 Rn. 2.

11 Vgl. *Bleckmann*, Europarecht, 6. Aufl., 1997, § 11, S. 423 Rn. 1201.

12 *Gundel*, in: *Schulze/Zuleeg/Kadelbach* (Hrsg.), Hdb Europarecht, 2. Aufl., § 3 Rn. 109; *Hatje*, in: *Schwarze*, EU- Kommentar, 2. Aufl., Art. 10 EGV Rn. 36; *v. Bogdandy*, in: *Grabitz/Hilf*, EU- Komm., Bd. I, Art. 10 Rn. 43.

13 Im Folgenden wird stets von „föderativ" oder „föderal" strukturierten Mitgliedstaaten gesprochen, wenn von sowohl föderalen als auch föderal- ähnlich aufgebauten Mitgliedstaaten die Rede ist.

oder lokaler Ebene ausreichend verwirklicht werden können (...)". Bereits im Vertrag von Maastricht[14] anerkannte und stärkte die Union die Regionen Europas durch die Schaffung des „Ausschusses der Regionen"[15], deren Bedeutung im „neuen Europa der Regionen" seither kontinuierlich steigt.[16] Auch die Strukturfonds[17] der EU haben zum Ziel, die Regionen zu stärken und die Unterschiede im Entwicklungsstand der verschiedenen Regionen zu verringern.[18] Die Bedeutung der Regionen auf europäischer Ebene wird auch daran deutlich, dass die Ausgaben aus dem EU-Haushalt zur Finanzierung der Strukturpolitik mittlerweile fast denselben Anteil wie die Ausgaben im Bereich der Gemeinsamen Agrarpolitik ausmachen[19], die jahrzehntelang den Hauptanteil der Ausgaben aus dem EU-Haushalt ausmachte.[20] Trotz dieser Bedeutung haben die Regionen auf europäischer Ebene jedoch nach wie vor lediglich beratende Funktionen, was durch den Vertrag über die Arbeitsweise der EU nicht geändert und nunmehr

---

14 Vertrag von Maastricht über die Europäische Union, v. 7.2.1992, ABl. C 191 v. 29.7.1992. Gesetz v. 28.12.1992, BGBl. II 1251, sowie Gesetz zur Änderung des Grundgesetzes v. 21.12.1992, BGBl. I 2086.

15 Der Ausschuss der Regionen wurde 1992 durch den Vertrag von Maastricht ins Leben gerufen. Er ist eine beratende Einrichtung und besteht aus Vertretern regionaler und kommunaler Gebietskörperschaften. Hierfür ist unerheblich, ob eine Gebietskörperschaft nach nationalem Verfassungsrecht „souverän" und „autonom" ist oder nicht. Nach Art. 8 Abs. 1 des Protokolls (Nr. 2) über die Anwendung der Grundsätze der Subsidiarität und der Verhältnismäßigkeit (2007), v. 13.12.2007, (ABl. Nr. C 306 S. 148) kann der Ausschuss der Regionen nunmehr gegen Gesetzgebungsakte vor dem EuGH klagen, die gegen das Subsidiaritätsgebot verstoßen und für deren Erlass die Anhörung des Ausschusses der Regionen vorgeschrieben ist.

16 *J.M. Baroso*, La nueva Europa y las regiones, in: *Balado Ruiz- Gallegos/Lerma Blasco/ García Escudero* (Hrsg.), La España de las Autonomías. Reflexiones 25 años después, S. 41.

17 Zu den Strukturfonds der EU gehören gemäß Art. 175 Abs. 1 AEUV der Europäische Ausrichtungs- und Garantiefonds für die Landwirtschaft- Abteilung Ausrichtung, der Europäische Sozialfonds sowie der europäische Fonds für regionale Entwicklung. Hinzugekommen sind in letzter Zeit der Europäische Kohäsionsfonds und der Europäische Fischereifonds.

18 Vgl. Art. 174 und Art. 175 AEUV.

19 Vgl. den Überblick über den EU- Haushalt 2010 auf der Internetseite der GD Wirtschaft und Finanzen: *http://ec.europa.eu/budget/budget_detail/current_year_de.htm* (Stand: 8.2.2011).

20 Vgl. *Bleckmann*, Europarecht, 6. Aufl., 1997, § 13, S. 455, Rn. 1270; *Busse*, in: *Lenz/ Borchardt* (Hrsg.), EU- u. EG-Verträge, 4. Aufl., 2006, Art. 34 Rn. 118; *Nicolaysen*, Europarecht II, 1. Aufl., 1996, S. 429.

sogar explizit festgeschrieben wurde.[21] Die Beteiligung der Regionen am europäischen Integrationsprozess ist somit primär auf nationaler Ebene in den Rechtsordnungen der Mitgliedstaaten zu regeln. In föderativ organisierten Mitgliedstaaten ist diese Frage zwischen dem Gesamtstaat und den Gebietskörperschaften regelmäßig höchst umstritten. Den Gebietskörperschaften geht es um die Wahrung ihrer verfassungsmäßig garantierten Kompetenzen, die sie nicht durch die Abtretung von Kompetenzen an die EU verlieren und so mittelbar an den Gesamtstaat „übertragen" wollen, wenn dieser die entsprechenden Rechtsakte später vollzieht. Dieser wiederum versucht nicht selten über das Gebot „der einheitlichen und effektiven Anwendung des Unionsrechts" Kompetenzen an sich zu ziehen, die nach der Verfassung den Gebietskörperschaften zustehen. Da die EU die institutionelle Autonomie der Mitgliedstaaten und daraus resultierend ihre Kompetenzsysteme wahrt, müssen diese Probleme in den nationalen Rechtsordnungen der Mitgliedstaaten gelöst werden. Insbesondere in den föderativ organisierten Mitgliedstaaten ist aber das nationale Kompetenzverteilungssystem oft eine Quelle vieler interner Kompetenzkonflikte zwischen den verschiedenen territorialen Ebenen.

Die Mitgliedschaft in der EU hat in diese nationalen Kompetenzstreitigkeiten eine neue Ebene gebracht, anhand derer sich die Streitigkeiten oft zuspitzen, insbesondere hinsichtlich der Frage der Beteiligung der Gebietskörperschaften in EU-Angelegenheiten. Problematisch ist hierbei, dass im Falle eines Verstoßes gegen das Unionsrecht gegenüber der EU regelmäßig das den Gesamtstaat repräsentierende Organ die Verantwortung trägt. Dieser aus dem Völkerrecht stammende Grundsatz, nach dem ein Staat, ungeachtet föderaler Eigenheiten, grundsätzlich als Einheit betrachtet wird, ist der Rechtsordnung der Union laut der Rechtsprechung des EuGH kohärent.[22] In föderativ strukturierten Mitgliedstaaten ist es jedoch aufgrund der innerstaatlichen Kompetenzverteilung möglich, dass ein Unionsrechtsverstoß nicht oder nicht alleine durch den Gesamtstaat, sondern durch eine oder mehrere seiner Gebietskörperschaften (mit-) verursacht wurde. Die Rechtsprechung des EuGH ist eindeutig und lässt innerstaatliche Schwierigkeiten der Mitgliedstaaten, insbesondere wegen ihrer nationalen

---

21 Vgl. VI. Teil, Kapitel III des AEUV: Die beratenden Einrichtungen der Union, Art. 300 ff. AEUV. Art. 300 Abs. 1 AEUV: *„Das Europäische Parlament, der Rat und die Kommission werden von einem Wirtschafts- und Sozialausschuss sowie einem Ausschuss der Regionen unterstützt, die beratende Aufgaben wahrnehmen."*

22 *EuGH*, v. 5.5.1970 – Rs. 77/69, Slg. 1970, 237, Rn. 15 – Kommission/Königreich Belgien; *EuGH*, v. 18.11.1970 – Rs. 8/70, Slg. 1970, S. 961, Rn. 9 – Kommission/Republik Italien; *EuGH*, v. 26.2.1976 – Rs. 52/75, Slg. 1976, S. 277, Rn. 14 – Kommission/Republik Italien; Schlussanträge des GA *Tesauro*, v. 28.11.1995 – Rs. C-46793 u. C-48/93, Slg. 1996, S. I- 1029, Nr. 38 – Brasserie du Pêcheur u. Factortame.

Verfassungsstrukturen, nicht als Rechtfertigung von Verstößen gegen das Recht der EU zu.[23]

Insofern ist es Aufgabe der Mitgliedstaaten die Verantwortungs- und Haftungsbereiche für die nationale Wahrnehmung europäischer Pflichten der verschiedenen staatlichen Ebenen eindeutig zuzuteilen und zu umgrenzen.

Seitdem die Mitgliedstaaten die EU mit – wenn auch begrenzten - finanziellen Sanktionsbefugnissen ausgestattet haben[24], ist auch eine verstärkte Auseinandersetzung in den föderal organisierten Mitgliedstaaten mit der Regelung der innerstaatlichen Haftungsverteilung für finanzwirksame Unionsrechtsverstöße zu beobachten.[25] Auf Seiten der Unionsorgane werden Sanktionsbefugnisse nach wie vor als wenig effektiv erachtet, weshalb sie sich seit langer Zeit damit beschäftigen, wie sich mitgliedstaatliche Vollzugsdefizite innerhalb der mitgliedstaatlichen Ordnung effektiv bekämpfen lassen.[26]

Es sind dabei zwei Haftungstypen, die sich beim Verstoß gegen das Unionsrecht durch Gebietskörperschaften in föderativ organisierten Mitgliedstaaten der EU ergeben[27]:

---

23 *EuGH*, v. 4.7.2000 - Rs. C-424/97, Slg. 2000, S. I- 5123 (5158), Rn. 28 – Haim.

24 *Oppermann/Classen/Nettesheim*, Europarecht, 4. Aufl., 2009, § 13, S. 245 Rn. 49.

25 Vgl. etwa für die BRD: Art. 104 a Abs. 6 GG n.F. i.V.m. dem Gesetz zur Lastentragung im Bund- Länder- Verhältnis bei Verletzung von supranationalen oder völkerrechtlichen Verpflichtungen sowie Art. 109 Abs. 5 GG n.F. i.V.m. dem Gesetz zur innerstaatlichen Aufteilung von unverzinslichen Einlagen und Geldbußen gemäß Art. 104 EGV. Hierzu z.B. *Hellermann*, in: *v. Mangoldt/Klein/Starck*, GG Kommentar, Bd. III, 6. Aufl., Art. 104 a, Rn. 194 ff.; *G. Kirchhof*, in: *v. Mangoldt/Klein/Starck*, GG Kommentar, Bd. III, 6. Aufl., Art. 109, Rn. 131 ff.; *V. Kröning*, Innerstaatliche Haftung für Rechtsverstöße der BRD im Außenverhältnis, in: *Holtschneider/Schön* (Hrsg.), Die Reform des Bundesstaates, S. 335 ff.; *Kemmler*, Nationaler Stabilitätspakt und Aufteilung der EU- Haftung zwischen Bund und Ländern nach der Föderalismusreform, LKV 2006, S. 529 ff.; *Riebel*, EU Haftung und Nationaler Stabilitätspakt, in: *Holtschneider/Schön* (Hrsg.), a.a.O., S. 353 ff.; Zur Rechtslage vor der Reform z.B.: *Littwin*, Die innerstaatliche Verteilung der Finanzierungslasten aus der Mitgliedschaft der BRD in der EU, DVBl. 1997, S. 151 ff.; *Nopper*, Die Bund-Länder-Haftung beim fehlerhaften Verwaltungsvollzug von Gemeinschaftsrecht durch die deutschen Länder, Diss. 1998; *Dederer*, Regress des Bundes gegen ein Land bei Verletzung von EG- Recht, NVwZ 2001, S. 258 ff. Für das Königreich Spanien zuletzt: *Consejo de Estado de España*, Informe sobre garantías del cumplimiento del Derecho Comunitario, v. 15.12.2010.

26 *Oppermann/Classen/Nettesheim*, Europarecht, 4. Aufl., § 13 Rn. 47, S. 244.

27 *Ordóñez Solís,* La responsabilidad de las Comunidades Autónomas y de los entes locales españoles por la violación del Derecho de la Unión Europea - Procedimientos de Reclamación, in: *Biglino Campos/Delgado del Rincón* (Hrsg.), El incumplimiento del Derecho comunitario en el Estado autonómico, S. 143. (Das Buch entstand aus Beiträgen anlässlich der Konferenz des *Centro de Estudios Políticos y Constitucionales* und

Der erste Haftungstyp betrifft das inter-körperschaftliche Verhältnis der verschiedenen staatlichen Ebenen im Falle von finanziellen Sanktionen der EU. Diese betreffen bislang ausschließlich den Bereich der Vertragsverletzung nach Art. 260 AEUV (Zwangsgelder oder Pauschalbeträge), der Finanzkorrekturen der europäischen Kommission im Zusammenhang mit den europäischen Landwirtschafts- und Strukturfonds sowie den Bereich der finanziellen Sanktionen des Rates wegen eines Haushaltsdefizits nach Art. 126 Abs. 11 Sp. 2 u. 3 AEUV. Dieser Haftungstyp bildet den Gegenstand der vorliegenden Untersuchung.

Der zweite Haftungstyp ergibt sich im Zusammenhang mit den Schäden Einzelner, die aus dem Verstoß eines Staatsorgans gegen das Recht der EU resultieren. In diesen Fällen hat nach ständiger Rechtsprechung des EuGH der Einzelne unmittelbar aus dem Unionsrecht das Recht auf Schadensersatz, wenn die vom EuGH entwickelten Voraussetzungen für diesen Ersatzanspruch vorliegen.[28] In föderativ organisierten Mitgliedstaaten kann für den Schaden dabei sowohl ein unionsrechtswidriges Verhalten von Organen des Gesamtstaates als auch von denen der Gebietskörperschaften ursächlich sein. Jedoch richtet sich die Frage, wer für die Ersatzpflicht zuständig ist, nach den nationalen Rechtsordnungen.[29] Diese Fälle unterscheiden sich von den zuerst genannten Haftungsfällen jedoch einerseits, weil es bei ihnen nicht um finanzielle Sanktionen der Union geht. Die EU verhängt keine Sanktionen gegen die Mitgliedstaaten, weil ihr Verstoß zu einem Schaden einer Privatperson geführt hat. Die Folgen des verursachten Schadens sind im nationalen Haftungsrecht zu beheben.[30] Die „Schadensersatzfälle" unterscheiden sich andererseits auch deshalb von den ersten Haftungsfällen, weil die Haftungsbeziehungen nicht allein zwischen der EU und den nationalen Stellen der Mitgliedstaaten bestehen, sondern Private an diesem Verhältnis beteiligt sind. Da es in dieser Arbeit jedoch um das inter-körperschaftliche Verhältnis beim finanzwirksamen (fehlerhaften) Unionsrechtsvollzug geht, gehören die Fälle des zweiten Haftungstyps nicht zum Gegenstand der vorliegenden Untersuchung.

---

des *Consejo de Estado de España* im CEPC in Madrid v. 19.-20.4.2010 über "Die Haftung der Autonomen Gemeinschaften im Falle von Unionsrechtsverstößen", an der die Verf. teilnahm.)

28 St.Rspr. des EuGH seit *EuGH*, v. 19.11.1991 – verb. Rs. C-6/90 u. 9/90, Slg. 1991, I-5357 Rn. 41 ff. Francovich; *EuGH*, v. 5.3.1996 – verb. Rs. C-46/93 u. 48/93, Slg. 1996, 1029, Rn. 67 - Brasserie du pêcheur.

29 *EuGH*, v. 1.6.1999 – Rs. C-302/97, Slg. 1999, I-3099 (3140), Rn. 63 – Konle.

30 EuGH seit EuGH, v. 19.11.1991 – verb. Rs. C-6/90 u. 9/90, Slg. 1991, I-5357 Rn. 41 ff. Francovich; EuGH, v. 5.3.1996 – verb. Rs. C-46/93 u. 48/93, Slg. 1996, 1029, Rn. 67 - Brasserie du pêcheur.

Im Königreich Spanien ist die inter-körperschaftliche Haftung für finanzwirksame Unionsrechtsverstöße bislang noch nicht abschließend in allgemeiner Weise gelöst[31], wobei im Falle Spaniens zu der Frage nach der Beteiligung der spanischen Regionen am europäischen Integrationsprozess eine spezifisch spanische Problematik hinzukommt: Der kontinuierliche Dezentralisierungsprozess der Autonomen Gemeinschaften. Die Staatsstruktur Spaniens, die durch die Verfassung von 1978 geschaffen wurde, ist eine ganz eigene, die in keines der klassischen Staatsmodelle hineinpasst.[32] Die Verfassungsväter der spanischen Verfassung haben es bewusst vermieden Spanien in eines der klassischen Staatsmodelle einzufügen[33]: Weder ist Spanien (zumindest noch nicht) ein klassischer Bundesstaat wie etwa Deutschland oder Österreich noch ist Spanien heutzutage ein klassisch zentralistisch organisierter Staat wie es etwa Frankreich ist. Es unterscheidet sich auch von Regionalstaaten wie etwa Italien. Die spanische Verfassung hat vielmehr einen Staat geschaffen, der Elemente von allen genannten Staatsmodellen enthält, vermischt mit den ihm eigenen Charakteristika.[34] Seit dem in Kraft treten der spanischen Verfassung im Jahre 1978 hat Spanien sich zu einem politisch dezentralisierten Staat entwickelt, in dem die staatlichen Befugnisse auf verschiedene Ebenen verteilt sind, der von der Verfassung nur vorgezeichnet und dessen heutige Struktur weit über das in der Verfassung Geregelte hinaus geht. Nach Art. 137 CE gliedert sich das Staatsgebiet Spaniens in Gemeinden, Provinzen und Autonome Gemeinschaften, welche alle für die Verfolgung ihrer jeweiligen Interessen Autonomie genießen. Die Bildung von Autonomen Gemeinschaften war in der Verfassung von 1978 nur als Möglichkeit angelegt, von ihr aber nicht vorkonstitutionell vorausgesetzt.[35] Von dieser Möglichkeit haben jedoch tatsächlich alle heutigen siebzehn Autonomen Gemeinschaften Gebrauch gemacht, die sich zwischen 1978 bis 1983 konstituierten. Der so konstituierte Staat wird in Spanien allgemein als „Autonomiestaat" (Estado Autonómico) bezeichnet, nicht zuletzt um so die bislang fehlende Klärung der Territorialordnung zu kompensieren.[36] Die Autonomen Gemeinschaften genießen, im Gegensatz zu den anderen Gebietskörperschaften, nicht bloß administrative, sondern vor allem auch politische Autonomie mit dem Recht auf Selbstregierung.[37] Die Staatsaufgaben sind von der Verfassung zwischen ihnen und dem

---

31 Vgl. *Consejo de Estado de España*, Informe sobre las garantías del cumplimiento del Derecho Comunitario, v. 15.12.2010, S. 153 ff.

32 *Cruz Villalón*, JöR 34 (1985), 195 (196).

33 *Àlvarez Conde*, Curso de Derecho Constitucional, S. 464.

34 *Àlvarez Conde*, a.a.O., S. 464.

35 *Àlvarez Conde*, a.a.O., S. 464.

36 *Àlvarez Conde*, a.a.O., S. 464.

37 Vgl. Art. 143 Abs. 1 CE.

Zentralstaat verteilt[38], was angesichts der Jahrhunderte währenden zentralistischen Tradition Spaniens eine bedeutsame Veränderung darstellt.[39] Kompetenzstreitigkeiten zwischen den unterschiedlichen territorialen Ebenen, insbesondere zwischen der Zentralregierung und den Regierungen der Autonomen Gemeinschaften, dominieren dabei die Politik und das Verfassungsleben.[40] Seit dem Beitritt Spaniens zur EWG gehört die Beteiligung der Autonomen Gemeinschaften am europäischen Integrationsprozess zu einem der ständigen Streitthemen. Dies betrifft sowohl die Beteiligung der Autonomen Gemeinschaften an der Entstehung der europäischen Rechtsakte als auch ihre Beteiligung an deren Umsetzung und Vollziehung auf nationaler Ebene. Die Verfassung regelt diese Frage nicht explizit, wie sie insgesamt die EU namentlich nicht erwähnt.[41] Im Gegensatz dazu stehen die siebzehn Autonomiestatute[42] der Autonomen Gemeinschaf-

38 Vgl. Art. 148 ff. CE. Obwohl die lokalen Körperschaften keine gesetzgebenden Befugnisse besitzen, habe die Verfassung laut *Díez Sastre* ein Dreiebenensystem etabliert, *Díez Sastre*, Administrative Verflechtungsbeziehungen in der spanischen Rechtsordnung, in: *Schneider/Velasco Caballero*, Strukturen des Europäischen Verwaltungsverbunds, Die Verwaltung 2009, Beiheft 8, S. 31.

39 Es gibt die Stimmen in der Literatur, die Spanien heutzutage als einen der „dezentralisiertesten Staaten der Welt" erachten, vgl. z.B. *Folgado Blanco*, La financiación autonómica en España, in: *Ruiz- Gallego/Blaso/García Escudero* (Hrsg.), La España de las Autonomías, S. 607.

40 Das jüngste Zeugnis dieser Konflikte sind die Reaktionen auf ein Urteil des spanischen Verfassungsgerichts über die Verfassungskonformität des 2006 reformierten Autonomiestatuts der Autonomen Gemeinschaft Katalonien: Nachdem das Verfassungsgericht am 10.7.2010 die Verfassungswidrigkeit verschiedener Vorschriften des katalonischen Autonomiestatuts festgestellt hatte, versammelten sich am Tag danach 1,5 Mio. Katalanen in Barcelona um für ihr Autonomiestatut und gegen das Urteil des Verfassungsgerichts zu demonstrieren. Ein weiteres Beispiel hierfür sind die jüngsten Erklärungen nationalistischer baskischer und katalanischer Politiker im Zusammenhang mit der Entscheidung des IGH v. 23.7.2010 über die Rechtmäßigkeit der früheren serbischen Provinz Kosovo, nach denen die Unabhängigkeitserklärung des Kosovo durch den IGH auch Bedeutung für Spanien habe und das vermeintliche Recht des Baskenlandes und Kataloniens zur Abspaltung von Spanien begründe. Vgl. etwa die Aussagen des Präsidenten der baskischen Partei PNV, Iñigo Urkullu: *http://www.elmundo.es/elmundo/2010/07/23/paisvasco/1279888149.html* (Stand: 23.7.2010) einerseits und des Präsidenten der katalanischen Partei ERC, Joan Puigcercós: *http://www.elmundo.es/elmundo/2010/07/22/barcelona/1279823735.html* (Stand: 22.7.2010).

41 Wenn auch Einigkeit besteht, dass Art. 93 CE eigens für den Beitritt Spaniens zur EU geschaffen wurde.

42 Die Autonomiestatute sind gemäß Art. 147 Abs. 1 CE die institutionelle Grundnorm jeder Autonomen Gemeinschaft. Näher hierzu im 3. Kapitel.

ten, die die EU zwar zunächst auch nicht erwähnten[43], jedoch in teilweise sehr unterschiedlicher Weise Regelungen zur Beteiligung der Autonomen Gemeinschaften an völkerrechtlichen Verträgen vorsahen. Aktuell befinden sich viele Autonomiestatute der Autonomen Gemeinschaften in einem Reformprozess, der 2005 begann und im Rahmen dessen bereits sieben reformierte Autonomiestatute in Kraft getreten sind.[44] Die Reformen der Autonomiestatute repräsentieren eine der wesentlichsten Modifizierungen des spanischen Autonomiestaates seit seiner Gründung im Jahre 1978 und symbolisieren den letzten Schritt in der Transformation eines hochgradig zentralisierten Staates zu einem dezentralisierten Staat.[45] Die reformierten Autonomiestatute enthalten nun fast alle u.a. ein eigenes Kapitel, in dem das Verhältnis der jeweiligen Autonomen Gemeinschaft zur EU geregelt wird[46], was im Gegensatz zu der Nicht-Erwähnung der EU in der spanischen Verfassung steht. Die reformierten Autonomiestatute sind insofern moderner als die Verfassung. So ergibt sich ein komplexes System aus drei Rechtsordnungen (der europäischen, der gesamtspanischen sowie der 17 Rechtsordnungen der Autonomen Gemeinschaften), deren Verbindung der Verfassungstext von 1978 ist, welcher jedoch nur eine von ihnen, nämlich die gesamtspanische Rechtsordnung, im Verfassungstext namentlich erwähnt.[47]

Diese uneinheitliche normative Regelung erschwert die Zuordnung und Abgrenzung von Verantwortlichkeiten zwischen dem Zentralstaat und den Autonomen Gemeinschaften in Angelegenheiten der EU und in der Folge die ordnungsgemäße Wahrnehmung und Ausführung ihrer jeweiligen Aufgaben. Das Verfassungsgericht erklärt in ständiger Rechtsprechung, dass die Mitgliedschaft Spaniens in der EU die innerstaatliche Kompetenzordnung nicht verändere.[48]

---

43 *Balaguer Callejón*, JöR 57 (2009), 601 (602 f.).

44 Bislang sind dies die Autonomiestatute Kataloniens, Valencias, Andalusiens, Aragoniens, der Balearen, Kastilien-Leóns und Extremaduras.

45 *Kölling*, in: *Tudela Aranda/Kölling* (Hrsg.), Die Reform des Deutschen Bundesstaates und die Reform des Spanischen Autonomiestaates, S. 9. Angesichts dieser Bedeutung weist *Tudela Aranda* in diesem Zusammenhang darauf hin, dass es nicht eigentlich um einen Reformprozess der Autonomiestatute, sondern um eine Änderung des bisher bestehenden Territorialmodells handele, *Tudela Aranda*, Föderalismus als Notwendigkeit nach der Reform der Autonomiestatute, a.a.O., S. 250 f.

46 Lediglich das zuletzt reformierte Autonomiestatut von Extremadura enthält kein entsprechendes Kapitel. Vielmehr sind die Vorschriften hier über zahlreiche Abschnitte verteilt, näher hierzu unter 4.Kapitel, B.II.1.c).

47 *Balaguer Callejón*, JöR 57 (2009), 601 (602 f.).

48 *SSTC* 252/1988, v. 20.12.1988, FJ 2; 64/1991, v. 22.5.1991, FJ 4; 76/1991, v. 11.4.1991, FJ 3; 115/1991, v. 23.5.1991, FJ 1; 236/1991, v. 12.12.1991, FJ 8; 79/1992, v. 28.5.1992, FJ 1; 117/1992, v. 16.9.1992, FJ 2; 80/1993, v. 8.3.1993, FJ 3; 141/1993,

Diese ist aber bereits außerhalb des internationalen Kontextes auf innerstaatlicher Ebene oft nicht unumstritten, insbesondere im Bereich der zwischen Zentralstaat und Autonomen Gemeinschaften geteilten Kompetenzen (die sog. „competencias compartidas").

Angesichts dieser innerstaatlichen Besonderheiten verwundert es nicht, dass sich in Spanien auch die Regelung der Verantwortungsverteilung im Falle finanzwirksamer Unionsrechtsverstöße durch die Autonomen Gemeinschaften schwierig gestaltet.[49] Eine abschließende Lösung existiert bislang nicht, wobei allerdings in den letzten Jahren auf einfachgesetzlicher Ebene in zahlreichen Gesetzen Haftungsnormen für den Fall finanzwirksamer Unionsrechtsverstöße eingefügt wurden.[50]

Unproblematisch ist hierbei der Fall, dass der Zentralstaat im Rahmen seiner Zuständigkeiten gegen das Unionsrecht verstößt, da er völkerrechtlich gegenüber der EU haftet und auch innerstaatlich verantwortlich ist. Problematisch ist jedoch die Frage nach der finanziellen Haftung in den Fällen, in denen die Autonomen Gemeinschaften im Rahmen ihrer Zuständigkeiten gegen Unionsrecht verstoßen oder ihnen durch einen Unionsrechtsverstoß des Zentralstaates ein Schaden entstanden ist sowie der Fall, dass sowohl der Zentralstaat als auch die Autonomen Gemeinschaften den Verstoß verursacht haben. Lange Zeit wurde sich in der spanischen Rechtswissenschaft unter dem Stichwort „responsabilidad por incumplimiento del Derecho comunitario" (Haftung für Verstöße gegen das Gemeinschaftsrecht) mit der Möglichkeit allgemein gültiger präventiver und repressiver Maßnahmen zur Vermeidung und Wiederherstellung von Verstößen gegen das Unionsrecht beschäftigt. Die Behandlung der möglichen finanziellen Folgen eines Verstoßes gegen unionsrechtliche Pflichten, insbesondere wenn dieser im Zuständigkeitsbereich der Autonomen Gemeinschaften geschehen ist, beschäftigt Rechtswissenschaft und Praxis erst seit einigen Jahren.[51] Dieses Interesse steigt in dem Maße, in dem einerseits die finanziellen Sanktionsbefugnisse der europäischen Institutionen wachsen sowie andererseits innerstaatlich der Dezentralisierungsprozess voranschreitet. Aus diesem Grund hat der zentralstaatliche Gesetzgeber in den letzten Jahren zahlreiche Normen erlassen, die die

---

v. 22.4.1993, FJ 2; 112/1995, v. 6.7.1995, FJ 4; 146/1996, v. 19.9.1996, FJ 2; 148/1998, v. 2.7.1998, FJ 8; 21/1999, v. 25.2.1999, FJ 1 u. 96/2002, v. 25.4.2002, FJ 10.

49 *Ordóñez Solís*, La responsabilidad de las Comunidades Autónomas y de los entes locales españoles por la violación del derecho de la Unión Europea: Procedimientos de Reclamación, in: *Biglino Campos/Delgado del Rincón* (Hrsg.), El incumplimiento del Derecho comunitario en el Estado autonómico, S. 142.

50 Näher zum Ganzen im 5.Kapitel.

51 *Consejo de Estado de España,* Informe sobre las garantías del cumplimiento del Derecho Comunitario, v. 15.12.2010, S. 153.

interkörperschaftliche Haftung für finanzwirksame Unionsrechtsverstöße für einzelne Sektoren und für konkrete Fälle regeln sollen. Eine allgemeine Haftungsregel für finanzwirksame Unionsrechtsverstöße gibt es jedoch bislang in der spanischen Rechtsordnung nicht. Deshalb hat sich der Staatsrat Spaniens („Consejo de Estado de España"[52]) im Auftrag der Zentralregierung im Rahmen mittlerweile dreier Studien mit den Möglichkeiten zur Schaffung allgemeiner Haftungsregeln für den Fall finanzwirksamer Unionsrechtsverstöße befasst: In seinem ersten Gutachten widmete er sich der Thematik im Rahmen seiner Untersuchungen über eine mögliche Reform der spanischen Verfassung.[53] In seinem zweiten Gutachten befasste er sich ausschließlich mit den Einwirkungen des Europarechts auf die spanische Rechtsordnung und ging hierbei intensiv auf die Möglichkeiten der präventiven und repressiven Regelung von Unionsrechtsverstößen ein.[54] Da die Untersuchung der Haftungsthematik nur als Teil von allgemeiner ausgerichteten Studien von der Zentralregierung als nicht ausreichend erachtet worden war, beauftragte sie den Staatsrat am 23.11.2009 mit der Erstellung einer dritten Studie über: „Die Gewährleistung der Einhaltung des Unionsrechts und von Verfahren zur Bestimmung und Übertragung der Haftung der Autonomen Gemeinschaften und anderen Lokalkörperschaften im Falle von Gemeinschaftsrechtsverstößen"[55]. Am 15.12.2010 veröffentlichte der Staatsrat

---

52 Der Staatsrat Spaniens (im Folgenden Staatsrat) ist gemäß Art. 107 CE das höchste Beratungsorgan der (Zentral-) Regierung. Seine Zusammensetzung und Befugnisse werden geregelt durch das Organgesetz 3/1980, v. 22.4.1980 über den Staatsrat Spaniens, BOE Nr. 100, v. 25.4.1980. Neben dem Staatsrat, der für ganz Spanien zuständig ist, haben auch alle Autonomen Gemeinschaften einen eigenen Rat. Sofern keine näheren Angaben gemacht werden, wird sich im Folgenden stets auf den für ganz Spanien zuständigen Staatsrat bezogen. Näher zum Staatsrat: *Espitalier*, JuS- Magazin 4/2008, S. 27.

53 Vgl. *Consejo de Estado de España*, Informe sobre modificaciones de la Constitución española, v. 16.2.2006.

54 Vgl. *Consejo de Estado de España*, Informe sobre la inserción del Derecho europeo sobre el ordenamiento español, v. 14.2.2008.

55 Beschluss des Ministerrats v. 23.11.2009. Wortlaut der Vereinbarung in der Originalfassung: *"Acuerdo del Consejo de Ministros por el que se solicita al Consejo de Estado la elaboración de un informe sobre garantías del cumplimiento del Derecho comunitario y procedimientos para determinar y repercutir la responsabilidad de Comunidades Autónomas y otros entes en casos de incumplimiento."* Der Beschluss liegt der Verf. vor. Da das Dokument nicht frei abrufbar ist, wird vorliegend auf das entsprechende Gutachten des Staatsrates verwiesen, in dem der Beschluss wörtlich wiedergegeben wird: *Consejo de Estado de España*, Informe sobre las garantías del cumplimiento del Derecho Comunitario, v. 15.12.2010, S. 6- 8.

Spaniens dieses dritte Gutachten.[56] In ihm untersucht er nunmehr ausschließlich die Frage „der Gewährleistung der Erfüllung des Gemeinschaftsrechts". Insbesondere an diesem jüngsten Gutachten des Staatsrates wird die hohe Aktualität des Themas in der spanischen Politik und Rechtswissenschaft besonders deutlich.

Ziel der vorliegenden Arbeit ist eine Analyse der bestehenden Verantwortungs- und Haftungsbeziehungen zwischen dem Zentralstaat und den Autonomen Gemeinschaften im Bereich des Vollzugs und insbesondere des fehlerhaften Vollzugs des Unionsrechts. Es gilt zu klären, wie einerseits die Zuständigkeiten für den Vollzug des Unionsrechts zwischen dem Zentralstaat und den Autonomen Gemeinschaften verteilt sind und andererseits, ob der Vollzugszuständigkeit hierbei auch jeweils die volle finanzielle Verantwortung für das Verhalten korrespondiert. Wenn dieses Unterfangen auch unweigerlich grundsätzliche Fragen bezüglich der Territorialordnung Spaniens berührt, so wird auf diese Thematik nur im Rahmen des für die Untersuchung Notwendigen eingegangen. Keineswegs beabsichtigt die Arbeit jedoch, darüber hinaus endgültige Aussagen über das aktuelle oder im Rahmen einer Reform möglicherweise künftige Staatsmodell Spaniens treffen zu können, etwa dahingehend, dass Spanien einem „Bundesstaat" gleiche. Es geht unmittelbar allein um die interkörperschaftlichen Beziehungen in Spanien im Falle des finanzwirksamen Unionsrechtsverstoßes. Die Untersuchung konzentriert sich dabei auf das Verhältnis zwischen dem Zentralstaat und der ersten Untergliederungsebene, den Autonomen Gemeinschaften, da nur sie auch politische Autonomie genießen und sich die Wahrnehmung der Staatsaufgaben mit dem Zentralstaat nach der Verfassung teilen.[57] Lediglich die Autonomen Gemeinschaften sind neben dem Zentralstaat wesentliche Akteure im europäischen Integrationsprozess. Die Lokalkörperschaften sind hingegen nicht Gegenstand der Arbeit. Auf sie wird nur eingegangen, soweit es der Vollständigkeit halber notwendig ist. Die Untersuchung konzentriert sich dabei auf die Verantwortungs- und Haftungsbeziehungen zwischen dem Zentralstaat und den Autonomen Gemeinschaften und behandelt dabei nicht den Fall, dass sowohl europäische Institutionen als auch die Mitgliedstaaten an einem Verstoß gegen europäische Vorschriften beteiligt sind.

Überdies untersucht die Arbeit ausschließlich die Ausgestaltung und Regelung des Vollzugs des Unionsrechts und der finanziellen Folgen des fehlerhaften Vollzugs in Spanien. Nicht hingegen die Frage nach den verfassungsrechtlichen

---

56 *Consejo de Estado de España*, Informe sobre garantías del cumplimiento del Derecho Comunitario, v. 15.12.2010.

57 Vgl. etwa Art. 148 ff. CE, die die Kompetenzverteilung zwischen dem Zentralstaat und den Autonomen Gemeinschaften betreffen.

Möglichkeiten präventiver Maßnahmen zur Verhinderung von Verstößen gegen das Unionsrecht.

B. Gang der Untersuchung

Hierfür werden zunächst die unionsrechtlichen Grundlagen des mitgliedstaatlichen Vollzugs und der Haftung für den fehlerhaften Vollzug untersucht, wobei hierbei insbesondere zu untersuchen ist, wie auf europäischer Ebene die Fälle des fehlerhaften Vollzugs durch regionale Gebietskörperschaften behandelt werden und in welchen Bereichen diese Frage typischerweise relevant wird (1.Kapitel). Hierauf folgt die Darstellung von konkreten Haftungsfällen, in denen es zu finanziellen Sanktionen europäischer Institutionen gegen das Königreich Spanien gekommen ist bzw. die konkrete Gefahr ihrer Verhängung besteht und bei denen innerstaatlich das Fehlverhalten der Autonomen Gemeinschaften zumindest mit-ursächlich für den Unionsrechtsverstoß war (2. Kapitel). Sodann wird der nationale Vollzug des Unionsrechts in Spanien untersucht. Da hierfür die innerstaatliche Kompetenzverteilung zwischen dem Zentralstaat und den Autonomen Gemeinschaften nach dem nationalen Verfassungsrecht maßgeblich ist, ist zuvor auf sie einzugehen (3. Kapitel). Hierauf folgt die Untersuchung der Regelung und Zuständigkeitsverteilung für den ordnungsgemäßen Vollzug (4. Kapitel) sowie der Haftungsregelung für den fehlerhaften Vollzug des Unionsrechts (5. Kapitel). Abschließend werden die Ergebnisse bewertend zusammengefasst (Fazit und Ausblick).

C. Terminologie, Übersetzung und Zitierweise

Bei der Übersetzung fremdsprachlicher Texte ergibt sich regelmäßig das Problem der Entscheidung zwischen wörtlicher, d.h. originalgetreuer und freier, d.h. sprachlich ansprechender, sinngemäßer Übersetzung.[58] In dieser Arbeit wurde versucht beiden Kriterien gleichermaßen gerecht zu werden, indem Quellen meist wortgetreu übersetzt wurden. Im Falle, dass die wortgetreue Übersetzung jedoch die Konsequenz der Unverständlichkeit gehabt haben würde, wurden die Quellen ihrem Sinn gemäß zitiert, wobei in diesen Fällen die Originalfassung in der Fußnote stets angegeben wurde.

Eine der größten sprachlichen Schwierigkeiten rechtsvergleichender Arbeiten ergibt sich aus dem Umstand, dass viele Begriffe häufig mehrere Bedeutun-

58 Vgl. *Brandt*, in: *Ibán*, Einführung in das spanische Recht, S. 9.

gen haben und ihre Bedeutung nicht allein durch eine wörtliche und sinngemäße Übersetzung zu erfassen ist, sondern nur durch die Kenntnisse bestimmter historischer, gesellschaftlicher oder landesspezifischer Hintergrundinformationen. Trotz derartiger Zusatzinformationen ist eine exakte Übersetzung teilweise nicht vollständig möglich. In dieser Arbeit wurde in diesen Fällen an der entsprechenden Stelle, an der das Problem auftrat, eine deutsche Variante des Wortes gewählt, an die in Klammern das spanische Wort angefügt sowie gegebenenfalls in einer Fußnote die notwendigen Zusatzinformationen geliefert wurde. Für die für diese Arbeit zentralen, weil durchgängig verwendeten Begriffe, wird jedoch im Folgenden vorweg eine allgemeine Begriffsklärung und -festlegung vorgenommen.

I. Die Zweideutigkeit des Verfassungsbegriffs „Estado“

Eine der größten terminologischen Schwierigkeiten dieser Arbeit besteht in der korrekten Verwendung und Übersetzung des Wortes „Estado“. Die herkömmliche Übersetzung des Wortes „Estado“ ist „Staat“. Das spanische Verfassungsgericht wies jedoch schon früh darauf hin, dass der Begriff „Estado“ in der spanischen Verfassung in zweideutiger Weise verwendet wird[59]: An bestimmten Stellen bezeichnet sie mit „Estado“ tatsächlich die Gesamtheit der juristisch-politischen Ordnung der spanischen Nation, worin auch die verschiedenen Ordnungen der Autonomen Gemeinschaften und der Lokalkörperschaften enthalten sind.[60] In dieser Verwendung bestehen keine Übersetzungsschwierigkeiten. Mit „Staat“ wird die Gesamtheit der staatlichen Institutionen bezeichnet. Problematisch ist jedoch, dass die spanische Verfassung in verschiedenen Vorschriften auch das Wort „Estado“ verwendet, sich dabei jedoch lediglich auf die zentralen Institutionen und ihre verschiedenen Organe bezieht, in Abgrenzung von den Institutionen und Organen der Autonomen Gemeinschaften und Lokalkörperschaften.[61] Die Ebene, die in Deutschland etwa „Bund“ genannt wird in Abgrenzung von den Bundesländern, wird in der spanischen Verfassung auch als „Estado“ bezeichnet. In diesem engeren Sinne passt es daher eigentlich nicht, „Esta-

59 *STC* 32/1981, v. 28.7.1981, FJ 5: *„Es obvio, para comenzar, que el término Estado es objeto en el texto constitucional de una utilización claramente anfibológica.”*

60 Z.B. Art. 1 Abs. 3 CE („Die politische Form des spanischen Staates ist die parlamentarische Monarchie.“), Art. 56 Abs. 1 CE („Der König ist das Oberhaupt des Staates.“), Art. 137 S. 1 CE („Der Staat wird in Gemeinden, Provinzen und die sich zu konstituierenden Autonomen Gemeinschaften gegliedert.“).

61 Z.B. in den Kompetenzvorschriften Art. 149, 150 CE sowie in den Vorschriften der „Finanzverfassung“ über die finanziellen Beziehungen zwischen der Zentralgewalt und den Autonomen Gemeinschaften, Art. 156-158 CE.

do“ wieder mit „Staat“ zu übersetzen: Einerseits würde dadurch unklar, welche Bedeutung jeweils dem Worte zugrunde liegt, andererseits wäre es auch juristisch unkorrekt und klänge befremdlich, die Organe der zentralstaatlichen Ebene etwa „Organe des Staates“ zu nennen, als handelte es sich im Falle der Organe der Autonomen Gemeinschaften nicht um staatliche Organe.

Eine Untersuchung rechtswissenschaftlicher und historischer Arbeiten über den heutigen spanischen Staat auf diese Frage hin, ergibt ein vollständig uneinheitliches Bild: Teilweise übersetzen die Autoren das Wort „estatal“ mit „gesamtstaatlich“[62]; andernorts mit „zentralstaatlich[63]“; wiederum an anderer Stelle einfach mit „staatlich“ bzw. „Staat“[64]. In vielen Arbeiten ist auch zu beobachten, dass sich der jeweilige Autor zwar grundsätzlich für eine Version entschieden zu haben scheint, diese aber nicht kontinuierlich beibehält, sondern, dasselbe meinend, einmal von „Zentralstaat“, ein andermal von „Staat“ spricht.[65] Dies gilt auch für rechtswissenschaftliche Abhandlungen in deutscher Sprache, die gezielt die Verfassungsstruktur des spanischen Staatswesens untersuchen.[66] Zahlreiche

---

62 So etwa in Verfassungen der EU- Mitgliedstaaten, 6. Auflage, 2005, z.B. Art. 150 I CE.

63 So z.B. *Blanke*, Föderalismus und Integrationsgewalt, S. 61 ff.; *Díez Sastre*, Administrative Verflechtungsbeziehungen in der spanischen Rechtsordnung, in: *Schneider/Velasco Caballero* (Hrsg.), Strukturen des Europäischen Verwaltungsverbunds, Die Verwaltung 2009, Beiheft 8, S.28 ff.; *Hanf*, Bundesstaat ohne Bundesrat?, S. 142 ff.; *Ibán*, Einführung in das spanische Recht, S. 85 ff.; *Köbler*, Rechtsspanisch, 2. Aufl., S. XIII; *Schmidt*, in: *Schmidt* (Hrsg.), Kleine Geschichte Spaniens, S. 486 ff.; *Solé Tura*, Das politische Modell des Staates Autonomer Gebietskörperschaften, in: *López Pina* (Hrsg.), Spanisches Verfassungsrecht, S. 249 (265); *Tudela Aranda*, in: *Tudela Aranda/Kölling* (Hrsg.), Die Reform des Deutschen Bundesstaates und die Reform des Spanischen Autonomiestaates, S. 245 ff.; Weber, JöR Bd. 29 (1980), S. 209 (243).

64 Vgl. etwa: *Alberti Rovira*, Die Beziehungen zwischen dem Staat und den Autonomen Gemeinschaften: Kooperation und Konflikt, in: *Kramer*, Die Entwicklung des Staates der Autonomien in Spanien und der bundesstaatlichen Ordnung in der BRD, S. 129 ff.; *Montoro Chiner*, DÖV 1987, 85 ff.; *Wendland*, Spanien auf dem Weg zum Bundesstaat?, S. 91 ff.; *Nagel*, Zur Europapolitik und Europafähigkeit der spanischen Regionen, in: *Lambertz/Große Hüttmann* (Hrsg.), Europapolitik und Europafähigkeit von Regionen, S. 84 ff.

65 So z.B. *Blanke*, Föderalismus und Integrationsgewalt, S. 57 ff.; *Díez Sastre*, Administrative Verflechtungsbeziehungen in der spanischen Rechtsordnung, in: *Schneider/Velasco Caballero* (Hrsg.), Strukturen des Europäischen Verwaltungsverbunds, Die Verwaltung 2009, Beiheft 8, S.28 ff.; *Hanf*, Bundesstaat ohne Bundesrat?, S. 19 f.; *Kölling*, in: *Tudela Aranda/Kölling* (Hrsg.),Die Reform des Deutschen Bundesstaates und die Reform des Spanischen Autonomiestaates, S. 9 ff.

66 Vgl. etwa *Hanf*, Bundesstaat ohne Bundesrat?, S. 137 ff.; *Wendland*, Spanien auf dem Weg zum Bundesstaat?, S. 91 ff.

Aufsätze, Abhandlungen, etc. spanischer Autoren über den spanischen Staat in deutscher Sprache[67] weisen ebenso keine Einheitlichkeit auf.

Eine Betrachtung von Urteilen des EuGH[68] bezüglich dieser Problematik ergibt dasselbe uneinheitliche Bild: Häufig wird das Wort „Estado“ in der deutschen Übersetzung mit „Staat“ übersetzt, obwohl damit nicht das spanische Staatswesen, sondern lediglich die Ebene der Zentralorgane gemeint ist. In anderen Entscheidungen des EuGH wird „Estado“ wiederum mit „Zentralstaat“ übersetzt.

Es besteht also allgemein keine Einheitlichkeit in dieser Frage. Die Problematik liegt dabei gerade in der Eigenheit der spanischen Staatsstruktur, die Charakteristika föderaler und zentralistischer Staaten mit individuellen vermischt.[69] Es gibt daher kein „richtig“ oder „falsch“ bei der Entscheidung für eine der genannten Übersetzungsvarianten. Sowohl die wortwörtliche als auch die sinngemäße Übersetzung haben jeweils Vor- und Nachteile.

In dieser Arbeit wird, der Einheitlichkeit und Verständlichkeit halber, das Wort „Estado“ im engeren Sinne mit „Zentralstaat“ übersetzt, angelehnt an die Praxis des rechtswissenschaftlichen Schrifttums in Spanien, von der „Zentralgewalt“ („Poder central“) in Abgrenzung von den anderen Gebietseinheiten zu reden. Die Wortwahl „Zentralstaat“ oder auch „Zentralgewalt“ bezieht sich in dieser Arbeit jedoch nicht auf die Staatsstruktur, die, wie erwähnt, nicht zentralstaatlich organisiert ist. Da Spanien jedoch bisher auch kein Bundesstaat ist (, obgleich viele spanische Juristen der Ansicht sind, dass Spanien in der Praxis mehr Gemeinsamkeiten mit einem föderalen Staat als mit sonst einem Staatsmodell habe[70]), ist es nicht möglich „Estado“ etwa mit „Föderalebene“ zu über-

---

67 Vgl. z.B. *Balaguer Callejón*, JöR 57 (2009), 601 (606 ff.); *Cruz Villalón*, JöR 34 (1985), 195 (232 ff.); Medina *Guerrero*, Grundlagen und Grundzüge staatlichen Verfassungsrechts: Spanien, in: *v. Bogdandy/Cruz Villalón/Huber*, Hdb Ius Publicum Europaeum, Bd. I, § 11, Rn. 73 ff, S. 678 ff; *Montoro Chiner*, DÖV 1987, 85 ff..

68 Vgl. z.B. *EuGH*, v. 13.9.2001 – Rs. C-417/99, Slg. 2001, I-6015, Rn. 16, wo einerseits von der geteilten Zuständigkeit des „Staates und der Autonomen Gemeinschaften“ die Rede ist, andererseits von der „Zentralverwaltung“; *EuGH*, v. 15.5.2003 – Rs. C-419/01, Slg. 2003, I-4947 Rn. 7 u. 12 „staatliche Behörden und Behörden der Autonomen Gemeinschaften“; *EuGH*, v. 13.4.2000 – Rs. C-274/98, Slg. 2000, I-2823, Rn. 20 „Staat und Autonome Gemeinschaften“; v. 1.10.1998 – Rs. C-71/97, Slg. 1998, I-5991, Rn. 17 „Staat und Autonome Gemeinschaften“.

69 Hierzu bereits oben unter A.

70 *Kölling* spricht in diesem Zusammenhang davon, dass das spanische System ein de-facto föderalistisches System ohne verfassungsrechtliche Klärung und ohne horizontale Dimension der Ländervertretung sei. *Kölling*, in: *Tudela Aranda/Kölling* (Hrsg.), Die Reform des Deutschen Bundesstaates und die Reform des Spanischen Autonomiestaa-

setzen. Für diese staatliche Ebene gibt es im Deutschen (und eigentlich auch im Spanischen) keine korrekte und gleichzeitig „handliche" Bezeichnung. Eine deutsche rechtswissenschaftliche Abhandlung über den spanischen Staat muss daher bei der Übersetzung einzelner Worte einen Kompromiss zwischen sprachlicher Verständlichkeit und rechtswissenschaftlicher Korrektheit treffen; dies um den Preis, beiden Kriterien nicht immer vollständig gerecht werden zu können.

II. Die Mehrdeutigkeit des Wortes „responsabilidad"

Eine weitere sprachliche Besonderheit ergibt sich im Zusammenhang mit dem spanischen Wort „responsabilidad": Hiermit wird sowohl die mehr ideell gemeinte Verantwortlichkeit oder Verantwortung bezeichnet als auch die juristische Haftung bzw. Regresspflicht.[71] Die jeweilige Bedeutung ergibt sich stets nur aus dem Kontext, in welchem der Begriff „responsabilidad" verwendet wird. Daher wird an den entsprechenden Stellen auf diese Besonderheit hingewiesen.

III. „Unionsrecht" anstelle von „Gemeinschaftsrecht"

Eine weitere terminologische Schwierigkeit ergibt sich aus der veränderten Rechtslage seit dem Inkrafttreten des Vertrags von Lissabon am 1.12.2009. Hierdurch hat die Europäische Union Rechtspersönlichkeit erlangt und die zuvor der Europäischen Gemeinschaft eingeräumten Zuständigkeiten übernommen. Das Gemeinschaftsrecht ist daher zum Unionsrecht geworden. Die bis zu dem Datum geltende Unterscheidung zwischen (politischer) EU und (rechtlicher) EG ist daher obsolet geworden.

Grundsätzlich wird in dieser Arbeit einheitlich von „Unionsrecht" bzw. dem „Recht der EU" gesprochen, insbesondere für Bezugnahmen auf Quellen nach dem 1.12.2009. Wird jedoch auf aus vor dieser Zeit stammende Rechtsquellen (Rechtsprechung, Monographien, etc.) Bezug genommen, so wird – dem Vorgehen des EuGH folgend – der Begriff „Gemeinschaftsrecht" verwendet, um die Quellen originalgetreu wiederzugeben.

---

tes, S. 10. In diesem Sinne auch *Tudela Aranda*, Föderalismusreform als Notwendigkeit nach der Reform der Autonomiestatute, a.a.O., S. 245 ff.

71 Vgl. etwa Langenscheidts Handwörterbuch Spanisch, Teil I, Spanisch- deutsch, responsabilidad; *Garay*, Rechtswörterbuch, responsabilidad.

IV. Zitierweise spanischer Gesetze und Urteile

Da an vielen Stellen auf spanische Gesetze und Normen eingegangen wird, die dem deutschen Juristen grundsätzlich nicht bekannt sein können, werden die relevanten Normen stets übersetzt und, sofern erforderlich, auch in ihrer Originalfassung wiedergegeben, unter Angabe der entsprechenden Fundstelle. Die in Spanien übliche Zitierweise von Gesetzen, Artikel klein zu schreiben und Absätze mit einem Punkt kenntlich zu machen (z.B. würde etwa Art. 260 Abs. 1 AEUV in Spanien art. 260.1 TFUE[72] zitiert), wird jedoch nicht übernommen, sondern in diesem Punkt an die in der deutschen Rechtswissenschaft übliche Zitierweise von Gesetzen angepasst.

Die Urteile des spanischen Verfassungsgerichts werden wie folgt zitiert: *STC* (Sentencia del Tribunal Constitucional/Urteil des Verfassungsgerichts) -/-, v. Datum, FJ (Fundamento Jurídico/Entscheidungsgründe). Entsprechend werden die Urteile des Obersten Gerichtshofs (Tribunal Superior) sowie des Nationalen Obergerichts (Audiencia Nacional) zitiert, mit dem Unterschied, dass dem Zitat die Abkürzung *STS* bzw. *SAN* vorangestellt wird.

D. Ziele

Ziel dieser Arbeit ist es, über die zuvor unter A.I. bereits genannten Untersuchungsziele hinaus, deutschen Juristen den Zugang zu einem Rechtsproblem eines anderen Mitgliedstaates der EU zu eröffnen, das auch aus deutscher Sicht, nämlich hinsichtlich des Verhältnisses des Bundes und der Bundesländer in Angelegenheiten der EU, von Bedeutung ist. Hierdurch möchte die Arbeit einen Beitrag zur Förderung des europäischen Integrationsprozesses leisten, denn das in Art. 1 Abs. 2 EUV normierte Ziel der „Verwirklichung einer immer engeren Union der Völker Europas“ ist nur durch die Kenntnis und das Verständnis ihrer unterschiedlichen Rechtsordnungen möglich.[73] Die Bedeutung der Rechtsvergleichung als wesentlicher Erkenntnisquelle für den Integrationsprozess der Eu-

---

72 Tratado de Funcionamiento de la Unión Europea (Vertrag über die Arbeitsweise der EU).

73 Nach *Starck* stärkt der Einsatz der rechtsvergleichenden Methoden bei der Rechtsgewinnung auf gemeinschaftsrechtlicher Ebene die Integration, JZ 1997, 1021 (1030), der sich dabei auf *Schwarze*, Europäisches Verwaltungsrecht, Bd. I, 1988, S. 76 ff, bezieht, nach dem die „Rechtsvergleichung einen maßgeblichen Beitrag zur Errichtung einer funktionsfähigen internationalen Organisation wie zur Akzeptanz ihres internen Rechts“ zu leisten vermag.

ropäischen Union kommt auch in Art. 6 Abs. 3 EUV[74] zum Ausdruck.[75] Sie gehört auf Ebene der EU zur täglichen Arbeitsmethodik in den Gremien und Organen der EU. Nur mittels der Kenntnis fremder Kulturen und Rechtskreise, in die der Rechtsvergleicher einzudringen hat, ist es möglich die nationalen Barrieren zwischen den Völkern abzubauen und auf diese Weise eines der Hauptziele der Gründung der heutigen Europäischen Union, die Sicherung des Friedens in Europa, dauerhaft zu bewahren.

74 Art. 6 Abs. 3 EUV spricht von den „gemeinsamen Verfassungsüberlieferungen der Mitgliedstaaten".

75 Vgl. auch Art. 340 AEUV (ex- Art. 288 Abs. 2 EG), wo auf die „allgemeinen Rechtsgrundsätze, die den Rechtsordnungen der Mitgliedstaaten gemeinsam sind" Bezug genommen wird.

1. Kapitel Die unionsrechtlichen Grundlagen für den mitgliedstaatlichen Vollzug des Unionsrechts und die Haftung für Vollzugsdefizite in Mitgliedstaaten mit föderativer Staatsordnung

Ausgangspunkt der Untersuchung ist die Pflicht aller Mitgliedstaaten der EU gemäß Art. 4 Abs. 3 UAbs. 2 EUV, alle geeigneten Maßnahmen zur Erfüllung der Verpflichtungen zu ergreifen, die sich aus den Verträgen oder den Handlungen der Organe der EU ergeben. Vorliegend ist in diesem Zusammenhang näher auf die hieraus folgende Pflicht der Mitgliedstaaten zum ordnungsgemäßen Vollzug sowie zur Haftung für den nicht ordnungsgemäßen Vollzug des Unionsrechts einzugehen. Fraglich ist zunächst, welche Regeln und Grundsätze das Unionsrecht selbst hierfür aufstellt sowie ob und wenn ja, welche finanziellen Konsequenzen auf europäischer Ebene aus einem Verstoß der Mitgliedstaaten gegen die unionsrechtlichen Pflichten folgen. Dabei fragt es sich für die vorliegende Untersuchung, ob das Unionsrecht Regeln für die Fälle finanzwirksamer Vollzugsdefizite durch regionale Gebietskörperschaften enthält, wer also in diesen Fällen gegenüber der EU die Verantwortung für den Verstoß trägt und in welchen Bereichen diese Frage typischerweise relevant wird.

A. Die unionsrechtlichen Grundsätze zum mitgliedstaatlichen Vollzug des Unionsrechts und ihre Konsequenzen in Mitgliedstaaten mit föderativer Staatsordnung

Beim Vollzug von Unionsrecht ist grundsätzlich zwischen dem Vollzug durch Behörden und Organe der EU und dem Vollzug durch nationale Behörden und Organe der Mitgliedstaaten zu unterscheiden.[76] Darüber hinaus hat sich in der Praxis auch eine Kooperation zwischen Behörden der EU und mitgliedstaatlichen Behörden sowie der Mitgliedstaaten unter einander herausgebildet.[77]

76 *Gundel*, in: *Schulze/Zuleeg/Kadelbach* (Hrsg.), Hdb Europarecht, 2. Aufl., § 3 Rn. 91.

77 *Oppermann/Classen/Nettesheim*, Europarecht, 4. Aufl., § 13 Rn. 1, S. 242 Rn. 33; *Gundel*, in: *Schulze/Zuleeg/Kadelbach* (Hrsg.), Hdb Europarecht, 2. Aufl., § 3 Rn. 5, 119 ff., S. 145 ff.

Das Primärrecht regelt den Vollzug des Unionsrechts nur unsystematisch und keinesfalls in abschließender Weise.[78] Vor dem Inkrafttreten des Vertrags von Lissabon am 1.12.2009 enthielten die Verträge weder eine ausdrückliche Regelung des Vollzugs des Unionsrechts noch eine allgemeine Verpflichtung zum Vollzug.[79] Der Vertrag von Lissabon hat hier hinsichtlich des mitgliedstaatlichen Vollzugs eine Veränderung gebracht: Nunmehr erklärt Art. 291 Abs. 1 AEUV ausdrücklich, dass die Mitgliedstaaten alle zur Durchführung der verbindlichen Rechtsakte der Union erforderlichen Maßnahmen nach innerstaatlichem Recht ergreifen.

I. Der Grundsatz des mitgliedstaatlichen Vollzugs

Art. 291 Abs. 1 AEUV normiert dabei den unbestrittenen Regelfall des Unionsrechtsvollzugs, denn es obliegt grundsätzlich den Mitgliedstaten, die Rechtsakte der EU durchzuführen.[80] Trotz des Anstiegs der Anzahl an unionseigenen Behörden in den letzten Jahren, ist die Durchführung des Unionsrechts durch die Behörden der Mitgliedstaaten bislang nach wie vor die Regel, der Vollzug durch Behörden der EU hingegen die Ausnahme. [81] Dies erklärt sich u.a. dadurch, dass der Union für den externen Vollzug des Unionsrechts grundsätzlich keine Kompetenz zukommt und ihr auch ein eigener Verwaltungsunterbau fehlt. [82] Der Grundsatz des mitgliedstaatlichen Vollzugs ist durch Art. 291 Abs. 1 AEUV

---

78 *Oppermann/Classen/Nettesheim*, Europarecht, 4. Aufl., § 13 Rn. 1, S. 234.

79 *Streinz*, in: *Isensee/Kirchhof* (Hrsg.), Hdb des StaatsR, Bd. VII, § 182, Rn. 10, S.822.

80 St. Rspr. des *EuGH*. Vgl. u.a. *EuGH*, v. 11.2.1971 – Rs. 39/70, Slg. 1971, 49, Rn. 4 – Fleischkontor; v. 21.9.1983 – Verb. Rs. 205- 215, Slg. 1983, S. I-2633, Rn. 17 – Deutsche Milchkontor; *Gundel*, in: *Schulze/Zuleeg/Kadelbach* (Hrsg.), Hdb Europarecht, 2. Aufl., § 3 Rn. 101; *Hatje*, in: *Schwarze*, EU- Kommentar, 2. Aufl., Art. 10 EGV Rn. 14; *Kotzur*, in: *Geiger/Khan/Kotzur*, EUV u. AEUV, 5. Aufl., 2010, Art. 291 Rn. 1; *Streinz*, in: *Streinz*, EUV/EGV, Art. 10 EGV Rn. 15 u. 25.

81 Vgl. z.B. *v. Bogdandy*, in: *Grabitz/Hilf*, EU Komm, Bd. I, Art. 10 EGV Rn. 43; *Gundel*, in: *Schulze/Zuleeg/Kadelbach* (Hrsg.), Hdb Europarecht, 2. Aufl., § 3 Rn. 101; *Hatje*, Die gemeinschaftsrechtliche Steuerung der Wirtschaftsverwaltung, S. 45; *Kahl*, in: *Callies/Ruffert*, EUV/EGV, Art. 10, Rn. 30; *Oppermann/Classen/Nettesheim*, Europarecht, 4. Auf., § 13 Rn. 1 u. 25, S. 234 u. S. 239 f.

82 Vgl. *Hatje*, in: *Schwarze*: EU- Kommentar, 2. Aufl., Art. 10 EGV Rn. 2; *Kahl*, in: *Calliess/Ruffert*, EUV/EGV, Art. 10, Rn. 24; *Oppermann/Classen/Nettesheim*, Europarecht, 4. Auflage, § 13 Rn. 1, S. 234; *Streinz*, in: *Isensee/Kirchhof* (Hrsg.), Hdb des StaatsR, Bd. VII, § 182, Rn. 4, S. 818 f.; *Streinz*, in: *Streinz* (Hrsg.), EUV/EGV, Art. 10 EGV Rn. 15.

jetzt ausdrücklich in das Primärrecht aufgenommen worden[83] und spezifiziert so die allgemeine Loyalitätspflicht des Art. 4 Abs. 3 EUV[84], aus dem die Pflicht der Mitgliedstaaten zum ordnungsgemäßen Vollzug des Unionsrechts folgt.

Hieran sind alle Ausprägungen der staatlichen Gewalt gebunden[85] und zwar sowohl in vertikaler als auch horizontaler Sicht und in beiden Konstellationen reziprok.[86] Auch die Länder, die Regionen und die sonstigen Gebietskörperschaften sowie die verselbständigten Verwaltungseinheiten und öffentlichen Unternehmen sind unmittelbar dem Art. 4 Abs. 3 EUV unterworfen.[87]

Gemäß Art. 5 Abs. 1 S. 1 EUV richtet sich die Abgrenzung der Zuständigkeiten zwischen der Union und den Mitgliedstaaten nach dem Grundsatz der begrenzten Einzelermächtigung. Diesen Grundsatz definiert Art. 5 Abs. 2 EUV dahingehend, dass die Union nur innerhalb der Grenzen der Zuständigkeiten tätig wird, die die Mitgliedstaaten ihr in den Verträgen zur Verwirklichung der darin niedergelegten Ziele übertragen haben. Alle der Union nicht in den Verträgen übertragenen Zuständigkeiten verbleiben bei den Mitgliedstaaten, Art. 4 Abs. 1 EUV. Die EU ist folglich zur unmittelbaren Ausführung des von ihr gesetzten Rechts nur insoweit zuständig, wie ihr hierfür in den Verträgen die Kompetenz übertragen wurde.[88] In allen anderen Fällen sind daher grundsätzlich die Mitgliedstaaten zuständig. Sie sind dabei nicht nur für den Vollzug des mittelbar anwendbaren Unionsrechts (in erster Linie die Umsetzung von Richtlinien oder Entscheidungen in nationales Recht), sondern auch des direkt anwendbaren Unionsrechts (in erster Linie einige direkt wirksame Vorschriften des Primärrechts und Verordnungen) verantwortlich.[89]

---

83 *Gundel*, in: *Schulze/Zuleeg/Kadelbach* (Hrsg.), Hdb Europarecht, 2. Aufl., § 3 Rn. 3; *Hetmeier*, in: *Lenz/Borchardt* (Hrsg.), EU- Verträge, 5. Aufl., 2010, Art. 291 Rn. 2; *Oppermann/Classen/Nettesheim*, Europarecht, 4. Aufl., § 13 Rn. 25, S. 240.

84 *Kotzur*, in: *Geiger/Khan/Kotzur*, EUV u. AEUV, 5. Aufl., 2010, Art. 291 Rn. 1.

85 *Hatje*, in: *Schwarze* (Hrsg.), EU- Kommentar, 2. Aufl., Art. 10 EGV Rn. 6; *Streinz*, in: *Isensee/Kirchhof* (Hrsg.), Hdb des StaatsR, Bd. VII, § 182, Rn. 4, S. 818.

86 *Kahl*, in: *Calliess/Ruffert*, EUV/EGV, Art. 10, Rn.

87 *EuGH*, v. 3.7.1974, Rs. 9/74, Slg. 1974, I-773, Rn. 6 – Casagrande/Landeshauptstadt München (Vorabentscheidungsersuchen); *EuGH*, v. 12.6.1990, Rs. C-8/88, Slg. 1990, I-2321, Rn. 13 – Deutschland./.Kommission; Beschluss des *EuGH*, v. 1.10.1997, Rs. C-180/1997, Slg. 1997, I-5247, Rn. 7 – Regione Toscana ./. Kommission. *Gundel*, in: *Schulze/Zuleeg/Kadelbach* (Hrsg.), Hdb Europarecht, 2. Aufl., § 3 Rn. 103; *Magiera*, in: *Schulze/Zuleeg/Kadelbach* (Hrsg.), Hdb Europarecht, 2. Aufl., § 13 Rn. 29; *Streinz*, in: *Streinz*, EUV/EGV, Art. 10 EGV Rn. 5.

88 Vgl. *EuGH*, v. 24.10.1989 – Rs. 16/88, Slg. 1989, S. 3481, Rn. 16 – Kommission./.Rat.

89 *Streinz*, in: *Isensee/Kirchhof*, Hdb des StaatsR, Bd. VII, § 182, Rn. 4, S. 819.

II. Der Grundsatz der institutionellen und prozessualen Autonomie der Mitgliedstaaten

Der Grundsatz der mitgliedstaatlichen Vollzugszuständigkeit ist zwar durch Art. 291 Abs. 1 AEUV nunmehr ausdrücklich in das Primärecht aufgenommen worden.[90] Über diesen Grundsatz hinaus enthält das Unionsrecht jedoch, auch nach Inkrafttreten des Lissabon-Vertrags, nach wie vor keine umfassenden verfahrensrechtlichen Regeln für den mitgliedstaatlichen Vollzug.[91] Deshalb erfolgen die weitaus meisten Vollzugsakte gemäß den verwaltungsrechtlichen Regeln der Mitgliedstaaten.[92] Der EuGH hat hierzu erklärt, dass es nach dem institutionellen System der EU und den Vorschriften, die die Beziehungen zwischen der EU und den Mitgliedstaaten beherrschen (in erster Linie Art. 4 Abs. 3 EUV), Sache der Mitgliedstaaten sei, in ihrem Hoheitsgebiet für die Durchführung der unionsrechtlichen Regelungen zu sorgen.[93] Soweit das Unionsrecht einschließlich der allgemeinen unionsrechtlichen Grundsätze hierfür keine gemeinsamen Vorschriften enthält, gehen die nationalen Behörden bei der Durchführung der unionsrechtlichen Regelungen nach den formellen und materiellen Bestimmungen ihres nationalen Rechts vor.[94] Hierfür hat sich der Begriff „der institutionellen und verfahrensmäßigen Autonomie der Mitgliedstaaten" heraus gebildet.[95] Die Autonomie der Mitgliedstaaten ist dabei umfassend zu verstehen und

90 *Hetmeier*, in: *Lenz/Borchardt* (Hrsg.), EU- Verträge, 5. Aufl., 2010, Art. 291 Rn. 2.

91 Auf die verhältnismäßig geringen Fälle, in denen die Verträge Sonderregelungen über Durchführungszuständigkeiten enthalten, wird an dieser Stelle nicht näher eingegangen. Vgl. hierzu *Hetmeier*, in: *Lenz/Borchardt*, EU-Verträge, 5. Aufl., 2010, Art. 291 Rn. 3.

92 *Gundel*, in: *Schulze/Zuleeg/Kadelbach* (Hrsg.), Hdb Europarecht, 2. Aufl., § 3 Rn. 109; *Hatje*, in: *Schwarze*, EU- Kommentar, 2. Aufl., Art. 10 EGV Rn. 36; *v. Bogdandy*, in: *Grabitz/Hilf*, EU- Komm., Bd. I, Art. 10 Rn. 43.

93 *EuGH*, v. 16.12.1976 - Rs. 33/76, Slg. 1976, 1989, Rn. 5 – REWE/Landwirtschaftskammer Saarland (Vorabentscheidungsersuchen); *EuGH*, v. 21.9.1983 – Verb. Rs. 205-215, Slg. 1983, S. I-2633, Rn. 22 – Deutsche Milchkontor; *EuGH*, *v.* 7.7.1987, verb. Rs. 89 u. 91/86, Slg. 1987, I-3005, Rn. 11 – L'Etoile commerciale und CNTA/Kommission.

94 Vgl. *EuGH*, v. 11.2.1971 – Rs. 39/70, Slg. 1971, 49 Rn. 4 – Fleischkontor; EuGH, v. 6.6.1972 – Rs. 94/71, Slg. 1972, S. 307, Rn. 10f.; EuGH, v. 21.9.1983 – Verb. Rs. 205-215, Slg. 1983, S. I-2633, Rn. 17 – Deutsche Milchkontor.

95 Schlussanträge des GA *Jacobs*, v. 15.6.1995, verb. Rs. C.430/93 u. C-431/93, Slg. 1995, S. I-4705 Rn. 17 ff. - van Schijbdel u.a./Stichting Pensioenfonds voor Fysiotherapeuten; *Oppermann/Classen/Nettesheim*, Europarecht, 4. Aufl., § 13 Rn. 29 ff., S. 240; *Rodríguez Iglesias*, EuGRZ 1997, 289 ff.; *Schoch*, Die Verwaltung 1999, Beiheft 2, S. 135 f.; *Schwarze*, NVwZ 2000, 241 (246).

schließt sowohl Organisationsgewalt als auch nationale Rechtswegbestimmungen ein.[96]

III. Europarechtliche Einschränkungen der institutionellen und verfahrensmäßigen Autonomie der Mitgliedstaaten

Die „institutionelle und prozessuale Autonomie“ der Mitgliedstaaten ist diesen jedoch nur soweit gewährt, als das Unionsrecht selbst keine konkreten Vorgaben hinsichtlich des Verfahrens und der Organisation des Vollzugs in der jeweiligen Materie trifft.[97] Der EuGH erklärte, dass den Mitgliedstaaten, um der einheitlichen Anwendung des Unionsrechts willen, der Rückgriff auf innerstaatliche Rechtsvorschriften nur in dem zum Vollzug der fraglichen Vorschrift des Unionsrechts notwendigen Umfang gewährt sei.[98]

In Ermangelung konkreter allgemeiner Regeln für den mitgliedstaatlichen Vollzug und zur Gewährleistung der einheitlichen Wirksamkeit des Unionsrechts entwickelte der EuGH eine Reihe von Grundsätzen hierfür.[99] Zu ihnen gehören insbesondere der bereits erwähnte Grundsatz, dass die Mitgliedstaaten beim Vollzug des Unionsrechts nur insoweit nach ihren mitgliedstaatlichen Bestimmungen vorgehen dürfen, als das Unionsrecht keine gemeinsamen Vorschriften enthält[100]; ferner der Grundsatz der Einheit und Einheitlichkeit der Unionsrechtsordnung[101]; das Effizienzprinzip, nach welchem die Anwendung der nationalen Vorschriften die Verwirklichung des Ziels der durchzuführenden Bestimmungen nicht praktisch unmöglich machen darf[102], sowie der Äquivalenzgrundsatz, nach dem bei der Anwendung nationalen Rechts keine Unterschiede im Vergleich zu Verfahren gemacht werden darf, in denen über gleichartige, aber rein nationale Rechtsstreitigkeiten entschieden wird.[103]

---

96 *Rodríguez Iglesias*, EuGRZ 1997, S. 289.

97 *EuGH*, v. 11.2.1971 – Rs. 39/70, Slg. 1971, S. 49, Rn. 4 – Fleischkontor.

98 *EuGH*, v. 11.2.1971 – Rs. 39/70, Slg. 1971, S. 49, Rn. 4 – Fleischkontor.

99 *EuGH*, v. 21.9.1983 – Verb. Rs. 205- 215, Slg. 1983, S. I-2633, Rn. 22 – Deutsche Milchkontor; *Streinz*, EUV/EGV, Art. 10 Rn. 15.

100 Vgl. *EuGH*, v. 11.2.1971 – Rs. 39/70, Slg. 1971, S. 49, Rn. 4 – Fleischkontor.

101 *EuGH*, v. 21.9.1983 – Verb. Rs. 205- 215, Slg. 1983, S. I-2633, Rn. 17 – Deutsche Milchkontor.

102 *EuGH*, a.a.O., Rn. 22 – Deutsche Milchkontor; v. 16.5.2000 – Rs. C- 78/98, Slg. 2000, I- 3201, Rn. 31 – Preston u.a. gegen Midland Bank plc.; v. 16.3.2006 - C-234/04, Slg. 2006, I- 2585, Rn. 22 – Kapferer.

103 *EuGH*, a.a.O., Rn. 23 – Deutsche Milchkontor; v. 8.2.1996 – Rs. C- 212/94, Slg. 1996, I- 389, Rn. 52 - FMC; v. 16.5.2000 – Rs. C- 78/98, Slg. 2000, I- 3201, Rn. 31 – Preston

Die unionsrechtlichen Gebote bezüglich des mitgliedstaatlichen Vollzugs des Unionsrechts beseitigen die „Verwaltungsautonomie" der Mitgliedstaaten zwar nicht, schränken sie aber erheblich ein.[104] Im Schrifttum wird daher auch die Auffassung vertreten, der Begriff der „institutionellen und verfahrensmäßigen Autonomie der Mitgliedstaaten" sei irreführend, da die nationalen Behörden, soweit sie auf unionsrechtlicher Grundlage handeln, nicht autonom, sondern „kodependente Organismen" seien. [105] Die Mitgliedstaaten stünden im Rahmen des Unionsrechtsvollzugs in einer doppelten Loyalitätsbeziehung und über sekundärrechtliche Akte und Art. 4 Abs. 3 EUV würde das Unionsrecht auf die Gestaltung der Verwaltungsorganisation und das Verfahren Einfluss nehmen.[106]

Das Prinzip der Autonomie der Mitgliedstaaten beim Vollzug des Unionsrechts tritt ferner durch die zunehmende Verwaltungskooperation zwischen den Behörden der EU und den nationalen Behörden immer mehr zurück.[107] Die Mitgliedstaaten müssen daher, sofern Konflikte zwischen der nationalen und der Rechtsordnung der EU auftreten beim mitgliedstaatlichen Vollzug des Unionsrechts mit der Kommission redlich zusammenwirken, um die Schwierigkeiten unter vollständiger Beachtung der Bestimmungen der Verträge zu überwinden.[108] Trotz dieser Einschränkungen bleibt die Gestaltungsfreiheit der Mitgliedstaaten jedoch im Grundsatz unberührt.[109]

Die grundsätzliche Freiheit der Mitgliedstaaten, den nationalen Vollzug der unionsrechtlichen Regeln gemäß ihren nationalen Rechtsordnungen zu organisieren, wird mithin in zunehmendem Maße durch die Vorgaben des Unionsrechts sowie durch verstärkte Verwaltungskooperationen begrenzt. Der Grundsatz der Verfahrensautonomie der Mitgliedstaten steht daher in einem perma-

---

u.a. gegen Midland Bank plc.v. 16.3.2006 - C-234/04, Slg. 2006, I- 2585, Rn. 22 – Kapferer.

104 *Hatje*, in: *Schwarze*, EU- Kommentar, 2. Aufl., Art. 10 EGV Rn. 37; *ders.*, Die gemeinschaftsrechtliche Steuerung der Wirtschaftsverwaltung, S. 111 ff.; Kritisch zum Begriff: *v. Bogdandy*, in: *Grabitz/Hilf*, Art. 10 EGV Rn. 43; *Kahl*, in: *Callies/Ruffert*, EUV/EGV, Art. 10 EGV Rn. 24.

105 *v. Bogdandy*, in: *Grabitz/Hilf*, Komm, Bd. I, Art. 10 EGV Rn. 43, m.w.N. Neuerdings hierzu: *Galetta*, Procedural Autonomy of EU Member States: Paradise Lost ?, S. 5 u. 79 ff.

106 *v. Bogdandy*, a.a.O., Art. 10 EGV, Rn. 43. Auf diese Problematik kann an dieser Stelle nicht vertiefend eingegangen werden.

107 Vgl. *Oppermann/Classen/Nettesheim*, Europarecht, 4. Auflage, 2009, § 13 Rn 33, S. 241.

108 *EuGH*, v. 23.2.1995, Rs. C-349/93, Slg. 1995, S. I-343 Rn. 13 – Kommission./.Italien; *EuGH*, v. 4.4.1995, Rs. C- 348/93, Slg. 1995, S. I-673 Rn. 17 – Kommission./. Italien.

109 *Hatje*, in: *Schwarze*, EU- Kommentar, 2. Aufl., Art. 10 EGV Rn. 37.

nenten Spannungsverhältnis zum Grundsatz der einheitlichen Anwendung des Unionsrechts und ist mit diesem fortwährend in Ausgleich zu bringen.[110]

IV. Konsequenzen für föderativ organisierte Mitgliedstaaten

Für die Mitgliedstaaten der EU mit einer föderativen Staatsstruktur folgt aus dem Grundsatz der institutionellen und verfahrensmäßigen Autonomie, dass es den nationalen Verfassungsordnungen, unter Wahrung der europäischen Vorgaben und Einschränkungen, überlassen bleibt, ob das Unionsrecht durch Behörden des Gesamtstaates oder Behörden der Gebietskörperschaften umgesetzt oder ausgeführt wird.[111] Maßgeblich für die Zuständigkeit für den Vollzug der unionsrechtlichen Vorschriften und Pflichten sind in diesen Mitgliedstaaten daher ihre nationalen Kompetenzverteilungssysteme. Nach ihnen bestimmt sich jeweils, welche territoriale Ebene für den legislativen und den exekutiven Vollzug des Unionsrechts zuständig ist.

Das beschriebene Spannungsverhältnis zwischen dem Grundsatz der institutionellen und verfahrensmäßigen Autonomie der Mitgliedstaaten und dem Gebot der einheitlichen und effektiven Anwendung des Unionsrechts verstärkt in föderativ organisierten Mitgliedstaaten die Konflikte zwischen den verschiedenen am Unionsrechtsvollzug grundsätzlich beteiligten territorialen Ebenen: Begünstigt das Prinzip der institutionellen und prozessualen Autonomie der Mitgliedstaaten grundsätzlich eine Beteiligung der Gebietskörperschaften am Vollzug des Unionsrechts, indem es die Anwendung der nationalen Kompetenzordnung grundsätzlich ermöglicht, so begünstigen das Gebot der effektiven und einheitlichen Anwendung des Unionsrechts eine Zentralisierung des Vollzugs zu Gunsten der Organe des Gesamtstaates. Insbesondere das Prinzip der Autonomie der Mitgliedstaaten kann Kompetenzkonflikte in Bezug auf die Anwendung der unionsrechtlichen Vorschriften zwischen den verschiedenen staatlichen Ebenen in föderativ organisierten Mitgliedstaaten begünstigen oder gar verstärken, da es die Anwendung der innerstaatlichen Kompetenzordnung auch auf die innerstaatliche Durchführung des Unionsrechts ermöglicht. So können nationale Kompetenzkonflikte ihre Fortsetzung im Bereich der innerstaatlichen Umsetzung der unionsrechtlichen Vorschriften finden. Dies birgt die Gefahr von Fällen, in denen eine oder mehrere Gebietskörperschaften eines Mitgliedstaats das Unions-

---

110 *Gundel,* in: *Schulz/Zuleeg/Kadelbach* (Hrsg.), Hdb Europarecht, § 3 Rn. 110; *Schwarze,* NVwZ 2000, 241 (246).

111 Vgl. für die BRD etwa: *Oppermann/Classen/Nettesheim,* Europarecht, 4. Auflage, 2009, § 13 Rn. 35, S. 241 f.

recht nicht, nicht ordnungsgemäß oder nicht fristgemäß umsetzen bzw. anwenden. Fraglich ist, ob und wie das Unionsrecht die Fälle regelt, in denen für ein Vollzugsdefizit eines föderativ strukturierten Mitgliedstaates das Fehlverhalten einer oder mehrerer seiner Untergliederungen ursächlich war. Insbesondere ist hierbei relevant, welche staatliche Ebene gegenüber der EU die (finanzielle) Verantwortung für die Folgen eines Unionsrechtsverstoßes trägt, der nach der nationalen Rechts- und Kompetenzordnung des betreffenden Mitgliedstaates im Zuständigkeitsbereich seiner Gebietseinheiten liegt.

B. Die Haftungsverantwortung gegenüber der EU für Vollzugsdefizite von Gebietskörperschaften in Mitgliedstaaten mit föderativer Staatsordnung

Die allgemeine Pflicht der Mitgliedstaaten zur Haftung für Unionsrechtsverstöße ist vertraglich nicht geregelt. Sie folgt jedoch nach der ständigen Rechtsprechung des EuGH aus dem Wesen der Unionsverträge[112], gestützt von der Bestimmung des Art. 4 Abs. 3 UAbs. 2 EUV, wonach die Mitgliedstaaten alle geeigneten Maßnahmen zur Erfüllung ihrer vertraglichen Pflichten zu ergreifen haben. In Mitgliedstaaten mit einer föderativen Staatsstruktur ist dabei der Fall unproblematisch, dass der Gesamtstaat im Rahmen seiner Zuständigkeiten gegen Unionsrecht verstößt. In diesen Fällen trägt der Gesamtstaat gegenüber der EU die Verantwortung für ein Verhalten, für das er auch nach nationalem Recht verantwortlich ist. Problematisch sind jedoch die Fälle, in denen eine oder mehrere Gebietseinheiten im Rahmen ihrer aus der nationalen Kompetenzordnung folgenden Zuständigkeit gegen Vorschriften des Unionsrechts verstoßen bzw. wenn ein Verhalten sowohl des Gesamtstaates als auch der Gebietseinheiten zu dem Verstoß geführt hat. Noch komplizierter wird das Geflecht der Verantwortlichkeiten im Falle eines gleichzeitigen Fehlverhaltens der Unionsorgane oder

112 St.Rspr. des EuGH. Vgl.: *EuGH*, v. 19.11.1991 – Rs. C-6/90 u. C-9/90, Slg. 1991, I-5357, Rn. 35 Francovich; v. 5.3.1996 – Rs. C-46/93 u. C-48/93, Slg. 1996, I-1029, Rn. 31 – Brasserie du Pêcheur und Factortame; v. 26.3.1996 – Rs. C-392/93, Slg. 1996, I- 1631, Rn. 38 – British Telecommunications; v. 23.5.1996 – Rs. C-5/94, Slg. 1996, I-2553, Rn. 24 – Hedley Lomas; v. 8.10.1996 – Rs. C-178/94, C-179/94 u. C-188/94 bis C-190/94, Slg. 1996, I-4845, Rn. 20 – Dillenkofer u.a.; v. 2.4.1998 – Rs. C-127/95, Slg. 1998, I-1531, Rn. 106 – Norbrook Laboratories; v. 4.7.2000 – Rs. C-424/97, Slg. 2000, I-5123, Rn. 26 – Haim und v. 28.6.2001, Rs. C-118/00, Slg. 2001, I-5063, Rn. 34 – Larsy.

gar Privater.[113] Fraglich ist dann, welche staatliche Ebene die (finanzielle) Verantwortung gegenüber der Union trägt.

I. Keine vertragliche Regelung der Haftungszurechnung nach Unionsrecht

Ebenso wenig wie die Haftung der Mitgliedstaaten für Verstöße gegen das Unionsrecht normativ in den Unionsverträgen geregelt wurde, so enthalten sie keine ausdrückliche Zuständigkeitsregel dafür, wer im Falle eines finanzwirksamen Verstoßes gegen das Recht der Union durch eine selbstständige Gebietseinheit eines föderalen bzw. föderal-ähnlichen Mitgliedstaates gegenüber der Union zu haften hat. Aus Art. 4 Abs. 3 UAbs. 2 EUV folgt zwar die Pflicht aller staatlichen Ebenen zur Erfüllung der unionsrechtlichen Pflichten, was sowohl in horizontaler als auch vertikaler Richtung gilt: Sowohl Legislative, Exekutive und Judikative sind durch Art. 4 Abs. 3 UAbs. 2 EUV gebunden als auch die Organe des Zentralstaates, der Gebietskörperschaften sowie sonstige verselbständigte Verwaltungseinheiten.[114] Gleichwohl sieht Art. 258 AEUV nur ein Vertragsverletzungsverfahren gegen die Mitgliedstaaten und nicht gegen einzelne Gebietseinheiten von Mitgliedstaaten vor.[115] Diese haben zwar unter bestimmten Umständen selbst gemäß Art. 263 Abs. 4 AEUV ein Recht zur Klagerhebung, wenn sie sich in Rechten beeinträchtigt meinen.[116] Dies hat jedoch keine Auswirkungen auf die vorliegend fragliche Haftungsbeziehung zwischen der EU und den Mitgliedstaaten im Falle eines Verstoßes gegen Unionsrecht durch dessen Ge-

113 Diese Fallkonstellationen sind jedoch nicht Gegenstand der Arbeit und werden daher nicht näher untersucht.

114 Vgl. hierzu die Nachweise in Fn. 85.

115 Vgl. den Beschluss des *EuGH* v. 1.10.1997 - Rs. C-180/97, Slg. 1997, I-5245 Rn. 7 – Regione Toscana/Kommission; v. 21.3.1997 – Rs. C-95/97, Slg. 1997, I-1787 Rn. 11 – Wallonische Region/Kommission. Ebenso: *EuGH*, v. 13.12.1991 - Rs. C-33/90, Slg. 1991, I-5987, Rn. 24 – Kommission/Italien; v. 12.6.1990 – Rs. C-8/88, Slg. 1990, I-2321, Rn. 13 – Deutschland/Kommission.

116 Beschluss des *EuGH*, v. 21.3.1997 – Rs. C-95/97, Slg. 1997, I-1787 Rn. 11 – Wallonische Region/Kommission; v. 1.10.1997, Rs. C-180/97, Slg. 1997, I-5245 Rn. 10 f. – Regione Toscana/Kommission. Beschluss des EuG v. 16.6.1998, Rs. T-238/97, Slg. 1998, II-2271, Rn. 43 – Comunidad Autónoma de Cantabria/Rat sowie Urteile des *EuG* v. 15.12.1999, verb. Rs. T-132/96 u. T-143/96, Slg. 1999, II-3663, Rn. 81 – Freistaat Sachsen u.a./Kommission; v. 30.4.1998, Rs. T-214/95, II-717, Rn. 28 – Vlaamse Gewest (Flämische Region)/Kommission. *Borchardt*, in: *Lenz/Borchardt* (Hrsg.), EU-Verträge, 5. Aufl., 2010, Art. 263 Rn. 27; *Kotzur*, in: *Geiger/Khan/Kotzur*, EUV/AEUV, 5. Aufl., 2010, Art. 263 Rn 19.

bietskörperschaften. Die Verträge der EU enthalten hierfür mithin keine direkten Bestimmungen.

II. Die Rechtsprechung des EuGH und das Prinzip der Staateneinheit

Der EuGH erklärte jedoch schon relativ bald nach Gründung der EWG und in seither unveränderter Rechtsprechung, dass die Verantwortlichkeit der Mitgliedstaaten zur Erfüllung der Verpflichtungen aus den Verträgen unabhängig davon bestehe, welches Staatsorgan durch sein Handeln oder Unterlassen den Verstoß verursacht hat.[117] Die Mitgliedstaaten können sich nicht auf Bestimmungen, Übungen und Umstände des innerstaatlichen Rechts berufen, um damit die Nichtbeachtung von Verpflichtungen und Fristen des Unionsrechts zu rechtfertigen.[118] Jeder Mitgliedstaat habe daher aufgrund der ihm nach Art. 4 Abs. 3 UAbs. 2 EUV auferlegten allgemeinen Pflichten in seinem innerstaatlichen Recht die Konsequenzen aus seiner Zugehörigkeit zur Union zu ziehen.[119]

In seinen ersten Entscheidungen hatte der EuGH selbst sich allerdings nicht zur normativen Begründung dieser Rechtsprechung geäußert, sondern sie lediglich festgestellt.[120] Den entsprechenden Schlussanträgen der Generalanwälte[121] ist jedoch zu entnehmen, dass die Rechtsprechung des EuGH auf dem Prinzip des Allgemeinen Völkerrechts basiert, nach welchem die Staaten grundsätzlich als Einheitsstaaten betrachtet werden und sich ihrer Staatenverantwortlichkeit

---

117 St. Rspr. des *EuGH*. Vgl. etwa: *EuGH*, v. 5.5.1970 - Rs. 77/69, Slg. 1970, S. 237, FJ. 2 u. Rn. 15/16 – Kommission/Königreich Belgien; *EuGH*, v. 18.11.1970 - Rs. 8/70, Slg. 1970, S. 961 – Kommission/Italienische Republik; *EuGH*, v. 26.2.1976 – Rs. 52/75, Slg. 1976, 277, Rn. 14 – Kommission/Italienische Republik.

118 Siehe hierzu näher unter 1. Kap., B.I.2.

119 St.Rspr. des *EuGH*. Vgl. etwa: *EuGH*, v. 5.5.1970 - Rs. 77/69, Slg. 1970, 237, Rn. 15 f. – Kommission/Königreich Belgien; *EuGH*, v. 18.11.1970 - Rs. 8/70, Slg. 1970, 961, Rn. 9 – Kommission/Italienische Republik; *EuGH*, v. 26.2.1976 – Rs. 52/75, Slg. 1976, 277, Rn. 14 – Kommission/Italienische Republik.

120 Vgl. *EuGH*, v. 5.5.1970 - Rs. 77/69, Slg. 1970, 237, Rn. 15 f. – Kommission/Königreich Belgien; *EuGH*, v. 18.11.1970 - Rs. 8/70, Slg. 1970, 961, Rn. 9 – Kommission/Italienische Republik; *EuGH*, v. 26.2.1976 – Rs. 52/75, Slg. 1976, 277, Rn. 14 – Kommission/Italienische Republik.

121 Vgl. etwa: Schlussanträge des GA *Gand*, v. 14.4.1970 – RS. 77/69, Slg. 1970, S. 237 – Kommission/Königreich Belgien; Schlussanträge des GA *Tesauro*, v. 28.11.1995 – verb. Rs. C-46/93 - C-48/93, Slg. 1996, I-1029 (1090), Rn. 38, Fn. 42 – Brasserie du Pêcheur; Schussanträge des GA *Mischo*, v. 19.5.1999 – Rs. C-424/97, Slg. 2000, S. I-5123 (5131) Rn. 30 – Haim.

nicht mit dem Hinweis auf ultra vires- Handlungen innerer Staatsorgane entziehen können.[122]

In der „Brasserie du Pechêur- Entscheidung[123]" erklärte der EuGH dann aber ausdrücklich, dass das völkerrechtliche Prinzip der Staateneinheit auch in der Rechtsordnung der Union gelte[124]: Er wiederholte in dieser Entscheidung zunächst seine bereits begründete Rechtsprechung, nach der die Haftung der Mitgliedstaaten für Schäden, die dem einzelnen durch den Staat zuzurechnende Verstöße gegen das Unionsrecht entstehen, aus dem Wesen der mit dem Vertrag geschaffenen Rechtsordnung folge.[125] Daraus folgerte er, dass der Grundsatz der mitgliedstaatlichen Haftung für jeden Fall des Verstoßes eines Mitgliedstaates gegen das Unionsrechts unabhängig davon gelte, welches mitgliedstaatliche Organ durch sein Handeln oder Unterlassen den Verstoß begangen habe.[126] Die Verpflichtung zum Ersatz der dem einzelnen durch Verstöße gegen das Unionsrecht entstandenen Schäden könne nicht von den internen Vorschriften über die Verteilung der Zuständigkeiten auf die Verfassungsorgane abhängen.[127]

Sodann erklärte der EuGH, Bezug nehmend auf die Ausführungen des Generalanwalts Tesauro in Nummer 38 seiner Schlussanträge[128], dass im Völkerrecht der Staat, dessen Haftung wegen Verstoßes gegen eine völkerrechtliche Verpflichtung ausgelöst werde, ebenfalls als Einheit betrachtet werde, ohne dass danach unterschieden werde, ob der schadensverursachende Verstoß der Legislative, Exekutive oder Judikative zuzurechnen sei.[129] Dies gelte umso mehr in der Gemeinschaftsrechtsordnung, als alle staatliche Instanzen einschließlich der Legislative bei der Erfüllung ihrer Aufgaben die vom Gemeinschaftsrecht vorgeschriebenen Normen, die die Situation des einzelnen unmittelbar regeln können, zu beachten haben.[130]

---

122 Hierzu näher im Folgenden: 1.Kap., B.III.

123 *EuGH*, v. 5.3.1996 – verb. Rs. C-46/93 - C-48/93, Slg. 1996, I-1029 – Brasserie du Pêcheur.

124 *EuGH*, v. 5.3.1996 – verb. Rs. C-46/93 - C-48/93, Slg. 1996, I-1029, Rn. 34 – Brasserie du Pêcheur.

125 *EuGH*, v. 5.3.1996 – verb. Rs. C-46/93 - C-48/93, Slg. 1996, I-1029, Rn. 31– Brasserie du Pêcheur; v. 19.11.1991 – verb. Rs- C-6/90 u. C-9/90, Slg. 1991, I-5357, Rn. 33 ff. - Francovich.

126 *EuGH*, v. 5.3.1996 – verb. Rs. C-46/93 - C-48/93, Slg. 1996, I-1029, Rn. 32 – Brasserie du Pêcheur.

127 *EuGH*, a.a.O., Rn. 33 – Brasserie du Pêcheur.

128 Schlussanträge des GA *Tesauro*, v. 28.11.1995 – verb. Rs. C-46/93 - C-48/93, Slg. 1996, I-1029 (1090), Rn. 38 – Brasserie du Pêcheur.

129 *EuGH*, v. 5.3.1996 – verb. Rs. C-46/93 - C-48/93, Slg. 1996, I-1029, Rn. 34 – Brasserie du Pêcheur.

130 *EuGH*, a.a.O., Rn. 34 – Brasserie du Pêcheur.

Freilich bezog sich der EuGH in dieser Entscheidung nicht auf das vorliegend relevante Verhältnis von Gesamtstaat und Gliedstaaten, sondern auf die Gewaltenteilung zwischen Legislative, Exekutive und Judikative. Bedeutsam ist gleichwohl die grundsätzliche Anerkennung des Prinzips der Staateneinheit auch und sogar erst recht für die Rechtsordnung der Europäischen Union.

Da die Rechtsprechung des EuGH bezüglich der Einstandspflicht des Gesamtstaates gegenüber der EU für das Fehlverhalten seiner Gebietseinheiten mithin auf dem Prinzip der Staateneinheit des Allgemeinen Völkerrechts gründet, wird zunächst auf dieses völkerrechtliche Prinzip eingegangen, um vor diesem Hintergrund auf die Konkretisierung des Prinzips durch die Rechtsprechung des EuGH für die Unionsrechtsordnung einzugehen.

III. Der Grundsatz der Einheit der Staaten nach Allgemeinen Völkerrecht

Nach einem gewohnheitsrechtlichen Prinzip des Völkerrechts ist ein Staat für ihn zurechenbare Handlungen, die gegen völkerrechtliche Verpflichtungen verstoßen, dem oder den verletzten Völkerrechtssubjekten verantwortlich.[131] Hierbei ist die Zurechnung des Verhaltens der Staatsorgane zum Staat wesentlich.

Der Staatsbegriff im Völkerrecht unterscheidet sich dabei von dem im nationalen Verfassungsrecht und ist grundsätzlich großzügiger als dieser.[132] Dahinter steckt der Gedanke der Universalgeltung des Völkerrechts in den zwischenstaatlichen Beziehungen, das unabhängig von den jeweiligen Regierungssystemen der Staaten allgemeine Geltung haben soll.[133] Auf diese Weise soll auch der in Art. 1 Nr. 2 Charta der Vereinten Nationen[134] enthaltene Grundsatz der Selbstbestimmung der Völker berücksichtigt werden.[135] Nach einer allgemein anerkannten Regel gilt im Völkerrecht daher das Prinzip der Einheit des Staates: Staaten werden grundsätzlich als Einheitsstaaten betrachtet, unabhängig von ihrer nationalen Regierungsform, Zuständigkeitsverteilung, etc.[136]

---

131 *Dahm/Dehlbrück/Wolfrum*, Völkerrecht, Bd. 1/3, 2. Aufl., § 173 S. 864; *Stein/v. Buttlar*, Völkerrecht, 12. Aufl., 8. Abschn./1. Kap. § 1, Rn. 1101.

132 *Stein/v. Buttlar*, Völkerrecht, 12. Aufl., 3. Abschn./1. Kap. § 1, Rn. 249, S. 89.

133 *Stein/v. Buttlar*, a.a.O., S. 89.

134 Charta der Vereinten Nationen (VN- Charta), v. 26.6.1945. Siehe das Gesetz zum Beitritt der BRD zur Charta der Vereinten Nationen v. 6.6.1973, BGBl. II, S. 430.

135 *Stein/v. Buttlar*, a.a.O., S. 89.

136 *Dahm/Dehlbrück/Wolfrum*, Völkerrecht, Bd. I/3, 2. Aufl., § 176 S. 892; *Ipsen*, Völkerrecht, § 40 Rn. 9, S. 639; *Stein/v. Buttlar*, Völkerrecht, 12. Aufl., § 1 Rn. 238 u. § 2, Rn. 1109.

1. Die Zurechnung des Handelns von Staatsorganen zum Gesamtstaat

Dies sind im Wesentlichen die Hintergründe, weshalb im Rahmen der Staatenverantwortlichkeit für völkerrechtswidriges Handeln der Grundsatz gilt, dass das Verhalten jedes Staatsorgans als Handlung des Staates zu werten ist[137] und diesem in seiner Gesamtheit zuzurechnen ist.[138] Ihr handeln gilt als Handeln des Staates, für das dieser verantwortlich ist.[139] Aufgrund des zuvor erwähnten Selbstbestimmungsrechts der Völker werden die Staatsorgane, ihre Zuständigkeit und Befugnisse durch die Rechtsordnung des jeweiligen Staates bestimmt, die das Völkerrecht nach innen hin respektiert, nach außen zur Staatengemeinschaft hin jedoch unbeachtet lässt, indem es die Staaten allgemein als Einheitsstaaten („Territorial Unit of the State") betrachtet.[140] Die Organe, die nach dem geltenden innerstaatlichen Recht bestellt worden sind, repräsentieren den Staat in seiner Gesamtheit, weshalb diesem das Verhalten all seiner Organe zugerechnet wird, seien diese Organe der Legislative, Exekutive oder Judikative oder aber der Zentralregierung oder einer Gebietseinheit des Staates.[141] Dieser Grundsatz ist nun auch in Art. 4 Abs. 1 ILC- Entwurf explizit kodifiziert[142], was im Zusammenhang mit der Frage von Bedeutung ist, ob in Bundesstaaten bzw. dezentralisierten Staaten das Verhalten von Organen der Gliedstaaten dem Gesamtstaat zurechenbar ist.

137 Vgl. *Stein/v. Buttlar*, Völkerrecht, 12. Aufl., 8. Abschn./1. Kap. § 2, Rn. 1109.

138 *Dahm/Dehlbrück/Wolfrum*, Völkerrecht, Bd. I/3, 2. Aufl., § 176 S. 892.

139 *Dahm/Dehlbrück/Wolfrum*, Völkerrecht, Bd. I/3, 2. Aufl., § 176, S. 890; *Ipsen*, Völkerrecht, 5. Aufl., 9. Kap., § 40 Rn. 3, S. 637.

140 *Ipsen*, Völkerrecht, 5. Aufl., 9. Kap., § 40 Rn. 3, S. 639; *Stein/v. Buttlar*, Völkerrecht, 12. Aufl., 3. Abschn./1. Kap. § 1, Rn. 1109, S. 433.

141 Vgl. *Dahm/Delbrück/Wolfrum*, Völkerrecht, Bd. I/3, 2. Aufl., § 176, S. 890, m.w.N.

142 Die International Law Commission (ILC), die im Jahr 1953 von der VN- Generalversammlung damit beauftragt wurde, eine Vorlage für eine Kodifikation der Staatenverantwortlichkeit zu erarbeiten, legte im Jahr 2001 einen entsprechenden Entwurf zur Staatenverantwortlichkeit für völkerrechtswidriges Handeln vor: Draft Articles on Responsibility of States for Internationally Wrongful Acts, Im Folgenden ILC- Entwurf. Dieser wurde bisher jedoch lediglich von der Generalversammlung in Form einer unverbindlichen Resolution angenommen. Art. 4 Abs. 1 ILC- Entwurf bestimmt: *„Das Verhalten eines jeden Staatsorgans ist als Handlung des Staates im Sinne des Völkerrechts zu werten, gleichviel ob das Organ Aufgaben der Gesetzgebung, der vollziehenden Gewalt, der Rechtsprechung oder andere Aufgaben wahrnimmt, welche Stellung es innerhalb des Staatsaufbaus einnimmt und ob es sich um ein Organ der Zentralregierung oder einer Gebietseinheit des Staates handelt."*

Grundsätzlich gilt, dass dem Gesamtstaat das Verhalten seiner Gliedstaaten zugerechnet wird.[143] Das Völkerrecht nimmt grundsätzlich keine Rücksicht auf die Bundesstaatsstruktur.[144] Diesen völkerrechtlichen Grundsatz hat die ILC übernommen, indem sie in Art. 4 Abs. 1 aE ILC- Entwurf explizit bestimmt, dass das Handeln eines jeden Staatsorgans als Handlung des Staates im Sinne des Völkerrechts zu werten sei, gleichviel ob es sich um ein Organ der Zentralregierung oder einer Gebietseinheit des Staates handelt.

Internationale Spruchpraxis und Staatenpraxis lassen diese Regel als gefestigtes Gewohnheitsrecht erscheinen[145]. Im Sinne der internationalen Verantwortlichkeit sind Gliedstaaten daher als Untergliederungen des Bundesstaates anzusehen[146]. Nach außen hin wird dieser wie ein Einheitsstaat behandelt[147]. Im Rahmen der Staatenverantwortlichkeit kann ein Staat sich mithin nicht der Zurechnung des Verhaltens einer seiner Gliedstaaten entziehen, indem er etwa auf die Verantwortlichkeit z.B. eines Landes oder Kantons verweist, da diese auf der nationalen Zuständigkeitsverteilung beruht, die aus völkerrechtlicher Sicht irrelevant ist.[148]

Es macht mithin für die Staatenverantwortlichkeit keinen Unterschied, ob das betreffende Organ dem Gesamtstaat oder lediglich einer „Gebietseinheit des Staates“ angehört.[149] Die innerstaatliche Kompetenzaufteilung ist für das Recht der Staatenverantwortlichkeit grundsätzlich irrelevant.[150]

2. Die Unerheblichkeit von ultra vires- Handeln der Gliedstaaten

Auch ist es für die Zurechenbarkeit als Staatshandeln unerheblich, ob das betreffende staatliche Organ dem nationalen Recht gemäß oder aber unter Überschrei-

143 Vgl. *Ipsen*, Völkerrecht, 5. Aufl., 2004, 9. Kap., § 40, Rn. 9, S. 639; *Stein/v. Buttlar*, Völkerrecht, 8. Abschn./1. Kap., § 2 Rn. 1109, S. 401; *Dahm/Delbrück/Wolfrum*, Völkerrecht, Bd. I/3, 2. Aufl., 2002, § 176, S. 890.

144 *Ipsen*, Völkerrecht, 5. Aufl., 2004, 9. Kap., § 40, Rn. 9, S. 639; Stein/*v. Buttlar*, Völkerrecht, 12. Aufl., 2009, § 2 Rn. 1109.

145 *Ipsen*, Völkerrecht, 5. Aufl., 204, 9. Kap., § 40, Rn. 9, S. 639 m.w.N.; Stein/*v. Buttlar*, Völkerrecht, 12. Aufl., 2009, § 2 Rn. 1109.

146 *Dahm/Dehlbrück/Wolfrum*, Völkerrecht, Bd. I/3, 2. Aufl., 2002, § 176 S. 892.

147 Vgl. *Dahm/Dehlbrück/Wolfrum*, Völkerrecht, Bd. I/3, 2. Aufl., 2002, § 176 S. 892; *Ipsen*, Völkerrecht, § 40 Rn. 9, S. 639; *Stein/v. Buttlar*, Völkerrecht, 12. Aufl., 2009, § 1 Rn. 238 u. § 2, Rn. 1109.

148 *Dahm/Dehlbrück/Wolfrum*, Völkerrecht, Bd. I/3, 2. Aufl., 2002, § 176 S. 892; *Stein/v. Buttlar*, Völkerrecht, 12. Aufl., 2009, § 1 Rn. 238.

149 *Stein/v. Buttlar*, Völkerrecht, 12. Aufl., 2009, § 2 Rn. 1109.

150 *Ibsen*, Völkerrecht, 5. Aufl., 2004, § 40 Rn. 9; Stein/*v. Buttlar*, Völkerrecht, 12. Aufl., 2008, § 2 Rn. 1109.

tung seiner innerstaatlichen Handlungskompetenzen oder in sonstiger Form weisungswidrig gehandelt hat.[151] Gewohnheitsrechtlich gilt, dass dem Staat auch ein kompetenzüberschreitendes Verhalten seiner Organe zuzurechnen ist[152] und die Verletzung innerstaatlichen Rechts aus Gründen der Rechtssicherheit und Rechtsklarheit nicht dem Pflichtenverstoß auf völkerrechtlicher Ebene entgegen gehalten werden kann[153], was grundsätzlich schon in Art. 46 Wiener Übereinkommen über das Recht der Verträge[154] zum Ausdruck kommt.

Art. 7 ILC- Entwurf bestimmt für die völkerrechtliche Staatenverantwortlichkeit eines Staates explizit und ohne Ausnahme, dass das Verhalten von Staatsorganen sogar bei Kompetenzüberschreitung oder Zuwiderhandlung von Weisungen als Handlung des Staates im Sinne des Völkerrechts zu werten sei.[155] Den jeweiligen geschädigten Staaten sei nicht zuzumuten, die internen Kompetenzverteilungen des Verletzerstaates zu kennen.[156] Zudem komme es für die völkerrechtliche Staatenverantwortlichkeit allein auf die völkerrechtliche Beurteilung an, so dass die nationale Kompetenzverteilung hierbei völlig unerheblich sei.[157]

---

151 *Stein/v. Buttlar*, Völkerrecht, 12. Aufl., 2009, 8. Abschn./1. Kap., § 2 Rn. 1110, S. 401.

152 *Ipsen*, Völkerrecht, 5. Aufl., 2004, 9. Kap., § 40, Rn. 25, S. 643.

153 *Stein/v. Buttlar*, Völkerrecht, 12. Aufl., 2009, 8. Abschn./1. Kap., § 2 Rn. 1110, S. 401.

154 Wiener Übereinkommen über das Recht der Verträge (WVK), vom 23.5.1969, BGBl. 1985 II, S. 926. Nach Art. 46 Abs. 1 WVK kann sich ein Staat grundsätzlich nicht auf seine innerstaatliche Rechtsordnung berufen, um sich von einer Bindung an einen Vertrag zu lösen. Art. 46 Abs. 1 WVK lautet: *„Ein Staat kann sich nicht darauf berufen, dass seine Zustimmung, durch einen Vertrag gebunden zu sein, unter Verletzung einer Bestimmung seines innerstaatlichen Rechts über die Zuständigkeit zum Abschluss von Verträgen ausgedrückt wurde und daher ungültig sei, sofern nicht die Verletzung offenkundig war und eine innerstaatliche Rechtsvorschrift von grundlegender Bedeutung betraf.“* Eine Ausnahme gilt hiernach jedoch, sofern die Verletzung offenkundig war und eine innerstaatliche Rechtsvorschrift von grundlegender Bedeutung betraf.

155 Vgl. Art. 7 ILC- Entwurf: "Das Verhalten eines Staatsorgans oder einer zur Ausübung hoheitlicher Befugnisse ermächtigten Person oder Stelle ist als Handlung des Staates im Sinne des Völkerrechts zu werten, wenn das Organ, die Person oder die Stelle in dieser Eigenschaft handelt, selbst wenn sie ihre Kompetenzen überschreiten oder Weisungen zuwiderhandeln.“ Die vom ILC- Sonderberichterstatter *Ago* vorgeschlagene Ausnahmeklausel für „evidente Kompetenzüberschreitungen“ fanden nicht Eingang in den ILC- Entwurf. Näher zum Ganzen: *Ipsen*, Völkerrecht, 5. Aufl., 2005, 9. Kap., § 40, Rn. 28, S. 644.

156 *Stein/v. Buttlar*, Völkerrecht, 12. Aufl., 2009, 8. Abschn./1. Kap., § 2 Rn. 1110, S. 402.

157 *Stein/v. Buttlar*, Völkerrecht, 12. Aufl., 2009, 8. Abschn./1. Kap., § 2 Rn. 1110, S. 402.

3. Ergebnis

Mithin haftet nach Allgemeinem Völkerrecht der Gesamtstaat für das Verhalten seiner Staatsorgane, seien dies Organe der Legislative, Exekutive oder Judikative oder aber der Zentralregierung oder einer seiner Gebietseinheiten. Der Staat kann sich auch nicht seiner völkerrechtlichen Verantwortlichkeit entziehen, weil eines seiner Organe seine Kompetenz überschritten oder weisungswidrig gehandelt hat, da innerstaatliche Angelegenheiten eines Staates nach Völkerrecht grundsätzlich irrelevant sind und von den Staaten im nationalen Recht zu regeln sind.

IV. Die Konsequenzen des Prinzips der Staateneinheit im Unionsrechts

Diese völkerrechtlichen Grundsätze gelten auch für das Unionsrecht.[158] Sie bilden die Grundlage für die Rechtsprechung des EuGH in Bezug auf die Fälle, in denen das Verhalten von Gebietseinheiten föderativ organisierter Mitgliedstaaten ursächlich für Vollzugsdefizite ist. In ständiger Rechtsprechung erklärt der EuGH diesbezüglich, dass die Verantwortlichkeit der Mitgliedstaaten für Verstöße gegen unionsrechtliche Verpflichtungen unabhängig davon bestehe, welches Staatsorgan durch sein Handeln den Verstoß verursacht hat, selbst, wenn es sich dabei um ein verfassungsmäßig unabhängiges Organ handelt.[159] Verantwortlich ist also stets der Gesamtstaat. Hierin kommt das Prinzip der Staateneinheit zum Ausdruck. Der EuGH vertrat dabei von Anbeginn an die Auffassung, dass nationale Schwierigkeiten einen Verstoß der Mitgliedstaaten gegen ihre Verpflichtungen aus den Verträgen nicht rechtfertigen können und hat diesen Grundsatz regelmäßig wiederholt und konkretisiert. So erklärt der EuGH in ständiger Rechtsprechung, dass die Mitgliedstaaten sich nicht auf innerstaatliche Gegebenheiten rechtlicher (z.B. Kompetenzstreitigkeiten) oder praktischer (Regierungswechsel, Probleme der Erfüllung der materiellen Vorgaben einer Richtlinien) Art berufen können, um die fehlende, fehlerhafte oder verspätete Umset-

---

158 *EuGH*, v. 5.3.1996 – verb. Rs. C-46/93 - C-48/93, Slg. 1996, I-1029, Rn. 34 – Brasserie du Pêcheur; v. 30.9.2003 – Rs. C-224/01, Slg. 2003, I-10239, Rn. 32 - Köbler.

159 Vgl. etwa: *EuGH*, v. 5.5.1970 - Rs. 77/69, Slg, 1970, S. 237, Rn. 15 – Kommission/Königreich Belgien; v. 18.11.1970, Rs. 8/70, Slg. 1970, S. 961, Rn. 9 – Kommission/Italienische Republik; v. 26.2.1976, Rs. 52/75, Slg. 1976, S. 277, Rn. 14 – Kommission/Italienische Republik; v. 13.10.1981 – Rs. 252/80, Slg. 1981, 2373, Rn. 4 – Kommission Italien v. 10.11.1981 – Rs. 28 u. 29/81, Slg. 1981, S. 2577 u. 2585, Rn. 4 – Kommission/Italienische Republik; v. 13.12.1991 – Rs. C-33/90, Slg. 1991, I-5987, Rn. 24 – Kommission/Italienische Republik.

zung einer Richtlinie zu rechtfertigen.[160] Auch können die Mitgliedstaaten sich nicht auf Bestimmungen, Übungen und Umstände des innerstaatlichen Rechts berufen, um damit die Nichtbeachtung von Verpflichtungen und Fristen zu rechtfertigen, die in den Richtlinien der Gemeinschaft festgelegt sind.[161]

Ebenso erklärt der EuGH in ständiger Rechtsprechung, dass die institutionelle Autonomie der Mitgliedstaaten diese nicht von der Verpflichtung entbinde, Richtlinienbestimmungen in innerstaatliches Recht umzusetzen.[162]

In der Rechtssache C-8/88, Deutschland gegen europäische Kommission[163] erklärte der EuGH, es sei Sache aller mitgliedstaatlichen Behörden, seien es solche der staatlichen Zentralgewalt, eines Gliedstaats oder sonstiger Gebietskörperschaften, im Rahmen ihrer jeweiligen Zuständigkeiten die Einhaltung der gemeinschaftsrechtlichen Vorschriften zu gewährleisten. Dagegen sei es nicht Aufgabe der Kommission, sich zur Verteilung der Zuständigkeiten aufgrund der organisationsrechtlichen Vorschriften der einzelnen Mitgliedstaaten und – im Falle eines Staats mit föderativem Aufbau – zu den jeweiligen Pflichten der Behörden des Zentralstaats und der Gliedstaaten zu äußern. Die Kommission könne nur nachprüfen, ob das gemäß den Bedingungen der nationalen Rechtsordnungen errichtete System von Überwachungs- und Kontrollmaßnahmen so wirk-

---

160 *EuGH*, v. 26.2.1976 - Rs. 52/75, Slg. 1976, 277 Rn. 7/9 - Kommission/Italienische Republik; v. 3.10.1984 - Rs. 254/83, Slg. 1984, I-3395 Rn. 4 - Kommission/Italien.

161 St.Rspr. des EuGH. Vgl. etwa: *EuGH*, 26.2.1976 – Rs. 52/75, Slg. 1976, S. 277, FJ 2, Rn. 11/13 – Kommission/Italienische Republik; v. 2.2.1982 – Rs. 68/81, Slg. 1982, S. 153 – Kommission/Belgien; v. 2.2.1982 – Rs. 68 u. 69- 73/81, Slg. 1982, S. 163 ff. - Kommission/Königreich Belgien; v. 12.2.1987 - Rs 69/86, Slg. 1987, S. 773, FJ 1 u. Rn. 7 – Kommission/Italienische Republik; v. 14.1.1988 - Rs. 227- 230/85, Slg. 1988, S. 1 ff. - Kommission/Königreich Belgien; v. 20.9.1990 - Rs. C-5/89, Slg. 1990, I-3437 Rn. 18 - Kommission/BRD; v. 5.6.1997 - Rs. C-107/96, Slg. 1997, I-3193, Rn. 10 - Kommission/Königreich Spanien; v. 2.10.1997 - Rs. C-208/96, Slg. 1997, I-5375, Rn. 9 – Kommission/Königreich Belgien; - v. 12.2.1998, C-144/97, Slg. 1998, I-00613 – Kommission/Französische Republik; v. 19.2.1998- Rs. C-8/97, Slg. 1998, I- 00823 – Kommission/Republik Griechenland; v. 13.4.2000 - Rs C-274/98, Slg. 2000, I- 2823, Rn. 19 – Kommission/Königreich Spanien; v. 8.3.2001 - Rs. C-276/98, Slg. 2001, I-1699 - Kommission/Portugiesische Republik; v. 28.11.2002 - Rs. C-392/01, Slg. 2002, S. I-11111 – Kommission/Königreich Spanien; v. 15.5.2003 - Rs. C-419/01, Slg. 2003, I-04947 – Kommission/Königreich Spanien.

162 EuGH, v. 25.5.1982 - Rs. 96 u. 97/81, Slg. 1982, S. 1791 u. 1819, Rn. 12 – Kommission/Königreich Niederlande; v. 14.1.1988 - Rs. 227/85- 230/85, Slg. 1988, S. 00001 – Kommission/Königreich Belgien; v. 28.2.1991 - Rs. C-131/88, Slg. 1991, S. I-00825 – Kommission/BRD.

163 *EuGH*, v. 12.6.1990, Rs. C-8/88, Slg. 1990, I-2321, LS 1 u. Rn. 13 – BRD/Kommission.

sam sei, dass es eine richtige Anwendung der gemeinschaftsrechtlichen Vorschriften erlaube.[164]

In ständiger Rechtsprechung erklärt der EuGH ferner, dass die Pflichten des Unionsrechts allen Trägern öffentlicher Gewalt in den Mitgliedstaaten obliegen, und zwar im Rahmen ihrer Zuständigkeiten auch den Gerichten.[165]

Speziell zu der Haftungspflicht föderal aufgebauter Mitgliedstaaten für Schäden einzelner, die aus einem Verstoß eines Bundeslandes gegen unionsrechtliche Vorschriften resultieren, erklärte der EuGH erstmals in der Rs. Konle[166], dass ein Mitgliedstaat zwar sicherstellen müsse, dass dem Einzelnen der Schaden ersetzt werde, der diesem durch einen Verstoß der öffentlichen Gewalten gegen Unionsrecht entstanden ist, gleichgültig, welche staatliche Stelle diesen Verstoß begangen habe und welche Stelle nach dem Recht des betreffenden Mitgliedstaats diesen Schadensersatz grundsätzlich zu leisten habe.[167]

Die Mitgliedstaaten könnten sich dieser Haftung mithin nicht dadurch entziehen, dass sie auf die interne Verteilung der Zuständigkeiten und der Haftung auf Körperschaften verweisen, die nach ihrer Rechtsordnung bestehen, oder dass sie geltend machen, der staatlichen Stelle, die den Verstoß gegen Gemeinschaftsrecht begangen habe, hätten nicht die erforderlichen Befugnisse, Kenntnisse oder Mittel zur Verfügung gestanden.[168] Was aber die Haftung der Gebietseinheiten selber betrifft, so erklärte der EuGH in dieser Rechtssache, dass unter den soeben genannten Vorbehalten das Unionsrecht die Mitgliedstaaten nicht dazu verpflichte, die Aufteilung der Zuständigkeit und der Haftung auf die öffentlichen Körperschaften in ihrem Gebiet zu ändern. Den Erfordernissen des Gemeinschaftsrechts sei Genüge getan, wenn die innerstaatlichen Verfahrensregelungen einen wirksamen Schutz der Rechte, die dem einzelnen aufgrund Gemeinschaftsrechts zustehen, ermöglichen und die Geltendmachung dieser Rechte nicht gegenüber derjenigen solcher Rechte erschwert sei, die dem einzelnen nach innerstaatlichem Recht zustünden.[169] Infolgedessen könne ein bundesstaatlich aufgebauter Mitgliedstaat seine gemeinschaftsrechtlichen Verpflichtungen

164 *EuGH*, v. 12.6.1990, Rs. C-8/88, Slg. 1990, I-2321, LS 1 u. Rn. 13 – BRD/Kommission.

165 *EuGH*, v. 10.4.1984 – Rs- 79/83, Slg. 1984, I-1921, LS 1 u. Rn. 26 – Dorit Harz/ TRADAX GmbH; v. 10.4.1984 – Rs. 14/83, Slg. 1984, I- 1891, FJ 1 u. Rn. 26 – Sabine v. Colson u. Elisabeth Kamann/Land Nordrhein- Westfalen; v. 15.5.1986 – Rs. 222/84, Slg. 1986, I-1651, FJ 6 u. Rn. 53 – Marguerite Johnston/Chief Constble of the Royal Ulster Constabulary.

166 *EuGH*, v. 1.6.1999 – Rs. C-302/97, Slg. 1999, I-3099 – Konle.

167 *EuGH*, v. 4.7.2000 - Rs. C-424/97, Slg. 2000, S. I- 5123 (5158), Rn. 27 – Haim; *EuGH*, v. 1.6.1999 – Rs. C-302/97, Slg. 1999, I-3099 (3140), Rn. 62 – Konle.

168 *EuGH*, v. 4.7.2000 - Rs. C-424/97, Slg. 2000, S. I- 5123 (5158), Rn. 28 – Haim.

169 *EuGH*, v. 1.6.1999 – Rs. C-302/97, Slg. 1999, I-3099 (3140), Rn. 63 – Konle.

auch dann erfüllen, wenn nicht der Gesamtstaat den Ersatz der einem einzelnen durch gemeinschaftsrechtswidrige innerstaatliche Maßnahmen entstandenen Schäden sicherstelle.[170]

In demselben Sinne erklärte der EuGH in der Rechtssache C-424/97 Salomone Haim gegen Kassenzahnärztliche Vereinigung Nordrhein[171], dass es gemeinschaftsrechtlich auch nicht zu beanstanden sei, wenn die Haftung einer öffentlich-rechtlichen Körperschaft auf Ersatz des Schadens, der einem einzelnen durch von ihr unter Verstoß gegen das Gemeinschaftsrecht[172] getroffene Maßnahmen entstanden ist, neben derjenigen des Mitgliedstaats selbst gegeben sei.[173]

V. Ergebnis

Gegenüber der EU haftet somit stets und ausschließlich der Gesamtstaat, unabhängig davon, welche staatliche Ebene tatsächlich für die Verletzung der unionsrechtlichen Regeln verantwortlich ist. Die innerstaatlichen Kompetenzsysteme der Mitgliedstaaten sind daher auf unionsrechtlicher Ebene für die Haftungsfrage unerheblich. Die Rechtsprechung des EuGH gründet dabei auf den Grundsätzen des Allgemeinen Völkerrechts, das die Rechtsordnung der Staaten nach innen hin respektiert, nach außen zur Staatengemeinschaft jedoch unbeachtet lässt, indem es die Staaten allgemein als Einheitsstaaten („Territorial Unit of the State") betrachtet. Das (Fehl-) Verhalten der Gebietseinheiten in Staaten mit föderativem Aufbau wird daher stets dem Gesamtstaat zugerechnet. Dies gilt, wie dargestellt, auch nach der Rechtsordnung der EU. Da auf unionsrechtlicher Ebene also stets der Gesamtstaat die Verantwortung für Unionsrechtsverstöße trägt, müssen die Mitgliedstaaten nach ihren innerstaatlichen Rechtsordnungen regeln, ob und wie der Gesamtstaat Regress bei seinen Gebietseinheiten nehmen kann, sollte er gegenüber der Union finanziell für ein Fehlverhalten einstehen, für das diese nach der nationalen Kompetenzordnung zuständig sind.

Obgleich der EuGH die nationalen Kompetenzsysteme der Mitgliedstaaten im Falle von Vollzugsdefiziten nicht als Rechtfertigungsgrund akzeptiert, ist es auf der anderen Seite, wie dargestellt[174], nach seiner Rechtsprechung Sache aller mitgliedstaatlichen Behörden, seien es solche der staatlichen Zentralgewalt, eines Gliedstaates oder sonstiger Gebietskörperschaften, im Rahmen ihrer jeweili-

170 *EuGH*, Konle, a.a.O., Rn. 64.

171 *EuGH*, v. 4.7.2000 – Rs. C-424/97, Slg. 2000, I- 5123 – Haim.

172 Heute müsste es heißen „das Recht der EU".

173 *EuGH*, v. 4.7.2000 – Rs. C-424/97, Slg. 2000, I- 5123 Rn. 32 u. 34 – Haim.

174 Vgl. oben 1. Kapitel A.

gen Zuständigkeiten die Einhaltung der gemeinschaftsrechtlichen Vorschriften zu gewährleisten.[175] Es sind mithin alle staatlichen Stellen zur ordnungsgemäßen Vollziehung des Unionsrechts verpflichtet. Im Falle von Vollzugsfehlern haftet jedoch ausschließlich der Gesamtstaat gegenüber der EU.

Einen gewissen Ausgleich bringt hier, dass nach der Rechtsprechung des EuGH ein Mitgliedstaat, wenn er bei der Durchführung einer unionsrechtlichen Vorschrift auf unvorhersehbare Schwierigkeiten stößt, die die Erfüllung der Verpflichtung aus der entsprechenden Vorschrift absolut unmöglich machen, diese Probleme der Kommission zu unterbreiten und ihr dabei geeignete Lösungen vorzuschlagen hat.[176] Die Kommission und die Mitgliedstaten müssen in derartigen Fällen aufgrund der gegenseitigen Verpflichtung zu loyaler Zusammenarbeit, die sich für sie insbesondere aus Ar. 4 Abs. 3 EUV ergibt, nach Treu und Glauben zusammenarbeiten, um diese Schwierigkeiten unter voller Beachtung des Vertrages zu überwinden.[177]

C. Typische Fallkonstellationen der Einstandspflicht des Gesamtstaates für Vollzugsdefizite seiner Gebietskörperschaften

Bei den Fällen, in denen ein unionsrechtswidriges Verhalten einer oder mehrerer Gebietseinheiten eines Mitgliedstaates mit föderativem Aufbau die Haftung des Gesamtstaates gegenüber der EU auslöst, ist grundsätzlich zwischen zwei Haftungskonstellationen zu unterscheiden[178]: Die erste Gruppe von Haftungsfällen betrifft diejenigen Fälle, in denen es wegen eines Verstoßes gegen unionsrechtliche Pflichten zur Verhängung finanzieller Sanktionen durch europäische Institutionen gekommen ist. Aus innerstaatlicher Sicht betreffen diese Fälle allein die interkörperschaftlichen Haftungsbeziehungen zwischen Staatsorganen des Gesamtstaates und denen seiner Gebietskörperschaften (also etwa das Verhältnis Bund-Länder; Zentralstaat-Autonome Gemeinschaften; etc.). Dieser Haftungs-

175 *EuGH*, v. 12.6.1990 – Rs. 8/88, Slg. 1990, I-2321, Rn. 13 – BRD/Kommission.

176 *EuGH*, v. 10.7.1990 – Rs. C- 217/88, Slg. 1990, I- 2879, Rn. 33 – Kommission/Deutschland.

177 *EuGH*, a.a.O., Rn. 33 – Kommission/Deutschland.

178 Vgl. *Koenig/Braun*, Rückgriffsansprüche des Bundes bei einer Haftung für Verstöße der Bundesländer gegen Gemeinschaftsrecht, NJ 2004, S. 97 ff.; *Baquero Cruz/Sarmiento*, Principios fundamentales del ordenamiento comunitario y administraciones nacionales, in: *Consejo de Estado*, Informe sobre la inserción del Derecho europeo en el ordenamiento español, 2008, S. 579 ff.; Gespräch mit *Ministerialrat Lummer* (BWiM) am 18.11.2009.

typ ergibt sich im Bereich der mitgliedstaatlichen Vertragsverstöße (Art. 258, 260 AEUV), im Zusammenhang mit der Überschreitung des öffentlichen Defizits (Art. 126 AEUV) sowie wegen der nicht ordnungsgemäßen Verwendung von EU-Geldern im Zusammenhang mit den europäischen Fonds.[179] Da die europäischen Institutionen die Finanzsanktionen stets und ausschließlich gegen die den Mitgliedstaat repräsentierenden Zentralregierungen verhängt[180], ist in föderativ organisierten Mitgliedstaaten, in denen das unionsrechtswidrige Verhalten der Gebietskörperschaften die Sanktionen verursacht hat, in der innerstaatlichen Rechtsordnung die entsprechende Haftungsverteilung zwischen den verschiedenen am Vollzug des Unionsrechts zuständigen Ebenen vorzunehmen.

Die zweite Gruppe der Haftungsfälle bilden die Schadensersatzansprüche Einzelner für Schäden, die aus einem mitgliedstaatlichen Verstoß gegen das Unionsrecht resultieren. In diesen Fällen hat die EU gegenüber den Mitgliedstaaten keine Sanktionsbefugnisse. Aus diesem Grund unterscheiden sie sich von den anderen Haftungstypen. Zwar kann in föderal organisierten Mitgliedstaaten auch ein Fehlverhalten einer Untergliederung den Schaden des Einzelnen verursacht haben, so dass auch dann auch hier, in Übereinstimmung zu den Fällen des ersten Haftungstyps, im Innenverhältnis zu klären ist, welche staatliche Ebene für diese Schäden aufzukommen hat. Dieser Haftungstyp unterscheidet sich aber insofern grundlegend von der zuerst genannten Gruppe als zu dem „Dreiecksverhältnis" aus EU, Gesamtstaat und Gebietskörperschaften Einzelpersonen hinzukommen, denen gegenüber Schadensersatz zu leisten ist. Auf ihn wird daher gesondert eingegangen.[181]

I. Die Verhängung finanzieller Sanktionen durch europäische Institutionen im Falle von mitgliedstaatlichen Vollzugsdefiziten

Die finanzielle Haftung des Gesamtstaates gegenüber der Union für einen Unionsrechtsverstoß seiner Gebietskörperschaften wird relevant im Zusammenhang mit Finanzsanktionen des EuGH im Bereich des Vertragsverletzungsverfahrens nach Art. 258, 260 AEUV, mit Finanzkorrekturen der europäischen Kommission im Bereich der europäischen Landwirtschafts- und Strukturfonds sowie mit Fi-

179 Siehe hierzu näher im Folgenden.

180 Vgl. unter B.

181 In allen Haftungstypen ist es möglich, dass an der Verletzung unionsrechtlichre Vorschriften neben den mitgliedstaatlichen Organen auch Organe der EU oder gar Private beteiligt sind. Vorliegend wird sich aber auf das „klassische" Verhältnis EU- Mitgliedstaat beschränkt, um die hierfür bestehenden Finanzbeziehungen zu analysieren.

nanzsanktionen des Rates im Bereich des öffentlichen Haushaltsdefizits nach Art. 126 Abs. 11 EAUV.

1. Finanzielle Sanktionen des EuGH gemäß Art. 258, 260 AEUV

Zunächst ist es möglich, dass der EuGH gemäß Art. 260 Abs. 2 und Abs. 3 AEUV Zahlungssanktionen in Form von Zwangsgeldern oder Pauschalbeträgen gegen einen Mitgliedstat verhängt wegen des Nichtergreifens der erforderlichen Maßnahmen, die sich aus einem vorangegangen Urteil des EuGH ergeben, in welchem dieser einen Verstoß gegen Vorschriften des Unionsrechts festgestellt hatte.

Die Befugnis des EuGH, auf Vorschlag der Kommission Zwangsgelder oder Pauschalbeträge gegen Mitgliedstaaten zu verhängen, die trotz eines Urteils des EuGH, den in diesem festgestellten Vertragsverstoß nicht beendigten, wurde 1992 mit dem Vertrag von Maastricht geschaffen, zeitgleich zur Rechtsprechung des EuGH über die Haftung der Mitgliedstaaten für Verstöße gegen das Unionsrecht.[182] Beide Institute waren Reaktionen auf die in den 80er Jahren immer stärker um sich greifende Praxis der Mitgliedstaaten, das Unionsrecht sowie Urteile des EuGH, entgegen ihrer Pflicht, nicht zu befolgen.[183] Die Sanktionsmöglichkeiten des EuGH im Rahmen des Vertragsverletzungsverfahrens wurden durch den Lissabon-Vertrag erweitert und verschärft. Nunmehr ist die Verhängung von Zwangsgeldern und Pauschalbeträgen in zwei Arten möglich.

a) Art. 258, 260 Abs. 1 und Abs. 2 AEUV

Die erste Fallkonstellation betrifft die Zahlungssanktionen nach Art. 260 Abs. 2 AEUV: Sofern der EuGH im Rahmen eines Vertragsverletzungsverfahrens nach Art. 258 VAEU feststellt, dass der betreffende Mitgliedstaat gegen eine Verpflichtung aus den Verträgen verstoßen hat, so hat dieser Staat gemäß Art 260 Abs. 1 AEUV und Art. 4 Abs. 3 UAbs. 2 EUV die Maßnahmen zu ergreifen, die sich aus dem Urteil des Gerichtshofs ergeben.

Ergreift der Mitgliedstaat gleichwohl diese Maßnahmen nicht und verstößt daher weiterhin gegen das Unionsrecht, so kann der EuGH gemäß Art. 260 Abs. 2 AEUV den betreffenden Mitgliedstaat auf Vorschlag der Kommission und nach einem von dieser betriebenen vorangehenden Vorverfahren, in einem zweiten Urteil feststellen, dass der betreffende Mitgliedstaat seinem Urteil nicht

182 *EuGH*, v. 19.11.1991 - Rs. C-6/90 u. 9/90, Slg. 1991, I-5357 – Francovich.
183 *Schwarze*, in: *Schwarze*, EU- Kommentar, 2. Aufl., Art. 228 Rn. 12.

nachgekommen ist und ihn gleichzeitig zur Zahlung eines Zwangsgeldes oder[184] Pauschalbetrages verurteilen. Die Vorschrift ist durch den Lissabon-Vertrag im Wesentlichen unverändert geblieben, mit der Einschränkung, dass das Erfordernis einer mit Gründen versehenen Stellungnahme der Kommission[185], sowie die Fristsetzung zur Beendigung des Verstoßes entfallen sind.

Zwar ist die Anzahl der seither verhängten Sanktionszahlungen nach Art. 260 Abs. 2 AEUV bisher verhältnismäßig gering. Dies spricht jedoch für die von ihr ausgehende Abschreckungskraft. Außerdem gibt es verhältnismäßig viele sehr weit vorangeschrittene Verfahren der Kommission wegen mitgliedstaatlicher Verstöße gegen das Unionsrecht.

Bislang wurden Sanktionszahlungen nach Art. 258, 260 Abs. 2 AEUV gegen folgende Mitgliedstaaten verhängt: Griechenland[186], Spanien[187], Frankreich[188], Italien[189] und Portugal[190].

---

184 Trotz des Wortlauts des Vertragstextes gilt nach der Rspr. des EuGH, dass Zwangsgelder und Pauschalbeträge kumulativ beantragt und verhängt werden können: *EuGH*, v. 12.7.2005 - Rs. C-304/02, Slg. 2005, I-6263, Rn. 82 – Kommission/Frankreich; *EuGH*, v. 14.3.2006 - Rs. C-177/04, Slg. 2006, I-2461, Rn. 60 – Kommission/Frankreich.

185 *P. Karpenstein/U. Karpenstein*, merken hierzu jedoch kritisch an, dass dadurch das rechtliche Gehör der Mitgliedstaaten beschnitten wurde, vgl. *P. Karpenstein/U. Karpenstein*, in: *Grabitz/Hilf*, EU Komm, Bd. III, Art. 228 Rn. 67.

186 *EuGH*, v. 4.7.2000 - Rs. C-387/97, Slg. 2000, I-5047 (5114 ff.), Rn. 79 ff. – Kommission/Republik Griechenland; v. 4.6.2009 – Rs. C- 109/08, Slg. 2009, I- 4657 – Kommission/Republik Griechenland und v. 7.7.2009 - Rs. C-369/07, Slg. 2009, I-5703 – Kommission/Republik Griechenland. Im ersten Urteil gegen Griechenland, das auch gleichzeitig das allererste Urteil des EuGH war, in welchem dieser Finanzsanktionen gegen einen Mitgliedstaat nach Art. 171 Abs. 2 EGV (jetzt Art. 260 Abs. 2 AEUV) verhängte, wurde Griechenland „nur" zur Zahlung eines täglichen Zwangsgeldes i.H.v. 20.000 € verurteilt. Im zweiten Urteil verhängte der EuGH gegen Griechenland hingegen sowohl ein tägliches Zwangsgeld i.H.v. 31.536 € als auch einen Pauschalbetrag i.H.v. 3 Mio. €; im dritten Urteil verhängte der EuGH gegen Griechenland sowohl ein tägliches Zwangsgeld i.H.v, 16.000 € als auch einen Pauschalbetrag i.H.v. 2 Mio. €. Diese Maßnahmen sind angesichts des im März 2010, also nur wenige Monate danach, angemeldeten totalen Staatsbankrotts Griechenlands und der dadurch notwendig gewordenen Finanzhilfen der übrigen Eurostaaten besonders bedenklich und lassen die Angemessenheit des Mittels der Sanktionsmaßnahmen grundsätzlich als fraglich erscheinen, was jedoch an dieser Stelle nicht weiter vertieft werden kann.

187 *EuGH*, v. 25.11.2003 - Rs. C-278/01, Slg. 2003, I-14141, Rn. 40 ff. – Kommission/Königreich Spanien.

188 *EuGH*, v. 12.7.2005 – Rs. C-304/02, Slg. 2005, I-6263, Rn. 91 – Kommission/Französische Republik und v. 14.3.2006 – Rs. C-177/04, Slg. 2006, I-2461, Rn. 59 – Kommission/Französische Republik.

In föderativ organisierten Mitgliedstaaten kann der Verstoß gegen das erste Urteil des EuGH auf dem unionsrechtswidrigen Verhalten einer oder mehrerer Gebietskörperschaften beruhen, die in ihrem Kompetenzbereich ihre unionsrechtlichen Pflichten zur Vollziehung der Vorschriften der EU nicht ordnungsgemäß erfüllt haben. Aufgrund der innerstaatlichen Kompetenzverteilung sind diese, und nicht der Gesamtstaat, in der Folge auch für die Ergreifung der erforderlichen Maßnahmen zur Beendigung des Verstoßes zuständig. Ergreifen sie diese Maßnahmen gleichwohl nicht, so verhängt der EuGH ein Zwangsgeld oder bzw. und einen Pauschalbetrag aus den bereits beschrieben Gründen gegen den Gesamtstaat.

Insgesamt hat sich Art. 260 Abs. 2 AEUV in der Praxis seit seiner Einführung durch den Vertrag von Maastricht als hinreichend effektiv zur Gewährleistung der Autorität des EuGH erwiesen[191], da bereits die Einleitung eines zweiten Vorverfahrens hektische Aktivitäten der Mitgliedstaaten auslöst und auch föderativ organisierte Mitgliedstaaten zu einer zügigen Behebung des festgestellten Vertragsverstoßes bewegt.[192]

b) *Art. 258, 260 Abs. 1 und Abs. 3 AEUV*

Neu eingeführt hat der Lissabon-Vertrag die Möglichkeit der Verhängung eines Zwangsgeldes oder Pauschalbetrags bereits mit Feststellung eines Vertragsverstoßes gemäß Art. 258, 260 Abs. 1 AEUV im Falle, dass die Kommission ein Vertragsverletzungsverfahren nach Art. 258 AEUV gegen einen Mitgliedstaat betreibt, weil sie der Auffassung ist, dass der betreffende Mitgliedstaat gegen seine Verpflichtung verstoßen hat, Maßnahmen zur Umsetzung einer gemäß einem Gesetzgebungsverfahren erlassenen Richtlinie mitzuteilen. In diesen Fällen kann der EuGH nunmehr nach Art. 260 Abs. 3 AEUV auf Vorschlag der Kommission gleichzeitig mit der Feststellung eines Vertragsverstoßes gemäß Art. 260 Abs. 1 AEUV den betreffenden Mitgliedstaat zur Zahlung eines Zwangsgeldes oder Pauschalbetrages bis zur Höhe des von der Kommission vorgeschlagenen Betrags verurteilen. Die Zahlungsverpflichtung gilt ab dem vom Gerichtshof in seinem Urteil festgelegten Zeitpunkt.

---

189 *EuGH*, v. 18.7.2006, Rs. C-119/04 - Slg. 2006, I- 6885 – Kommission/Italienische Republik.

190 *EuGH*, v. 10.1.2008 – Rs. C-70/06, Slg. 2008, I-00001 – Kommission/Portugiesische Republik.

191 *P. Karpenstein/U. Karpenstein*, in: *Grabitz/Hilf*, EU Komm, Bd. III, Art. 228 Rn. 66.

192 *P. Karpenstein/U. Karpenstein*, a.a.O., Art. 228 Rn. 66.

Art. 260 Abs. 3 AEUV soll dabei sowohl auf die Nichtmitteilung als auch auf die Nichtumsetzung einer Richtlinie Anwendung finden.[193] Hierzu merken *P. Karpenstein/U. Karpenstein* kritisch an, dass das vorgesehene Sanktionsverfahren für die Nichtausführung von Richtlinien gerade in föderalen Bundesstaaten, in denen die verspätete Umsetzung von Richtlinien aufgrund interner Kompetenzkonflikte eher die Regel denn die Ausnahme sei, als unverhältnismäßige Sanktion für einen „alltäglichen Verstoß" erscheine.[194]

Die Generalanwältin *J. Kokott* hat in ihren Schlussanträgen vom 28.1.2010 zu Art. 260 Abs. 3 AEUV erklärt, dass diese Vorschrift das Gewicht des Ermessens der Kommission bei der Durchsetzung des Unionsrechts durch Vertragsverletzungsverfahren unterstreiche.[195] Hiernach sei die Kommission künftig berechtigt, bereits im ersten Verfahren nach Art. 258 AEUV wegen fehlender Mitteilung von Umsetzungsmaßnahmen einen Pauschalbetrag oder ein Zwangsgeld zu beantragen. Da der EuGH dieses Zwangsmittel jedoch, anders als im Falle des Art. 260 Abs. 2 AEUV nur bis zur Höhe des Antrags der Kommission verhängen darf, liege es allein in der Hand der Kommission, ob sie in dieser Phase noch stärkeren Druck auf die Mitgliedstaaten ausübt, um die Umsetzung des Gemeinschaftsrechts zu beschleunigen. Sie sei jedoch offensichtlich nicht dazu verpflichtet.[196]

2. Finanzkorrekturen der europäischen Kommission im Bereich der europäischen Fonds

Ein weiterer Fall dieses Haftungstyps ergibt sich im Zusammenhang mit den Finanzkorrekturen der europäischen Kommission wegen Unregelmäßigkeiten[197]

---

193 Vgl. die entsprechenden Ausführungen zum damals noch lautenden Art. III-362 Abs. 3 des Entwurfs für den Europäischen Verfassungsvertrags, der inhaltsgleich mit dem nun in Kraft getretenen Art. 260 Abs. 3 AEUV ist, bei: *P. Karpenstein/U. Karpenstein*, in: *Grabitz/Hilf*, EUV/EGV, Art. 228 Rn. 67.

194 Vgl. *P. Karpenstein/U. Karpenstein*, in: *Grabitz/Hilf*, EUV/EGV, Art. 228 Rn. 67, die sich auf die im Entwurf für eine Verfassung für Europa angedachte Umbenennung der Richtlinien in Rahmengesetze beziehen, jedoch inhaltlich Richtlinien meinen.

195 Schlussanträge der GA *J. Kokott*, v. 28.1.2010 – Rs. C-526/08, Slg. 2010, I-0000, Rn. 72 – Kommission/Großherzogtum Luxemburg.

196 Schlussanträge der GA *J. Kokott*, v. 28.1.2010, a.a.O., Rn. 72.

197 Siehe zum Begriff der „Unregelmäßigkeit" die Definition nach Art. 1 Abs. 2 VO (EG, Euratom) Nr. 2988/1995 des Rates, v. 18.12.1995, über den Schutz der finanziellen Interessen der EG, ABl. L 312, v. 23.12.1995, S. 1- 4, sowie für die Strukturfonds Art. 1a VO (EG) Nr. 2035/2005 der Kommission, v. 12.12.2005, zur Änderung der VO (EG) Nr. 1681/94 betreffend Unregelmäßigkeiten und die Wiedereinziehung zu Unrecht gezahlter Beträge im Rahmen der Finanzierung der Strukturpolitiken sowie die Einrich-

zum einen im Bereich des Europäischen Garantiefonds für die Landwirtschaft[198] zum anderen im Bereich der Strukturfonds[199] der EU.

In der Praxis stellt der Bereich der Finanzkorrekturen der europäischen Kommission bislang den wichtigsten der hier relevanten Haftungstypen der finanzwirksamen Unionsrechtsverstöße durch territoriale Gebietskörperschaften dar.[200] Dies ergibt sich einerseits daraus, dass die Ausgaben der EU im Bereich der Gemeinsamen Agrarpolitik und der Strukturfonds fast 80 % des gesamten Haushalts der EU ausmachen[201]: Für den Zeitraum 2007-2013 stellen die Ausgaben im Bereich der GAP knapp die Hälfte des gesamten EU-Haushalts[202]; die

---

tung eines einschlägigen Informationssystems, ABl. L 328, v. 15.12.2005, S. 8- 12: *„Der Tatbestand der Unregelmäßigkeit ist bei jedem Verstoß gegen eine Gemeinschaftsbestimmung als Folge einer Handlung oder Unterlassung eines Wirtschaftsteilnehmers, die einen Schaden für den Gesamthaushaltsplan der Gemeinschaften oder die Haushalte, die von den Gemeinschaften verwaltet werden, bewirkt hat oder haben würde, sei es durch die Verminderung oder den Ausfall von Eigenmitteleinnahmen, die direkt für Rechnung der Gemeinschaften erhoben werden, sei es durch eine ungerechtfertigte Ausgabe."*

198 Im Folgenden EGFL. Der EGFL ist hervorgegangen aus dem „Europäischen Ausrichtungs- und Garantiefonds für Landwirtschaft", EAGFL, der auf Art. 40 AEUV (ex-Art. 34 EGV) basierte und bis 2006 ein Fonds zur Finanzierung der Gemeinsamen Agrarpolitik der EU war. Durch VO (EG) 1290/2005 des Rates, v. 21.6.2005 über die Finanzierung der GAP wurde der EAGFL aufgeteilt in einerseits den EGFL und andererseits den ELER (Europäischer Landwirtschaftsfonds für die Entwicklung des ländlichen Raums).

199 Nach der Neuausrichtung der Strukturpolitik für die Zeit 2007- 2013 sind die Kerninstrumente der Politik des wirtschaftlichen, sozialen und territorialen Zusammenhalts gemäß Art. 174-178 AEUV von 5 auf 3 Fonds reduziert worden, nämlich: Den Europäischen Sozialfonds, den Europäischen Fond für regionale Entwicklung und den Kohäsionsfonds. Der europäische Fischereifond und der Europäische Landwirtschaftsfonds für die Entwicklung des ländlichen Raums sind zum 1.1.2007 aus diesem Verbund ausgeschieden. Vgl. den Überblick bei *Borchardt*, in: *Lenz/Borchardt* (Hrsg.), EU- Verträge, 5. Aufl., 2010, Art. 177 Rn. 3.

200 Noch aufgrund der alten Rechtslage bis Ende 1999 bezogen allein auf den Agrarbereich: *Nopper*, Bund- Länder- Haftung beim fehlerhafte Vollzug von Gemeinschaftsrecht durch die deutschen Länder, S. 14 ff; *Ordóñez Solís*, CDP 1999, 37 (60 ff.); *Priebe*, Sanktionen, in: *van Gerven/Zuleeg*: Sanktionen als Mittel zur Durchsetzung des Gemeinschaftsrechts, S. 55 (56).

201 Vgl. *Ordóñez Solís*, REAF 2006, 105 (113ff); *BMF*, EU- Finanzkontrollen, Monatsbericht 04/2004.

202 *Oppermann/Classen/Nettesheim*, Europarecht, 4. Aufl., 2009, § 25, Rn. 46, S. 458. *Vgl.* auch *Europäische Kommission GD Landwirtschaft und ländliche Entwicklung*, Umsichtige Verwaltung des Agrarrechts, S. 3: der Höchstbetrag der Mittelzuweisungen für den Zeitraum 2007- 2013 beläuft sich auf insgesamt 862, 4 Milliarden Euro.

Finanzmittel im Bereich der Strukturfonds für den selben Zeitraum machen 35,7 % des gesamten EU-Haushaltes aus[203]. Mithin stellen die für beide Bereiche bereitgestellten Finanzmittel die beiden größten Posten im Haushalt der EU dar.[204]

Andererseits teilen sich EU und Mitgliedstaaten die Verwaltung der Fonds, was zu einem komplexen Verwaltungssystem geführt hat. Angesichts der Bedeutung des EGFL und der Strukturfonds im Haushalt der EU sowie des komplexen Verwaltungssystems kommt der Kontrolle der ordnungsgemäßen Verwaltung und Verwendung der aus den Fonds bereitgestellten Geldern sowie Sanktionen im Falle von Unregelmäßigkeiten höchste Bedeutung zu. Diese Bereiche sind besonders anfällig für Unregelmäßigkeiten.[205] Für die Kontrolle der Fonds sind neben der Kommission der Europäische Rechnungshof sowie die Mitgliedstaaten zuständig.[206]

Bis Ende 1999 hatte die Kommission die Befugnis zu Finanzkorrekturen ausschließlich im Bereich des EGFL, welcher nach dem Grundsatz der finanziellen Solidarität allein von der EU getragen wird[207] und Teil des Gesamthaushaltsplans der EU ist.[208] Die Mitgliedstaaten weigerten sich jedoch lange Zeit das System der Finanzkorrekturen der Kommission auch auf den Bereich der Strukturfonds zu erweitern[209], welche sowohl durch die EU als auch die Mitgliedstaaten kofinanziert werden.[210] Im Zuge der gemeinschaftsweiten Bestrebung zum Schutz der finanziellen Interessen der EU sind jedoch die diesbezüglichen Regeln auch im Bereich der Strukturfonds präzisiert und weiterentwickelt worden.[211] Durch die VO (EG) Nr. 1260/1999[212] sowie die VO (EG) Nr.

---

203 Das bedeutet 347,41 Milliarden Euro, vgl. die Informationen auf der Internetpräsenz der GD Regionalpolitik: *http://ec.europa.eu/regional_policy/policy/fonds/index_de.htm.*

204 *Bieber/Epiney/Haag*, Die EU, 8. Aufl., 2009, § 27, Rn. 22, S. 517.

205 *Priebe*, Sanktionen, in: *van Gerven/Zuleeg*: Sanktionen als Mittel zur Durchsetzung des Gemeinschaftsrechts, S. 55 (56); *Schöndorf- Haubold*, Die Strukturfonds der EG, S. 298.

206 *Ordóñez Solís*, Las correcciones financieras por la gestión en España de los fondos europeos, Actualidad administrativa Nr. 4, 2011, S. 17.

207 *Busse*, in: *Lenz/Borchard* (Hrsg.), EU- Verträge, 5. Aufl., 2010, Art. 38 Rn. 41; *Pache*, Der Schutz der finanziellen Interessen der EG, S. 282.

208 Vgl. Art. 2 Abs. 2 VO 1290/2005 des Rates, v. 21.6.2005, über die Finanzierung der GAP, ABl. L 209, v. 11.8.2005, S. 1- 25.

209 Vgl. BMF, EU- Finanzkontrollen, Monatsbericht 04/2004.

210 *Bieber/Epiney/Haag*, Die EU, 8. Aufl., 2009, § 27, Rn. 20 f., S. 515 f..

211 *Schöndorf- Haubold*, Die Strukturfonds der EG, S. 298.

212 VO (EG) Nr. 1260/1999 des Rates, v. 21.6.1999 mit allgemeinen Bestimmungen über die Strukturfonds, ABl. Nr. L 161, v. 26.6.1999, S. 1- 42. Mittlerweile ersetzt durch die VO (EG) Nr. 1083/2006 des Rates, v. 11.7.2006 mit allgemeinen Bestimmungen über den Europäischen Fonds für regionale Entwicklung, den Europäischen Sozialfonds und

448/2001[213] wurde das Verfahren der Finanzkorrekturen der Kommission verallgemeinert und auch auf die Strukturfonds und den Kohäsionsfonds angewandt. Sowohl im Zusammenhang mit der Finanzierung der GAP als auch im Bereich der Strukturfonds ist die Kommission nunmehr befugt, im Falle von Unregelmäßigkeiten in den Verwaltungs- und Kontrollsystemen der Mitgliedstaaten sowie bei der Verwendung der aus dem EGFL und den verschiedenen Strukturfonds an die Mitgliedstaaten verteilten Gelder, Finanzkorrekturen (im Rahmen eines Rechnungsabschlussverfahrens) vorzunehmen.

a) Finanzkorrekturen der Kommission im Bereich des EGFL

Die Bestimmungen in Bezug auf den EGFL enthält die VO (EG) Nr. 1290/2005 über die Finanzierung der GAP[214]. Als Ausgaben des EGFL normiert Art. 3 VO 1290/2005 zwei Gruppen: Einerseits die in geteilter Mittelverwaltung finanzierten Ausgaben, andererseits die in zentraler Mittelverwaltung finanzierten Ausgaben.

Die Verwaltung der EGFL-Mittel ist Sache der Kommission, welche sich diese jedoch mit den Mitgliedstaaten über die sog. Zahlstellen und bescheinigenden Stellen teilt, vgl. Art. 6 i.V.m. Art. 10 VO 1290/2005. Das Zahlstellensystem hat zur Folge, dass die finanzielle Abwicklung gegenüber den Marktbeteiligten allein durch nationale Behörden erfolgt.[215]

Nach Art. 11 VO 1290/2005 erfolgen die Zahlungen der in der VO vorgesehenen Finanzierungen in voller Höhe an die Begünstigten. Jedoch gilt nach Art. 14 Abs. 2 VO 1290/2005, dass die Ausgaben des EGFL von den Mitgliedstaaten vorzufinanzieren sind. Die Mitgliedstaaten übermitteln der Kommission monatliche Meldungen über die von ihren Zahlstellen getätigten Ausgaben, welche die Kommission gemäß Art. 14 Abs. 1 VO 1290/2005 zwei Monate später „erstattet". Die „Erstattungen" der Kommission stehen dabei unter dem Vorbehalt, dass keine Unregelmäßigkeiten bei der Verwaltung und Verwendung der Mittel im Rechnungsabschlussverfahren festgestellt werden.

---

den Kohäsionsfonds und zur Aufhebung der VO (EG) Nr. 1260/1999, ABl. L 210, v. 31.7.2006, S. 25- 78.

213 VO (EG) Nr. 448/2001 der Kommission v. 2.3.2001 mit Durchführungsvorschriften zur VO (EG) Nr. 1260/1999 des Rates hinsichtlich des Verfahrens für die Vornahme von Finanzkorrekturen bei Strukturfondsinvestitionen, ABl. L 64 v. 6.3.2001, S. 13- 15. Zuletzt geändert durch VO (EG) Nr. 1978/2006 der Kommission, v. 22.12.2006, zur Änderung der VO (EG) Nr. 448/2001, ABl. L 368, v. 23.12.2006, S. 89 f.

214 VO (EG) Nr. 1290/2005 des Rates, v. 21.6.2005 über die Finanzierung der Gemeinsamen Agrarpolitik, ABl. L 209, v. 11.8.2005, S. 1- 25.

215 *Busse*, in: *Lenz/Borchard* (Hrsg.), EU- Verträge, 5. Aufl., 2010, Art. 40 Rn. 123.

Das Verfahren der Finanzkorrekturen für Unregelmäßigkeiten im Bereich des EGFL wird in den Art. 30 ff. VO (EG) Nr. 1290/2005 geregelt, die allgemeine Bestimmungen über den Rechnungs- und Konformitätsabschluss, sowie in Art. 32 besondere Regeln speziell für den EGFL enthalten. Das Rechnungsabschlussverfahren ist ein zweistufiges Verfahren, bestehend aus einem Buchführungsabschluss und einem Konformitätsabschluss. Der Buchführungsabschluss bezieht sich gemäß Art. 30 Abs. 2 VO 1290/2005 auf „die Vollständigkeit, Genauigkeit und sachliche Richtigkeit der vorgelegten Jahresrechnungen". Beim Konformitätsbeschluss werden hingegen die Rechtmäßigkeit und Ordnungsmäßigkeit der Rechnungsvorgänge bestätigt. Gemäß Art. 31 Abs. 1 VO 1290/2005 entscheidet die Kommission im Konformitätsbeschluss, welche Beträge von der gemeinschaftlichen Finanzierung wegen fehlender Übereinstimmung mit dem Unionsrecht auszuschließen sind.

Ausgaben aus dem EGFL, die von den Mitgliedstaaten nicht in Übereinstimmung mit den Gemeinschaftsvorschriften getätigt worden sind, kann die Kommission somit im Rahmen des Rechnungsabschlussverfahrens von der Gemeinschaftsfinanzierung ausschließen. Grundsätzlich gilt hierbei, dass, soweit die Mitgliedstaaten derartige Mittel im Rahmen der monatlichen Erstattungen bereits erhalten haben, sie diese an die EU zurückzahlen müssen, wobei die Kommission in der Praxis die entsprechenden Beträge mit laufenden Mitteln der EU, die den Mitgliedstaaten zustehen, verrechnet.[216] Die nicht übernommenen Ausgaben werden gemäß Art. 32 Abs. 4 VO 1290/2005 grundsätzlich im Wege der Anlastung von den an die Mitgliedstaaten zu zahlenden Vorschüssen abgezogen oder müssen dem Haushalt der EU erstattet werden.[217]

In diesen Fällen ist Adressat der Anlastungsentscheidung der Kommission stets der den Mitgliedstaat repräsentierende Gesamtstaat, selbst, wenn für den Vollzug der entsprechenden Vorschriften die Gebietskörperschaften zuständig sind. Auf ein Verschulden oder nationale Schwierigkeiten bei der Durchführung der betreffenden Maßnahme kommt es dabei nicht an.[218] Somit hat der Gesamtstaat den entsprechenden Betrag an die EU zu erbringen[219], selbst wenn der Verstoß von seinen Gebietskörperschaften begangen wurde.

Gegen die Entscheidung kann der betreffende Mitgliedstaat den EuGH oder den Rechnungshof anrufen, wobei klagebefugt allein die den Gesamtstaat vertretende Zentralregierung ist, nicht aber etwa die Untergliederungen, welche möglicherweise innerstaatlich für den Vollzug verantwortlich sind.

---

216 *Busse*, a.a.O., Art. 34 Rn.

217 Vgl. *Koenig/Braun*, NJ 2004, 97 (99).

218 *EuGH*, v. 4.7.1996 – Rs. C- 50/94, Slg. 1996, I- 3331 – Kommission/Griechenland.

219 *Koenig/Braun*, NJ 2004, 97 (99).

b) *Finanzkorrekturen der Kommission im Bereich der europäischen Strukturfonds*

Finanzkorrekturen sind ferner im Falle von Unregelmäßigkeiten im Bereich der Strukturfonds möglich. Hierbei ist aktuell zwischen den drei Strukturfonds, dem Europäischen Fonds für regionale Entwicklung (EFRE), dem Europäischen Sozialfonds (ESF) und dem Kohäsionsfonds auf der einen Seite sowie auf der anderen Seite den Förderinstrumenten speziell für die Entwicklung des ländlichen Raums, dem ELER und dem Europäischen Fischereifonds (EFF) zu unterscheiden. Diese zuvor noch durch VO (EG) Nr. 1690/1999 gemeinsam geregelten Strukturfonds werden nunmehr von unterschiedlichen Rechtsgrundlagen geregelt: Die gemeinsame Rechtsgrundlage für die drei zuerst genannten Fonds ist die VO (EG) Nr. 1083/2006[220], welche auf dieser Grundlage jeweils Gegenstand eigener Verordnungen sind[221]. Der ELER und der EFF sind zum 1.1.2007 aus dem Verband ausgeschieden und werden jeweils durch die VO (EG) Nr. 1290/2005[222] und die VO (EG) Nr. 1198/2006[223] geregelt. Trotz der unterschiedlichen Regelungsregime, sind in allen Bereichen im Falle von Unregelmäßigkeiten in den entsprechenden Verwaltungs- und Kontrollsystemen der Mitgliedstaaten Finanzkorrekturen vorgesehen.

Für die drei Strukturfonds EFRE, ESF und Kohäsionsfonds regeln die Art. 98-102 der VO 1083/2006 i.V.m. VO (EG) Nr. 438/2001[224] die Möglichkeit der „finanziellen Berichtigungen". Im Unterschied zum Verfahren der Finanzkorrekturen des EGFL gilt im Falle der Strukturfonds aufgrund des Subsidiaritätsprinzips[225], dass die Mitgliedstaaten gemäß Art. 98 Abs. 1 VO 1083/2006 grundsätzlich selbst verpflichtet sind, Unregelmäßigkeiten zu untersuchen und gegebenenfalls die entsprechenden finanziellen Berichtigungen vorzunehmen.

---

220 VO (EG) Nr. 1083/2006 des Rates, v. 11.7.2006, mit allgemeinen Bestimmungen über den Europäischen Fonds für regionale Entwicklung, den Europäischen Sozialfonds und den Kohäsionsfonds und zur Aufhebung der VO (EG) Nr. 1260/1999, ABl. L 210, v. 31.7.2006, S. 25 ff.

221 VO (EG) Nr. 1080/2006 über den Europäischen Fonds für regionale Entwicklung, ABl. L 210, v. 31.7.2006, S. 1 ff.; VO (EG) Nr. 1081/2006 über den Europäischen Sozialfonds, ABl. L 210, v. 31.7.2006, S. 5 ff. und VO (EG) Nr. 1084/2006 zur Errichtung des Kohäsionsfonds, ABl. L 210, v. 31.7.2006, S. 79 ff.

222 Siehe oben C.I.2.a).

223 VO (EG) Nr. 1198/2006 des Rates, v. 27.7.2006, über den Europäischen Fischereifonds, ABl. L 232, v. 15.8.2006, S. 1- 44.

224 VO (EG) Nr. 448/2001, siehe oben C.I.2.a).

225 Vgl. 65. Erwägungsgrund VO (EG) Nr. 1083/2006.

Die Fälle der Finanzkorrekturen der Kommission sind in Art. 99 VO 1083/2006 abschließend aufgeführt: Gemäß Abs. 1 kann die Kommission finanzielle Berichtigungen vornehmen, wenn

- das Verwaltungs- und Kontrollsystem eines Mitgliedstaates für das zu fördernde Programm einen schwer wiegenden Mangel aufweist, der ein Risiko für den bereits für das Programm bereitgestellten Gemeinschaftsbetrag darstellt;
- die in einer bescheinigten Ausgabenerklärung geltend gemachten Ausgaben mit Unregelmäßigkeiten behaftet sind und vom Mitgliedstaat vor Einleitung des Berichtigungsverfahrens nach diesem Absatz nicht berichtigt wurden;
- ein Mitgliedstaat vor Einleitung des Berichtigungsverfahrens nach diesem Absatz seinen Verpflichtungen nicht nachgekommen ist.

Ein weiterer Fall, in dem die Kommission zu Finanzkorrekturen zuständig ist, ist in Abs. 5 geregelt, wonach im Falle des Nichteinhaltens des Art. 15 Abs. 4 (Überprüfung der Einhaltung der Zusätzlichkeitsregel) je nach Schweregrad die Kommission Finanzkorrekturen vornehmen kann.[226]Das Verfahren der Finanzkorrekturen der europäischen Kommission ist in Art. 100-102 VO 1083/2006 geregelt. Die Finanzkorrekturen der Kommission erfolgen grundsätzlich in Form einer Kürzung der für den betreffenden Mitgliedstaat bereitgestellten Mittel.[227]

Für den ELER sieht Art. 33 VO (EG) Nr. 1290/2005 ein Verfahren vor, das an das Verfahren für den EGFL angelehnt, aber vereinfacht ist.[228]

Auch für den EFF sind Finanzkorrekturen gemäß Art. 96 ff. VO Nr. 1198/ 2006 vorgesehen. Die Vorschriften entsprechen denen der Finanzkorrekturen für die drei dargestellten Strukturfonds: Auch im Falle von Unregelmäßigkeiten im Bereich des EFF sind grundsätzlich die Mitgliedstaten für die Vornahme der entsprechenden Finanzkorrekturen zuständig; die Fälle, in denen die Kommission zur Vornahme der Finanzkorrekturen zuständig ist, sind in Art. 97 Abs. 1 a) – c) VO 1198/2006 abschließend aufgezählt und entsprechen dem für die Finanzkorrekturen in Bezug auf die Strukturfonds Bestimmten, weshalb auf die ent-

---

226 Vgl. hierzu die Art. 38 DurchführungsVO (EG) Nr. 1828/2006 der Kommission, v. 8.12.2006, zur Festlegung von Durchführungsvorschriften zur VO (EG) Nr. 1083/2006 und der VO (EG) Nr. 1080/2006, ABl. L 371, v. 27.12.2006, S. 1 ff.

227 Vgl. *Borchardt*, in: *Lenz/Borchardt* (Hrsg.), EU- Verträge, 5. Aufl., 2010, Art. 177 AEUV Rn. 37.

228 *Busse*, in: *Lenz/Borchardt* (Hrsg.), EU- Verträge, 5. Aufl., 2010, Art. 40 AEUV Rn. 135.

sprechenden Ausführungen verwiesen wird. Das für die Finanzkorrekturen anzuwendende Verfahren ist in den Art. 98 ff. VO (EG) Nr. 1198/2006 festgelegt.

Im Falle von Unregelmäßigkeiten sind folglich grundsätzlich die Mitgliedstaaten verantwortlich. Sowohl im Falle der Finanzkorrekturen im Bereich des EGFL als auch im Bereich der verschiedenen Strukturfonds treffen die Anlastungen bzw. Kürzungen in föderativ organisierten Mitgliedstaaten mithin den Gesamtstaat, ungeachtet der tatsächlichen Zuständigkeit und Verantwortung seiner territorialen Gebietskörperschaften. Ob und wie er hierfür bei ihnen Regress für den betreffenden Betrag nehmen kann, ist nach der nationalen Rechtsordnung zu beurteilen und zu regeln.

3. Sanktionsmaßnahmen des Rates wegen eines übermäßigen Defizits

Der dritte und letzte Fall dieses Haftungstyps betrifft den Bereich der Wirtschafts- und Währungspolitik der EU (Art. 119 ff. AEUV) und ergibt sich aus einem Verstoß gegen das Gebot der Vermeidung übermäßiger Haushaltsdefizite nach Art. 126 Abs. 1 AEUV. Im Rahmen der Bestimmungen über das Verfahren im Falle eines übermäßigen Defizits[229] eines Mitgliedstaates kann der Rat nach dem Durchlaufen eines siebenschrittigen Verfahrens[230] gemäß Art. 126 Abs. 11, 2. u. 3. Spiegelstrich AEUV Sanktionszahlungen gegen einen unbeugsamen Mitgliedstaat verhängen. Folgende finanzielle Sanktionen sind möglich:

- Der Rat kann von dem betreffenden Mitgliedstat verlangen, eine unverzinsliche Einlage in angemessener Höhe bei der Union zu hinterlegen, bis das übermäßige Defizit nach Ansicht des Rates korrigiert worden ist oder
- er kann Geldbußen in angemessener Höhe verhängen.

Die Verhängung einer Geldbuße ist dabei das schärfste Sanktionsinstrument[231], wobei nach Art. 11 VO (EG) Nr. 1467/97 in der Regel eine unverzinsliche Einlage verlangt wird.

229 Vgl. zum Begriff das Protokoll Nr. 12 über das Verfahren bei einem übermäßigen Defizit, ABl. Nr. 115, v. 9.5.2008, S. 279 f.

230 Vgl. Art. 126 Abs. 2-11 AEUB i.V.m. VO (EG) Nr. 1467/1997 des Rates, v. 7.7.1997, über die Beschleunigung und Klärung des Verfahrens bei einem übermäßigen Defizit, geändert durch VO (EG) Nr. 1056/2005 des Rates, v. 27.6.2005, ABl. L 174, v. 7.7.2005, S. 5- 9 und VO (EG) Nr. 479/2009 des Rates, v. 25.5.2009, über die Anwendung des dem Vertrag zur Gründung der EG beigefügten Protokolls über das Verfahren bei einem übermäßige Defizit, ABl. L 145, v. 10.6.2009, S. 9.

231 *Bandilla*, in: *Grabitz/Hilf*, EU Komm, Bd. II, Art. 104 EGV Rn. 43; *Hattenberger*, in: *Schwarze*, EU Komm, 2. Aufl., Art. 104 Rn. 46.

In föderativ organisierten Mitgliedstaaten kann das öffentliche Defizit dabei (zumindest mit) auf die Misswirtschaft finanziell selbständiger Gebietskörperschaften zurückzuführen sein. Gleichwohl verhängt der Rat die Sanktionen gegenüber dem Gesamtstaat, welcher gegenüber der EU finanziell zu haften hat. Interessanterweise ist im Bereich der Wirtschaftspolitik gemäß Art. 125 Abs. 1 AEUV *„die Haftung der Union für Verbindlichkeiten der Zentralregierung, der regionalen und lokalen Gebietskörperschaften oder anderen öffentlich-rechtlichen Körperschaften, sonstiger Einrichtungen des öffentlichen Rechts oder öffentlicher Unternehmen der Mitgliedstaaten"* explizit ausgeschlossen. In diesem Sinne bestimmt Art. 3 S. 1 des Protokolls Nr. 12, dass *„die Regierungen der Mitgliedstaaten für die Defizite des Staatssektors verantwortlich sind"*, wobei hierzu gemäß Art. 2, 1. Spiegelstrich sowohl der Zentralstaat als auch die regionalen und lokalen Gebietskörperschaften oder Sozialversicherungseinrichtungen gehören.

Ferner sind die Mitgliedstaaten nach Art. 3 S. 2 des Protokolls Nr. 12 verpflichtet zu gewährleisten, dass die innerstaatlichen Verfahren im Haushaltsbereich sie in die Lage versetzen, ihre sich aus den Verträgen ergebenden Verpflichtungen im Bereich des übermäßigen Defizits zu erfüllen.

Für Mitgliedstaaten mit föderativem Aufbau folgt aus diesen Bestimmungen, dass der Gesamtstaat gegenüber der EU die Verantwortung für ein übermäßiges Defizit trägt und nach innen hin verpflichtet ist, seine Haushaltspolitik so zu organisieren, dass er seine unionsrechtliche Pflicht zur Vermeidung eines übermäßigen Defizits erfüllt, da die entsprechenden Sanktionen des Rates ansonsten gegen ihn verhängt werden.

Die Sanktionen des Art. 126 Abs. 11 AEUV stellen Druckmittel gegenüber einem Mitgliedstaat dar, der auf seiner unsoliden Haushaltspolitik beharrt und dadurch die Preisstabilität im Euro-Währungsgebiet gefährdet.[232] Die wesentliche Funktion der Vorschrift besteht in ihrer Abschreckungswirkung zur Vorbeugung übermäßiger Haushaltsdefizite.[233] Problematisch und fraglich erscheint hierbei die grundsätzliche Eignung von Geldbußen gegen einen ohnehin schon verschuldeten Staat, da solche Zahlungen das Defizit erhöhen und es so dem betroffenen Mitgliedstaat erschweren zur Haushaltsdisziplin zurück zu kehren.[234]

Zur Verhängung von Sanktionen ist es zwar bisher noch nicht gekommen. Da aber aktuell in 25 der 27 Mitgliedstaaten ein öffentliches Defizit festgestellt

232 *Häde*, in: *Calliess/Ruffert*, EUV/EGV, 3. Aufl., Art. 104 EGV Rn. 73.
233 *Häde*, a.a.O., Art. 104 EGV Rn. 73, m.w.N.
234 *Häde*, a.a.O., Art. 104 EGV Rn. 73, m.w.N.

wurde[235], rückt scheinbar der Moment immer näher, an dem der Rat erstmals Sanktionen verhängt, weshalb die Regelung dieses Falles in den Mitgliedstaaten zunehmend an Bedeutung erfährt.[236]

II. Die Pflicht der Mitgliedstaaten zur Haftung für auf Vollzugsdefiziten beruhenden Schäden von Privatpersonen

Eine eigene Haftungsgruppe bilden schließlich die Fälle der Staatshaftungsansprüche Einzelner wegen Schäden, die aus dem fehlerhaften Vollzug unionsrechtlicher Vorschriften eines Mitgliedstaates resultieren, für die nach innerstaatlichem Recht die Gebietskörperschaften verantwortlich sind. Seit dem Francovich- Urteil[237] des EuGH ist anerkannt, dass die Mitgliedstaaten für Schäden Einzelner zu haften haben, die aus einem Verstoß der Mitgliedstaaten gegen Vorschriften des Unionsrechts resultieren, sofern die erforderlichen Voraussetzungen des Ersatzanspruchs erfüllt sind.[238]

Nach der Rechtsprechung des EuGH folgt die Pflicht der Mitgliedstaaten für derartige Schäden zu haften aus dem Wesen der durch den ehemals EWG-Vertrag geschaffenen Rechtsordnung, sowie aus Art. 4 Abs. 3 UAbs. 2 AEUV.[239] Nach ständiger Rechtsprechung des EuGH würde die volle Wirksamkeit der gemeinschaftsrechtlichen Bestimmungen beeinträchtigt und der Schutz der durch sie begründeten Rechte gemindert werden, wenn der Einzelne nicht die Möglichkeit hätte, für den Fall eine Entschädigung zu erlangen, dass seine Rechte durch den Verstoß gegen das Unionsrecht verletzt werden, der einem Mitgliedstaat zuzurechnen ist.[240] Wenn alle vom EuGH begründeten Anspruchsvoraussetzungen erfüllt sind, hat daher der Einzelne einen Ersatzanspruch gegen seinen Mitgliedstaat, der sich direkt aus der Rechtsordnung der EU ergibt.[241] Jedoch richtet sich die Entschädigung nach dem Recht des betroffenen Mitglied-

---

235 Vgl. den Überblick der GD Wirtschaft und Finanzen über die länderspezifischen Verfahren: *http://ec.europa.eu/economy_finance/sgp/deficit/countries/index_en.htm* sowie die Mitteilung der Kommission an den Rat v. 15.6.2010 COM(2010)329.

236 Vgl. etwa für die BRD Art. 109 Abs. 5 GG. Zur Regelung in Spanien unter 5.Kapitel, A.III.2.

237 *EuGH*, v. 19.11.1991 - verb. Rs. C-6/90 u. C-9/90, Slg. 1991, I-5357 – Francovich.

238 *Haratsch/Koenig/Pechstein*, Europarecht, 6. Aufl., Rn. 543, S. 265.

239 *EuGH*, v. 19.11.1991 - verb. Rs. C-6/90 u. C-9/90, Slg. 1991, I-5357, Rn. 33 – Francovich.

240 *EuGH*, „Francovich", a.a.O, Rn. 33.

241 *EuGH*, v. 5.3.1996– verb. Rs. C-46/93 u. C-48/93, Slg. 1996, I-1029 – Brasserie du Pêcheur.

staates.[242] Ebenso bestimmt sich nach innerstaatlichem Recht, gegen welchen Hoheitsträger sich der Schadensersatzanspruch richtet.[243] Im Falle föderativ organisierter Mitgliedstaaten hat der EuGH erklärt, dass ein Mitgliedstaat seine unionsrechtlichen Pflichten auch dann erfülle, wenn nicht der Gesamtstaat den Schaden ersetzt, sondern seine Gebietskörperschaften, sofern im Rahmen der innerstaatlichen Rechtsordnung gesichert sei, dass der Schaden ersetzt werde.[244] Es bestimmt sich folglich nach innerstaatlichem Recht, gegen welchen Hoheitsträger sich der Schadensersatzanspruch richtet, d.h. Anspruchsgegner ist der Träger der staatlichen Stelle, die für die Rechtsverletzung verantwortlich ist.[245] In föderativ organisierten Mitgliedstaaten kann daher auch eine Gebietseinheit wie ein Bundesland oder eine autonome Region für den Schaden haften, wenn dies vom nationalen Recht so vorgesehen wird. Die subsidiäre Haftung des Gesamtstaats bleibt hiervon jedoch unberührt.[246]

In diesen Fällen ist in föderativ organisierten Mitgliedstaaten zwar auch zwischen den verschiedenen öffentlichen Stellen zu regeln, wer für die Zahlung des entsprechenden Schadensersatzes verantwortlich ist. Im Gegensatz zu den anderen Haftungstypen verhängt die EU in diesen Fällen jedoch keine Sanktionen. Zu dem inter- körperschaftlichen Verhältnis tritt dasjenige zwischen EU, Mitgliedstaat und Einzelnem. Da es in dieser Arbeit aber um das interkörperschaftliche Verhältnis im Falle von finanzwirksamen Unionsrechtsverstößen geht, gehört dieser zweite Haftungstyp nicht zum Gegenstand der weiteren Untersuchung.

242 *EuGH*, v. 19.11.1991 - verb. Rs. C-6/90 u. C-9/90, Slg. 1991, I-5357, Rn. 42 – Francovich; *EuGH*, v. 22.4.1997 – Rs. C-66/95, Slg. 1997, I-2163 Rn. 33 - Sutton.

243 *Haratsch/Koenig/Pechstein*, Europarecht, 6. Aufl., Rn. 562, S. 272.

244 Vgl. *EuGH*, v. 1.6.1999 – Rs. C-302/97, Slg. 1999, I-3099 (3140), Rn. 62 – Konle; *EuGH*, v. 4.7.2000 – Rs. C-424/97, Slg. 2000, I-5123 – Haim; *EuGH*, v. 28.6.2001, Rs. C-118/00, Slg. 2001, I-5063, Rn. 34 – Larsy. Siehe hierzu unter B.I.2.

245 Vgl. *Oppermann/Classen/Nettesheim*, Europarecht, 4. Aufl., 2009, 3. Teil, § 15, Rn. 22, S. 285.

246 Vgl. *EuGH*, v. 4.7.2000 – Rs. C-424/97, Slg. 2000, I-5123 - Haim.

2. Kapitel Die Verhängung finanzieller Sanktionen gegen das Königreich Spanien und die Haftung des spanischen Zentralstaates für das unionsrechtswidrige Verhalten seiner Autonomen Gemeinschaften – konkrete Haftungsfälle

In Spanien ist es in allen dargestellten Haftungskonstellationen dazu gekommen, dass europäische Institutionen gegen das Königreich Spanien wegen des Verstoßes gegen europäische Pflichten finanzielle Sanktionen verhängt haben bzw. drohen zu verhängen, wobei die Verstöße häufig von den Autonomen Gemeinschaften begangen wurden, teilweise ausschließlich, teilweise im Zusammenwirken mit dem Zentralstaat.

Die finanzwirksamen Verstöße der Autonomen Gemeinschaften gegen Unionsrecht betreffen dabei die vielfältigsten Materien der europäischen Politikbereiche, wie etwa Bestimmungen über staatliche Beihilfen, öffentlichrechtliche Verträge, das Umweltrecht, die Landwirtschaft, die wirtschaftliche und soziale Kohäsion, den Verkehr oder den öffentlichen Dienst.

A. Vertragsverletzungen und finanzielle Sanktionen gegen das Königreich Spanien

Im Bereich des Vertragsverletzungsverfahrens nach Art. 260 AEUV wurden seit dem Beitritt Spaniens zur EWG im Jahre 1986 bis zum Jahr 2009 insgesamt 219 Vertragsverletzungsverfahren gegen Spanien initiiert, die in der großen Mehrzahl der Fälle in einem Urteil des EuGH endeten, das eine Vertragsverletzung des Königreichs Spanien feststellte. Allein im Zeitraum von 2005 bis 2009 ließ der EuGH 78 Vertragsverletzungsverfahren zu und erließ 54 Urteile, von denen er in 50 Fällen einen Vertragsverstoß bejahte und lediglich in vier Fällen den Vorwurf eines Vertragsverstoßes für unbegründet oder unzulässig erachtete.[247]

Ähnliches gilt für die Vorlagen durch spanische Gerichte im Rahmen des Vorabentscheidungsverfahrens: Insgesamt 222 Mal legten spanische Gerichte dem EuGH zwischen 1986 und 2009 Fragen zur Vereinbarkeit nationalen

247 *Ordóñez Solis*, La responsabilidad de las CCAA y de los entes locales españoles por la violación del Derecho de la UE: Procedimientos de reclamación, Votrag v. 20.4.2010 im CEPC, S. 12; *ders.*, RUEA 2009, 5 (8f.).

Rechts mit dem Recht der EU vor, von denen 100 in einem Urteil des EuGH beantwortet wurden.[248]

In den Vertragsverletzungsverfahren gegen Spanien führt die das Königreich Spanien repräsentierende Zentralregierung regelmäßig, trotz der zuvor dargestellten Rechtsprechung des EuGH von der Unbeachtlichkeit der nationalen Verfassungsordnungen der Mitgliedstaaten beim Verstoß gegen vertragliche Verpflichtungen[249], die innerstaatliche Kompetenzverteilung an, um den Verstoß zu begründen und zu rechtfertigen.[250] Wenn der EuGH die innerstaatliche Kompetenzordnung auch nicht als Rechtfertigungsgrund eines Vertragsverstoßes zulässt, so ist den Urteilen des EuGH aber meistens, direkt oder indirekt, zu entnehmen, ob und falls ja wie, die Autonomen Gemeinschaften am Vertragsverstoß beteiligt sind.[251] Dabei sind die Fälle, in denen ein Verstoß gegen Unionsrecht einzig und ausschließlich von den Autonomen Gemeinschaften verursacht wurde, tatsächlich bislang nicht sehr zahlreich.[252] Die Regel bilden vielmehr die Fälle der geteilten Verursachung, in denen sowohl der Zentralstaat als auch die Autonomen Gemeinschaften im Bereich der zwischen ihnen geteilten Kompetenzen den Unionsrechtsverstoß verursacht haben.[253] Am bedeutsamsten hierfür ist der Bereich des Umweltrechts[254], in dem es bisher zu den meisten Urteilen kam, in denen der EuGH das Königreich Spanien wegen Verstoß gegen Vertragspflichten verurteilte, die auf ein (Fehl-) Verhalten der Autonomen Gemeinschaften zurückzuführen sind.[255]

---

248 *Ordóñez Solis*, a.a.O., S. 12; *ders.*, RUEA 2009, 5 (8f.).

249 Siehe 1. Kapitel, B.

250 Vgl. *Ordóñez Solís*, CDP 1999, 37 (59).

251 *Ordóñez Solís*, CDP 1999, 37 (60).

252 Vgl. *Ordóñez Solis*, La responsabilidad de las CCAA y de los entes locales españoles por la violación del Derecho de la UE: Procedimientos de reclamación, Vortrag v. 20.4.2010 im CEPC, S. 11 f. (siehe Am. Fn. 27); *ders.*, CDP 1999, 37 (57 f.).

253 Vgl. *Ordóñez Solis*, La responsabilidad de las CCAA y de los entes locales españoles por la violación del Derecho de la UE: Procedimientos de reclamación, Vortrag v. 20.4.2010 im CEPC, S. 12.

254 Das Umweltrecht ist ein Bereich der konkurrierenden Kompetenz zwischen dem Zentralstaat und den Autonomen Gemeinschaften. Nach Art. 149 Abs. 1 Nr. 23 CE hat der Zentralstaat die Kompetenz zur Grundlagengesetzgebung für den Umweltschutz; die Autonomen Gemeinschaften haben die Befugnis, ergänzende Schutzvorschriften zu erlassen. Näher zur Kompetenzverteilungsordnung unten 3. Kapitel, D.

255 Beispielhaft können hier genannt werden: *EuGH*, v. 5.6.1997- Rs. C-107, Slg. 1997, I-3193 – Kommission/Königreich Spanien; v. 12.2.1998- Rs. C-92/96, Slg. 1998, I-505 – Kommission/Königreich Spanien; v. 28.5.1998 – Rs. C-298/97, Slg. 1998, I-3301 – Kommission/Königreich Spanien; v. 1.10.1998 – Rs. C-71/97, Slg. 1998, I-5991 – Kommission/Königreich Spanien; v. 25.11.1998 – Rs. C-214/96, Slg. 1998, I-7661 –

Zur Verhängung eines Zwangsgeldes gegen Spanien kam es dabei bisher zwar erst einmal[256], es befinden sich aber viele Verfahren der Kommission gegen Spanien nach Art. 260 Abs. 2 AEUV im sehr weit vorangeschrittenen Vorverfahren.[257] In zwei Fällen hat die Kommission in jüngster Zeit gar erneut Klage beim EuGH eingereicht mit dem Antrag, Spanien jeweils zur Zahlung eines Zwangsgeldes und Pauschalbetrages zu verurteilen.[258] Die Frage nach der Haftung für Unionsrechtsverstöße ist in Spanien daher von hoher Aktualität.[259]

I. Zwangsgeld gegen Spanien

Der bisher einzige Fall, in welchem Spanien vom EuGH wegen der Nichtbeachtung eines Urteils zur Zahlung eines jährlichen Zwangsgeldes i.H.v. 624.150 € verurteilt wurde, war der sog. „Badegewässer-" Fall[260]. Hierbei ging es inhaltlich um die Nicht- bzw. nicht ausreichende Umsetzung der RL 76/160/EWG über die Qualität der Badegewässer[261] in Spanien, eine Materie, die nach der na-

---

Kommission/Königreich Spanien; v. 13.4.2000- Rs. C- 274/98, Slg. 2000, I- 2823 – Kommission/Königreich Spanien; v. 13.9.2001 – Rs. C-417/99, Slg. 2001, I-6015 – Kommission/Königreich Spanien; v. 28.4.2005 – Rs. C-157/04, Slg. 2005, I- unveröffentlicht – Kommission/Spanien; v. 24.5.2007 – Slg. 2007, I- unveröffentlicht – Kommission/Königreich Spanien; v. 28.6.2007 – Rs. C-235/04, Slg. 2007, I-5415 – Kommission/Königreich Spanien; v. 7.5.2009 – Rs. C-516/07, Slg. 2009. I- 00076 – Kommission/Königreich Spanien.

256 *EuGH*, v. 25.11.2003 – C-278/01, Slg. 2003, I-14141 – Kommission/Königreich Spanien: Wegen des Nicht Ergreifens der erforderlichen Maßnahmen aus dem Urteil: *EuGH*, v. 12.2.1998 – Rs. C-92/96, Slg. 1998, I-505 – Kommission/Königreich Spanien.

257 Am 1.1.2009 befanden sich 22 Urteile, in denen der EuGH Spanien wegen des Verstoßes gegen Unionsrechts verurteilt hatte, in der administrativen Phase eines erneuten Verfahrens gegen Spanien wegen der Nichtergreifung der geeigneten Maßnahmen zur Behebung des Verstoßes.

258 Vgl. Rs. C-610/10, Kommission/Königreich Spanien, Klage eingereicht am 22.12.2010, ABlEU Nr. C 186/25, v. 25.6.2011, S. 14 und Rs. C-184/11, Kommission/Königreich Spanien, Klage eingereicht am 18.4.2011, ABlEU Nr. C 72/21, v. 5.3.2011, S. 12. Näher hierzu im Folgenden unter A.II.

259 Siehe hierzu bereits oben Einleitung, A. Ausführlicher zum Ganzen im 5. Kapitel, „Die Haftungsverteilung für finanzwirksame Unionsrechtsverstöße zwischen dem Zentralstaat und den Autonomen Gemeinschaften"

260 *EuGH*, v. 25.11.2003 – C-278/01, Slg. 2003, I-14141 – Kommission/Königreich Spanien: Wegen des Nichtergreifens der erforderlichen Maßnahmen aus dem Urteil: *EuGH*, v. 12.2.1998 – Rs. C-92/96, Slg. 1998, S. 505 – Kommission/Königreich Spanien.

261 RL 76/169/EWG des Rates, v. 8.12.1975, über die Qualität der Badegewässer, mittlerweile aufgehoben und ersetzt durch RL 2006/7/EG des Europäischen Parlamentes und

tionalen Kompetenzordnung sowohl in die Kompetenz des Zentralstaates als auch der Autonomem Gemeinschaften fiel. Nachdem der EuGH Spanien wegen der unkorrekten Umsetzung besagter Richtlinie am 12.2.1998 verurteilt, Spanien daraufhin aber nicht die erforderlichen Maßnahmen ergriffen hatte, um diesen Verstoß zu beseitigte, verhängte der EuGH gegen Spanien am 25.11.2003 in einem zweiten Urteil ein Zwangsgeld i.H.v. 624.150 € für jedes Prozent der Badegebiete im Bereich der spanischen Binnenbadegewässer, das nach der Feststellung für das fragliche Jahr nicht den gemäß der RL 76/160 festgelegten Grenzwerten entsprach.

Einen Monat nach dem Erlass des Urteils entschied die europäische Kommission, Spanien die Zahlung der fraglichen Summe zu erlassen, da sie befand, dass zwar noch nicht alle erforderlichen Maßnahmen zur Angleichung der betreffenden Normen erlassen worden seien, Spanien jedoch Fortschritte hierbei bewiesen habe. Dabei sei Spanien sogar teilweise weiter gegangen als andere Mitgliedstaaten, die nicht verurteilt worden waren.

Auch wenn es bisher nicht zur erneuten Verhängung von Sanktionszahlungen wegen Vertragsverletzungen Spaniens kam, so sind doch viele Verfahren gegen das Königreich Spanien wegen des Nichtergreifens der erforderlichen Maßnahmen aus einem EuGH-Urteil aktuell anhängig[262], die in nicht seltenen Fällen auf das Fehlverhalten der Autonomen Gemeinschaften zurückzuführen sind.

II. Vertragsverletzungen Spaniens, die in der Zukunft zu finanziellen Sanktionen führen können

In nicht wenigen Fällen hat der EuGH im Rahmen eines Vertragsverletzungsverfahrens gegen das Königreich Spanien einen Vertragsverstoß gemäß Art. 260 Abs. 1 AEUV festgestellt, der auf einen Verstoß der Autonomen Gemeinschaften zurückzuführen ist und der, sollten diese Urteil nicht vollzogen werden, ein zweites Verfahren gemäß Art. 260 Abs. 2 und 3 AEUV nach sich ziehen könnte[263] bzw. in zwei Fällen jüngst gezogen hat.[264] Das Ergreifen der erforderlichen

des Rates, v. 15.2.2006, über die Qualität der Badegewässer und deren Bewirtschaftung und zur Aufhebung der RL 76/160/EWG, ABl. Nr. 64, v. 4.3.2006, S. 37- 51.

262 Siehe hierzu die Anmerkung in Fn. 258.

263 Vgl. den 26. Jahresbericht der Kommission über die Kontrolle der Anwendung des Gemeinschaftsrechts (2008), Statistisches Annex, COM (2009) 675, SEC (2009) 1685/2, vol. 4, S. 261- 267.

264 Siehe die Rs. C-610/10 und C-184/11, jeweils Kommission/Königreich Spanien, vgl. Fn. 258.

Maßnahmen steht in diesen Fällen jedoch aufgrund der nationalen Kompetenzordnung[265] nicht in der Macht des Zentralstaates, sondern der Autonomen Gemeinschaften, welche, wie dargestellt, gegenüber der EU nicht haften. Beispielhaft seien folgende Urteile erwähnt:

(1) Am 14.12.2006 entschied der EuGH[266], dass das Königreich Spanien dadurch gegen seine Vertragspflichten verstoßen habe, dass es nicht innerhalb der vorgesehenen Frist alle Maßnahmen ergriffen habe, die notwendig waren, um den Auflagen verschiedener Entscheidungen der Kommission über zu Unrecht gewährte Beihilfen an baskische Unternehmen nachzukommen.[267] Angesichts der Nichtbeachtung des Urteils, gab die Kommission am 20.11.2009 eine begründete Stellungnahme gemäß ex-Art. 228 Abs. UAbs. 1 EGV (das Erfordernis einer begründeten Stellungnahme ist durch den AEUV entfallen[268]) ab, in welcher sie zu dem Schluss gelangte, dass Spanien immer noch nicht die Beihilfen zurück verlangt habe, die es an Unternehmen in den baskischen Provinzen Guipúzcoa und Àlava erteilt hatte. Da sich dies in der Folge nicht änderte, legte die Kommission schließlich am 18.4.2011 auf der Grundlage von Art. 260 Abs. 2 AEUV Klage beim EuGH ein wegen der Nichtbeachtung des Urteils v. 14.12.2006. Gleichzeitig beantragte sie die Verhängung sowohl eines Zwangsgeldes als auch eines Pauschalbetrages gegen Spanien.[269]

In diesem Fall, der in Spanien unter dem Stichwort „vacaciones fiscales vascas“[270] bekannt ist, geht es um unionsrechtswidrig gewährte Beihilfen an

265 Zu dieser näher im 3. Kapitel über „Das interkörperschaftliche Verhältnis zwischen dem Zentralstaat und seinen Autonomen Gemeinschaften nach dem nationalen Verfassungsrecht“.

266 *EuGH*, v. 14.12.2006 – verb. Rs. C-485/03 bis C-490/03, Slg. 2006, I-11887 – Kommission/Königreich Spanien.

267 Die beteiligten baskischen Unternehmen hatten gegen die Entscheidungen der Kommission, die die Beihilfen als unrechtmäßig erklärte, gem. Art. 265 IV AEUV vor dem EuG geklagt. Dieses wies die Klage jedoch ab: *EuG*, Urteil, v. 9.9.2009 – T-227/01.

268 Vgl. Art 260 Abs. 2 AEUV. Siehe 1. Kapitel, C.I.1.

269 Vgl. ABlEU Nr. C 186/25, v. 25.6.2011, S. 14. Konkret beantragte die Kommission danach zum einen, das Königreich Spanien zu verurteilen, an die Kommission ein Zwangsgeld i.H.v. 236.044,8 Euro für jeden Tag der Verkündung des Urteils in dieser Rechtssache bis zu dem Tag zu zahlen, an dem das Urteil aus dem Jahr 2006 vollständig umgesetzt ist. Zu anderen beantragte sie, das Königreich Spanien zu verurteilen, an die Kommission einen Pauschalbetrag zu zahlen, dessen Höhe sich ergibt aus der Multiplikation eines Tagessatzes von 25.817,4 Euro mit der Zahl der Tage der Fortsetzung des Verstoßes seit der Verkündung des Urteils aus dem Jahr 2006.

270 Vgl. *Díez Estella/Díez Moreno*, Las ayudas de Estado en las llamadas "vacaiones fiscales", Gazeta Jurídica de la Unión Europea y la competencia 2009, 61 ff.

baskische Unternehmen, die die Kommission vom Zentralstaat zurück verlangte sowie die Aufhebung der unionsrechtswidrigen Vorschriften des baskischen Steuersystems. Die Beihilfen wurden jedoch nicht von der Zentralregierung, sondern der baskischen Regierung bzw. den Provinzialregierungen von Àlava, Vizcaya und Guipúzcoa („Diputaciones vascas“) gewährt. Wie an späterer Stelle noch näher dargestellt wird, ist das Baskenland steuerlich weitgehend souverän und die finanziellen Beziehungen zwischen dem spanischen Zentralstaat und der Autonomen Gemeinschaft des Baskenlandes sind hoch speziell und unterscheiden sich gravierend von denen aller anderen Autonomen Gemeinschaften.[271] Der Zentralregierung war es nach innerstaatlichem Recht daher nicht möglich, den Entscheidungen der Kommission nachzukommen. Das Königreich Spanien, repräsentiert durch die Zentralregierung, wurde so wegen der Verletzung des Vertrages vom EuGH verurteilt, welcher auf einem europarechtswidrigen Verhalten baskischer Verwaltungs- und Steuerbehörden basiert, gegen das die Zentralregierung innerstaatlich selbst Klage wegen Unvereinbarkeit mit dem Unionsrecht vor dem baskischen obersten Gerichtshof[272] eingelegt hatte. Die Zentralregierung musste mithin gegenüber der EU Interessen verteidigen, die sie im innerstaatlichen Bereich selbst anklagte. Dies ist der Grund dafür, dass Spanien das entsprechende Urteil des EuGH v. 14.12.2006 bislang nicht vollzogen hat. Die Kommission hat daher am 18.4.2011 beim EuGH erneut Klage eingelegt. Das Verfahren ist seither beim Gericht anhängig. Sollte der EuGH der erneuten Klage der Kommission stattgeben, wird die Klärung der Frage, wer innerstaatlich die finanzielle Verantwortung für die sich aus einem entsprechenden Urteil des EuGH ergebenden finanziellen Sanktionen zu tragen hat, damit immer dringlicher.

(2) In einem anderen Fall, der Rs. C-205/04[273], stellte der EuGH einen Vertragsverstoß des Königreichs Spanien im Bereich der Freizügigkeit der Arbeitnehmer fest, weil die spanischen öffentlichen Verwaltungen (des Zentralstaates und der Autonomen Gemeinschaften) keine Rechtsvorschriften erlassen hatten, die ausdrücklich vorsahen, dass im spanischen öffentlichen Dienst Dienstzeiten, die Unionsangehörige zuvor im öffentlichen Dienst eines anderen Mitgliedstaates zurückgelegt haben, hinsichtlich der finanziellen Auswirkungen anerkannt werden.

---

271 Näher hierzu unter 3.Kapitel, E.

272 Tribunal Superior de Justicia del País Vasco.

273 *EuGH*, v. 23.2.2006 – Rs. C- 205/04, Slg. 2006, I- 00031 – Kommission/Spanien.

(3) In der Rs. C-323/03[274] erklärte der EuGH, dass das Königreich Spanien gegen seine Vertragspflichten verstoßen habe, weil es eine Regelung beibehalten habe, die es u.a. zulässt, die Seeverkehrsdienstleistungen der Beförderung von Personen in der Ria von Vigo (Galizien) für einen Zeitraum von 20 Jahren an einen einzigen Betreiber zu vergeben. Die Vertragsverletzung gründete jedoch auf der Unionsrechtswidrigkeit eines Gesetzes des Parlaments der Autonomen Gemeinschaft Galizien, dem Gesetz 4/1999[275], das dieses im Rahmen seiner verfassungsmäßigen Zuständigkeit erlassen hatte. Gleichwohl stellte der EuGH einen Vertragsverstoß des „Königreichs Spanien" fest.

(4) In einem weiteren Fall, der Rs. C-516/07[276], in welchem der EuGH einen Vertragsverstoß des Königreichs Spanien feststellte, der auf einem unionsrechtswidrigen Verhalten Autonomer Gemeinschaften basiert, droht Spanien die Verhängung von finanziellen Sanktionen. In diesem Fall hatte der EuGH eine Vertragsverletzung festgestellt, da Spanien der Kommission nicht die zuständigen Stellen genannt hatte, die die Bestimmungen aus der Richtlinie 2000/60/EG[277] in den Autonomen Gemeinschaften Galizien, Baskenland, Andalusien, Balearen und Kanarische Insel anzuwenden haben.

(5) Auch in der Rs. C-480/07[278] stellte der EuGH einen Verstoß des Königreichs Spanien gegen Verpflichtungen aus der RL 2000/59/EG[279] fest, der auf einem Fehlverhalten der Autonomen Gemeinschaften beruhte, da Spanien nicht für alle spanischen Häfen Abfallbewirtschaftungspläne aufgestellt, genehmigt und durchgeführt hatte. Die fraglichen Häfen gehörten zu den Autonomen Gemeinschaften Andalusien, Asturien und Baskenland.

(6) In der Rs. C-419/01[280] entschied der EuGH, dass Spanien dadurch gegen seine Verpflichtungen aus der RL 91/271/EWG[281] verstoßen habe, dass es nur in

---

274 *EuGH*, v. 9.3.2006 – Rs. C- 323/03, Slg. 2006, I- 2161 – Kommission/Spanien.

275 Gesetz 4/1999, v. 9.4.1999, de declaración de servicio público de titularidad de la Junta de Galicia del transporte público marítimo de viajeros en la Ría de Vigo, BOE Nr. 118, v. 18.5.1999, S. 18552.

276 *EuGH*, v. 7.5.2009 – Rs. C-516/07, Slg. 2009, I- 00076*, Kommission/Spanien.

277 Richtlinie 2000/60/EG v. 23.10.2000 des Europäischen Parlaments und des Rates zur Schaffung eines Ordnungsrahmens für Maßnahmen der Gemeinschaft im Bereich der Wasserpolitik; ABl. L 327 v. 22.12.2000, S. 1- 73.

278 *EuGH*, v. 11.12.2008 – Rs. C-480/07, Slg. 2008, I- 00184* – Kommission/Spanien.

279 Richtlinie 2000/59/EG v. 27.11.2000 des Europäischen Parlamentes und des Rates über Hafenauffangeinrichtungen für Schiffsabfälle und Ladungsrückstände; ABl. L 332 v. 28.12.2000, S. 81- 90.

280 Vgl. *EuGH*, v. 15.5.2003 – Rs. C-419/01, Slg. 2003, I-4947, Rn. 7 u. 12 f. – Kommission/Königreich Spanien.

281 RL 91/271/EWG des Rates v. 21.5.1991 über die Behandlung von kommunalem Abwasser; ABl. L 135, S. 40.

einigen Autonomen Gemeinschaften die empfindlichen Gebiete des interregionalen Wassereinzugsgebiets ausgewiesen hatte, nicht jedoch in allen. Die zu Unrecht nicht ausgewiesenen Gebiete gehörten einerseits zu der Autonomen Gemeinschaft Katalonien und andererseits zu den Küstengewässern der Autonomen Gemeinschaften Baskenland, Katalonien, Valencia, Balearen und Kanarische Inseln sowie der Autonomen Stadt Ceuta. Die spanische Regierung trug im Verfahren vor, dass die Ausweisung der empfindlichen Gebiete in Spanien in den Bereich der zwischen dem Zentralstaat und den Autonomen Gemeinschaften geteilten Zuständigkeit falle. So falle die Bestimmung der empfindlichen Gebiete für die zu den interregionalen Einzugsgebieten gehörenden Binnengewässer in die Zuständigkeit der Verwaltung des Zentralstaates, während die Autonomen Gemeinschaften die Bestimmung der empfindlichen Gebiete sowohl für die interregionalen Binnengewässer als auch für die Küstengewässer vornähmen. Die zentralstaatlichen Stellen waren ihrer Ausweisungspflicht nachgekommen; ebenso die Autonomen Gemeinschaften Andalusien, Murcia, Galizien und Kantabrien sowie die Autonome Stadt Melilla. Nicht jedoch die Autonomen Gemeinschaften Katalonien, Balearen, Baskenland, Valencia, Kanarische Inseln und die Autonome Stadt Ceuta. Der EuGH verwies angesichts der innerstaatlichen Kompetenzverteilung für kommunales Abwasser in Spanien, auf die sich die spanische Regierung im Verfahren vor dem EuGH zur Rechtfertigung des Vertragsverstoßes berief, auf seine dargestellte ständige Rechtsprechung, nach welcher sich ein Mitgliedstaat nicht auf Bestimmungen, Übungen oder Umstände seiner internen Rechtsordnung berufen kann, um zu rechtfertigen, dass eine Richtlinie nicht innerhalb der vorgeschriebenen Frist umgesetzt wurde.[282] Daher wurde das gesamte Königreich Spanien, vertreten durch die Regierung des Zentralstaates, verurteilt, gegen seine Vertragspflichten verstoßen zu haben.

Die Gefahr weiterer Fälle, in denen der EuGH wegen eines Unionsrechtsverstoß der Autonomen Gemeinschaften gegen das Königreich Spanien ein Zwangsgeld oder einen Pauschalbetrag verhängt, steigt in dem Maße, in dem der Dezentralisationsprozess in Spanien voranschreitet. Diese Gefahr scheint durch die verschärften Sanktionsbefugnisse der EU nach Art. 260 Abs. 3 AEUV um ein weiteres erhöht.

282 *EuGH*, v. 15.5.2003 – Rs. C-419/01, Slg. 2003, I-4947, Rn. 22 – Kommission/Königreich Spanien; vgl. zu dieser Rechtsprechung 1. Kap.B.

B. Fälle im Zusammenhang mit den Finanzkorrekturen der europäischen Kommission und Sanktionen wegen eines öffentlichen Defizits

Die finanziellen Konsequenzen, die aus einer vom EuGH festgestellten Vertragsverletzung resultieren können, insbesondere durch Zwangsgelder und Pauschalbeträge, sind bislang jedoch noch viel weniger gravierend als diejenigen, die aus Verstößen gegen die Politiken der EU resultieren können, in erster Linie im Zusammenhang mit den Fonds der EU und der Wirtschafts- und Währungsunion.[283]

I. Spanien und die Fonds der EU

Spanien gehörte anfangs zu den sog. „privilegierten Empfängerstaaten"[284], an die der größte Teil der Mittel der europäischen Fonds floss. Die Verwaltung der europäischen Fonds hat daher von Beginn an zu heftigen innerstaatlichen Kompetenzkonflikten zwischen dem spanischen Zentralstaat und den Autonomen Gemeinschaften vor dem Verfassungsgericht geführt[285], welche in der Folge zu einer umfangreichen Rechtsprechung des Verfassungsgerichts bezüglich der Verwaltung der europäischen Fonds führte.[286] Im Gegensatz zu der Bedeutung, die die Kompetenzfrage erhielt, wurde der Frage nach der Kontrolle der Verwaltung zunächst kaum Aufmerksamkeit gewidmet, trotz der nachgewiesenen Schwächen des Verwaltungssystems und der nicht ordnungsgemäßen Verwaltung der Fonds.[287] Spanien war hierdurch regelmäßig zu Rückzahlungen an die Kommission in meist bedeutsamer Höhe verpflichtet. Die Höhe der an Spanien aus den europäischen Fonds bereitgestellten Gelder ermöglichte es, dass die innerstaatliche Regelung der Haftungsverteilung zwischen Zentralstaat und Autonomen Gemeinschaften im Falle von Finanzkorrekturen der Kommission zu-

283 *Ordóñez Solís*, CDP 1999, 37 (60).

284 *Ordóñez Solís*, La responsabilidad de las CCAA y de los entes locales españoles por la violación del Derecho de la UE: Procedimientos de reclamación, in: *Biglino Campos/Delgado del Rincón* (Hrsg.), El incumplimiento del Derecho comunitario en el Estado autonómico, S. 166.

285 *Ordóñez Solís*, Las correcciones financieras por la gestión en España de los fondos europeos, Actualidad administrativa Nr. 4, 2011, S. 17.

286 Vgl. *SSTC* 13/192, v. 6.2.1992, FJ 8 in Bezug auf Subventionen; 79/1992, v. 28.5.1992, FJ 5 erstmals in Bezug auf die europäischen Fonds. Hierauf ist im Rahmen des Vollzugs des Unionsrechts zurückzukommen.

287 *Ordóñez Solís*, Las correcciones financieras por la gestión en España de los fondos europeos, Actualidad administrativa Nr. 4, 2011, S. 17.

nächst nicht „ernsthaft“ in Angriff genommen wurde.[288] Dies änderte sich jedoch durch die verschärften Kontrollmechanismen bei der Verwaltung und Kontrolle der europäischen Fonds auf europäischer Ebene sowie der kontinuierlichen Verringerung der an Spanien verteilten Fonds.

Den Entscheidungen der Kommission und den Urteilen der europäischen Gerichte ist stets genau zu entnehmen, ob der Grund einer Finanzkorrektur im Fehlverhalten der Autonomen Gemeinschaften und Lokalkörperschaften oder des Zentralstaates liegt, obwohl letztlich die formale Entscheidung stets gegenüber dem Königreich Spanien ergeht und nicht etwa gegenüber den Autonomen Gemeinschaften und Lokalkörperschaften.

Dass den Kontrollverfahren der Verwaltung der europäischen Fonds in Spanien noch mehr Aufmerksamkeit zu schenken ist, macht der aktuelle Rechnungsabschluss der Kommission vom 11.3.2010 deutlich: Die Kommission schloss hierbei bestimmte Ausgaben, die die Mitgliedstaaten zu Lasten des EAGFL, Abteilung Garantie, des EGFL und des ELER getätigt hatten, wegen des Nichteinhaltens der Vorschriften der EU von der Finanzierung aus. Im Falle Spaniens beliefen sich die Anlastungen insgesamt auf mehr als 44 Mio. Euro.[289]

Beispielhaft seien folgende Fälle genannt, in denen die Kommission gegenüber dem Königreich Spanien Finanzkorrekturen vornahm, die auf einem Fehlverhalten der Autonomen Gemeinschaften gründeten:

(1) So hatte Spanien etwa gegen die Entscheidung der Kommission v. 12.6.2002 über den Rechnungsabschluss der Mitgliedstaaten für die von der Abteilung Garantie des EAGFL im Haushaltsjahr 2001[290] finanzierten Ausgaben vor dem EuGH Klage auf Nichtigkeit eingelegt, soweit die Entscheidung den Ausschluss bestimmter Zahlungen an Spanien betraf. Die Kommission begründete den Ausschluss von der Gemeinschaftsfinanzierung mit Unregelmäßigkeiten bei den Zahlstellen der Autonomen Gemeinschaften von Kastilien-La Mancha, Navarra und dem Baskenland. Der EuGH gab der Klage jedoch nur in Bezug auf die Unrechtmäßigkeit der finanziellen Berichtung der Rechnungen der Zahlstelle von Kastilien-La Mancha statt.[291] Im Übrigen, al-

---

288 *Ordóñez Solís*, a.a.O., S. 17.

289 Vgl. K (2010) 1317: Beschluss der *Kommission*, v. 11.3.2010, über den Ausschluss bestimmter von den Mitgliedstaaten zulasten des EAGFL, Abteilung Garantie, des EGFL und des ELER getätigten Ausgaben von der Finanzierung durch die EU, ABl. L 63, v. 12.3.2010, S. 7.

290 Entscheidung 2002/461/EG der *Kommission*, v. 12.6.2002.

291 *EuGH*, v. 9.6.2005 - Rs. C- 287/02, Slg. 2005, I-5093 – Königreich Spanien/Kommission.

so hinsichtlich der Unregelmäßigkeiten bei den Zahlstellen von Navarra und dem Baskenland, wies er die Klage ab.

(2) In einer anderen Entscheidung hob das Gericht erster Instanz (bzw. nunmehr Gericht) die Entscheidung 2004/257/EG[292] der Kommission auf, soweit sie die vom Königreich Spanien für das Wirtschaftsjahr 1998/1999 in den Autonomen Gemeinschaften Baskenland und La Rioja getätigten Ausgaben in Bezug auf Kulturpflanzen und Rinderprämien und die vom Königreich Spanien vor dem 22.3.2000 für das Wirtschaftsjahr 1999/2000 in der Autonomen Gemeinschaft Baskenland in Bezug auf Kulturpflanzen und Rinderprämien getätigten Ausgaben von der gemeinschaftlichen Finanzierung ausschloss.[293]

(3) Aktuell sind mehrere Verfahren vor dem Gericht erster Instanz anhängig, in denen Spanien Klage gegen verschiedene Finanzkorrekturen der Kommission wegen Unregelmäßigkeiten in den Verwaltungs- und Kontrollsystemen verschiedener Autonomer Gemeinschaften in bedeutsamer Höhe in Bezug auf die Landwirtschaftsfonds[294] und die Strukturfonds[295] eingelegt hat.

(4) Abschließend sei noch auf die Rs. C-214/00[296] eingegangen, die innerstaatlich einen bedeutsamen Fall im Zusammenhang mit den Finanzkorrekturen der Kommission und der damit zusammenhängenden Haftungsverteilung zwischen dem Zentralstaat und den Autonomen Gemeinschaften darstellt, da sie zu besonderen Problemen zwischen ihnen führte. In dieser Entscheidung erklärte der EuGH, dass Spanien gegen Verpflichtungen aus der Richtlinie

---

292 Entscheidung 2004/257/EG der *Kommission*, v. 29.4.2004 über den Ausschluss bestimmter von den Mitgliedstaaten zulasten des EAGFL Abteilung Garantie getätigter Ausgaben.

293 *EuG*, v. 14.2.2008 – Rs. T-266/04, Slg. 2008, II- 20 – Königreich Spanien/Kommission.

294 *EuG*, eingereicht am 17.2.2010 - T-67/10. Spanien/Kommission: Finanzkorrekturen im Bereich des EAGFL- Abteilung Ausrichtung wegen Unregelmäßigkeiten in der Region Kastilien-León; *EuG*, eingereicht am 4.3.2010 - T- 06/10, Spanien/Kommission: Finanzkorrekturen im Bereich des EAGFL, Abteilung Ausrichtung i.H.v. 652, 7 Mio. Euro wegen Unregelmäßigkeiten in der Region Aragonien.

295 *EuG*, eingereicht am 11.2.2010 - T-65/10, Spanien/Kommission: Finanzkorrekturen im Bereich des EFRE wegen Unregelmäßigkeiten in der Region Andalusien; *EuG*, eingereicht am 8.3.2010 - T-113/10, Spanien /Kommission: Finanzkorrekturen im Bereich des EFRE und ESF i.H.v. 27, 8 Mio. Euro wegen Unregelmäßigkeiten in der Region des Baskenlandes; *EuG*, eingereicht am 24.3.2010, T-138/10 – Spanien/Kommission: Finanzkorrekturen im Bereich des EFRE wegen Unregelmäßigkeiten in der Region Valencia.

296 *EuGH*, v. 15.5.2003 – Rs. C-214/00, Slg. 2003, I-4667 – Kommission/Spanien.

89/665/EWG[297] verstoßen hatte, weil es nicht die erforderlichen Maßnahmen getroffen hatte um den Art. 1 und 2 der Richtlinie nachzukommen, insbesondere, weil Spanien es unterlassen hatte, das System der durch die Richtlinie gewährleisteten Nachprüfung auf die Entscheidungen privatrechtlicher Gesellschaften zu erstrecken, die zu dem besonderen Zweck gegründet wurden, im Allgemeininteresse liegende Aufgaben nicht gewerblicher Art zu erfüllen, die Rechtspersönlichkeit besitzen und die überwiegend von der öffentlichen Verwaltung oder anderen Einrichtungen des öffentlichen Rechts finanziert werden. Sowie ferner, weil Spanien die Möglichkeit, im Hinblick auf Entscheidungen der öffentlichen Verwaltung vorläufige Maßnahmen zu erlassen, von der vorherigen Erhebung einer Klage gegen die Entscheidung des öffentlichen Auftraggebers abhängig gemacht hatte.

Diese Entscheidung hatte die Unvereinbarkeit zahlreicher spanischer Rechtsvorschriften mit dem Unionsrecht zur Folge. Bei den fraglichen nationalen Rechtsvorschriften handelte es sich um Gesetze des zentralstaatlichen Gesetzgebers, an deren Ausarbeitung die Autonomen Gemeinschaften nicht beteiligt gewesen waren, zu deren Vollzug sie jedoch nach der nationalen Kompetenzordnung zuständig waren. Gemäß der nationalen Rechtsordnung hatten die Autonomen Gemeinschaften daher viele Verwaltungsverträge geschlossen, die in zahlreichen Fällen durch europäische Fonds finanziert worden waren. Da die Verträge auf gemeinschaftswidrigen Rechtsgrundlagen basierten, waren auch sie gemeinschaftswidrig und wurden daher zu Unrecht durch europäische Fonds finanziert. Nachdem der EuGH den entsprechenden Vertragsverstoß Spaniens festgestellt hatte, entschied die Kommission daher die entsprechenden Finanzkorrekturen vorzunehmen und zwar gegenüber dem Zentralstaat. Dieser lastete diese Finanzkorrekturen daraufhin den Autonomen Gemeinschaften an, welche somit die finanziellen Lasten der Vertragsverletzung zu tragen hatten, obgleich sie an deren Verursachung, nämlich den unionsrechtswidrigen Gesetzen, völlig unbeteiligt waren und lediglich Normen des Zentralstaates verwaltungsmäßig vollzogen hatten, welche den eigentlichen Verstoß gegen das Unionsrecht darstellten, da sie nicht unionsrechtskonform waren.[298]

An diesem Fall wird besonders deutlich, welche Bedeutung die innerstaatliche Haftungsregelung der finanzwirksamen Unionsrechtsverstöße für die nationalen Finanzbeziehungen hat.

---

297 Richtlinie 89/665/EWG des Rates v. 21.12.1989 zur Koordinierung der Rechts- und Verwaltungsvorschriften für die Anwendung der Nahprüfungsverfahren im Rahmen der Vergabe öffentlicher Liefer- und Bauaufträge.

298 Vgl. hierzu *Gómez Puente*, La responsabilidad por incumplimiento del Derecho comunitario, REAF 2006, 153 (187 ff.) und unten 5.Kap.A.II.1.

II. Übermäßiges Defizit in Spanien[299]

Am 27.4.2009 entschied der Rat gemäß Art. 126 Abs. 6 AEUV, dass in Spanien erstmals seit Einführung des Euro ein übermäßiges Haushaltsdefizit existiere[300] und richtete zeitgleich Empfehlungen an Spanien zur Beendigung dieser Situation.[301] Nachdem die Frist zur Ergreifung der erforderlichen Maßnahmen am 27.10.2009 endete und der Rat befand, dass ein Fall „unerwarteter nachteiliger wirtschaftlicher Ereignisse mit sehr ungünstigen Auswirkungen auf die öffentlichen Finanzen" für Spanien eingetreten sei, richtete er auf Vorschlag der europäischen Kommission am 30.11.2009 erneut Empfehlungen an Spanien zur Beendigung des übermäßigen Defizits.[302] Spanien wurde hierfür eine neue Frist bis zum 2.6.2010 zur Ergreifung der erforderlichen Maßnahmen gesetzt sowie eine Frist zur vollständigen Beseitigung des Defizits bis 2013. Am 15.6.2010 veröffentlichte die Kommission eine Mitteilung an den Rat, in der sie die Maßnahmen bewertete, die verschiedene Mitgliedstaaten, in denen ein übermäßiges Defizit existiert, als Reaktion auf die Rats-Empfehlungen vom 30.11.2009 zur Korrektur der übermäßigen Haushaltsdefizite ergriffen hatten.[303] Die Kommission gelang in allen Fällen zu dem Schluss, dass die getroffenen Maßnahmen ausreichten, um die für 2010 gesetzten Ziele zu erreichen. Bei Spanien und Portugal wurde, den Schlussfolgerungen des ECOFIN-Rates vom 9.5.2010 entsprechend, neben der Wirksamkeit der Maßnahmen auch die Angemessenheit der neu angekündigten Ziele und Maßnahmen bewertet. In beiden Fällen gelang die Kommission zu dem Schluss, dass „die Ziele ehrgeizig genug" seien und „eine erhebliche Haushaltskonsolidierung" beinhalteten. Um die neuen Ziele zu erreichen

---

299 Alle Dokumente zum Verfahren bezüglich eines übermäßigen Defizits in Spanien sind zu finden unter: *http://ec.europa.eu/economy_finance/sgp/deficit/countries/index_en.htm* (Stand: 8.2.2011).

300 Entscheidung 2009/417/EG des Rates, v. 27.4.2009, zum Bestehen eines übermäßigen Defizits in Spanien, ABl. L 135, v. 30.5.2009, S. 25 f..

301 *Rat der EU*, Council Recommendation to Spain with a view to bringing an end to the situation of an excessive government deficit, v. 30.11.2009, ECOFIN 775: http://ec.europa.eu/economy_finance/sgp/pdf/30_edps/104-07_council/2009-04-27_es_104-7_council_en.pdf

302 *Rat der* EU, Council Recommendation to Spain with a view to bringing an end to the situation of an excessive government deficit, v. 30.11.2009, a.a.O.

303 Communication from Commission to the Council – Assessment of the action taken by (…) Spain, (…) in response to the Council Recommendation of 2 December 2009 with a view to bringing an end to the situation of an excessive government deficit, S. 18- 23 u. S. 46- 51.

sollen Spanien und Portugal in ihren Haushalt 2011 Maßnahmen im Umfang von 1,75 % bzw. 1,5 % des BIP einstellen.

Noch am selben Tag, am 15.6.2010, wurde auf nationaler Ebene in Spanien zwischen dem Zentralstaat und den Autonomen Gemeinschaften im Rahmen des Rates für Steuer- und Finanzpolitik der Autonomen Gemeinschaften[304] („Consejo de Política Fiscal y Financiera de las Comunidades Autónomas") vereinbart, dass der Zentralstaat für 1 % der 1,75 % zuständig sei und für die restlichen 0,75 % die Autonomen Gemeinschaften.[305] Aufgrund der positiven Bemühungen Spaniens zur Reduzierung und Beseitigung des übermäßigen Defizits, ist die Verhängung von Sanktionen des Rates gegen Spanien derzeit nicht aktuell. Sollte das Vereinbarte aber nicht umgesetzt werden und der Rat daraufhin Sanktionen verhängen, so käme es innerstaatlich erstmals zur Anwendung der für diesen Fall geschaffenen Haftungsregeln, da nach außen hin allein der Zentralstaat die Verantwortung für das Defizit trägt.[306]

C. Ergebnis

Aus der vorangegangen Betrachtung ergibt sich, dass die Autonomen Gemeinschaften am Vollzug des Unionsrechts in Spanien de facto wesentlich beteiligt sind. Ohne an dieser Stelle den Ergebnissen der Untersuchungen über den Vollzug und die Haftung für den fehlerhaften Unionsrechtsvollzug mehr als notwendig vorweg zu greifen ist bereits an dieser Stelle festzustellen, dass dieser Befund der ständigen Rechtsprechung des spanischen Verfassungsgerichts entspricht. Nach dieser richtet sich der Vollzug des Unionsrechts nach der verfassungsmäßigen Kompetenzverteilung zwischen dem Zentralstaat und den Autonomen Gemeinschaften, welche durch die Mitgliedschaft Spaniens in der Europäischen Union unberührt bleibe.[307] Aber nicht nur der Vollzug des Unions-

304 Näher zum Rat für Steuer und Finanzpolitik der Autonomen Gemeinschaften im 3.Kapitel.

305 Vereinbarung zwischen der Wirtschaftsministerin und den Autonomen Gemeinschaften im Rahmen des Rates für Steuer- und Finanzpolitik der Autonomen Gemeinschaften v. 15.6.2010: *http://www.meh.es/Documentacion/Publico/GabineteMinistro/Notas%20Prensa/2010/SEH/15-06-10%20%20Nota%20de%20Prensa%20Consejo%20Politica%20Fiscal%20y%20Financiera.pdf*; „El País", v. 16.6.2010, „Salgado atribuye a las Comunidades el ajuste adicional que pide Bruselas".

306 Siehe 1. Kapitel, B. u. C.I.3.

307 Vgl. die st.Rspr. des Verfassungsgerichts: *SSTC* 252/1988, v. 20.12.1988, FJ 2; 64/1991, v. 22.5.1991, FJ 4; 76/1991, v. 11.4.1991, FJ 3; 116/1991, v. 23.5.1991, FJ 1; 236/1991, v. 12.12.1991, FJ 9; 79/1992, v. 28.5.1992, FJ 1; 117/1992, v. 16.9.1992, FJ 2; 80/1993, v. 8.5.1993, FJ 3; 141/1993, v. 22.4.1993, FJ 2; 112/1995, v. 6.7.1995, FJ 4;

rechts richte sich danach, wer materiell gemäß der nationalen Kompetenzverteilung die Kompetenz inne habe, sondern auch die Haftung für die finanziellen Folgen eines nicht ordnungsgemäßen Vollzugs der unionsrechtlichen Vorschriften.[308] Dies ist die Konsequenz der europarechtlichen Grundsätzen zum mitgliedstaatlichen Vollzug des Unionsrechts[309], nach denen die Mitgliedstaaten die Rechtsakte der EU zwar gemäß ihren nationalen Rechts- und Kompetenzordnungen durchführen, diese jedoch im Falle von Vollzugsdefiziten unberücksichtigt bleiben, so dass die entsprechende Haftungsverteilung in den nationalen Rechtsordnungen zu erfolgen hat.

Das zwischen Zentralstaat und Autonomen Gemeinschaften bestehende interkörperschaftliche Verhältnis gemäß dem spanischen Verfassungsrecht ist somit grundlegend für die Untersuchung der Verantwortungs- und Haftungsbeziehungen zwischen ihnen im Bereich des nationalen Vollzugs des Unionsrechts. Mit ihm ist daher zu beginnen.

146/1996, v. 19.9.1996, FJ 2; 148/1998, v. 2.7.1998, FJ 8 und 21/1999, v. 25.2.1999, FJ 1; 96/2002, v. 25.4.2002, FJ 10. Näher hierzu im 4. Kapitel über „Die Verantwortungsverteilung für den Vollzug des Unionsrechts zwischen Zentralstaat und Autonomen Gemeinschaften".

308 148/1998, v. 2.7.1998, FJ 8; 96/2002, v. 25.4.2002, FJ 10. Näher hierzu im 5. Kapitel über „Die Haftungsverteilung für finanzwirksame Unionsrechtsverstöße zwischen dem Zentralstaat und den Autonomen Gemeinschaften".

309 Vgl. 1. Kapitel.

3. Kapitel Das interkörperschaftliche Verhältnis zwischen dem spanischen Zentralstaat und seinen Autonomen Gemeinschaften nach dem nationalem Verfassungsrecht

Spanien ist heute ein aus siebzehn Autonomen Gemeinschaften zusammengesetzter Staat, dessen Staatsordnung die Verfassung offen gelassen[310] und für den sich die Bezeichnung als „Autonomiestaat" („Estado autonómico") durchgesetzt hat.[311] Die Verfassung von 1978 beschränkte sich zur Ordnung des Staatsgebietes auf die Festlegung verschiedener Prinzipien[312] und überließ es ansonsten dem freien Willen der Regionen, sich zu politisch autonomen Gemeinschaften zu konstituieren.[313] Von diesem Recht haben alle Regionen Gebrauch gemacht, wodurch sich nach dem Inkrafttreten der Verfassung von 1978 siebzehn Autonome Gemeinschaften konstituierten, die trotz gewisser einheitlicher Grundstrukturen deutliche Unterschiede im Umfang ihrer Zuständigkeiten und ihrer Organisation aufweisen. Dies hat zu einem recht heterogenen Kompetenz- und Finanzsystem geführt. Die Unterschiede zwischen den Autonomen Gemeinschaften gründen in teilweise weit in die spanische Geschichte zurückreichende Begebenheiten. Insbesondere gilt dies in Bezug auf die sog. „historischen" Regionen Katalonien, Baskenland und Galizien[314] sowie hinsichtlich der Gewäh-

---

310 So die ganz herrschende Meinung. *Tudela Aranda* weißt in diesem Zusammenhang jedoch darauf hin, dass die nicht- Definition der Staatsstruktur auch eine Definition sei und es daher nicht zuträfe, dass die Verfassung den Staat nicht definiere, vgl. *Tudela Aranda*, Föderalismus als Notwendigkeit nach der Reform der Autonomiestatute, in: *Tudela Aranda/Kölling* (Hrsg.), Die Reform des Deutschen Bundesstaates und die Reform des Spanischen Autonomiestaates, S. 246.

311 Vielfach wird darauf hingewiesen, dass mit der Bezeichnung der spanischen Staatsstruktur als „Estado autonómico" („Autonomiestaat") über die „Verlegenheit" hinweg gegangen werden solle, dass die Bestimmung der territorialen Frage von der Verfassung offen gelassen wurde, vgl. etwa: *Molas*, Derecho Constituional, S. 177.

312 Zu diesen Prinzipien sofort im Folgenden.

313 *Cruz Villalón*, JöR 34 (1985), 195 (196 ff.)

314 An der Bezeichnung dieser drei Regionen als „historische" Regionen wird zwar gelegentlich Kritik geübt, sie ist aber gleichwohl die allgemein übliche Bezeichnung. Mit „historisch" wird auf den Umstand angespielt, dass alle drei Regionen zu Zeiten der Zweiten Republik (1931- 1936) bereits über ein Autonomiestatut verfügten bzw. im Falle Galiziens dieses zumindest durch ein Referendum gebilligt wurde, auch wenn es vor Ausbruch des spanischen Bürgerkrieges nicht mehr in Kraft treten konnte. Mit dem Anfang der Diktatur General Francos wurden die existierenden Autonomiestatute jedoch umgehend außer Kraft gesetzt und in der Folge gehörten diese Regionen zu den

rung von Sonderrechten an die Autonomen Gemeinschaften Navarra und das Baskenland durch die Verfassung.[315] Die historisch gewachsenen Sonderrechte einzelner Regionen sind auch die Ursache vieler innerstaatlicher Spannungen zwischen der Zentralregierung und den Autonomen Gemeinschaften – zuvörderst des Baskenlandes und Kataloniens. Speziell der Autonomen Gemeinschaft de Baskenlandes gingen die ihr von der Verfassung gewährten Sonderrechten noch nicht weit genug, weshalb die Mehrheit der Basken, auf Empfehlung der baskischen Nationalpartei PNV, der Verfassung von 1978, an deren Ausarbeitung keine Vertreter des Baskenlandes beteiligt wurden[316], nicht zustimmte.[317] Die Ablehnung der spanischen Verfassung durch das Baskenland zeigt bis in die heutige Zeit ihre Spuren im Verhältnis des Baskenlandes zum Rest Spaniens und insbesondere zur Zentralregierung.[318]

Da das Verhältnis zwischen dem Zentralstaat und den Autonomen Gemeinschaften nach der Verfassung die Grundlage für die zwischen ihnen bestehenden Verantwortungs- und Haftungsbeziehungen im Bereich des nationalen Vollzugs des Unionsrechts ist, ist im Folgenden zunächst die nationale Staatsstruktur zu untersuchen.

A. Zu den historischen Hintergründen der heutigen spanischen Staatsstruktur

Der spanische Staat war Jahrhunderte lang zentralistisch und uniform organisiert[319], immer wieder kurzzeitig unterbrochen durch einige, wenn auch erfolglo-

---

durch das diktatorische Regime Francos am stärksten Unterdrückten. Das in diesen Regionen ohnehin besonders ausgeprägte Nationalitätsbewusstsein wurde durch diese Unterdrückungspolitik deutlich gestärkt. Auf diesen Umstand geht die Formulierung des Art. 2 CE zurück, der zwischen „Nationalitäten und Regionen“ differenziert.

315 Näher hierzu sofort im Folgenden.

316 *Schmidt*, in: *Schmidt* (Hrsg.), Kleine Geschichte Spaniens, S. 485 ff.

317 *Wendland*, Spanien auf dem Weg zum Bundesstaat?, S. 70 f.

318 Jüngstes Zeugnis dieser Tatsache war der sog. „Plan Ibarretxe“ wie der „Vorschlag für ein Statut der Gemeinschaft des Baskenlandes“ genannt wird, der vorsah, dass das Verhältnis zwischen dem Baskenland zum spanischen Staat auf dem Gedanken der „freien Assoziation“ begründet sein sollte.

319 Vgl. *Cruz Villalón*, JöR 34 (1985), 195 (196); *Montoro Chiner*, „Spanien als Staat der Autonomen Gemeinschaften“, DÖV 1987, 85; *Albertí Rovira*, „Die Beziehungen zwischen dem Staat und den Autonomen Gemeinschaften: Kooperation und Konflikt“, in: *Jutta Kramer* (Hrsg.): „Die Entwicklung des Staates der Autonomien in Spanien und der bundesstaatlichen Ordnung in der BRD“, S. 129; *Tomás y Valiente*, Códigos y Constituciones (1808-1978), S. 123.

se Versuche der Etablierung eines föderalen Staatsmodells.[320] Heutzutage gehört der Zentralismus jedoch nur noch zur Geschichte Spaniens.[321] Als die Spanische Verfassung von 1978 nach einer fast vierzigjährigen Diktatur und einer fast zweihundert Jahre währenden zentralistischen Tradition ein neues Modell territorialer Gliederung des Staates entwarf, sollten damit im Wesentlichen zwei Ziele verfolgt werden[322]: Zum einen die Anerkennung der kulturellen und historischen Eigenart einiger Regionen (insbesondere Kataloniens, des Baskenlandes und Galiziens, aber auch Valencias und Andalusiens[323]) sowie ihres daraus folgenden Wunsches nach Selbstregierung.[324] Katalonien und das Baskenland waren während der Zweiten Republik von 1931-1936 bereits für kurze Zeit autonom gewesen[325] und strebten daher seit dem Ende der Diktatur General Francos im Jahre 1975 nach der Wiederherstellung dieses Zustandes.[326] Zum anderen wollte man den dezentralisierenden Impuls nutzen, um eine grundlegende Reform des gesamten Staates durchzuführen, seine Machtstrukturen und seine Beziehungen zur Gesellschaft und den Bürgern zu modernisieren.[327] Gleichzeitig

320 *Àlvarez Conde*, Curso de Derecho constitucional, Vol. II., 6. Aufl., S. 461 f.; *Montoro Chiner*, „Spanien als Staat der Autonomen Gemeinschaften“, DÖV 1987, 85. Zwischenzeitliche Dezentralisierungsbestrebungen, wie etwa die Verfassung von Cádiz von 1812 oder der Verfassungsentwurf der 1. Republik von 1873, sind immer nur beschränkte Versuche gewesen, die Zentralisierung aufzubrechen.

321 *Àlvarez Conde*, a.a.O., S. 463.

322 *Molas*, Derecho constitucional, S. 177; *Tudela Aranda*, Föderalismus als Notwendigkeit nach der Reform der Autonomiestatute, in: *Tudela Aranda/Kölling* (Hrsg.), Die Reform des Deutschen Bundesstaates und die Reform des Spanischen Autonomiestaates, S. 252.

323 *Cruz Villalón*, JöR 34 (1985), 195 (198).

324 *Molas*, Derecho constitucional, S. 177; *Tudela Aranda*, Föderalismus als Notwendigkeit nach der Reform der Autonomiestatute, in: *Tudela Aranda/Kölling* (Hrsg.), Die Reform des Deutschen Bundesstaates und die Reform des Spanischen Autonomiestaates, S. 252.

325 Wobei tatsächlich nur Katalonien, dessen Autonomiestatut bereits 1932 in Kraft trat, in den Genuss der Autonomie kam, da die Autonomie des Baskenlandes, die es durch das 1936 in Kraft getretene Autonomiestatut erlangte, unmittelbar nach Ende des spanischen Bürgerkrieges und der Machtergreifung durch den General Franco, wie auch das katalonische Autonomiestatut, wieder aufgehoben wurde. Das galizische Autonomiestatut, dessen Entwurf zwar in einem Referendum gebilligt wurde, trat gar nicht erst in Kraft. Vgl. *Àlvarez Conde*, Curso de Derecho constitucional, S. 462.

326 *Albertí Rovira*, „Die Beziehungen zwischen dem Staat und den Autonomen Gemeinschaften: Kooperation und Konflikt“, in: Jutta Kramer (Hrsg.): „Die Entwicklung des Staates der Autonomien in Spanien und der bundesstaatlichen Ordnung in der BRD“, S 129.; *Schmidt*, in: *Schmidt* (Hrsg.), Kleine Geschichte Spaniens, S. 485 ff.

327 *Albertí Rovira*, a.a.O., S. 129.

wollte Spanien nach Jahrzehnten der außenpolitischen Isolation die Anbindung an Europa finden.[328]

Während der Arbeiten an der Verfassung von 1978 erwies sich kein Thema als so politisch und rechtstechnisch problematisch wie die neue territoriale Gliederung des Staates.[329] Es bedurfte daher dreier Versuche, bevor der schließlich in Kraft getretene Verfassungstext gebilligt wurde[330]: Im ersten Verfassungsentwurf war ein föderativer Staat gefordert worden, ein zweiter Entwurf bekräftigte jedoch wieder den Zentralismus. Die dritte und endgültige Fassung brachte dann einen politischen Kompromiss zwischen beiden Entwürfen.[331] Die hieraus hervorgegangene Verfassung von 1978 enthält daher Grundsätze für die Errichtung der Autonomen Gemeinschaften, überlässt die Entscheidung dieser Frage jedoch den „Vorautonomien"[332].[333] Aus dem Kompromiss- bzw. Konsens-Charakter[334] der Verfassung erklärt sich die Eigenart der schließlich konstituierten Staatsorganisation: Sie ist ein Kompromiss der verschiedenen widerstreitenden Interessen, unter Vermeidung und Offenlassens der streitigen Fragen um die Territorialordnung.[335] Die Verfassungsbestimmungen sind daher hinsichtlich der territorialen Organisation gelegentlich sehr offen, allgemein und unpräzise und lassen verschiedene Auslegungsmöglichkeiten und Entwicklungen zu.[336] Man

328 *Bernecker*, Spanien Hdb, S. 200 ff.

329 *Albertí Rovira*, „Die Beziehungen zwischen dem Staat und den Autonomen Gemeinschaften: Kooperation und Konflikt", in: Jutta Kramer (Hrsg.): „Die Entwicklung des Staates der Autonomien in Spanien und der bundesstaatlichen Ordnung in der BRD", S 129 f.

330 *Montoro Chiner*, DÖV 1987, 85.

331 *Montoro Chiner*, a.a.O., DÖV 1987, 85.

332 In der Übergangszeit von der Diktatur Francos zur Demokratie führte die Übergangsregierung durch den Erlass von Gesetzesdekreten (Decretos- Leyes) eine administrative Dezentralisierung des spanischen Territoriums in vorläufige Autonomieregime („Preautonomías") durch, wodurch der sich schon bald nach dem Tod Francos allgemein ausbreitende Regionalismus im Land gebremst und besänftigt werden sollte und so der Prozess der Verfassungsgebung ungehindert fortgesetzt werden konnte. Die so geschaffenen „Vorautonomien" waren als Übergangsorgane die Vorläufer der späteren Autonomen Gemeinschaften, unterschieden sich aber von diesen wesentlich, da sie keine politische, sondern bloß exekutive Befugnisse hatten. Vgl. hierzu *Cruz Villalón*, JöR 34 (1985), 195 (210); *Wendland*, Spanien auf dem Weg zum Bundesstaat?, S. 74.

333 *Àlvarez Conde*, Curso de Derecho Constitucional, Vol. II, S. 646.

334 *Bernecker*, Spanien Hdb, S. 86.

335 *Medina Guerrero*, Grundlagen und Grundzüge staatlichen Verfassungsrechts: Spanien, in: *v. Bogdandy/Cruz Villalón, Huber*, Hdb Ius Publicum Europaeum, § 11 Rn. 23, S. 639.

336 *Alberti Rovira*, „Die Beziehungen zwischen dem Staat und den Autonomen Gemeinschaften: Kooperation und Konflikt", in: Jutta Kramer (Hrsg.): „Die Entwicklung des

kann sagen, dass das in der Verfassung enthaltene Staatsmodell ein offenes und unfertiges Modell ist[337], was zugleich einen Großteil der Schwierigkeiten, die in diesem Bereich auftreten, erklärt. Der heutige Autonomiestaat leitet sich nicht direkt aus der Verfassung von 1978 ab. Diese fordert nicht unmittelbar einen „Staat der Autonomen Gemeinschaften" und schreibt auch nicht die territoriale Organisation des Staates vor, sondern entwirft ihn nur potentiell und hinsichtlich seiner unverzichtbaren Merkmale.[338] Sie gibt nicht einmal vor, ob es sich bei der sich konstituierenden Autonomie allgemein um eine politische handelt oder lediglich um eine bloß administrative Autonomie.[339] Sie begrenzte sich auf die Festlegung, dass Katalonien, das Baskenland und Galizien durch ihre Konstituierung als Autonome Gemeinschaften politische Autonomie verliehen würde und überließ es ansonsten der Entwicklung des sich durch die Verabschiedung der Verfassung entwickelnden Prozesses, welchen Charakter die Autonomie der anderen Autonomen Gemeinschaften erhalten würde.[340] Ergebnis dieser Verfassungsentscheidung war, dass die Organisation des Staates nicht allein auf der spanischen Verfassung beruhte, sondern ganz wesentlich auch durch die Autonomiestatute bestimmt wurde. Diese haben deshalb eine herausragende Position in der spanischen Rechtsordnung.[341] Daneben führte die Auslegungsbedürftigkeit vieler Verfassungsbestimmungen dazu, dass das spanische Verfassungsgericht eine Hauptrolle bei der Organisation des Staates annahm.[342] Die tatsächliche Staatsstruktur Spaniens ergibt sich daher aus einer Zusammenschau von Verfassung, Autonomiestatuten und der Rechtsprechung des Verfassungsgerichts.[343]

Staates der Autonomien in Spanien und der bundesstaatlichen Ordnung in der BRD", S 130 f.; *Medina Guerrero*, Grundlagen und Grundzüge staatlichen Verfassungsrechts: Spanien, in: *v. Bogdandy/Cruz Villalón, Huber,* Hdb Ius Publicum Europaeum, § 11 Rn. 23, S. 639; *Tudela Aranda*, Föderalismus als Notwendigkeit nach der Reform der Autonomiestatute, in: *Tudela Aranda/Kölling* (Hrsg.), Die Reform des Deutschen Bundesstaates und die Reform des Spanischen Autonomiestaates, S. 246.

337 *Alberti Rovira*, a.a.O., S. 130; *Àlvarez Conde*, Curso de Derecho Constitucional, Vol. II., S. 464; *Cruz Villalón*, JöR 34 (1985), 195 (196).

338 *Cruz Villalón*, a.a.O., S. 196.

339 *Molas*, Derecho constitucional, 4. Aufl., 2008, S. 177.

340 *Molas*, a.a.O., S. 177.

341 Näher zu den Autonomiestatuten und ihrer Rechtsnatur unter C.II. u. III.

342 *Àlvarez Conde*, Curso de Derecho Constitucional, Vol. II., S. 465; *Tudela Aranda*, Föderalismus als Notwendigkeit nach der Reform der Autonomiestatute, in: *Tudela Aranda/Kölling* (Hrsg.), Die Reform des Deutschen Bundesstaates und die Reform des Spanischen Autonomiestaates, S. 246.

343 *Wendland*, Spanien auf dem Weg zum Bundesstaat?, S. 105 u. 126.

B. Die wesentlichen Strukturprinzipien der Verfassung von 1978

Die wesentlichen Strukturelemente, die die Beziehungen zwischen dem Zentralstaat und den Autonomen Gemeinschaften bestimmen, enthält Art. 2 CE: „Die Verfassung gründet sich auf die unauflösliche Einheit der spanischen Nation, gemeinsames und unteilbares Vaterland aller Spanier, und anerkennt und garantiert das Recht auf Autonomie der Nationalitäten und Regionen[344], die Bestandteil der Nation sind, und auf die Solidarität zwischen ihnen.“ Neben den hierin enthalten Prinzipien der Einheit, Autonomie, Solidarität und Gleichheit ist der Verfassung der Grundsatz der Verfassungstreue („principio de lealtad constitucional“) immanent.[345]

I. Einheit und Autonomie

Das Verfassungsgericht hat in Bezug auf das Verhältnis zwischen den in Art. 2 CE enthaltenen Prinzipien der Einheit und Autonomie wiederholt erklärt: „Die Verfassung geht von der Einheit der spanischen Nation aus, welche sich in einen sozialen und demokratischen Rechtsstaat konstituiert, dessen Staatsgewalt vom Volke ausgeht, das Träger der nationalen Souveränität ist (Art. 1 CE). Diese Einheit des Staates zeigt sich in einer einzigen Staatsorganisation für das gesamte Staatsterritorium. Aber die Organe des Zentralstaates üben dabei nicht die Gesamtheit der öffentlichen Gewalten aus, weil die Verfassung in Bezug auf eine vertikale Verteilung der Gewalten die Beteiligung an der Ausübung der Gewalt durch Gebietskörperschaften („entes territoriales“) von unterschiedlichem Rang vorsieht.“[346]

In diesem Sinne bestimmt Art. 137 CE: „Das Staatsgebiet wird in Gemeinden, Provinzen und Autonome Gemeinschaften gegliedert, die alle Autonomie bezüglich der Verfolgung ihrer entsprechenden Interessen genießen.“ In dieser Vorschrift drückt sich ein weiter und komplexer Begriff des Staates aus, welcher sich aus einer Pluralität territorialer Organisationen zusammensetzt, die alle mit Autonomie ausgestattet sind, welche im Falle der Autonomen Gemeinschaften das Recht zur Selbstregierung beinhaltet (Art. 143 Abs. 1 CE[347]). Die Höher-

---

344 Siehe zu dem Begriff der „Nationalitäten und Regionen“ die Anmerkung in Fn. 314.

345 *STC* 247/2007, v. 17.2.2007, FJ 4 d).

346 *STC* 4/1981, v. 2.2.1981, FJ 3; 247/2007, v. 17.2.2007, FJ 4 a).

347 Art. 143 Abs. 1 CE: *"Bei der in Art. 2 der Verfassung anerkannten Ausübung des Rechts auf Autonomie können die an einander grenzenden Provinzen mit gemeinsamen historischen, kulturellen und wirtschaftlichen Merkmalen sowie die Inselgebiete und*

wertigkeit des Einheitsprinzips gegenüber den anderen Strukturprinzipien ist daran zu erkennen, dass die Verfassung sich allein auf dieses „gründet", wohingegen sie die Autonomie und Solidarität bloß „anerkennt und gewährleistet"[348].[349]

In Bezug auf die Reichweite des Autonomieprinzips erklärte das Verfassungsgericht: „Die Autonomie bezieht sich auf eine begrenzte Gewalt („un poder limitado"). Autonomie ist nicht Souveränität – und sogar diese Befugnis hat ihre Grenzen. Angesichts dessen, dass jede territoriale Organisation, die mit Autonomie ausgestattet ist, Teil des Ganzen ist, kann das Autonomieprinzip sich niemals dem Einheitsprinzip entgegensetzen, sondern seinen wahren Sinn entfaltet es gerade in ihm, wie es Art. 2 CE ausdrückt."[350] Aus diesem Grund beschränke Art. 137 CE die gewährte Autonomie „auf die Verfolgung ihrer entsprechenden Interessen", wofür erforderlich sei, dass alle Körperschaften mit den eigenen und ausschließlichen Kompetenzen ausgestattet werden, die für die Erfüllung ihrer Interessen notwendig seien. Diese Befugnis „zur Verfolgung ihrer entsprechenden Interessen" sei im Rahmen der Rechtsordnung wahrzunehmen, weshalb das Autonomieprinzip durch das Gesetz, im Einklang mit der Verfassung, konkretisiert werde. Hierbei sei wichtig, dass die Verfassung es als eine Notwendigkeit erachtet – als Konsequenz aus dem Einheitsprinzip und dem Vorrang des allgemeinen Interesses der Nation -, dass der Zentralstaat sich in einer vorherrschenden Position befinde. Dies komme in verschiedenen Verfassungsvorschriften zum Ausdruck (z.B. Art. 150 Abs. 3 CE[351] und Art. 155 CE[352]).

---

diejenigen Provinzen, mit historischen Regionalkörperschaften, die Selbstregierung erlangen und sich zu Autonomen Gemeinschaften konstituieren, nach Maßgabe der Bestimmungen dieses Titels und der entsprechenden Autonomiestatute."

348 Vgl. die Formulierung in Art. 2 CE.

349 *Àlvarez Conde*, Curso de Derecho Constitucional, S. 466.

350 *SSTC* 4/1981, v. 2.2.1981, FJ 3; 247/2007, v. 12.12.2007, FJ 4.a).

351 Art. 150 Abs. 3 CE: *Der Zentralstaat kann Gesetze erlassen, welche die zur Angleichung der normativen Bestimmungen der Autonomen Gemeinschaften erforderlichen Grundsätze festlegen – selbst im Falle von Materien, die der Zuständigkeit der letzteren unterstellt sind – wenn es das Interesse der Allgemeinheit erfordert. Es obliegt den Cortes Generales, mit absoluter Mehrheit jeder Kammern diese Notwendigkeit festzustellen."*

352 Art. 155 CE: *"1. Wenn eine Autonome Gemeinschaft die ihr von der Verfassung oder anderen Gesetzen auferlegten Verpflichtungen nicht erfüllt oder so handelt, dass ihr Verhalten einen schweren Verstoß gegen das allgemeine Interesse Spaniens darstellt, so kann die Regierung nach vorheriger an den Präsidenten der Autonomen Gemeinschaft gerichteten Aufforderung, und falls dieser nicht Folge geleistet wird, mit Billigung der absoluten Mehrheit des Senates die erforderlichen Maßnahmen ergreifen, um die Auto-*

Das Verfassungsgericht hat deshalb betont, dass das spanische Verfassungssystem auf der angemessenen Integration des Autonomieprinzips in das Einheitsprinzip beruhe, welches es umfasse. Die Verbindung dieser beiden Prinzipien habe zur Folge, dass Spanien ein politisch dezentralisierter Staat sei, woraus das Verfassungsgericht schließt, dass die Form eines zusammengesetzten Staates („un Estado compuesto") von der Verfassung implizit vorgeschrieben sei.[353]

II. Das Solidaritätsprinzip

Das Solidaritätsprinzip, das Art. 2 CE ferner in allgemeiner Form beinhaltet („Die Verfassung gründet sich (...), auf die Solidarität zwischen ihnen[354]") ergänzt seinerseits das Einheits- und Autonomieprinzip und fügt sich in dieses ein.[355] In Art. 138 Abs. 1 CE wird es dahingehend konkretisiert, dass der Zentralstaat zur Herstellung eines angemessenen und gerechten wirtschaftlichen Gleichgewichts zwischen den verschiedenen Teilen des spanischen Gebietes verpflichtet wird.[356] Nach Art. 138 Abs. 2 CE sind wirtschaftliche oder soziale Privilegien unter den Autonomen Gemeinschaften in jedem Fall verboten.

Das Verfassungsgericht hat das Solidaritätsprinzip wiederholt derart interpretiert, dass es eine Pflicht zur gegenseitigen Hilfe[357], zu gegenseitiger Unterstützung und zu wechselseitiger Loyalität[358] darstelle. Es gilt dabei sowohl für das Verhältnis zwischen dem Zentralstaat und den Autonomen Gemeinschaften als auch für das Verhältnis letzterer untereinander.

---

nome Gemeinschaft zu der zwangsweisen Erfüllung dieser Verpflichtungen anzuhalten oder um das erwähnte Interesse der Allgemeinheit z schützen.

2. Zum Zwecke der Ausführung der in Absatz 1 vorgesehenen Maßnahmen kann die Regierung allen Behörden der Autonomen Gemeinschaften Weisungen erteilen."

353 *STC* 35/1982, v. 14.6.1982, FJ 2: *"Al consagrar esta (la Constitución) como fundamentos, de una parte el principio de unidad indisoluble de la Nación española y, de la otra, el derecho a la autonomía de las nacionalidades y regiones que la integran,determina implícitamente la forma compuesta del Estado (...)."*

354 Mit „ihnen" sind die Nationalitäten und Regionen gemeint.

355 *Àlvarez Conde*, Curso de Derecho constitucional, S. 483 f.

356 Art. 138 Abs. 1 CE: *Der Zentralstaat gewährleistet die wirksame Realisierung des in Art. 2 der Verfassung niedergelegten Prinzips der Solidarität, indem er sich für die Herstellung eines angemessenen und gerechten wirtschaftlichen Gleichgewichtes zwischen den verschiedenen Teilen des Staatsgebietes einsetzt; er berücksichtigt insbesondere die Situation der Inseln."*

357 *STC* 18/1982, 4.5.1982, FJ 14.

358 *STC* 96/1986, v. 10.7.1986, FJ 3.

Es verpflichtet die Autonomen Gemeinschaften dazu, sich gegenüber den Interessen des Gesamtstaates nicht ablehnend zu verhalten.[359] Das Verfassungsgericht hat hierzu erklärt, dass die Verfassung das Recht auf Autonomie nicht dafür gewähre, dass das allgemeine Interesse der Nation in negativer Weise beeinträchtigt werde.[360] Vielmehr sei das Solidaritätsprinzip die Ergänzung des Autonomieprinzips.[361] Es ist im Einklang mit den Kompetenzvorschriften der Verfassung und den Autonomiestatuten zu interpretieren[362], da es einen ausgleichenden Faktor zwischen der Autonomie der Nationalitäten und Regionen und der unauflöslichen Einheit der spanischen Nation darstellt.[363]

III. Das Gleichheitsprinzip

Neben den Prinzipen der Einheit, Autonomie und Solidarität ist das Gleichheitsgebot des Art. 139 CE (das nicht zu verwechseln ist mit dem Gebot der Gleichheit aller Spanier vor dem Gesetz nach Art. 14 CE) ein wesentliches Verfassungselement der spanischen Territorialordnung. Nach Art. 139 Abs. 1 CE haben alle Spanier im gesamten Staatsgebiet die gleichen Rechte und Pflichten. Dies ist in Verbindung zu setzen mit Art. 149 Abs. 1 Nr. 1 CE, der dem Zentralstaat die ausschließliche Zuständigkeit für die Regelung der Grundbedingungen überträgt, welche die Gleichheit aller Spanier garantieren. Jedoch hat das Verfassungsgericht schon früh erklärt, dass das Gleichheitsprinzip im Bereich der Autonomen Gemeinschaften nicht als ein strenges Gebot zur Uniformität der Rechtsordnung verstanden werden dürfe, wonach man, in Gleichheit der Umstände, in jedem Teil des Staatsgebietes dieselben Rechte hätte.[364] Vielmehr könnten die Rechtspositionen in den verschiedenen Teilen des Staatsgebietes verschieden sein.[365] Solange in der betreffenden Materie die fundamentale Gleichheit gewährleistet sei, könnten die Gesetze der Autonomen Gemeinschaften daher Auswirkungen auf diese Rechtspositionen der Bürger haben, wenn die Autonome Gemeinschaft dafür Kompetenzen übernommen habe.[366] Dies wird auch durch Art. 138 Abs. 2 CE gestützt, wonach Unterschiede zwischen den Au-

359 *STC* 64/1990, v. 5.4.1990, FJ 7.
360 *STC* 4/1981, v. 2.2.1981, FJ 10.
361 *STC* 25/1981, v. 14.7.1981, FJ 3.
362 *STC* 146/1992, v. 16.10.1992, FJ 1.
363 *STC* 135/1992, v. 5.10.1992, FJ 7.
364 *STC* 37/1981, v. 16.11.1981, FJ 2.
365 *STC* 37/1981, v. 16.11.1981, FJ 2.
366 *STC* 37/1981, v. 16.11.1981 FJ 2.

tonomiestatuten der verschiedenen Autonomen Gemeinschaften möglich sind, solange sie nicht zu wirtschaftlichen und sozialen Privilegien führen.

Durch das Gleichheitsprinzip haben alle Autonomen Gemeinschaften die gleiche subjektive Rechtsstellung vor der Verfassung sowie eine gesetzgebende und vollziehende Gewalt.

Sie sind in der zweiten Kammer des Parlaments, dem Senat proportional zu ihrem Bevölkerungsanteil vertreten[367] und vor dem Verfassungsgericht gleichberechtigt zur Klage befugt.[368]

IV. Das Prinzip der Verfassungstreue

Im Gegensatz zu den bisher genannten Verfassungsprinzipien wird das Prinzip der Verfassungstreue („principio de lealtad constitucional“) nicht explizit in der Verfassung benannt. Das Verfassungsgericht hat jedoch an verschiedenen Stellen erklärt, dass es die Beziehungen der öffentlichen Gewalten bestimme, indem es erklärte, dass alle öffentlichen Gewalten im Autonomiestaat bei der Wahrnehmung ihrer Zuständigkeiten ein loyales Verhalten zu wahren haben.[369] Das Prinzip der Verfassungstreue verlange, dass die von allen Gebietseinheiten getroffenen Entscheidungen, und insbesondere die des Zentralstaates und der Autonomen Gemeinschaften, das allgemeine Interesse stets zum notwendigen Bezugspunkt nehmen und folglich keine Entscheidungen getroffen würden, die dieses Interesse schädigen oder stören könnten, sondern dass das allgemeine Interesse auch bei der Vollziehung eigener Interessen zu berücksichtigen sei.[370] Das Prinzip der Verfassungstreue soll die Beziehungen zwischen den verschiedenen Instanzen der Staatsgewalten leiten und stellt eine wesentliche Stütze des Autonomiestaates dar.[371]

Die Strukturprinzipien ordnen die innerstaatlichen Beziehungen zwischen dem Zentralstaat und den Autonomen Gemeinschaften, auf die im Folgenden näher einzugehen ist.

---

367 Vgl. Art. 69 CE.

368 Vgl. Art. 166 Abs. 1 Nr. 1 CE.

369 *STC* 64/1990, v. 5.4.1990, FJ 7.

370 *STC* 25/1981, v. 14.7.1981, FJ 3.

371 *STC* 239/2002, v. 11.12.2002, FJ 11.

C. Die Autonomen Gemeinschaften

Die Verfassung gewährt und anerkennt in Art. 2 CE das Recht auf Autonomie, weder aber setzt sie die Existenz der Autonomen Gemeinschaften – im Gegensatz zu der der Nation - als vorkonstitutionell voraus, noch verpflichtet sie dazu, das Recht auf Autonomie auszuüben.[372]

Die Verfassung schreibt die Gliederung des Staates in Autonome Gemeinschaften nicht zwingend vor, sondern überlässt es der freien Initiative der Regionen und Nationalitäten von der politischen Autonomie Gebrauch zu machen.[373] Dies wird als „dipositives Prinzip" („principio dispositivo") oder auch „Freiwilligkeitsprinzip" („principio de voluntariedad") bezeichnet.[374]

Von dieser von der Verfassung von 1978 vorgesehenen Möglichkeit, sich zu Autonomen Gemeinschaften zu konstituieren, haben tatsächlich alle Nationalitäten und Regionen Gebrauch gemacht. Zwischen 1979 und 1983 entstanden so siebzehn Autonome Gemeinschaften, die sich nach teilweise sehr unterschiedlichen Verfahren konstituierten.

Eine Definition der Autonomen Gemeinschaften ergibt sich aus einer Feststellung des Verfassungsgerichts in dem Urteil 58/1982 v. 27.7.1982, wonach die Autonomen Gemeinschaften nicht präexistierende, sondern neu geschaffene Körperschaften sind, die nur in dem Maße wirkliche Existenz erlangen, in welchem der Zentralstaat sich neu strukturiert und sich von eigenen Kompetenzen seiner zentralen Institutionen zugunsten derer der Autonomen Gemeinschaften trennt, um sie auf diese zu übertragen und ihnen zur Ausübung derselben die notwendigen personellen und finanziellen Mittel überträgt.[375] Der Zentralstaat verliert diejenigen Befugnisse, die die Autonomen Gemeinschaften gewinnen.[376]

Die heutigen Autonomen Gemeinschaften sind das Resultat eines komplizierten und mehrstufigen Entstehungsprozesses und in ihrer konkreten Ausformung und Unterschiedlichkeit nur durch die Kenntnis bestimmter historischer Hintergründe erfassbar. Wesentlich ist hierbei das Entstehungsverfahren der Autonomen Gemeinschaften. Es ist von Bedeutung sowohl im Zusammenhang mit

---

372 *Pérez Gallego,* Derecho Constitucinal, S. 128 f.

373 *Pérez Gallego,* a.a.O., S. 128 f.

374 *Pérez Gallego,* a.a.O., S. 128 f.

375 *STC* 58/1982, v. 27.7.1982, FJ 2: „*(...) Las Comunidades Autónomas no son entes preexistentes (...), sino entes de nueva creación que sólo alcanzan existencia real en la medida en la que el Estado se reestructura sustrayendo a sus instituciones parte de sus competencias para atribuirlas a esos entes territoriales y les transfierre, con ellas, los medios personales y reales necesarios para ejercerlas. El Estado, como conunto de las instituciones centrales, pierde las facultades que las Comunidades Autónmas ganan (...).*"

376 *STC* 58/1982, v. 27.7.1982, FJ 2.

der spanischen Kompetenzverteilung als auch mit dem Finanzsystem der Autonomen Gemeinschaften. Denn ursprünglich hing der Umfang der von den Autonomen Gemeinschaften übernommenen Kompetenzen von dem Verfahren ab, nach dem sie sich konstituiert hatten.[377] Dies ist auch die Erklärung dafür, weshalb die Kompetenzverteilung systematisch im VIII. Teil der Verfassung über die „Territoriale Gliederung des Staates" („De la Organización Territorial del Estado") geregelt wurde.[378] Da die Heterogenität der spanischen Kompetenz- und Finanzordnung ihre Ursache im Entstehungsprozess der Autonomen Gemeinschaften hat und die Zuständigkeitsverteilung zwischen Zentralstaat und Autonomen Gemeinschaften für die weitere Untersuchung von zentraler Bedeutung ist, ist vorab auf den Entstehungsprozess der Autonomen Gemeinschaften einzugehen.

I. Entstehungsverfahren und Konstituierung der Autonomen Gemeinschaften

Dass die Verfassung nicht ein einziges Verfahren zur Konstituierung aller Autonomen Gemeinschaften vorschreibt, erklärt sich aus dem Umstand, dass diese Lösung in der Realität noch zum Zeitpunkt der Erarbeitung der Verfassung am Widerstand der sog. „historischen" Regionen des Baskenlandes, Kataloniens und Galiziens gescheitert wäre.[379]

Die Verfassung enthält daher eine Vielzahl unterschiedlicher Wege zur Erlangung der Autonomie, die sich in zwei Verfahrenstypen einteilen lassen[380]: Das allgemeine Entstehungsverfahren des Art. 143 Abs. 2 CE und das besondere Entstehungsverfahren des Art. 151 Abs. 1 CE, innerhalb derer jedoch vielfältige Spezialwege enthalten sind.[381]

Gemeinsam ist beiden Verfahrenstypen, dass der Konstituierungsprozess grundsätzlich aus zwei Etappen besteht: Einer 1. Phase der Initiative des Autonomieprozesses, die grundsätzlich von der sich konstituierenden Einheit selbst ergriffen werden muss, indem der Wille erklärt werden muss, sich zu einer Autonomen Gemeinschaft konstituieren zu wollen. Daran schließt sich die 2. Phase

377 *Wendland*, Spanien auf dem Weg zum Bundesstaat?, S. 77.

378 *Wendland*, Spanien auf dem Weg zum Bundesstaat?, S. 100.

379 Vgl. *Solé- Tura,* Das politische Modell des Staates Autonomer Gebietskörperschaften, in: *López Pina* (Hrsg.), Spanisches Verfassungsrecht, S. 249 ff.

380 *Cruz Villalón*, JöR 34 (1985), 195 (202 ff.).

381 *Pérez Gallego,* Derecho constitucional, S. 149 f.

der Konstituierung an, die primär in der Erarbeitung des Autonomiestatuts besteht, mit dessen Inkrafttreten der Konstituierungsprozess abgeschlossen wird.[382]

1. Das allgemeine Entstehungsverfahren

Art. 143 Abs. 2 CE enthält das allgemeine Entstehungsverfahren, das auch „langsames Verfahren" genannt wird[383], in Anspielung auf die Tatsache, dass die nach diesem Verfahren entstandenen Autonomen Gemeinschaften zunächst auf die Übernahme der in Art. 148 Abs. 1 CE[384] enthaltenen Kompetenzen beschränkt waren und gemäß Art. 148 Abs. 2 CE erst nach dem Ablauf von fünf Jahren ihre Kompetenzen durch eine Reform ihres Autonomiestatuts erweitern konnten bis zur Obergrenze der ausschließlich zentralstaatlichen Kompetenzen des Art. 149 CE.

Nach Art. 143 Abs. 2 CE oblag die Initiative des Autonomieprozesses grundsätzlich „allen interessierten Provinzialräten oder dem entsprechenden interinsularen Organ und zwei Dritteln der Gemeinden, deren Bevölkerung mindestens die Mehrheit der Wählerliste jeder Provinz oder Insel darstellt." Gleichwohl fand in der Praxis die Ausnahmebestimmung der 1. Übergangsbestimmung der Verfassung Anwendung, wonach in den Gebieten mit provisorischer Autonomie[385] ihre obersten Kollegialorgane die in Art. 143 Abs. 2 CE vorgesehene Initiative zum Autonomieprozess ersetzen und selbst übernehmen konnten.

Das allgemeine Verfahren war das Verfahren, nach dem die Mehrheit der Autonomen Gemeinschaften entstehen sollte. Tatsächlich wurde jedoch zunächst das spezielle Verfahren des Art. 151 Abs. 1 CE als das attraktivere angesehen, da nach ihm sofort das maximale Kompetenzniveau erreicht werden konnte und nicht erst die Fünf-Jahres-Frist des Art. 148 Abs. 2 CE abgewartet werden musste.[386] Nach vielen politischen Kontroversen hierüber und einigen gewährten Sonderwegen, konstituierte sich jedoch letztlich die Mehrheit, nämlich zwölf der heutigen siebzehn Autonomen Gemeinschaften, nach dem allgemeinen Verfahren des Art. 143 Abs. 2 CE. Konkret waren dies die Autonomen Gemeinschaften Asturien, Kantabrien, La Rioja, Murcia, Valencia, Aragonien, Kastilien-La Mancha, Kanaren, Extremadura, Balearen, Madrid und Kastilien-

382 Vgl. *Cruz Villalón*, JöR 34 (1985), 195 (205).

383 Vgl. *Cruz Villalón*, JöR 34 (1985), 195 (206).

384 Art. 148 Abs. 1 CE benennt die Materien, für die die Zuständigkeit von der Verfassung den Autonomen Gemeinschaften vorbehalten ist.

385 Vgl. zum Begriff oben 3. Kapitel, A. Fn. 332.

386 *Wendland*, Spanien auf dem Weg zum Bundesstaat?, S. 82.

León.[387] Sie alle waren in den ersten Jahren auf die Kompetenzen beschränkt, die ihnen Art. 148 Abs. 1 CE vorbehielt. Weitere Kompetenzen konnten (und wurden) von ihnen erst fünf Jahre nach dem Inkrafttreten ihrer Autonomiestatute übernommen werden.[388]

2. Das spezielle Entstehungsverfahren

Einen Spezialweg zur Autonomieerlangung, auch das „schnelle Verfahren" genannt[389], sahen Art. 151 CE und die 2. Übergangsbestimmung der Verfassung für Gebiete vor, die zur Erlangung des höheren Kompetenzniveaus nicht, wie von Art. 148 Abs. 2 CE gefordert, fünf Jahre warten, sondern dieses sofort erreichen wollten. Den sofortigen Zugang zu dem höheren Kompetenzniveau legitimierten die höheren Bedingungen an das Konstituierungsverfahren, nämlich einerseits einer intensiveren und wiederholten Willensbekundung durch den „Wahlkörper", sowie andererseits der durch sie demokratisch legitimierten Organe, als es für die Konstituierung nach dem allgemeinen Entstehungsverfahren erforderlich war. Nach Art. 151 Abs. 1 CE ist erforderlich, dass die Initiative zum Autonomieprozess über die Voraussetzungen des Art. 143 Abs. 2 CE hinaus „von drei Vierteln der Gemeinden aller betroffenen Provinzen beschlossen wird, die mindestens die Mehrheit der Wählerlisten jeder derselben darstellen". Daneben muss „die Initiative im Wege eines Referendums mit Zustimmung der absoluten Mehrheit der Wähler jeder Provinz nach Maßgabe eines Organgesetzes ratifiziert" werden.

Obgleich das Verfahren des Art. 151 CE, wie erwähnt, zu Beginn des Konstituierungsprozesses von der Mehrheit der sich zu konstituierenden Einheiten bevorzugt worden wäre, wurde es am Ende nur für die Konstituierung der Autonomen Gemeinschaft Andalusien angewendet.[390] Andere Regionen (Kanarische Inseln und Valencia), die zunächst auch auf diesem Wege ihre Autonomie zu

387 Die Autonomen Gemeinschaften Valencia und Kanarische Inseln hatten zu ihrer Konstituierung zunächst den Sonderweg des Verfahrens des Art. 151 Abs. 1 CE eingeschlagen, jedoch nach politischen Auseinandersetzungen hierüber davon Abstand genommen und sich sodann nach dem allgemeinen Verfahren des Art. 143 Abs. 1 CE konstituiert. Sie wurden jedoch durch zwei spezielle Organgesetze von Beginn an den Autonomen Gemeinschaften, die sich nach dem Sonderverfahren konstituiert hatten, kompetenziell gleichgestellt.

388 Eine nähere Betrachtung der für diese Arbeit relevanten unterschiedlichen Kompetenzen der Autonomen Gemeinschaften im Bereich des Vollzugs des Rechts der Europäischen Union erfolgt im 4. Kapitel.

389 Vgl. *Cruz Villalón*, JöR 34 (1985), 195 (206 f.).

390 *Montoro Chiner*, DÖV 1987, 85 (86); *Wendland*, Spanien auf dem Weg zum Bundesstaat?, S. 79.

erlangen beabsichtigten, mussten dieses Vorhaben letztlich aus politischen Gründen aufgeben und konstituierten sich sodann nach dem allgemeinen Verfahren.[391]

a) Der Sonderweg für die historischen Autonomen Gemeinschaften

Eine Variante des speziellen Verfahrens des Art. 151 Abs. 1 CE sieht die Verfassung in der 2. Übergangsbestimmung[392] für die Autonomieerlangung der „historischen" Regionen des Baskenlandes, Kataloniens und Galiziens vor. Von Art. 151 Abs. 1 CE unterscheidet sich dieses Verfahren dadurch, dass das erste Referendum nicht erforderlich ist.

Die Entbehrlichkeit des ersten Referendums begründet sich daraus, dass im Falle dieser drei Regionen der zur Konstituierung erforderliche Wille zur Autonomieerlangung schon zur Genüge in der Vergangenheit ausgedrückt wurde, denn Katalonien, das Baskenland und Galizien hatten schon während der II. Republik (1931-1936) per Referendum Autonomiestatutsentwürfe verabschiedet und so Autonomie erlangt, die ihnen jedoch unmittelbar mit Beginn der Diktatur des General Franco entzogen wurde, unter Außerkraftsetzung ihrer Autonomiestatute.[393] Die Vorschrift der 2. Übergangsbestimmung der Verfassung war daher dafür vorgesehen, diesen Regionen den sofortigen Zugang zum höchsten Kompetenzniveau zu ermöglichen, ohne dass diese zuvor das komplizierte Verfahren des Art. 151 CE zu durchlaufen hatten.

b) Der Sonderfall Navarra

Trotz der vielen Sonderwege, die die Verfassung für die Konstituierung einer Autonomen Gemeinschaft bereit hält, hat Navarra als einzige Region einen ganz eigenen und nicht in der Verfassung geregelten Weg beschritten und nimmt daher unter den heutigen Autonomen Gemeinschaften eine Sonderstellung ein.[394]

Im Falle der Konstituierung der Gemeinschaft Navarras handelte es sich nicht, wie in den übrigen Fällen, um ein Verfahren zur Erlangung der Autonomie, sondern um die Anpassung einer schon bestehenden Ordnung an die neue

---

391 Vgl. hierzu die Anmerkung in Fn. 387.

392 2. Übergangsbestimmung der Verfassung: *„Die Gebiete, in denen in der Vergangenheit Autonomiestatutsentwürfe durch Volksabstimmung gebilligt wurden, und die zum Zeitpunkt der Verkündung dieser Verfassung eine provisorische Autonomie genießen, können unverzüglich in der in Art. 148 Abs. 2 CE festgelegten Form vorgehen, wenn ihre obersten vorautonomen Kollegialorgane dies mit absoluter Mehrheit beschließen; gleichzeitig muss die Regierung darüber informiert werden."*

393 Siehe hierzu bereits oben 3. Kapitel, A.

394 *STC* 28/1984, v. 26.2.1984, FJ 2.

Verfassungsordnung im Wege von bilateralen Verhandlungen zwischen dem Zentralstaat und Navarra.[395] Aus diesem Grund wird das Autonomiestatut Naarras, im Gegensatz zu allen anderen Autonomen Gemeinschaften, offiziell nicht als „Autonomiestatut", sondern als „Gesetz zur Anpassung der Foralordnung Navarras[396]" bezeichnet.[397] Die Bezeichnung als „Foralordnung" geht auf die an Navarra sowie den sog. historischen baskischen Gebieten, Àlava, Guizpúzcoa und Vizcaya[398], in der Vergangenheit gewährten Sonderrechte zurück: Im Falle Navarras haben sie ihren Ursprung in der Zeit um 1515 als das Königreich Navarra durch die „Katholischen Könige" in das vereinigte Königreich Kastilien-Aragonien einverleibt wurde.[399] Navarra blieb hierbei unabhängig, da ihm gewährt wurde, seine eigene Rechtspersönlichkeit, Verwaltungsinstanzen und Rechtsordnungen beizubehalten.[400] Diese Sonderrechte bezeichnete man als „Foralrechte" („fueros")[401], eine Bezeichnung, die bis in die Gegenwart erhalten geblieben ist.[402] Navarra behielt seine „Foralrechte" bis in das 18. Jahrhundert

---

395 Vgl. *Azcona Pastor/Gortari Unanua*, Navarra y el nacionalismo vasco, S. 320; *Ignacio del Burgo*, Navarra – Pasado, presente y futuro, S. 174; Synopse des Autonomiestatuts von Navarra unter : *http://www.congreso.es/consti/estatutos/sinopsis.jsp?com=75.*

396 Vgl. das Organgesetz 13/1982, v. 10.8.1982, Gesetz zur Anpassung der Foralordnung von Navarra („Ley de Reintegración y Amejoramiento del Régimen Foral de Navarra"). Dieses Gesetz ist das heutige Autonomiestatut der Gemeinschaft von Navarra.

397 *Ignacio del Burgo*, Navarra – Pasado, presente y futuro, S. 174.

398 Dis historischen Regionen Àlava, Guizpúzcoa und Vizcaya umfassen zusammen das Gebiet des heutigen Baskenlandes.

399 *Azcona Pastor/Gortari Unanua*, Navarra y el nacionalismo vasco, S. 57; *Wendland*, Spanien auf dem Weg zum Bundesstaat?, S. 49 ff.

400 *Ignacio del Burgo*, Navarra – Pasado, presente y futuro, S. 67 f.; vgl. auch Synopse des Autonomiestatuts von Navarra unter: *http://www.congreso.es/consti/estatutos/sinopsis.jsp?com=75.*

401 Der Begriff kommt vom spanischen Wort "fuero", welches sich seinerseits von dem lateinischen Begriff "forum" ableitet. Es erscheint im kastilischen Sprachgebrauch erstmals in einem Schriftstück aus dem Jahre 931. Die regionalen Foralrechte stammen aus der Zeit der Reconquista, in der die Könige, Fürsten und sonstigen Herrscher den Adligen und Städten als Gegenleistung für Verteidigungshandlungen Privilegien und Freiheitsrechte gewährten. Hierzu gehörten Gebietszuteilungen, Nutzungsrechte, Selbstverwaltungsrechte, Zollfreiheiten und bürgerliche Freiheiten. Im Laufe der Zeit wuchs die Bedeutung der Foralreche kontinuierlich, welche schließlich für die örtliche Gemeinschaft die Bedeutung einer die örtliche Gemeinschaft zusammenhaltenden Gesellschaftsordnung und einer Sicherung der Selbstverwaltung erlangten. Vgl. *Sardina Paramo*, El concepto de fuero, S. 15 ff.; *Wendland*, Spanien auf dem Weg zum Bundesstaat?, S. 50 m.w.N.

402 Vgl. allein die 1. Zusatzbestimmung der Verfassung.

hinein.[403] Mit der Herrschaft Felipe V (1700-1746), dessen Ziel die Herstellung einer einheitlichen Rechtsordnung war, wurden die existierenden „Foralrechte" aufgehoben.[404] Hier wurde der Keim gelegt für die teils bis heute fortdauernden Unabhängigkeitsbestrebungen einzelner Regionen, denn mit der Abschaffung der speziellen „Foralrechte" regte und verbreitete sich auch der Regionalismus im Land.[405] 1841 wurden in dem sog. „Ley Paccionada von 1841"[406] bestimmte steuer- und verwaltungsrechtliche Sonderrechte an Navarra zurück erkannt.[407] Das „Ley Paccionada" überstand viele staatliche Umwälzungen und wurde auch zu Zeiten der Diktatur des General Francos von diesem nicht außer Kraft gesetzt.[408] Auch die Verfassung von 1978 verpflichtete sich in ihrer 1. Zusatzbestimmung ausdrücklich dazu, „die historischen Rechte der Foralgebiete zu achten und zu schützen". Die allgemeine Anpassung dieser Foralordnung soll hiernach im Rahmen der Verfassung und der Autonomiestatute vorgenommen werden. Diese Verfassungsbestimmung war die Grundlage für die zwischen dem Zentralstaat und Navarra zwischen 1979 und 1982 statt findenden bilateralen Verhandlungen über die Anpassung der Foralordnung Navarras an die neue spanische Rechtsordnung.[409] Sie endeten mit dem Inkrafttreten des „Autonomiestatuts"[410] von Navarra am 16.8.1982. Ausweislich seines Autonomiestatuts bezeichnet sich Navarra selbst als „Foralgemeinschaft".[411] Trotz der Eigenheit und Andersartigkeit Navarras hat das Verfassungsgericht festgestellt, dass Navarra eine Autonome Gemeinschaft wie alle anderen Autonomen Gemeinschaften ist.[412]

Bedeutsam sind die „Foralrechte" von Navarra und dem Baskenland insbesondere im Bereich des Steuer- und Finanzsystems, da für diese beiden Regio-

403 *Ignacio del Burgo*, Navarra – Pasado, presente y futuro, S. 78.

404 *Wendland*, Spanien auf dem Weg zum Bundesstaat?, S. 58.

405 *Pielow*, Autonomía Local in Spanien und Kommunale Selbstverwaltung in Deutschland, S. 10; *Wendland*, Spanien auf dem Weg zum Bundesstaat?, S. 49 ff. u. S. 58.

406 Zu Deutsch „Das verhandelte Gesetz von 1841".

407 *Azcona Pastor/Gortari Unanua*, Navarra y el nacionalismo vasco, S. 291 ff.; *Ignacio del Burgo*, Navarra – Pasado, presente y futuro, S. 116 ff.; *Muñoz Machado*, Derecho Público de las Comunidades Autónomas, Bd. II, 2. Aufl., 2007, S. 525 f.

408 *Wendland*, Spanien auf dem Weg zum Bundesstaat?, S. 57 ff.

409 *Ignacio del Burgo*, Navarra – Pasado, presente y futuro, S. 159 ff.

410 Das Organgesetz 13/1982 v. 16.8.1982, vgl. hierzu oben Fn. 396.

411 Vgl. Art. 1 des Gesetzes 13/1982 (Autonomiestatut von Navarra): *„Navarra constituye una Comunidad Foral con régimen autonomía e instituciones propias, indivisible, integrada en la Nación española y solidaria con todos sus pueblos."*

412 *STC* 16/1984, v. 16.2.1984, FJ 3.

nen ein spezielles Finanzsystem gilt, das nur zwischen ihnen und dem Zentralstaat besteht.[413]

c) *Der Sonderfall Ceuta und Melilla*

Eine letzte Besonderheit gilt für die „Autonomen Städte“ Ceuta und Melilla: Nach der 5. Übergangsbestimmung der Verfassung hätten sich die Städte Ceuta und Melilla als Autonome Gemeinschaften konstituieren können, wenn die entsprechenden Gemeindevertretungen dies mit absoluter Mehrheit ihrer Mitglieder beschlossen hätten und dies von den Cortes Generales gemäß den Bestimmungen des Art. 144 CE mittels Organgesetzes genehmigt worden wäre. Gleichwohl bediente man sich letztlich zur Regelung der territorialen Organisation Ceutas und Melillas des Verfahrens des Art. 144 b) CE[414], wonach aus Gründen des nationalen Interesses die Cortes Generales mittels Organgesetz die Initiative zur Autonomie für die Gebiete vereinbaren können, die in keine Provinz eingegliedert sind. Dadurch wurde vermieden, Ceuta und Melilla den Status einer Autonomen Gemeinschaft zu verleihen.[415] Am 13.3.1995 traten sodann die Autonomiestatute[416] für Ceuta und Melilla in Kraft, durch welche beide den Status einer Autonomen Stadt (Ciudad autónoma) erhielten. Hierdurch entstand eine neue Gebietseinheit, die als eine Art „dritte Gattung“ zwischen den Autonomen Gemeinschaften und den Lokalkörperschaften in der territorialen Staatsorganisation anzusehen ist.[417] Die Autonomen Städte Ceuta und Melilla sind Gebietseinheiten mit einer speziellen und eigenen Rechtsnatur, die in bestimmten Aspekten den Autonomen Gemeinschaften ähneln[418], in anderen sich jedoch deutlich von diesen unterscheiden.[419]

Das Verfassungsgericht hat hierzu erklärt, dass Ceuta und Melilla keine Autonomen Gemeinschaften, sondern Lokalkörperschaften seien[420], wenn ihre Au-

413 Näher zum Finanzsystem unter E.

414 *García Flóres*, Ceuta y Melilla, S. 187.

415 *García Flóres*, Ceuta y Melilla, S. 204.

416 Organgesetz 1/1995 u. 2/1996, v. 13.3.1995.

417 Vgl. Synopsis zu den Organgesetzen 1 u. 2/1995 der Autonomen Städte Ceuta und Melilla: http://www.congreso.es/consti/estatutos/sinopsis.

418 So haben sie die Befugnis sich selbst zu organisieren, eine beachtliche Anzahl von Kompetenzen mit Autonomiecharakter, die Ernennung des Präsidenten durch den König, die Fähigkeit zur Gesetzesinitiative.

419 Ihnen fehlt etwa die Fähigkeit zur Gesetzgebung – die Asamblea hat lediglich verordnungsgebende Befugnis, sie sind nicht befugt einen autonomen Senator zu ernennen und grundsätzlich nicht befugt zur Prozessführung vor dem Verfassungsgericht.

420 *ATC* 202/2000, v. 25.7.2000; *STC* 240/2006, v. 20.7.2006.

tonomie auch eine andere sei als die der Gemeinden.[421] Es hat anerkannt, dass die Autonomen Städte Ceuta und Melilla organisatorisch in den Gerichtsbezirk des Obersten Gerichtshofs Andalusiens sowie der Provinzgerichte von Cádiz und Málaga gehören.[422]

II. Rechtsnatur der Autonomiestatute

Der Konstituierungsprozess einer Autonomen Gemeinschaft endete mit dem Inkrafttreten ihres Autonomiestatuts. Zwischen 1979-1983 konstituierten sich nach den verschiedenen Entstehungsverfahren die Autonomen Gemeinschaften Galizien, Asturien, Kantabrien, das Baskenland, Navarra, La Rioja, Aragonien, Katalonien, Kastillien-León, Madrid, Kastilien-La Mancha, Valencia, die balearischen Inseln, Murcia, Extremadura, Andalusien und die kanarischen Inseln. Es gibt daher siebzehn Autonomiestatute, für die zwar dieselben Verfassungsprinzipien verbindlich gelten, die jedoch in ihrer Ausgestaltung teilweise sehr unterschiedlich sind.[423] Die Autonomen Gemeinschaften genießen politische Autonomie in dem Maße, in dem dies die Verfassung und ihre Autonomiestatute festgelegt haben. Es fragt sich daher, welcher Rechtsnatur die Autonomiestatute sind.

Nach dem Verfassungsgericht ist für die Beurteilung der Rechtsnatur der Autonomiestatute maßgeblich, dass die Verfassung einen zusammengesetzten Staat („un Estado compuesto“) vorgezeichnet habe[424], in welchem die staatlichen Aufgaben sowohl von den Institutionen des Zentralstaates als auch derjenigen der Autonomen Gemeinschaften wahrgenommen werden.[425]

---

421 *STC* 240/2006, v. 20.7.2006. In dieser Entscheidung bestätigt das Verfassungsgericht, dass die Autonomie der Autonomen Stadt Ceuta eine andere sei als die der Autonomen Gemeinschaften und die, über die die Gemeinden verfügen, die von der Gesetzgebung des Zentralstaates abhängt. Obwohl das Verfassungsgericht die Beschwerde insgesamt für unzulässig erachtet, erkennt es an, dass Ceuta legitimiert sei, die in seinem Autonomiestatut übernommenen Kompetenzen vor dem Verfassungsgericht zu verteidigen, da es sich um ein spezielles System lokaler Autonomie handele, das auf dem Verfahren des Art. 144 b) CE beruhe.

422 Vgl. *ATC* 104/1997, v. 8.4.1997.

423 Auf die für diese Arbeit relevanten Unterschiede der Autonomiestatute wird im Rahmen des Vollzugs des Unionsrechts im 4. Kapitel näher eingegangen.

424 St. Rspr. des Verfassungsgerichts: *SSTC* 27/1983, v. 20.4.1983, FJ 2; 13/1992, v. 6.2.1992, FJ 2; 49/1995, v. 16.2.1995, FJ 4; 13/2007, v. 18.3.2007, FJ 3; 247/2007, v. 12.12.2007, FJ 5.

425 *STC* 119/1992, v. 18.9.1992, FJ 1; 247/2007, v. 12.12.2007, FJ 5.

Art. 147 Abs. 1 CE bestimmt, dass die Autonomiestatute im Rahmen der Verfassung die institutionelle Grundnorm jeder Autonomen Gemeinschaft sind, welche der Zentralstaat als Bestandteil seiner Rechtsordnung anerkennt und schützt. Der Charakterisierung als institutionelle Grundnormen jeder Autonomen Gemeinschaft ist zu entnehmen, dass die Verfassung ihnen eine besondere Stellung im System der territorialen Staatsordnung zuerkennt. [426] Gemäß Art. 147 Abs. 2 CE müssen die Autonomiestatute den Namen der Gemeinschaft, das Gebiet, die politischen Institutionen sowie die übernommenen Kompetenzen beinhalten, womit die Verfassung bestimmt, was zum Grundbestandteil eines jeden Autonomiestatuts gehört. Die konkrete Ausgestaltung des Statuts geschieht durch den jeweiligen statuarischen Gesetzgeber, weshalb dieser über einen besonderen Entscheidungsbereich verfügt. Von ihm hängt es ab, ob und wie die Autonome Gemeinschaft geschaffen wird, er kann im Rahmen der Verfassung das Autonomiestatut anhand der jeweiligen regionalen Eigenheiten und Charakteristika schaffen. Die Autonomiestatute sind so nicht allein die Gründungsnorm jeder Autonomen Gemeinschaft, sondern Ausdruck ihres institutionellen und kompetenziellen Besitzstandes.[427]

Es ergibt sich so eine Doppelnatur der Autonomiestatute, da sie einerseits die Grundnorm der Rechtsordnung jeder Autonomen Gemeinschaft darstellen und, andererseits dies aber nur im Rahmen der Verfassung sind, welche sie anerkennt und schützt. Die Verfassung ist, als Ausdruck der Souveränität des spanischen Volkes, gemäß Art. 9 Abs. 1 CE die höchste Norm der Rechtsordnung („ la norma superior del Ordenamiento"), der sich alle anderen Rechtsordnungen unterzuordnen haben und die gleichzeitig sowohl die Rechtsordnung des Zentralstaates als auch der Autonomen Gemeinschaften umfasst.[428] Hieraus folgt, dass die Autonomiestatute stets verfassungskonform zu interpretieren sind.[429]

Nach der Rechtsprechung des Verfassungsgerichts äußert sich die politische Autonomie der Autonomen Gemeinschaften in ihrer Fähigkeit im Bereich ihrer Kompetenzen ihre eigene öffentliche Politik zu entfalten.[430]

Wesentliches Charakteristikum der Autonomiestatute ist einerseits das Zusammenspiel von sowohl staatlichen als auch autonomen Vorstellung bei der Erarbeitung des jeweiligen Statuts, so dass ihr Resultat Ausdruck zweier Willen ist.[431] Andererseits und damit zusammenhängend kennzeichnet die Statute die

426 *STC* 247/2007, v. 12.12.2007, FJ 5.
427 *STC* 247/2007, v. 12.12.2007, FJ 5.
428 *STC* 247/2007, v. 12.12.2007, FJ 5.
429 *SSTC* 18/1982, v. 4.5.1982, FJ 1; 69/1982, v. 23.11.1982, FJ 1; 77/1985, v. 27.6.1985, FJ 4; 20/1988, v. 18.2.1988, FJ 3; 178/1994, v. 16.6.1994, FJ 4.
430 *STC* 13/1992, v. 6.2.1992, FJ 7.
431 *STC* 247/2007, v. 12.12.2007, FJ 6.

Doppelnatur als einerseits institutionelle Grundnorm der autonomen Rechtsordnung und andererseits Teil der gesamtspanischen Rechtordnung, innerhalb derer sie der Verfassung untergeordnet sind.[432]

Letztlich nehmen die Autonomiestatute innerhalb der gesamtspanischen Rechtsordnung eine Zwischenposition ein, in der sie zwar der Verfassung untergeordnet sind, aber höherrangig sind als alle sonstigen ordentlichen Gesetze.[433]

III. Funktion der Autonomiestatute

Aus Art. 147 Abs. 2 d) i.V.m. Art. 149 Abs. 1 u. Abs. 3 CE ergibt sich, dass die Autonomiestatute Teil des sog. „bloque de constitucionalidad“[434] sind, d.h. derjenigen Regeln, die die Kompetenzen zwischen dem Zentralstaat und den Autonomen Gemeinschaften verteilen. Nach Art. 147 Abs. 2 d) CE muss jedes Autonomiestatut die Kompetenzen benennen, die die jeweilige Autonome Gemeinschaft im Rahmen der Verfassung übernimmt. In Art. 149 Abs. 1 CE sind die ausschließlichen Kompetenzen des Zentralstaates aufgeführt. Nach Art. 149 Abs. 3 S.1 CE können die Kompetenzen, die die Verfassung nicht ausdrücklich dem Zentralstaat vorbehalten hat, von den Autonomen Gemeinschaften in ihren Autonomiestatuten übernommen werden. Die Zuständigkeit über die Materien, die nicht in den Autonomiestatuten übernommen wurden, obliegt dem Zentralstaat. Aufgrund des dispositiven Prinzips[435] liegt hier der Kern für die Unterschiedlichkeit der Kompetenzniveaus der Autonomen Gemeinschaften. Denn in den Bereichen, in denen der Zentralstaat nicht ausschließlich zuständig ist, kann die Kompetenz übernommen werden, muss es aber nicht, so dass in diesen Materien je nach Fall entweder die Autonome Gemeinschaft oder der Zentralstaat zuständig ist. Die Autonomiestatute sind mithin wesentlicher Bestandteil des nationalen Kompetenzverteilungssystems zwischen Zentralstaat und Autonomen Gemeinschaften.

---

432 *STC* 247/2007, v. 12.12.2007, FJ 6.

433 *Montoro Chiner*, DÖV 1987, 85 (89).

434 Vgl. u.a. *SSTC* 66/1985, v. 23.5.1985, FJ 1; 11/1986, v. 28.1.1986, FJ 5; 214/1989, v. 21.12.1989, FJ 5.

435 Vgl. oben 3. Kapitel, C.

D. Das Kompetenzverteilungssystem („el bloque de constitucionalidad“)

Die Verteilung der staatlichen Kompetenzen war schon zu Zeiten der Erarbeitung der Verfassung für die Verfassungsgeber das am schwierigsten zu lösende Problem[436] und ist bis heute eines der umstrittensten Themen der spanischen Innenpolitik.[437]

I. Allgemeines

Der spanische Verfassungsgeber hat sich, nach langer Kontroverse, für das System der „doppelten Liste“ entschieden, ähnlich dem Kompetenzverteilungssystem des Grundgesetzes, jedoch mit vielen speziellen Charakteristika und Eigenheiten[438], auf die im Folgenden näher einzugehen ist. Kern des Kompetenzsystems sind die Art. 148, 149 und Art. 150 der spanischen Verfassung, welche ein doppeltes System aus ausschließlichen Kompetenzen und geteilten und/oder konkurrierenden Kompetenzen enthalten sowie eine spezielle Behandlung der „Residualkompetenzen“, derjenigen Kompetenzen, die nicht explizit einer der Staatsebenen zugeordnet sind.[439]

Aus den Ausführungen über die Autonomiestatute ergibt sich, dass die Verfassungsvorschriften von den Kompetenzbestimmungen der Autonomiestatute ergänzt werden. Über Unklarheiten der Kompetenzvorschriften entscheidet nach Art. 161 Abs. 1 c) CE das Verfassungsgericht, dessen Rechtsprechung die Kompetenzordnung entscheidend beeinflusst hat.[440] Aus Art. 28 Abs. 1 des Organgesetzes des Verfassungsgerichts[441] ergibt sich, dass zudem Gesetze, die die Kom-

---

436 Vgl. *Bernecker*, Spanien- Handbuch, S. 155 ff; *Molas*, Derecho Constitucional, S. 180; *Muñoz Machado*, Derecho Público de las Comunidades Autónomas, Bd. I, S. 396.

437 *Muñoz Machado,* Derecho Público de las Comunidades Autónomas, Bd. I, 2. Aufl., S. 396. Aktuell ist dies an der Diskussion um die potentiellen Modifizierungen des Kompetenzsystems durch den Reformprozess der Autonomiestatute zu sehen, vgl. hierzu die verschiedenen Beiträge in *Tudela Aranda/Kölling* (Hrsg.), Die Reform des Deutschen Bundesstaates und die Reform des spanischen Autonomiestaates.

438 *Pérez Gallego*, Derecho Constitucional, S. 131 f.

439 *Pérez Gallego*, Derecho constitucional, S. 131 f.

440 *Wendland*, Spanien auf dem Weg zum Bundesstaat?, S. 126.

441 Art. 28 Abs. des Organgesetz 2/1979, v. 5.10.1979 über das Verfassungsgericht: *„Um die Verfassungskonformität eines Gesetzes, einer Vorschrift oder eines Aktes mit Gesetzeskraft des Zentralstaates oder der Autonomen Gemeinschaften beurteilen zu können, zieht das Verfassungsgericht neben den Verfassungsbestimmungen die Gesetze zur Beurteilung heran, die im Rahmen der Verfassung erlassen wurden um die Kompetenzen*

petenzen von Zentralstaat und Autonomen Gemeinschaften von einander abgrenzen oder deren Ausübung regeln und harmonisieren, Teil der Kompetenzordnung sind.[442]

Die spanische Kompetenzordnung setzt sich also zusammen aus Verfassungsbestimmungen, Autonomiestatutsregeln sowie der Rechtsprechung des Verfassungsgerichts, ergänzt durch einfach-gesetzliche Regelungen. Das Verfassungsgericht hat hierfür den Begriff des „bloque de constitucionalidad"[443] kreiert, der seither auch von der Allgemeinheit zur Bezeichnung des komplexen spanischen Kompetenzsystems verwendet wird.

II. Die Kompetenzverteilung nach der Verfassung und den Autonomiestatuten

Die Verfassung regelt die Kompetenzverteilung zwischen dem Zentralstaat und den Autonomen Gemeinschaften in den Art. 148 und 149 CE. Dabei unterscheiden die Art. 148 und 149 CE systematisch nicht zwischen Gesetzgebungs- und Verwaltungszuständigkeiten, sondern zählen inhaltlich sowohl Verwaltungs- als auch Gesetzgebungsaufgaben auf.[444] Auch enthält die Verfassung keine Vorschrift, wonach etwa die Gesetzgebungskompetenz die Vollzugskompetenz nach sich zöge oder einen Art. 30 des deutschen Grundgesetzes ähnlichen Grundsatz, wonach etwa grundsätzlich die Autonomen Gemeinschaften zuständig seien, sofern die Verfassung nichts anderes bestimmt. Grundsätzlich teilen sich Zentralstaat und Autonome Gemeinschaften daher die Gesetzgebung und Verwaltung.

1. Die Kompetenzen der Autonomen Gemeinschaften nach Art. 148, 149 Abs. 3 CE i.V.m. den Autonomiestatuten

Die Verfassung zählt in Art. 148 CE in 22 Ziffern all diejenigen Materien auf, die den Autonomen Gemeinschaften von Verfassungswegen als Minimum garantiert sind und für die sie in ihren Autonomiestatuten die Kompetenz übernehmen „können".[445] In Verbindung mit dem dispositiven Prinzip und dem Au-

---

des Zentralstaates und der verschiedenen Autonomen Gemeinschaften von einander abzugrenzen oder die Ausübung der Kompetenzen zu regeln oder zu harmonisieren."

442 *STC* 76/1983, v. 5.8.1993, FJ 4.

443 Siehe zu dem Begriff *Rubio Llorent*, El bloque de constitucionalidad, in: *Rubio Llorente* (Hrsg.), La forma del poder, S. 99 ff.

444 *Wendland*, Spanien auf dem Weg zum Bundesstaat?, S. 107 f. u. 169.

445 *Àlvarez Conde*, Curso de Derecho Constitucional, Vol. II, 6. Aufl., S. 582 f.

tonomierecht[446] ergibt sich aus dieser Formulierung, dass der Kompetenzkatalog des Art. 148 Abs. 1 CE kein obligatorischer ist, der im Ganzen als Block übernommen werden müsste; auch darf die teilweise oder vollständige Übernahme der Kompetenzen vom Zentralstaat nicht in Frage gestellt werden.[447] Die Entscheidung zur Übernahme der Kompetenzen obliegt allein den Autonomen Gemeinschaften, weshalb das gesamtspanische Parlament (die „Cortes Generales") hierbei kein Mitspracherecht hat.[448] Es steht jeder Autonomen Gemeinschaft frei, nach ihrem Belieben die Kompetenz für die in Art. 148 Abs. 1 CE benannten Materien zu übernehmen. Folglich kann der Grad des Kompetenzniveaus der Autonomen Gemeinschaften höchst verschieden sein.[449] Art. 148 Abs. 1 CE enthält dabei ein gemischtes Kompetenzsystem, da von der Verfassung nicht bestimmt wird, welcher Art die Kompetenz ist: Der Grad der Kompetenz für eine bestimmte Materie reicht daher vom geringsten Grad des bloßen Verwaltungsvollzugs bis zum höchsten Grad der Gesetzgebung.[450] Daneben gibt es einige Materien, die der konkurrierenden Kompetenz zwischen dem Zentralstaat und den Autonomen Gemeinschaften vorbehalten wurden.[451]

Art. 148 Abs. 1 CE war für diejenigen Autonomen Gemeinschaften gedacht, die sich nach dem allgemeinen Verfahren des Art. 143 Abs. 2 CE konstituiert hatten.[452] Sie waren, wie gezeigt, für die Zeit von fünf Jahren auf die Kompetenzen des Art. 148 Abs. 1 CE beschränkt.

Hingegen durften die Autonomen Gemeinschaften, die sich nach dem besonderen Entstehungsverfahren konstituiert hatten[453], über die in Art. 148 Abs. 1 CE genannten Materien hinaus, unmittelbar gemäß Art. 149 Abs. 3 S. 1 CE all diejenigen Kompetenzen in ihren Autonomiestatuten übernehmen, die nicht gemäß Art. 149 Abs. 1 CE zur ausschließlichen Kompetenz des Zentralstaates gehörten.[454] Gemäß Art. 148 Abs. 2 CE konnten alle anderen Autonomen Gemein-

---

446 Siehe die Ausführungen unter 3. Kapite, B.

447 *Àlvarez Conde*, Curso de Derecho Constitucional, S. 583.

448 *Pérez Gallego*, Derecho constitucional, S. 133.

449 *Pérez Gallego*, a.a.O., S. 133.

450 *Pérez Gallego*, a.a.O., S. 133.

451 *Àlvarez Conde*, Curso de Derecho Constitucional, S. 583. So z.B. Art. 148 Abs. 1 Nr.2, 7, 9, 13 u. 22 CE. Für die hier benannten Materien enthält auch der Zentralstaat gemäß Art. 149 Abs. 1 CE die „ausschließliche" Kompetenz nach der Verfassung, woraus sich ergibt, dass es sich in diesen Fällen um konkurrierende Kompetenzen handelt.

452 Siehe oben 3.Kapitel, C. I.1.

453 Siehe oben 3.Kapitel, C. I. 2.

454 Art. 151 Abs. 1 CE u. 2. Zusatzbestimmung CE. Siehe hierzu unter C.II.2. Daher verfügten zunächst lediglich die „historischen" Autonomen Gemeinschaften, d.h. das Baskenland, Katalonien und Galizien, die sich nach dem Sonderverfahren der 2. Übergangsbestimmung konstituiert hatten, über die maximal zu übernehmenden Kompeten-

schaften nach dem Ablauf von fünf Jahren und mittels einer Reform ihrer Autonomiestatute dieselben Kompetenzen übernehmen, wie die Autonomen Gemeinschaften, die sich nach dem speziellen Verfahren konstituiert hatten. Nachdem diese Zeit verstrichen war und alle entsprechenden Autonomen Gemeinschaften den Willen ausgedrückt hatten, ihre Kompetenzen entsprechend zu erweitern, wurden 1992 die sog. „Acuerdos Autonómicos“[455] vereinbart und ein entsprechendes Organgesetz erlassen, durch welches eine Angleichung und Harmonisierung des Kompetenzumfangs der Autonomen Gemeinschaften erreicht werden sollten.[456]

2. Die Kompetenzen des Zentralstaates, Art. 149 Abs. 1 CE

Art. 149 Abs. 1 CE zählt in 32 Titeln die Materien auf, für die die Verfassung dem Zentralstaat die „ausschließliche“ Kompetenz vorbehält. Die Fassung des Art. 149 Abs. 1 CE ist jedoch nicht präzise, da Art. 149 Abs. 1 CE nicht bloß Materien enthält, für die der Zentralstaat die absolute ausschließliche Zuständigkeit[457] innehat, sondern darüber hinaus auch solche, für die sich Zentralstaat und Autonome Gemeinschaften die Kompetenz (sowohl zur Gesetzgebung als auch zum Vollzug) teilen.[458] Bei ihnen handelt es sich daher nicht um „ausschließliche Kompetenzen“ im eigentlichen Sinne, weshalb in diesem Zusammenhang auch von „relativen“ ausschließlichen Kompetenzen gesprochen wird.[459] Das Verfassungsgericht hat überdies mehrfach darauf hingewiesen, dass der Begriff „Materie“ des Art. 149 Abs. 1 CE einen hohen Grad an Unbestimmtheit aufwei-

---

zen sowie die Autonome Gemeinschaft Andalusien, die sich nach dem Verfahren des Art. 151 Abs. 1 CE konstituiert hatte und so auch unmittelbar das maximale Kompetenzniveau erreichen konnte. Eine Ausnahme galt für die Autonomen Gemeinschaften Kanarische Inseln und Valencia, die trotz der Konstituierung nach dem regulären Verfahren des Art. 143 Abs. 2 CE nicht die fünf Jahressperre abwarten mussten und sofort die Kompetenzen übernehmen konnten, die von der Verfassung nicht der ausschließlichen Zuständigkeit des Zentralstaates vorbehalten waren. Hintergrund hierfür waren politische Unruhen während der Konstituierungsphase, deren Fortsetzung durch einzelne Ausnahmeregelungen gewahrt werden sollten.

455 Acuerdos Autonómicos, v. 28.2.1992, eine politische Vereinbarung zwischen der Zentralregierung und den zwei großen spanischen Parteien, der Partido Socialista de Obrero Español (PSOE) und der Partido Popular (PP). *Muñoz Machado*, RAP 1992, S. 85 ff.

456 *Wendland*, Spanien auf dem Weg zum Bundesstaat?, S. 130 ff.

457 Vgl. Art. 149 Abs. 1 Nr. 3, 4 CE.

458 Näher hierzu unter II.2.b)- d).

459 *Molas,* Derecho Consttucional, S. 182.

se und die Unterscheidung zwischen „Materien“ und „Kompetenzen“ unklar sei.[460]

Diese Probleme beiseite lassend ergibt sich für die Kompetenzen des Zentralstaates aus Art. 149 Abs. 1 CE Folgendes:

a) *Umfassende ausschließliche Kompetenzen des Zentralstaates*

In einigen konkreten Fällen[461] behält die Verfassung dem Zentralstaat vollständig die ausschließliche Kompetenz vor (etwa nach Art. 149 Abs. 1 Nr. 3 CE für die auswärtigen Beziehungen oder nach Art. 149 Abs. 1 Nr. 4 CE für die Verteidigung und Streitkräfte). In diesen Fällen verfügt der Zentralstaat über die vollständige Befugnis zur Gesetzgebung, Vollziehung und Kontrolle.

b) *Die Kompetenz des Zentralstaates zur Gesetzgebung*

An verschiedenen Stellen behält die Verfassung dem Zentralstaat die vollständige Gesetzgebung vor, unbeschadet der Vollzugsbefugnisse der Autonomen Gemeinschaften in diesen Bereichen[462] (z.B. Art. 149 Abs. 1 Nr. 9 CE: Gesetzgebung über Urheberrecht und Patentrecht oder Art. 149 Abs. 1 Nr. 12 CE: Gesetzgebung über Gewichte und Maße, Festlegung der offiziellen Zeit).

c) *Die Zuständigkeit des Zentralstaates zur Grundlagengesetzgebung*

In bestimmten Fällen behält die Verfassung dem Zentralstaat die Zuständigkeit für die „Grundlagengesetzgebung“ („legislación básica“) einer bestimmten Materie vor.[463] Hierbei teilen sich der Zentralstaat und die Autonomen Gemeinschaften die Zuständigkeit für eine Materie in dem Sinne, dass der Zentralstaat die ausschließliche Kompetenz für die Grundlagengesetzgebung innehat und die Autonomen Gemeinschaften für die entsprechende Entwicklungsgesetzgebung zuständig sind.[464] Diese Kompetenzart bezeichnet man als geteilte Kompetenz („competencia compartida“). Die Zuständigkeit zum Vollzug richtet sich danach, ob die Autonomen Gemeinschaften für die fragliche Materie in ihren Autonomiestatuten eine Vollzugszuständigkeit übernommen haben oder nicht, (was

460 *STC* 125/1984, v. 20.12.1984: „(…) Los conceptos de materias poseen en ocasiones un inevitable grado d indeterminación (...).”

461 Art. 149 Abs. 1 Nr. 2, 3, 4 14, 15, 19, 20, 21, 24, 26, 28, 30, 31 CE.

462 Art. 149 Abs. 1 Nr. 7, 8, 9, 12, 22 CE

463 Art. 149 Abs. 1 Nr. 13, 17, 18, 23, 25, 27 CE.

464 Vgl. *Wendland*, Spanien auf dem Weg zum Bundesstaat?, S. 108.

sie in der Mehrzahl der Fälle getan haben[465]). Sollte dies nicht der Fall sein, ist der Zentralstaat auch für den Vollzug zuständig. Im Zusammenhang mit dem Vollzug des Rechts der EU und den neuen Autonomiestatuten ergeben sich in diesem Bereich einige Probleme, worauf noch an späterer Stelle einzugehen ist. Die Verfassung verwendet den Begriff der „Grundlagengesetzgebung“ dabei nicht in einheitlicher Form, sondern spricht mal von der Zuständigkeit des Zentralstaates zur „Regelung der Grundbedingungen“ (Art. 149 Abs. 1 Nr. 1 CE) oder „Grundlagengesetzgebung“ (Art. 149 Abs. 1 Nr. 17, 23 CE), mal von dessen Zuständigkeit für die „Grundlagen“ (Art. 149 Abs. 1 Nr. 13, 18, 25 CE) oder „Grundnormen“ (Art. 149 Abs. 1 Nr. 27 CE). Das Verfassungsgericht hat jedoch erklärt, dass trotz der unterschiedlichen Begriffswahl, stets dasselbe gemeint ist.[466]

d) *Die Kompetenz des Zentralstaates zur Organgesetzgebung*

Schließlich schreibt die Verfassung für eine Reihe von Materien die ausschließliche Regelung mittels eines Organgesetzes vor, für welche nach Art. 81 CE der Zentralstaat die ausschließliche und nicht übertragbare (Art. 82 Abs. 1 CE) Gesetzgebungsbefugnis innehat. Nach Art. 81 Abs. 1 CE sind Organgesetze solche Gesetze, die die Grundrechte und die öffentlichen Freiheitsrechte entwickeln, die Autonomiestatute und das allgemeine Wahlrecht billigen sowie alle Regelungen, für die die Verfassung die Form eines Organgesetzes vorschreibt. Für ihre Billigung, Änderung oder Aufhebung ist nach Art. 81 Abs. 2 CE die absolute Mehrheit des Kongresses erforderlich.

3. Die Residualkompetenz des Art. 149 Abs. 3 CE

Die Regeln der Art. 148 und 149 Abs. 1 CE werden ergänzt durch das in Art. 149 Abs. 3 CE Bestimmte: Für diejenigen Materien, für die der Zentralstaat nicht nach Art. 149 Abs. 1 CE zuständig ist, können die Autonomen Gemeinschaften gemäß Art. 149 Abs. 3 S. 1 CE in ihren Autonomiestatuten die Kompetenz übernehmen. Solange die Autonomen Gemeinschaften in diesen Materien nicht die Kompetenz übernommen haben, ist gemäß Art. 149 Abs. 3 S. 2, 1. HS CE der Zentralstaat zuständig. Diese Regelung wird auch als „doppelte Residualklausel“ bezeichnet, da die von der Verfassung nicht explizit geregelten Materien zunächst den Autonomen Gemeinschaften zugestanden werden. Im Falle,

465 *Ortega Àlvarez*, in: *Balaguer Callejón*, Reformas estatutarias y distribución de competencias, § 2, S. 36.

466 *SSTC* 32/1981, v. 28.7.1981 u. 1/1982, v. 28.1.1982.

dass diese die Kompetenz jedoch nicht übernehmen, stehen sie dem Zentralstaat zu.[467]

Nach Art. 149 Abs. 3 S. 2, 2. HS CE haben die zentralstaatlichen Normen im Konfliktfall stets den Vorrang. Gemäß Art. 149 Abs. 3 S. 3 CE ergänzt das zentralstaatliche Recht in jedem Fall das der Autonomen Gemeinschaften, was als das „Ergänzungsprinzip" („Derecho de supletoriedad") bezeichnet wird.[468] Die Regelungen des zentralstaatlichen Gesetzgebers kommen subsidiär zur Anwendung, wenn nicht alle Autonomen Gemeinschaften gleichermaßen ausschließliche Kompetenzen auf demselben Sachgebiet verankert haben.[469] Mit Hilfe dieser Klausel können Lücken in den Rechtsordnungen der Autonomen Gemeinschaften geschlossen werden.[470]

III. Die verschiedenen Kompetenztypen

Aus dem zuvor Beschriebenen ergeben sich drei Arten von Kompetenzen: Ausschließliche, geteilte und konkurrierende Kompetenzen, wobei, wie gezeigt, das Kompetenzverteilungssystem der Verfassung auf einer Kombination aller drei Kompetenztypen basiert.

1. Ausschließliche Kompetenzen

Das Verfassungsgericht hat mehrfach festgestellt, dass sowohl die Verfassung als auch die Autonomiestatute das Wort „ausschließlich" in doppelsinniger Weise verwenden.[471]

Einerseits spricht die Verfassung in Art. 149 Abs. 1 CE von „ausschließlichen" Kompetenzen des Zentralstaates (, wobei, wie gezeigt, der Kompetenzkatalog des Art. 149 Abs. 1 CE keinesfalls nur ausschließliche Kompetenzen im technischen Sinne enthält), andererseits führen auch alle Autonomiestatute „ausschließliche" Zuständigkeiten der jeweiligen Autonomen Gemeinschaft auf.[472]

---

467 *Wendland*, Spanien auf dem Weg zum Bundesstaat?, S. 103.

468 *SSTC* 69/1982, v. 23.11.1982, FJ 2.c); 147/1991, v. 4.7.1991, FJ 7; *Àlvarez Conde*, Curso de Derecho Constitucional, Vol. II, 6. Aufl., S. 627 ff.

469 *Wendland*, Spanien auf dem Weg zum Bundesstaat?, S. 102 f.

470 *Àlvarez Conde*, Curso de Derecho Constitucional, Vol. II, 6. Aufl., S. 628.

471 *SSTC* 37/19981, v. 16.11.1981, FJ 1 u. 5/1982, v. 8.2.1982, FJ 1: *« (...) el sentido marcadamente equívoco con el que el adjetivo « exclusivo » se utiliza tanto en el texto de la Constitución como en el de los Estatutos de Autonomía (...).»*

472 Vgl. Art. 42 Abs. 2 Nr. 1 AS Andalusien; Art. 35 Abs.2, 41 Abs. 1 u. 56 AS Aragonien; Art. 10 Abs. 2 AS Asturien; Art. 10, 48 u. 50 Abs. 1 AS Balearen; Art. 110 AS Katalonien; Art. 32 Abs. 2 AS Kastilien-León; Art. 30, 40 Abs. 2, 43 AS Kanaren; Art. 24 AS

Aus der Bezeichnung einer Kompetenz als „ausschließliche" ist somit nicht ohne weiteres auf den Kompetenzträger zu schließen. Die Kompetenzordnung ergibt sich daher nicht aus einer grammatikalischen Auslegung der einzelnen Texte, sondern ist vielmehr erst durch eine systematische Auslegung des gesamten „bloque de constitucionalidad", also der Kompetenzordnung der Verfassung und der Statute, zu ermitteln[473], wofür im Konfliktfall das Verfassungsgericht zuständig ist.[474] Sofern diese Auslegung ergibt, dass es sich um eine „echte" ausschließliche Kompetenz handelt, so hat die betreffende staatliche Ebene (entweder der Zentralstaat oder die Autonomen Gemeinschaften) die vollständige legislative und exekutive Zuständigkeit in der Materie.[475]

2. Die geteilten Kompetenzen

Wie bereits erwähnt[476] bestimmt die Verfassung in zahlreichen Vorschriften des Art. 149 Abs. 1 CE[477], dass der Zentralstaat die Kompetenz zur „Grundlagengesetzgebung" der betreffenden Materie hat, unbeschadet der „Entwicklung" (sowohl der normativen als auch der administrativen) der Grundlagen durch die Autonomen Gemeinschaften. Die Grundlagengesetzgebung ist eine den Organen des Zentralstaates vorbehaltene Reglungsbefugnis, für bestimmte Materien die normativen Grundlagen festzulegen, welche von den Autonomen Gemeinschaften gegebenenfalls in verordnugsgebender oder in ausführender Weise konkretisiert werden können, was als Entwicklungskompetenz („competencia de desarrollo") der Autonomen Gemeinschaften bezeichnet wird. Einerseits können so regionale Besonderheiten gewahrt werden, andererseits wird die Autonomie der Autonomen Gemeinschaften durch die Grundlagengesetze des Zentralstaates auch begrenzt, an die sie sich anzupassen haben.[478]

Kantabrien; Art. 31 Abs. 2 u. 53 Abs. 5 AS Kastilien-La Mancha; Art. 7 Abs. 2 AS Extremadura; Art. 37 Abs. 2 u. 38 Abs. 1 AS Galizien; Art. 15 Abs. 1 u. 26 Abs. 2 AS Madrid; Art. 10 Abs. 2 AS Murcia; Art. 21 AS Baskenland; Art. 8 Abs. 2 AS La Rioja; Art. 45 AS Valenzia; Art. 40 LORAFNA Navarra.

473 *SSTC* 20/1988, v. 18.2.1988, FJ 3; 163/1994, v. 26.5.1994, FJ 3; 178/1994, v. 16.6.1994, FJ 4 u. 173/1998, v. 23.7.1998, FJ 6.

474 *Balaguer Callejón,* Competencias exclusivas, in: *Balaguer Callejón* (Hrsg.), Reformas Estatutarias y distribución de competencias, § 1, S. 24.

475 SSTC 69/1982, v. 23.11.1982, FJ 1 u. 173/1998, v. 23.7.1998, FJ 5; *Balaguer Callejón,* in: *Balaguer Callejón* (Hrsg.), Reformas Estatutarias y distribución de competencias, § 1, S. 24 ff.

476 Siehe D.III.2.c).

477 Art. 149 Abs. 1 Nr. 1, 13, 17, 18, 23, 25, 27 CE.

478 Vgl. *Wendland,* Spanien auf dem Weg zum Bundesstaat?, S. 108 f., m.w.N.

Fraglich ist jedoch, was als Grundlage einer bestimmten Materie zu betrachten ist. Die Definition des „Grundlagenbegriffs“ gehörte lange Zeit zu den umstrittensten Fragen des nationalen Kompetenzverteilungssystems[479], an welcher zugleich die Heterogenität desselben besonders deutlich wird.[480] Für zahlreiche Materien[481] bestimmt die Verfassung, dass der Zentralstaat für die gesetzliche Bestimmung der „Grundlagen“ zuständig ist. Die Definition des Begriffs der „Grundlagen“ ist daher von höchster Bedeutung und wurde entscheidend durch die Rechtsprechung des Verfassungsgerichts geprägt,[482] welches hierfür ausschließlich den Verfassungstext heranzog und nicht etwa den gesamten „bloque de constitucionalidad“.[483] Die Regeln der Autonomiestatute sind jedoch hierbei zu berücksichtigen.[484] Nachdem lange Zeit umstritten war, ob der Begriff der „Grundlagen“ formell oder materiell zu verstehen sei, ist heute ein gemischter „Grundlagenbegriff“ allgemein anerkannt, der materielle und formelle Komponenten hat.[485] Der zentralstaatliche Gesetzgeber ist zwar für die Definition der Grundlagen zuständig, jedoch sind die Autonomen Gemeinschaften berechtigt, vor dem Verfassungsgericht hiergegen Klage einzulegen, welches sodann die letzte Entscheidung darüber trifft, ob die betreffende Norm eine Grundlagennorm ist oder nicht.[486]

3. Konkurrierende Kompetenzen

Den Kompetenztyp der „konkurrierenden Kompetenz“, der anderen Rechtsordnungen wie der der BRD bekannt ist, sieht die spanische Verfassung direkt nicht vor[487]. Wie bereits gezeigt ergibt sich aber der Sache nach, dass die Verfassung von der Existenz dieses Kompetenztyps ausgeht, da in bestimmten Materien so-

---

479 *STC* 25/1983, v. 7.4.1983; *Àlvarez Conde*, Curso de Derecho Constitucional, Bd. II, S. 590 f.; *Molas*, Derecho Constitucional S. 183 f.; *Jiménez Campo,* REDC 1989, 39 (41).

480 *Àlvarez Conde, Curso de Derecho Constitucional, Bd. II, S. 590.*

481 Die Materien betreffen die Gleichheit aller Spanier; die allgemeinen Wirtschaftsplanung; die Sozialversicherung; den Umweltschutz; das Bergbau- und Energiewesen sowie die allgemeinen Kommunikationsmedien.

482 *Ortega Àlvarez,* Competencias compartidas- bases- desarrollo, in: *Balaguer Callejón* (Hrsg.), Reformas estatutarias y distribución de competencias, § 2 S. 37.

483 *STC* 137/1986, v. 6.11.1986.

484 *STC* 69/1988, v. 19.4.1988.

485 *Ortega Àlvarez,* Competencias compartidas- bases- desarrollo, in: *Balaguer Callejón* (Hrsg.), Reformas estatutarias y distribución de competencias, § 2 S. 37.

486 *Ortega Àlvarez,* Competencias compartidas y Bases- desarrollo, in: *Balaguer Callejón* (Hrsg.), Reformas Estatutarias y distribución de competencias, "§ 2, S. 37.

487 *Wendland*, Spanien auf dem Weg zum Bundesstaat?, S. 119 f.

wohl die Autonomen Gemeinschaften als auch der Zentralstaat über die „ausschließliche" Kompetenz verfügen.[488]. Es handelt sich um konkurrierende Kompetenz, wenn die Verfassung und die Statuten identische oder sich überschneidende Kompetenzen verankern.[489] Häufig entsteht eine Konkurrenz auch durch die Formulierung der Autonomiestatute, wonach die Kompetenzen der Autonomen Gemeinschaften „unbeschadet" der Kompetenzen des Zentralstaates verankert werden bzw. umgekehrt.[490]

IV. Die Übernahme von Kompetenzen außerhalb der Autonomiestatute gemäß Art. 150 CE

Eine Sonderstellung im Kompetenzsystem Spaniens nehmen die Regelungen des Art. 150 CE ein. Sie sehen die Möglichkeit der Übertragung von Kompetenzen des Zentralstaates auf die Autonomen Gemeinschaften vor bzw. zum Ziele der Erreichung einer Harmonisierung des Kompetenzverteilungssystems auch eine zentralstaatliche Regelung im Bereich sogar der ausschließlichen Zuständigkeiten der Autonomen Gemeinschaften, wenn dies das „allgemeine Interesse" („Interés general") erfordert. Über Art. 150 CE können die Autonomen Gemeinschaften Kompetenzen übernehmen, obwohl sie diese nicht, wie grundsätzlich notwendig, in ihre Autonomiestatute aufgenommen haben und obwohl diese von der Verfassung dem Zentralstaat zustehen. Die Regelungen des Art. 150 CE dienen insgesamt dazu, das Kompetenzverteilungssystem, den sog. „bloque de constitucionalidad", zu flexibilisieren.[491]

E. Das Finanzsystem der Autonomen Gemeinschaften

Die Kompetenzordnung wird durch das Finanzsystem der Autonomen Gemeinschaften ergänzt.[492] Für eine wirkliche politische Autonomie der Autonomen Gemeinschaften ist es unerlässlich, dass diese zur Ausübung ihrer verfassungsmäßig garantierten Kompetenzen auch über die nötigen finanziellen Mittel ver-

---

488 Vgl. *Wendland*, a.a.O., S. 120.

489 *Wendland*, a.a.O., S. 119 f.

490 *Wendland*, a.a.O., S. 119 f.

491 *Wendland*, Spanien auf dem Weg zum Bundesstaat?, S. 121.

492 *Àlvarez Conde*, Curso de Derecho constitucional, 6. Aufl., Vol. II, S. 629; *Muñoz Machado*, Derecho Público de las Comunidades Autónomas, Bd. II, 2. Aufl., 2007, S. 472.

fügen.[493] Daher regelt die Verfassung die Grundlagen des zwischen dem Zentralstaat und den Autonomen Gemeinschaften bestehenden Finanzsystems am Ende des VIII. Kapitels über die Territorialordnung in den Art. 156-158 CE.[494] Darüber hinaus anerkennt sie in den Zusatz- und Übergangsbestimmungen der Verfassung die Besonderheiten der Foralgebiete (also des Baskenlandes und Navarras), der kanarischen Inseln sowie der Autonomen Städte Ceuta und Melilla[495], für die spezielle Finanzregeln gelten.[496] Die Verfassung schafft aber kein geschlossenes Finanzsystem, sondern begrenzt sich auf die Festlegung der Prinzipien des Finanzsystems.[497] Die Finanzvorschriften der Verfassung sind mithin konkretisierungsbedürftig.[498] Ergänzt werden sie im Wesentlichen durch die Autonomiestatute sowie das „Organgesetz über die Finanzierung der Autonomen Gemeinschaften[499]".[500] Das hierdurch geschaffene Finanzsystem Spaniens setzt sich zusammen aus dem allgemeinen Finanzsystem („régimen común"), das für alle Autonomen Gemeinschaften - ausgenommen das Baskenland und Navarra - und die Autonomen Städte Ceuta und Melilla gilt sowie dem besonderen Finanzsystem („régimen foral") des Baskenlandes und Navarras, welches sich grundlegend von dem allgemeinen Finanzsystem unterscheidet.[501]

---

493 *Àlvarez Conde*, a.a.O., S. 629; *Muñoz Machado*, a.a.O., S. 471.

494 Vgl. *Consejo de Estado de España*, Informe sobre garantías del Derecho comunitario, v. 15.12.2010, S. 293.

495 Vgl. die 1. u. 3. Zusatz- sowie die 4. u. 5. Übergangsbestimmung der Verfassung.

496 *Àlvarez Conde*, Curso de Derecho constitucional, 6. Aufl., Vol. II, S. 629.

497 *Àlvarez Conde*, Curso de Derecho constitucional, 6. Aufl., Vol. II, S. 629; *Costa Climent*, in: *Ministerio de Administraciones Públicas* (Hrsg.), El sistema de financiación territorial en los modelos de estado español y alemán, S. 261; *Muñoz Machado*, Derecho Público de las Comunidades Autónomas, Bd. II, 2. Aufl., 2007, S. 485 ff. Näher zu diesen Prinzipien sofort im Folgenden.

498 *Muñoz Machado*, Derecho Público de las Comunidades Autónomas, 2. Aufl., Bd. II, 2. Aufl., 2007, S. 486.

499 Organgesetz 8/1980, v. 22.9.1980, de financiación de las Comunidades Autónomas, BOE Nr. 236, v. 1.10.1980 (LOFCA), zuletzt geändert durch Organgesetz 3/2009, v. 18.12.2009, de modificación de la LOFCA. Im Folgenden wird sich mit der Abkürzung LOFCA stets auf dieses Gesetz bezogen.

500 Gemäß Art. 1 Abs. 2 LOFCA regelt sich die Finanzierung der Autonomen Gemeinschaften nach dem in der LOFCA Bestimmten und den einzelnen Autonomiestatuten der Autonomen Gemeinschaften. Diejenigen Gesetze, Verordnungen oder sonstigen Rechtsnormen des Zentralstaates oder der Autonomen Gemeinschaften, die diese Materie berühren, werden auf das Finanzsystem entsprechend angewendet.

501 *Acosta*, in: *Ministerio de Administraciones Públicas* (Hrsg.), El sistema de financiación territorial en los modelos de estado español y alemán, S. 221; *Folgado Blanco*, La financiación autonómica en España, in: *Ruiz- Gallego/Blaso/García Escudero* (Hrsg.),

I. Die allgemeine Prinzipien des Finanzsystems

Trotz der zwei verschiedenen Finanzsysteme enthalten die Verfassung und das Organgesetz über die Finanzierung der Autonomen Gemeinschaften grundlegende Prinzipien, die für das gesamte Finanzsystem gemeinsam gelten.[502] Das Finanzsystem der Autonomen Gemeinschaften basiert auf dem Grundsatz der finanziellen Autonomie[503]: Gemäß Art. 156 Abs. 1 CE und Art. 1 Abs. 1 LOFCA[504] genießen „die Autonomen Gemeinschaften finanzielle Autonomie für die Entfaltung und Ausübung ihrer Kompetenzen, die ihnen, im Einklang mit der Verfassung, von den Gesetzen und jeweiligen Autonomiestatuten zugeteilt wurden". Die Verfassung geht mithin von dem Prinzip der Selbstfinanzierung aus, nach dem die Autonomen Gemeinschaften die Entwicklung und den Vollzug ihrer Kompetenzen selbst finanzieren müssen.[505] Der Grundsatz der finanziellen Autonomie der Autonomen Gemeinschaften bedeutet die volle Verfügbarkeit über ihre Einnahmen und Ausgaben in ihrem gesamten Gebiet.[506] Wenn die Verfassung von Finanzautonomie spricht, bezieht sie sich hierbei nicht allein auf die Ausgaben, sondern auch auf die Notwendigkeit, dass die Autonomen Gemeinschaften fähig sein müssen, Entscheidungen in Bezug auf die Einnahmen treffen zu können.[507] Die finanzielle Autonomie der Autonomen Gemeinschaften wird jedoch durch das Einheitsprinzip[508] begrenzt, nach dem es dem Zentralstaat möglich ist Maßnahmen zu ergreifen, die die finanzielle Autonomie der Autonomen Gemeinschaften begrenzen, sofern sie eine direkte Beziehung zu der allgemeinen Wirtschaftspolitik des Zentralstaats haben und dies für das Erreichen der Wirtschaftsstabilität erforderlich ist.[509]

Neben dem Grundsatz der finanziellen Autonomie beinhaltet Art. 156 Abs. 1 CE das Solidaritätsprinzip sowie das Prinzip der Koordination mit dem Zentralstaat.[510] Darüber hinaus prägen das Finanzsystem weitere Prinzipien, die

---

La España de las Autonomías, S. 614. Zu beiden Systemen näher im Folgenden unter III. u. IV.

502 *Muñoz Machado*, Derecho Público de las Comunidades Autónomas, Bd. II, 2. Aufl., 2007, S. 488.

503 *SSTC* 13/1992, v. 6.2.1992, FJ 9; 239/2002, v. 11.12.2002, FJ 22.

504 Vgl. hierzu die Anmerkung in Fn. 499.

505 *Montoro Chiner*, DÖV 1987, 85 (92 f.).

506 *Pèrez Gallego*, Derecho constitucional, S. 126.

507 *Pèrez Gallego*, a.a.O., S. 126.

508 Zu diesem Prinzip oben unter B.I.

509 *Pèrez Gallego*, Derecho constitucional, S. 126.

510 *Giménez- Reyna Rodríguez/Martín Fernandez*, in: *Ministerio de Administraciones Públicas* (Hrsg.), El sistema de financiación territorial en los modelos de estado español y alemán, S. 90.

sich zum einen aus der Verfassung selbst, zum anderen aus dem Gesetz über die Finanzierung der Autonomen Gemeinschaften ergeben.[511] Diese weiteren Prinzipien sind das Gleichheitsprinzip, das Neutralitätsprinzip, das Territorialitätsprinzip und das Prinzip des Verbots der Doppelbesteuerung.[512]

II. Der Rat für die Steuer- und Finanzpolitik der Autonomen Gemeinschaften

Die Finanzpolitik des Zentralstaates und der Autonomen Gemeinschaften wird gemäß Art. 3 Abs. 1 LOFCA im „Rat für die Steuer- und Finanzpolitik der Autonomen Gemeinschaften" („Consejo de Política Fiscal y Financiera de las Comunidades Autónomas") koordiniert. Der Rat für die Steuer und Finanzpolitik der Autonomen Gemeinschaften ist ein Koordinierungsorgan für die Aktivitäten des Zentralstaates und der Autonomen Gemeinschaften.[513] Art. 3 Abs. 1 LOFCA bestimmt hierzu: *"Für eine angemessene Koordinierung zwischen der finanziellen Aktivität der Autonomen Gemeinschaften und der des Zentralstaates wird mittels eines Gesetzes der „Rat für Steuer- und Finanzpolitik der Autonomen Gemeinschaften" gegründet, der sich zusammensetzt aus dem Wirtschafts- und Finanzminister, dem Minister für die öffentlichen Verwaltungen und den Finanzministern der Autonomen Gemeinschaft."*

Art. 3 Abs. 2 h) LOFCA bestimmt allgemein, dass unabhängig von der Auflistung der spezifischen Aufgaben des Koordinierungsrates gemäß Art. 3 Abs. 2 a) bis g) LOFCA, der Koordinierungsrat für jegliche Aspekte im Zusammenhang mit der finanziellen Aktivität der Autonomen Gemeinschaften und der Finanzen des Zentralstaates zuständig ist, sofern der Natur der Sache nach eine Koordinierung notwendig ist.

Der Rat für Steuer und Finanzpolitik der Autonomen Gemeinschaften hat u.a. wesentliche Bedeutung im Zusammenhang mit dem an späterer Stelle zu erörternden Verfahren zur Verteilung der finanziellen Sanktionslasten im Falle eines übermäßigen Haushaltsdefizits gemäß Art. 126 AEUV.[514] Im Laufe der Jahre, insbesondere seit dem Beitritt Spaniens zur Europäischen Wirtschafts- und Währungsunion haben sich die Befugnisse und die Bedeutung des Rates für Steuer und Finanzpolitik der Autonomen Gemeinschaften kontinuierlich ver-

---

511 *Giménez- Reyna Rodríguez/Martín Fernandez*, a.a.O., S. 19.

512 *Giménez- Reyna Rodríguez/Martín Fernandez*, a.a.O., S. 19 u. 22 ff.; *Muñoz Machado*, Derecho Público de las Comunidades Autónomas, Bd. II, 2. Aufl., 2007, S. 492 ff.

513 *Muñoz Machado*, Derecho Público de las Comunidades Autónomas, Bd. II, 2. Aufl., 2007, S. 494.

514 Näher hierzu im 5. Kapitel.

mehrt.[515] In jüngster Zeit war er insbesondere im Zusammenhang mit dem Plan zur Reduzierung und Beseitigung des Haushaltsdefizits Spaniens wesentlich beteiligt.[516]

III. Das allgemeine Finanzsystem (“el régimen común”) der Autonomen Gemeinschaften

Das „allgemeine Finanzsystem“ gilt für alle Autonomen Gemeinschaften - mit Ausnahme des Baskenlandes und Navarras – sowie die Autonomen Städte Ceuta und Melilla. Es hat seit dem Inkrafttreten der Verfassung von 1978 einen starken Wandel erfahren[517]: In der Anfangsphase speisten sich die Finanzverwaltungen der Autonomen Gemeinschaften überwiegend aus Zuwendungen aus dem Haushalt des Zentralstaates, welcher sich die Erhebung der Steuern mit dem höchsten Aufkommen vorbehielt.[518] Mit der Zeit wurde das Finanzniveau der Autonomen Gemeinschaften erheblich angehoben, so dass sich aktuell der Zentralstaat und die Autonomen Gemeinschaften die Haupteinnahmen aus den Steuern, mit Ausnahme der Körperschaftssteuer, teilen.[519] Als Höhepunkt eines Prozesses der intensiven Debatte zwischen Zentralstaat und Autonomen Gemeinschaften über die Neuregelung des allgemeinen Finanzsystem nahm der Rat der Steuer- und Finanzpolitik der Autonomen Gemeinschaften auf Vorschlag der Zentralregierung am 15.7.2009 die Vereinbarung über die Reform des allgemeinen Finanzsystems an.[520] Aktuell regelt sich nun das allgemeine Finanzsystem der Autonomen Gemeinschaften im Wesentlichen nach dem in der Verfassung, dem Organgesetz über die Finanzierung der Autonomen Gemeinschaften und dem Ge-

---

515 *Muñoz Machado*, Derecho Público de las Comunidades Autónomas, Bd. II, 2. Aufl., 2007, S. 509.

516 Vgl. die Ausführungen unter 2. Kapitel, B.II.

517 Vgl. den Überblick bei *Consejo de Estado de España*, Informe sobre la garantía del cumplimiento del Derecho Comunitario, v. 15.12.2010, S. 293 ff.

518 *Medina Guerrero*, Spanien, in: *v. Bogdandy/Cruz Villalón/Huber* (Hrsg.), Hdb Ius Publicum Europaeum, Bd. I, § 11, Rn. 74, S. 679.

519 *Medina Guerrero*, a.a.O., S. 679.

520 Vgl. “Acuerdo” 6/2009, v. 15.7.2009, “para la reforma del sistema de financiación de las Comunidades Autónomas de régimen común y Ciudades con Estatuto de Autonomía”, zu finden auf der Internetseite des Wirtschaftsministeriums: *www.meh.es* unter “áreas temáticas” und “financiación autonómica”.

setz 22/2009[521] Bestimmten.[522] Das reformierte Finanzsystem trat am 1.1.2010 in Kraft und beruht auf folgenden Zielen[523]:

- Die Stärkung der Leistungen des Wohlfahrtsstaates;
- Die Zunahme an Gerechtigkeit und die ausreichende finanzielle Deckung der Gesamtheit der Kompetenzen der Autonomen Gemeinschaften;
- Der Anstieg der Autonomie und Mitverantwortung der Autonomen Gemeinschaften und
- Die Verbesserung der Dynamik und Stabilität des Systems sowie seine Anpassungsfähigkeiten an die Bedürfnisse der Bürger.

Art. 157 Abs. 1 CE regelt die Einnahmequellen der Autonomen Gemeinschaften. Sie lassen sich in drei Hauptgruppen einteilen: Beteiligung an den Einnahmen des Zentralstaates, eigene Mittel und Subventionen der EU aus den europäischen Fonds.[524] Ganz überwiegend finanzieren sich die Autonomen Gemeinschaften dabei aus zentralstaatlichen Zuweisungen.[525]

Dies wird, wie noch zu sehen sein wird, im Zusammenhang mit den finanziellen Sanktionen der EU gegen das Königreich Spanien und der entsprechenden Haftungsverteilung zwischen dem Zentralstaat und den Autonomen Gemeinschaften relevant, da hierbei üblicherweise entsprechende Schulden der Autonomen Gemeinschaften mit den ihr vom Zentralstaat zustehenden Beträgen verrechnet werden.[526] Daneben führt Art. 157 Abs. 1 CE auch die Finanzierung aus eigenen Mitteln der Autonomen Gemeinschaften auf, deren Bedeutung in den vergangenen Jahren erheblich gestiegen ist.[527]

Nach Art. 158 Abs. 2 CE wird ein „interterritorialer Ausgleichsfonds" geschaffen zum Zweck des Ausgleichs von interterritorialen wirtschaftlichen Unausgewogenheiten und der effektiven Verwirklichung des Solidaritätsprinzips. Der Fonds ist ein Instrument zur Korrektur von Ungleichgewichten bei den ver-

---

521 Gesetz 22/2009, v. 18.12.2009, por la que se regula el sistema de financiación de régimen común y Ciudades con Estatuto de Autonomía y se modifican determinadas normas tributarias; BOE Nr. 305, v. 19.12.2009, S. 107068 ff.

522 *Consejo de Estado de España*, Informe sobre la garantía del cumplimiento del Derecho Comunitario, v. 15.12.2010, S. 294 f.

523 Vgl. die Präambel des Gesetzes 22/2009.

524 *Muñoz Machado*, Derecho Público de las Comunidades Autónomas, Bd. II, 2. Aufl., 2007, S. 501; *Wendland*, Spanien auf dem Weg zum Bundesstaat?, S. 232.

525 *Muñoz Machado*, Derecho Público de las Comunidades Autónomas, Bd. II, 2. Aufl., 2007, S. 501.

526 Ausführlicher hierzu im 5. Kapitel.

527 *Àlvarez Conde*, Curso de Derecho constitucional, 6. Aufl., Vol. II, S. 634 f.

schiedenen Autonomen Gemeinschaften und wird aus dem Haushalt des Zentralstaates finanziert.[528]

Innerhalb des allgemeinen Finanzsystems gelten für die Autonome Gemeinschaft der kanarischen Inseln aus historischen und geografischen Gründen wirtschaftliche und steuerliche Sonderregeln, bei deren Schaffung die unionsrechtlichen Vorschriften über ultraperiphere Regionen berücksichtigt wurden.[529] Auch in Bezug auf die Autonomen Städte Ceuta und Melilla gelten auf Grund ihrer „Zwischenstellung“ zwischen Autonomen Gemeinschaften und Lokalkörperschaften[530] bestimmte, vom allgemeinen Finanzsystem abweichende Sonderregeln bei den indirekten Steuern.[531]

Was die an Spanien aus den Fonds der EU bereitgestellten Mittel anbetrifft, so werden diese, gemäß dem Grundsatz, dass die EU ihre Finanzbeziehungen mit den Mitgliedstaaten und nicht mit einzelnen Untergliederungen führt, an den Haushalt des Zentralstaates überwiesen.[532] Dieser hat die Mittel sodann im Einklang mit den europäischen und nationalen Vorschriften und gemäß der nationalen Kompetenzordnung an die zuständigen Autonomen Gemeinschaften weiterzuleiten.[533]

IV. Das besondere Finanzsystem („el régimen foral“) des Baskenlandes und Navarras

Die Finanzbeziehungen zwischen dem Zentralstaat und den sog. Foralgemeinschaften des Baskenlandes und Navarras basieren auf speziellen Regeln und unterscheiden sich vollständig von den Regeln des „allgemeinen Finanzsystems“.[534] Nach der 1. Zusatzbestimmung der Verfassung schützt und achtet die

528 *Montoro Chiner*, DÖV 1987 85 (93).

529 Die vierte Zusatzbestimmung der LOFCA lautet: ”Bei der Regulierung der Finanz- und Steueraktivität des kanarischen Archipels ist sein besonderes Wirtschafts- und Finanzsystem zu berücksichtigen.“ Hierzu gehört das Ley 19/1994, de modificación del régimen económico y fiscal de Canarias.

530 Siehe hierzu oben 3. Kapitel, C.II.2.c).

531 Vgl. die 5. Zusatzbestimmung der LOFCA und die Zusatzbestimmung des Organgesetzes 3/1996, v. 27.12.1996.

532 *SSTC* 13/1992, v. 6.2.1992, FJ 13; 79/1992, v. 28.5.1992, FJ 2.

533 Vgl. *STC* 79/1992, v. 27.5.1992.

534 *Àlvarez Conde*, Curso de Derecho Constitucional, 6. Aufl., Vol. II, S. 629 u. 638; *Martín Fernández*, in: *Ministerio de Administraciones Públicas* (Hrsg.), El sistema de financiación territorial en los modelos de estado español y alemán, S. 48; *Folgado Blanco*, in: *Ruiz- Gallego/Blaso/García Escudero* (Hrsg.), La España de las Autonomías, S. 614.

Verfassung die historischen Rechte der Foralgebiete im Rahmen der Verfassung und der Autonomiestatute. Die Autonomiestatute Navarras und des Baskenlandes bestimmen jeweils, dass die Finanz- und Steuerbeziehungen zwischen ihnen und dem Zentralstaat durch das System des „concierto“ (Baskenland) und „convenio“ (Navarra) geregelt werden.[535] Das als „régimen foral“ bezeichnete Finanzsystem basiert auf zwei Säulen: Zum einen verfügen Navarra und das Baskenland über vollständige Steuerautonomie, d.h. die Befugnis zur Regelung, Verwaltung und Einziehung aller Steuern.[536] Zum anderen beteiligen Navarra und das Baskenland sich an der Finanzierung der zentralstaatlichen Ausgaben, in dem sie einen bestimmten vereinbarten Betrag („cupo“) an die Zentralregierung abtreten, der alle fünf Jahre erneut festgelegt wird.[537] Navarra und das Baskenland leiten jeweils von den von ihnen eingezogenen Steuern einen Teil an die Autonomen Gemeinschaften weiter und führen eine Quote an den Zentralstaat ab.[538] Dieses besondere und auf der Welt einmalige Finanzsystem beruht auf historischen Begebenheiten[539] und ist Grund für zahlreiche Konflikte zwischen dem Zentralstaat und den betreffenden Autonomen Gemeinschaften.[540] Die Mitgliedschaft Spaniens in der EU und die dadurch bedingte Pflicht zur ordnungsgemäßen Erfüllung der unionsrechtlichen Vorgaben bringen in diese besonderen Finanzbeziehungen, neue Schwierigkeiten. Denn wird seitens europäischer Institutionen die Unvereinbarkeit von steuerlichen Bestimmungen einer dieser beiden Autonomen Gemeinschaften festgestellt, so ist es dem Zentralstaat auf Grund ihrer vollständigen Steuerautonomie nicht möglich, korrigierend einzugreifen. Dies kann dazu führen, dass der Zentralstaat gegenüber der EU für die Unvereinbarkeit der entsprechenden autonomen Gesetze ein zu stehen hat,

535 Vgl. für das Baskenland: Art. 41 AS Baskenland und für Navarra: Art. 45 LORAFNA.

536 *Folgado Blanco*, La financiación autonómica en España, in: *Ruiz- Gallego/Blaso/García Escudero* (Hrsg.), La España de las Autonomías, S. 614.

537 *Folgado Blanco*, a.a.O., S. 614.

538 Vgl. *Wendland*, Spanien auf dem Weg zum Bundesstaat?, S. 237. Aktuell werden das baskische Finanzsystem („Concierto) und die Methode zur Bestimmung des „cupo“ geregelt im Gesetz 12/2002, i.d.F. des Gesetzes 28/2007, v. 25.10.2007 und durch das Gesetz 29/2007, v. 25.10.2007, durch welches die Methode zur Bestimmung des „cupo“ für den Fünfjahres Zeitraum 2007- 2011 festgelegt werden. Im Falle Navarras regelt das Gesetz 28/1990, v. 26.12.1990, zuletzt geändert durch das Gesetz 48/2007, v. 19.12.2007 das Finanzsystem zwischen Navarra und dem Zentralstaat.

539 *Acosta*, in: *Ministerio de Administraciones Públicas* (Hrsg.), El sistema de financiación territorial en los modelos de estado español y alemán, S. 224; *Folgado Blanco*, in: *Ruiz-Gallego/Blaso/García Escudero* (Hrsg.), La España de las Autonomías, S. 614. Vgl. für Navarra die Ausführungen unter C.I.2.b).

540 *Folgado Blanco*, a.a.O., S. 615.

obgleich er innerstaatlich selbst Klage gegen sie erhoben hat.[541] Hierauf ist im Rahmen der Haftung für Unionsrechtsverstöße zurückzukommen.

541 Vgl. den sog. Fall „Vacaciones fiscales vascas“, oben 2. Kapitel, A.II.

4. Kapitel Die Verantwortungsverteilung für den Vollzug des Unionsrechts zwischen Zentralstaat und Autonomen Gemeinschaften

Angesichts des heterogenen Kompetenz- und Finanzsystems fragt es sich nun, wie Spanien seinen europäischen Pflichten zur ordnungsgemäßen Umsetzung und Vollziehung der Rechtsvorschriften der EU nachkommt, da hierfür, wie dargestellt, die nationalen Verfassungs- und Kompetenzsysteme maßgeblich sind.[542]

A. Allgemeines zum Vollzug des Unionsrechts in Spanien

Noch vor dem Beitritt Spaniens zur EWG im Jahre 1986 befasste sich die spanische Rechtswissenschaft mit den möglichen Konsequenzen und Auswirkungen, die dieser Beitritt auf die spanische öffentliche Verwaltung haben könnte. Im Zentrum der Diskussion stand hierbei insbesondere die Frage, auf welche Weise und in welcher Intensität der Beitritt das von Anfang an höchst umstrittene Staatsmodell, das die Verfassung von 1978 für den spanischen Staat begründet hatte, berühren würde und sollte.[543] Ein zentrales Thema hierbei war von Beginn an die Beteiligung der Autonomen Gemeinschaften in Angelegenheiten der Europäischen Union, einerseits beim Zustandekommen der europäischen Rechtsakte („la fase ascendente"), andererseits bei deren innerstaatlichem Vollzug („la fase descendente").[544] Die Literatur zu diesem Thema ist schier unermesslich und regelmäßig erscheinen neue Publikationen über die Beteiligung der Autonomen Gemeinschaften am europäischen Integrationsprozess.[545]

---

542 Siehe 1. Kapitel, A.

543 So z.B. *Rodríguez Iglesias*, Documentacón Administrativa Nr. 152, 1973, S. 7 ff.; *Parejo Alfonso*, RVAP Nr. 13, 1985, S. 189 ff.; *Aguiar de Luque* (Koor), Implicaciones constitucionales y política del ingreso de España en la CCE y su incidencia en las Comunidades Autónomas: Actas del V Congreso de la Asosiación Española de Ciencia Política y Derecho Constitucional celebrado en Bilbao y San Sebastián los días 9, 10 y 11 de octubre de 1985; *Muñoz Machado,* Tratado de Derecho comunitario europeo, Bd. I, S. 588ff.; *Ortega Àlvarez,* REDA 1987, 353.

544 Vgl. *Ordóñez Solís*, La ejecución del Derecho comunitario europeo en España, 1994, S. 164.

545 Um nur einige zu zitieren: *Albertí Rovira,* El desarrollo y la ejecución por las Comunidades Autónomas de la normativa comunitaria en materias de competencia

Für die die vorliegende Untersuchung ist dabei in erster Linie die Beteiligung der Autonomen Gemeinschaften am innerstaatlichen Vollzug des Unionsrechts relevant.

Grund für die Bedeutung, die das Thema der Beteiligung der Autonomen Gemeinschaften am europäischen Integrationsprozess in der spanischen Rechtswissenschaft erfährt, ist der Umstand, dass diese Frage weder durch die Verfassung noch durch das einfache Recht normativ geregelt ist.[546] In der spanischen Rechtsordnung existiert keine Verfassungsnorm, die ausdrücklich und in allgemein gültiger Form die Zuständigkeit für den Vollzug des Rechts der Europäischen Union bestimmt.[547] Weder die Verfassung noch die Autonomiestatute enthalten eine spezifische Kompetenz für den Vollzug des Unionsrechts.[548] Art. 93 CE[549] bildet zwar die Grundlage für die Mitgliedschaft Spaniens in der EU[550] und ist die Ermächtigungsgrundlage zur Abtretung von Verfassungskom-

---

compartida, REAF 2006, 79 ff.; *Cienfuegos Mateo*, El impacto de la CE en las competencias de las Comunidades Autónomas, REAF 2006, 13 ff.; *Díaz Abad,* Las Comunidades Autónomas en la Unión Europea: Problemática atual, veröffentlicht in: "XXVII. Jornadas de Estudio de la Abogacia del Estado", BOE 2006, S. 247 ff.; *Montilla Martos*, Derecho de la UE y Comunidades Autónomas, S. 35 ff.; *Jiménez Asensio*, La ejecución del Derecho comunitario por las Comunidades Autónomas en la jurisprudencia constitucional, RVAP 1995, S. 181 ff.; *Ruiz Ruiz*, Las competencias de las Comunidades Autónomas en el desarrollo normativo y la ejecuión del Derecho comunitario europeo, REDC 1995, S. 279 ff.; *Tornos i Mas*, Algunos problemas competenciales en la ejecución interna de directivas comunitarias, REAF 1991, S. 31 ff.; *R. García*, La ejecución normativa del derecho comunitario europeo en el ordenamiento español, RAP 1990, S. 213.

546 *Cienfuegos Mateo*, REAF 2007, 39 (75); *Gómez Puente*, REAF 2006, 153 (154).

547 Vgl. *STC* 141/1993, vom 22.4.1993; *Consejo de Estado de España*, Informe sobre modificacione de la Constitución española, 2006, S. 120 ff.; *ders.*, Informe sobre la inserción del Derecho europeo en el ordenamiento español, 2008, S. 112; *Carmona Contreras* in: *Cruz Villalón*, Hacia la europeizació de la Constitución española, S. 203; *Moreno Molina*, La ejecución normativa del Derecho comunitario, 1998, S. 141.

548 *Consejo de Estado de España*, Informe sobre la inserción del Derecho europeo en el ordenaminto español, S. 108.

549 Art. 93 CE: *„Durch Organgesetz kann der Abschluss von Verträgen genehmigt werden, durch die einer internationalen Organisation die Ausübung von aus der Verfassung abgeleiteten Kompetenzen zugestanden wird. Die Gewährleistung der Erfüllung dieser Verträge und der von den internationalen oder supranationalen Organen, die Träger der abgetretenen Kompetenzen sind, ausgehenden Resolutionen obliegt je nach Fall den Cortes Generales oder der Regierung."*

550 *Consejo de Estado de España*, Informe sobre modificaciones de la Constitución espñola, S. 41 u. S. 66 ff.

petenzen an eine supranationale Organisation[551], ist selbst jedoch keine Kompetenznorm, die die Beziehungen zwischen den Institutionen und Rechtsordnungen der Autonomen Gemeinschaften und des Zentralstaates ordnet.[552] Angesichts dieser normativen Lücke wurden zahlreiche interinstitutionelle Abkommen und Vereinbarungen getroffen, um die Beziehungen zwischen dem Zentralstaat und den Autonomen Gemeinschaften in Angelegenheiten der EU zu regeln, allen voran die sog. „Konferenz für Angelegenheiten mit Bezug zu den Europäischen Gemeinschaften"[553]. Vor der Untersuchung der Kooperations- und Koordinationsinstrumente, ist jedoch zunächst zu klären, wonach sich grundsätzlich bestimmt, welche staatliche Ebene für den Vollzug des Unionsrechts in Spanien zuständig ist.

B. Der Vollzug des Unionsrechts und die innerstaatliche Kompetenzordnung

In Ermangelung spezieller Regeln gelten im Bereich des nationalen Vollzugs des Unionsrechts die nationalen Verfassungsregeln betreffend das interkörperschaftliche Verhältnis von Zentralstaat und Autonomen Gemeinschaften.[554] Diese sind jedoch, wie gezeigt, aufgrund ihrer Heterogenität bereits im innerstaatlichen Kontext Anlass vieler Kompetenzkonflikte zwischen Zentralstaat und Autonomen Gemeinschaften. Es fragt sich daher, wie die nationale Kompetenzordnung im Hinblick auf die Zuständigkeit für den Vollzug der europäischen Rechtsakte auszulegen ist. Zur Beantwortung dieser Frage sind die hierfür einschlägigen Verfassungs- und Statutsvorschriften der Kompetenzordnung zu untersuchen.

551 Vgl. das Gutachten des Verfassungsgerichts über die Zustimmung Spaniens zum Vertrag von Maastricht, Declaración v. 1.7.1992, BOE Suplemento (Beilage) Nr. 177, v. 24.7.1992, S. 2 ff.

552 *Gómez Puente*, REAF 2006, 153 (154).

553 Conferencia para Asuntos Relacionados con las Comunidades Europeas (CARCE). Im Folgenden CARCE. Näher hierzu unter C.

554 Vgl. 3. Kapitel.

I. Folgt aus Art. 149 Abs. 1 Nr. 3 CE i.V.m. Art. 93 S. 2 CE die ausschließliche Zuständigkeit des Zentralstaates für den Vollzug der völker- und unionsrechtlichen Verträge?

Die Verfassung regelt die Zuständigkeit für den Vollzug der unionsrechtlichen Normen nicht, wie sie insgesamt bislang die Europäische Union namentlich nicht erwähnt. Auch eine ausdrückliche Zuständigkeit für den Vollzug der völkerrechtlichen Verträge ist in den Kompetenznormen der Art. 148 f. CE nicht geregelt. Art. 96 Abs. 1 CE bestimmt jedoch, dass die völkerrechtlichen Verträge nach ihrer offiziellen Veröffentlichung in Spanien Teil der innerstaatlichen Rechtsordnung werden, was die Vermutung nahe legt, dass für ihren Vollzug die nationale Rechts- und Kompetenzordnung maßgeblich ist. Nach dieser hat der Zentralstaat gemäß Art. 149 Abs. 1 Nr. 3 CE „die ausschließliche Kompetenz für die auswärtigen Beziehungen“[555]. Gemäß Art. 93 S. 2 CE obliegt dem Zentralstaat die Erfüllung der Verträge, durch die Spanien Verpflichtungen gegenüber supranationalen oder internationalen Organisation übernommen hat.[556] Zwar ist Art. 93 CE selbst keine Kompetenzvorschrift. Fraglich ist aber, ob nicht aus Art. 149 Abs. 1 Nr. 3 CE i.V.m. Art. 93 S. 2 CE die ausschließliche Zuständigkeit des Zentralstaates für den Vollzug der völker- und europarechtlichen Verträge folgt.

Nach allgemeiner Ansicht[557] umfasst Art. 149 Abs. 1 Nr. 3 CE die ausschließliche Kompetenz des Zentralstaat zum Abschluss der internationalen Verträge, unbeschadet etwaiger Beteiligungsrechte der Autonomen Gemeinschaften an diesen Verträgen, etwa in Form von Informationsrechten. Das Verfassungsgericht hat erklärt, dass die aus Art. 149 Abs. 1 Nr. 3 CE folgende ausschließliche Zuständigkeit des Zentralstaates die Rechte und Pflichten umfasse, internationale Verträge abzuschließen, den Staat nach außen hin zu vertreten, internationale Pflichten einzugehen sowie nach außen hin zu haften.[558] Dies sei der „har-

555 Art. 149 Abs.1 Nr. 3 CE: *„1. Der Zentralstaat hat die ausschließliche Kompetenz über die folgenden Materien: 3. Die auswärtigen Beziehungen.“*

556 Art. 93 S. 2 CE: *„Es ist, je nach Fall, Aufgabe des Parlaments oder der Regierung, die Erfüllung dieser Verträge und der Vereinbarungen zu garantieren, durch die Kompetenzen an internationale oder supranationale Organisationen abgetreten wurden.“*

557 *STC* 137/1989, v. 20.7.1989, FJ 5, BOE Nr. 190, v.10.8.1989, S.36 ff.; *Mangas Martín*, Derecho comunitario europeo y Derecho español, S. 229; *Ordóñez Solís*, La ejecución del Derecho comunitario europeo en España, S. 169 u. 177.

558 *STC* 165/1994, v. 26.5.1994, FJ 5. Auf die aus Art. 149 Abs. 1 Nr. 3 CE i.V.m. Art. 93 CE folgende Pflicht nach Außen, im Verhältnis zu anderen Völkerrechtssubjekten zu haften, wird im Rahmen der Untersuchung der Haftungsregeln zurückzukommen sein.

te Kern" („núcleo duro") der von Art. 149 Abs. 1 Nr. 3 CE dem Zentralstaat vorbehaltenen Kompetenzen. Er sei in diesen Fällen ausschließlich zuständig und die Autonomen Gemeinschaften von jeglicher Handlung ausgeschlossen.[559]

Darüber hinaus umfasst Art. 149 Abs. 1 Nr. 3 CE nach heute allgemeiner Ansicht[560] jedoch nicht auch die ausschließliche Zuständigkeit des Zentralstaates für den Vollzug der völker- und europarechtlichen Verträge, da ansonsten die verfassungsmäßig garantierten Kompetenzen der Autonomen Gemeinschaften entleert würden.[561] Das Verfassungsgericht hat hierzu erklärt, dass der Zentralstaat sich nicht prinzipiell auf seine ausschließliche Kompetenz für die auswärtigen Beziehungen gemäß Art. 149 Abs. 1 Nr. 3 CE berufen dürfe, um damit seine Zuständigkeit auf jegliche Tätigkeit auszudehnen, die als Vollziehung, Anwendung oder Entwicklung der völkerrechtlichen Verträge und insbesondere des Gemeinschaftsrechts zu betrachten ist.[562] Andernfalls würde die kontinuierliche Zunahme an europäischen Vorschriften zu einer beachtlichen Entleerung der Kompetenzen führen, die von der Verfassung und den Autonomiestatuten den Autonomen Gemeinschaften vorbehalten sind.[563]

Ein solches Szenario wird im spanischen Schrifttum als „Bumerang-Effekt" („efecto bumerang") bezeichnet.[564] Das Verfassungsgericht hat betont, dass die aus Art. 149 Abs. 1 Nr. 3 CE folgende ausschließliche Kompetenz des Zentralstaates hinsichtlich des „harten Kerns" auf dem Gebiet der auswärtigen Angelegenheiten keinen weitergehenden Kompetenztitel des Zentralstaates begründe, die Autonomen Gemeinschaften aus jeglicher Vollzugstätigkeit im Bereich des Völkerrechts zu verdrängen.[565] In verschiedenen Urteilen hat es daher die zentralstaatlichen Befugnisse und die der Autonomen Gemeinschaften auf diesem Gebiet gegeneinander abgegrenzt und dabei versucht, das innerstaatliche Kompetenzsystem zu wahren und den Autonomen Gemeinschaften eine gewisse Kompetenz in den auswärtigen Angelegenheiten zuzuerkennen.[566]

---

559 *STC* 165/1994, FJ 5.

560 Vgl. etwa: *Muñoz Machado*, Tratado de Derecho comunitario europeo, Bd. I, S. 616 ff.; *Ortega Àlvarez*, REDA 1987, 353 (356).

561 *SSTC* 79/1992, v. 28.5.1992, FJ 1; 80/1993, v. 8.3.1993, FJ 3.

562 *STC* 79/1992, v. 28.5.1992, FJ 1.

563 *STC* 79/1992, a.a.O., FJ 1. In demselben Sinne auch *SSTC* 54/1990, 28.3.1990, FJ 4; 76/1991, v. 11.4.1991, FJ 3; 100/1991, v. 13.5.1991, FJ 4; 148/1998, v. 2.7.1998, FJ 3.

564 Vgl. etwa *Mangas Martin*, El Derecho comunitario europeo y el Derecho español, S. 223; *Ordóñez Solís*, La ejecución del Derecho comunitario europeo en España, S. 167.

565 *STC* 80/1993, v. 8.3.1993, FJ 3.

566 Vgl. *SSTC* 1/1982, v. 28.1.1982; 26/1982, v. 24.5.1982; 125/1984, v. 20.12.1984; 153/1989, v. 5.10.1989; 192/1990, v. 29.11.1990; 168/1993, v. 27.5.1989.

Aus Art. 149 Abs. 1 Nr. 3. CE i.V.m. Art. 93 S. 2 CE folgt somit nicht die ausschließliche Kompetenz des Zentralstaates zum Vollzug der völker- oder unionsrechtlichen Verträge.[567] Folglich sind die Autonomen Gemeinschaften nicht generell hiervon ausgeschlossen. Fraglich ist aber, wie und wieweit sie am Vollzug des, vorliegend relevanten, Unionsrechts zu beteiligen sind.

II. Der Vollzug des Unionsrechts und die Autonomiestatute der Autonomen Gemeinschaften

Da die Art. 148, 149 CE keine ausdrücklichen Regeln für den Vollzug der völker- und unionsrechtlichen Verträge enthalten, konnten die Autonomen Gemeinschaften, wie gezeigt[568], gemäß Art. 149 Abs. 3 S. 1 CE entsprechende Bestimmungen nach ihrem Ermessen in ihre Autonomiestatute aufnehmen oder dieses eben auch unterlassen.[569] Die Autonomen Gemeinschaften haben dies in teils sehr uneinheitlicher Weise getan: So enthalten einige Autonomiestatute gar keine entsprechenden Bestimmungen, andere wiederum enthalten Regelungen, jedoch unterscheiden sich diese Regeln dann sowohl inhaltlich als auch terminologisch teils erheblich voneinander.

Im Schrifttum herrschte daher in den ersten Jahren nach dem Beitritt Spaniens zur EWG eine heftige Kontroverse bezüglich der Interpretation dieser unterschiedlichen Statutsregeln, welche durch die schon frühe und sodann regelmäßig wiederholte Stellungnahme des Verfassungsgerichts zu dieser Frage Mitte der 90er Jahre einer allgemeinen Akzeptanz dieser Rechtsprechung wich.

Angesichts eines, noch aufzuzeigenden, Wandels der verfassungsgerichtlichen Rechtsprechung sowie des 2005 begonnenen Reformprozesses vieler Autonomiestatute mit bedeutenden Neuerungen zum Verhältnis der entsprechenden Autonomen Gemeinschaften zur EU, ist jedoch nicht unwahrscheinlich, dass diese allgemeine Akzeptanz schwindet und die Kontroverse erneut Aktualität bekommt. Es ist daher erforderlich, zunächst einen Überblick über die unterschiedlichen Vollzugsregelungen der Autonomiestatute zu verschaffen, um anhand dessen die Ansichten im Schrifttum und die Rechtsprechung des Verfassungsgerichts hierzu nachvollziehen zu können.

567 Auf die Bedeutung dieser Normen im Zusammenhang mit der Haftung für Vollzugsdefizite ist im 5. Kapitel näher einzugehen.

568 Vgl. 3. Kapitel, D.

569 Art. 149 Abs. 3 S. 1 CE: *„Die dem Zentralstaat von dieser Verfassung nicht ausdrücklich zugeschriebenen Materien können kraft ihrer entsprechenden Statuten den Autonomen Gemeinschaften zustehen.“*

1. Die Autonomiestatute und die Kompetenz zum Vollzug des Rechts der EU

Bis zum Jahr 2005 ließen sich die Autonomiestatute hinsichtlich der Regelung der Vollzugszuständigkeit in Bezug auf die völkerrechtlichen Verträge und Abkommen in zwei Kategorien einteilen: Statute, die eine Vollzugskompetenz im Bereich der völkerrechtlichen Verträge überhaupt nicht enthielten und Statute, die eine derartige Kompetenz enthielten, wobei unter letzteren inhaltliche und terminologische Unterschiede bestanden und die übernommene Zuständigkeit sich überdies dem Wortlaut nach lediglich auf den Vollzug der völkerrechtlichen Verträge[570] und nicht etwa des Unionsrechts bezog.[571]

Im Rahmen des im Jahr 2005 begonnenen und bislang noch nicht abgeschlossenen Reformprozesses der Autonomiestatute[572] haben die sechs Autonomen Gemeinschaften Valencia, Katalonien, Balearen, Andalusien, Aragonien und Kastilien-León jeweils ein spezielles Kapitel in ihre Statute eingefügt, das ausdrücklich das Verhältnis der jeweiligen Autonomen Gemeinschaft zur EU betrifft.[573]

Nunmehr sind somit drei Gruppen von Autonomiestatuten zu unterscheiden: Autonomiestatute ohne jegliche Zuständigkeitsregeln für den Vollzug der völker- und unionsrechtlichen Verträge (a), solche mit Zuständigkeitsregeln für den Vollzug der „völkerrechtlichen Verträge" (b) und schließlich solche mit ausdrücklichen Kompetenzregeln für den Vollzug des Rechts der EU (c).

a) Autonomiestatute ohne Zuständigkeitsregeln für den Vollzug der „internationalen Verträge"

Im Kontrast zu den jüngst reformierten Autonomiestatuten stehen die Autonomiestatute der drei Autonomen Gemeinschaften Galizien, Kantabrien und La

570 In den Autonomiestatuten werden diese als „Acuerdos y convenios internacionales" bezeichnet.

571 Bei dieser Feststellung ist jedoch darauf hinzuweisen dass die Autonomiestatute, durch deren in Kraft treten der Konstituierungsprozess der Autonomen Gemeinschaften abgeschlossen wurde, alle vor 1986 in Kraft traten, mithin zu einem Zeitpunkt, zu welchem die Mitgliedschaft Spaniens in der damaligen EWG zwar als sicher feststand, aber noch nicht faktisch vollzogen war.

572 Siehe hierzu bereits in der Einleitung, A.

573 Eine Ausnahme stellt hier das am 28.1.2011 reformierte Autonomiestatut Extremaduras dar. Im Gegensatz zu allen anderen reformierten Autonomiestatuten enthält es kein eigenes EU-Kapitel. Vielmehr sind die entsprechenden Vorschriften über verschiedene Kapitel verstreut. Inhaltlich entsprechen die Vorschriften aber weitgehend denen der anderen reformierten Autonomiestatute. Näher zu den sog. „Europa- Klauseln" der reformierten Autonomiestatute unter B.II.1.c) u. 3.c).

Rioja, die bislang weder eine Zuständigkeit für den Vollzug des Völker- noch des Europarechts enthalten. Ehemals gehörte auch das Autonomiestatut Valencias zu dieser Gruppe, welches jedoch im Rahmen der Reform nunmehr ein eigenes Kapitel zum Verhältnis Valencias zur EU und innerhalb dieses Kapitels eine ausdrückliche Kompetenz zum Vollzug des Unionsrechts in Art. 61 Abs. 3 d) des Statuts normiert hat.

Ohne an dieser Stelle näher auf das Problem der Rechtsnatur der Autonomen Städte Ceuta und Melilla einzugehen[574] ist festzustellen, dass ihre Statute[575] die völkerrechtlichen Verträge in keiner einzigen Bestimmung erwähnen.

b) *Autonomiestatute mit Zuständigkeitsregeln für den Vollzug der „internationalen Verträge"*

Bis zum Inkrafttreten der jüngsten Reformen einiger Autonomiestatute enthielten insgesamt 13 Autonomiestatute eine Kompetenz zum Vollzug der „völkerrechtlichen Verträge und Abkommen"[576] (wohlgemerkt nicht des Rechts der EU) im Bereich ihres jeweiligen Kompetenzbereiches. Eine entsprechende Kompetenz enthielten die Autonomiestatute des Baskenlandes, Kataloniens, Andalusiens, Asturiens, Extremaduras, Murcias, Aragoniens, Kastilien-La Manchas, der Kanaren, Navarras, der Balearen, Madrids und Kastilien-Leóns. Da die Autonomen Gemeinschaften Katalonien, Balearen, Andalusien, Aragonien, Kastilien-León und Extremadura[577] in ihren reformierten Autonomiestatuten nunmehr ein eigenes Kapitel mit Regeln zum Verhältnis der jeweiligen Autonomen Gemeinschaft zur EU enthalten, werden diese als eine eigene Gruppe im Anschluss gesondert dargestellt. Mithin sind es aktuell sieben Autonomiestatute, die eine Kompetenz zum Vollzug der völkerrechtlichen Verträge, nicht jedoch des Unionsrechtsrechts, enthalten, nämlich Art. 20 Abs. 3 AS Baskenland[578],

574 Vgl. aber unter 3.Kap.C.II.2.c) und E.III.

575 Organgesetze 1/1995, v. 13.3.1995, de Estatuto de Autonomía de Ceuta und 2/1995, v. 13.3.1995, de Estatuto de Autonomía de Melilla.

576 Die Autonomiestatute sprechen von dem Vollzug der „Tratados y Convenios internacionales".

577 Wenn das reformierte Autonomiestatut von Extremadura auch kein eigenes EU-Kapitel enthält, so wurden doch zahlreiche Vorschriften in Bezug auf das Verhältnis Extremaduras zur EU und dem Unionsrecht eingefügt, die inhaltlich den Vorschriften entsprechen, die sich in den neuen EU-Kapiteln der anderen Autonomiestatute finden.

578 Art. 20.3 Baskenland: *„Das Baskenland vollzieht die Verträge und Abkommen in allen Bereichen, die seine statutsmäßig garantierten Kompetenzen berühren. Kein Vertrag oder Abkommen kann die übernommenen Kompetenzen des Baskenlandes berühren, ohne im Einklang mit dem Verfahren des Art. 152.2 der Verfassung zu stehen, außer nach dem in Art. 93 CE Bestimmten."*

Art. 12 Abs. 1 AS Asturien[579], Art. 12 Abs. 3 AS Murcia[580], Art. 34 AS Kastilien-La Mancha[581], Art. 38 Abs. 2 AS Kanarische Inseln[582], Art. 58 Abs. 2 AS Navarra[583] und Art. 32 Abs. 3 AS Madrid[584].

Die entsprechenden Regelungen weisen terminologisch jedoch keine Einheitlichkeit auf, sondern unterscheiden sich in ihrer Formulierung teilweise erheblich voneinander.[585] Gemeinsam ist den Bestimmungen lediglich, erstens, die grundsätzliche Konstituierung einer expliziten Kompetenz zum Vollzug der völkerrechtlichen Verträge „soweit diese ihre Kompetenzen berühren", sowie, zweitens, die Nichterwähnung der Europäischen Union. Darüber hinaus besteht jedoch keine Einheitlichkeit:

Die Autonomiestatute von Murcia und Madrid etwa enthalten als einzige Statute neben der Kompetenz zum Vollzug der völkerrechtlichen Verträge und Abkommen, die Kompetenz zum Vollzug der normativen Rechtsakte der internationalen Organisationen.[586] Die anderen fünf Autonomiestatute bestimmen demgegenüber lediglich die Kompetenz zum Vollzug der völkerrechtlichen Verträge und Abkommen.

---

579 Art. 12.1 Asturien: „*Der Vollzug der Gesetzgebung des Estado ist Aufgabe der Autonomen Gemeinschaft Asturien, in dem Maße, wie diese es festlegt, im Bereich der folgenden Materien:*
1. Vollzug, innerhalb seines Territoriums, der internationalen Verträge, in dem Maße, in dem diese eigenen Kompetenzbereiche Asturiens berühren."

580 Art. 12.3 Murcia: „*Es ist auch Aufgabe der Region Murcia, innerhalb ihres Territoriums, die internationalen Verträge und die Rechtsakte der internationalen Organisationen zu vollziehen, in dem Maße, in dem diese Bereiche ihrer Kompetenzen berühren.*"

581 Art. 34 Kastilien-La Mancha: "*Die Autonome Gemeinschaft vollzieht innerhalb ihres Territoriums die internationalen Verträge in dem Maße, in dem diese ihre eigenen Kompetenzen berühren.*"

582 Art. 38.2 Kanarische Inseln: "*Die Autonome Gemeinschaft ergreift die notwendigen Maßnahmen zum Vollzug der internationalen Verträge und Abkommen in dem Maße, in dem diese ihre statutsmäßg übernommenen Kompetenzen berühren.*"

583 Art. 58.2 Navarra: "*Ebenso ist es der Vollzug der internationalen Verträge und Abkommen innerhalb ihres Territoriums Aufgabe der Foralgemeinschaft in dem Maße, in dem diese eigenen Kompetenzen Navarras berühren.*"

584 Art. 32.3 Madrid: "*Die Gemeinschaft von Madrid ergreift innerhalb ihres Territoriums die notwendigen Maßnahmen für den Vollzug der internationalen Verträge und Abkommen und der normativen Rechtsakte der internationalen Organisationen, in dem Maße, in dem diese die eigenen Kompetenzen der Gemeinschaft von Madrid berühren.*"

585 *Moreno Molina*, La ejecución administrativa del Derecho comunitario, 1998, S. 142; *Pérez Tremps*, La participación europea y la acción exterior de las Comunidades Autónomas, S. 203.

586 Vgl. Art. 12.3 Autonomiestatut Murcias und Art. 32.3 Autonomiestatuts Madrids.

Im Falle Asturiens wurde die Kompetenz zum Vollzug der internationalen Verträge innerhalb der Vorschriften zum Vollzug der Gesetzgebung des Zentralstaates übernommen, weshalb es scheint als sei die Kompetenz zur normativen Vollziehung der völkerrechtlichen Verträge nicht übernommen worden.

Schließlich haben Navarra und Murcia die Kompetenz zum Vollzug der internationalen Verträge in demselben Artikel übernommen, in welchem sie ihre Verwaltungsbefugnisse regeln, weshalb fraglich ist, ob dies jegliche Legislativbefugnisse ausschließt.[587]

c) *Die reformierten Autonomiestatute und ihre „Europa-Klauseln"*

Im Gegensatz zu diesen uneinheitlichen Statutsregeln stehen die zwischen 2006 und 2011 reformierten neuen Autonomiestatute der Autonomen Gemeinschaften Valencia[588], Katalonien[589], der Balearen[590], Andalusien[591], Aragonien[592], Kastilien-León[593] und Extremadura[594].

Im Jahre 2005 begann die Mehrzahl der Autonomen Gemeinschaften mit der Erarbeitung von Entwürfen für die Reform ihrer Autonomiestatute. Ziele der Reform waren u.a. die „Europäisierung" und „Internationalisierung" der Autonomiestatute.[595] Diesem Prozess haben sich zwar nicht alle Autonomen Gemeinschaften angeschlossen[596], jedoch die Mehrzahl. Die Entwürfe für ein neues Au-

587 So etwa *Pérez Tremps*, La participación europea y la acción exterior de las Comunidades Autónomas, S. 203.

588 Organgesetz 1/2006, v. 10.4.2006, de Reforma de Ley Orgánica 5/1982, v. 1.7.1982, de Estatuto de Autonomía de la Comunidad Valenciana; BOE Nr. 86, v. 11.4.2006, S. 13934 ff.

589 Organgesetz 6/2006, v. 19.7.2006, de reforma del Estatuto de Autonomía de Cataluña; BOE Nr. 172, v. 20.7.2006, S. 26269ff.

590 Organgesetz 1/2007, v. 28.2.2007, de reforma del Estatuto de Autonomía de las Illes Baleares; BOE Nr. 52, v. 1.3.2007, S. 9803 ff.

591 Organgesetz 2/2007, v. 19.3.2007, de reforma del Estatuto de Autonomía para Andalucía; BOE Nr. 68, v. 20.3.2007, S. 11871ff.

592 Organgesetz 5/2007, v. 20.4.2007, de reforma del Estatuto de Autonomía de Aragón; BOE Nr. 97, v. 23.4.2007, S. 17822 ff.

593 Organgesetz 14/2007, v. 30.11.2007, de reforma del Estatuto de Autonomía de Castilla y León; BOE Nr. 288, v. 1.12.2007, S. 49486 ff.

594 Organgesetz 1/2011, v. 28.1.2011, de reforma del Estatuto de Autonomía de la Comunidad Autónoma de Extremadura; BOE Nr. 25, v. 29.1.2011, S. 9466 ff.

595 Vgl. *Ordóñez Solís*, Noticias de la Unión Europea 2009, 5 (8).

596 So liegen keine Intentionen einer Reform ihrer Autonomiestatute der Autonomen Gemeinschaften Galizien, Kantabrien, Navarra, La Rioja, Madrid und Murcia vor.

tonomiestatut für das Baskenland[597] sowie für Kastilien-La Mancha und die Kanarischen Inseln scheiterten allerdings: Im Falle des Baskenlandes billigte das spanische Abgeordnetenhaus den entsprechenden Entwurf nicht[598], dasselbe geschah mit dem Entwurf für die Reform des kanarischen Autonomiestatuts und im Falle Kastilien-La Manchas beantragte deren Parlament selbst beim gesamtspanischen Parlament am 26.4.2010 die Rücknahme des Entwurfs.[599]

Gemeinsam ist allen reformierten Autonomiestatuten bzw. den noch nicht in Kraft getretenen oder gescheiterten Entwürfen, die Einfügung eines eigenen Kapitels in ihre Statute betreffend die Beziehungen der jeweiligen Autonomen Gemeinschaft zur EU.[600] Die „Europa-Klauseln“ der reformierten Autonomiestatute enthalten Regeln über die Beteiligung der entsprechenden Autonomen Gemeinschaft sowohl in der Phase der Entstehung der europäischen Rechtsakte als auch deren Vollziehung, was angesichts des völligen Nichterwähnens der EU

597 Der Entwurf eines neuen Autonomiestatuts des Baskenlandes (Propuesta de Estauto Político de la Comunidad de Esukadi) ist in Spanien bekannt unter dem Stichwort „Plan Ibarrexte“, benannt nach dem ehemaligen Präsidenten des Baskenlandes, Juan José Ibarrexte.

598 Die Autonome Gemeinschaft des Baskenlandes war die erste der Autonomen Gemeinschaften, die einen Entwurf eines reformierten Autonomiestatuts dem spanischen Abgeordnetenhaus (Congreso de los Diputados) vorlegte. Dieser nahm den Entwurf jedoch am 1.2.2005 nicht einmal zur Beratung an, sondern wies ihn mit eindeutiger Mehrheit der Abgeordneten zurück, weil der Vorschlag als absolut verfassungswidrig erachtet wurde. Der Entwurf sah insbesondere vor, die Souveränität des Baskenlandes festzulegen unter der ausdrücklichen Anerkennung des Rechts, sich von Spanien abspalten zu können. Die Beziehung des Baskenlandes zum spanischen Staat sollte auf einer „freien Assoziation“ gründen (Art. 1 des Entwurfs). Den baskischen Bürgern sollte der Rang einer Nationalität gewährt werden und die staatlichen Eingriffsbefugnisse nach Art. 155 CE und Art. 161, 2. Sp. CE sollten auf das Baskenland keine Anwendung finden. Vgl. näher: *Balaguer Callejón*, JöR 57 (2009), 601 (608 f.); *Medina Guerrero*, Spanien, in: *v. Bogdandy/Cruz Villalón/Huber* (Hrsg.), Hdb Ius Publicum Europaeum, § 11 Rn. 38 f., S. 650 f.

599 Online- Ausgabe von El Mundo, v. 26.4.2010: *http://www.elmundo.es/elmundo/2010/04/26/espana/1272268659.html.*

600 Vgl. Titel V (Art. 61) des AS Valencias; Titel V, Kapitel II (Art. 184- 192) des AS Kataloniens; Titel VII, Kapitel II (Art. 106- 113) des AS der Balearen; Titel IX, Kapitel III (Art. 230- 239) des AS Andalusiens; Titel VII, Kapitel III (Art. 92- 95) des AS Aragoniens und Titel IV, Kapitel II (Art. 61- 66) des AS Kastilien-Leóns. Eine Ausnahme stellt hier das zuletzt reformierte Autonomiestatut Extremaduras dar. Es enthält kein eigenes Kapitel, sondern die entsprechenden Vorschriften sind über verschiedene Vorschriften verstreut: Art. 12, 70, 80 g), 87 b) und 90 g) AS Extremadura. Inhaltlich entsprechen sie aber weitgehend den Europaklauseln der anderen reformierten Autonomiestatute.

in der spanischen Verfassung höchst beachtlich ist. Was den vorliegend relevanten Vollzug des Unionsrechts anbelangt[601], so regeln die reformierten Statue diesen in drei Aspekten: Zum einen enthalten sie eine allgemeine Bestimmung für die Zuständigkeit zum Vollzug des Unionsrechts, zum anderen enthalten sie spezielle Regeln betreffend die Verwaltung der europäischen Fonds.[602] Im Falle der reformierten Autonomiestatute von Katalonien und Andalusien sehen die Statute darüber hinaus eine „Gesetzgebungskompetenz zur Umsetzung europäischer Richtlinien vor, im Falle, dass diese die zentralstaatliche Grundlagengesetzgebung[603] ersetzt".

aa) Die Kompetenz zum Vollzug des Unionsrechts in den reformierten Autonomiestatuten

Alle reformierten Autonomiestatute enthalten eine ausdrückliche Kompetenzbestimmung für den Vollzug des Unionsrechts:

(1) So bestimmt Art. 113 AS Katalonien, dass die Entwicklung, die Anwendung und der Vollzug des Unionsrechts Kompetenz der Generalitat[604] sei, sofern der Bereich der Kompetenzen Kataloniens berührt werde, entsprechend dem in den Art. 184-192 AS Katalonien über das Verhältnis Kataloniens zur EU Bestimmten. Im Rahmen dieser zuletzt genannten Vorschriften, bestimmt Art. 189 Abs. 1 des AS Kataloniens:

„Die Generalitat wendet im Bereich ihrer Kompetenzen das Recht der EU an und vollzieht es. Die Existenz einer europäischen Regel verändert die innerstaatliche Kompetenzverteilung der Verfassung und dieses Autonomiestatuts nicht."

(2) In ähnlicher Weise bestimmt Art. 235 Abs. 1 AS Andalusiens:

„1. Die Junta[605] von Andalusien entwickelt und vollzieht das Recht der Europäischen Union in den Bereichen ihrer Kompetenzen, im Einklang mit dem von einem Gesetz des andalusischen Parlaments Bestimmten."

---

601 Für einen umfassenden Überblick über den gesamten Inhalt der Reformen vgl. *Balaguer Callejón*, JöR 57 (2009), 601 ff.; *Ordóñez Solís*, REAF 2007, 69 ff.

602 Auf die Regeln betreffend die europäischen Fonds wird gesondert unter D. eingegangen.

603 Vg. 3.Kap.D.II.2.c) und III.2.

604 Mit "Generalitat" wird in Katalonien die Gesamtheit der politischen Institutionen aus Parlament, Präsident und Regierung bezeichnet. Dieser Begriff durchzieht das gesamte Autonomiestatut Kataloniens, weshalb er hier wörtlich wiedergegeben wird.

605 Als "Junta" wird in Andalusien die andalusische Regierung bezeichnet.

(3) Nach Art. 109 AS Balearen gilt:

„Die Entwicklung und der Vollzug des Gemeinschaftsrechts sind Kompetenzen der Autonomen Gemeinschaft im Einklang mit ihren Zuständigkeiten. Im Falle, dass es unvermeidlich sein sollte, dass im Bereich ihrer ausschließlichen Kompetenzen die Umsetzung des Europarechts durch staatliche Normen vorgenommen wird, weil die europäische Norm einen Anwendungsbereich hat, der den der Autonomen Gemeinschaft übersteigt, ist diese vorher zu konsultieren im Einklang mit den innerstaatlichen Koordinationsmechanismen, die in einem staatlichen Gesetz vorgesehen sind."

(4) Art. 61 Abs. 3 d) AS Valencia bestimmt:

„Die Gemeinschaft Valencia, als Region der Europäischen Union und unbeschadet der Gesetzgebung des Zentralstaates, hat im Bereich ihrer Kompetenzen die ausschließliche Kompetenz zur Entwicklung und zum Vollzug der europäischen Normen und Vorschriften."

(5) Nach Art. 93 Abs. 2 AS Aragonien gilt:

„Die Autonome Gemeinschaft Aragonien entwickelt und vollzieht das Recht der Europäischen Union im Bereich ihrer Kompetenzen. Die Existenz einer europäischen Norm verändert die innerstaatliche Kompetenzverteilung der Verfassung und dieses Statuts nicht."

(6) Auch nach Art. 62 Abs. 3 AS Kastilien-León gilt:

„Die Autonome Gemeinschaft Kastilien-León entwickelt und vollzieht das Recht der Europäischen Union im Bereich ihrer Kompetenzen. Die Existenz einer europäischen Norm verändert die innerstaatliche Kompetenzverteilung der Verfassung und dieses Statuts nicht."

(7) Art. 12 Abs. 1 AS Extremadura erklärt:

„Die Autonome Gemeinschaft Extremadura ist im Bereich ihrer Kompetenzen zuständig für die Entwicklung und gegebenenfalls den Vollzug des Rechts der Europäischen Union."

Der gescheiterte Entwurf einer Reform des Autonomiestatuts des Baskenlandes[606] enthielt in Art. 65 Abs. 4 die Bestimmung, dass die baskischen Institutionen im Bereich ihrer Kompetenzen für die Umsetzung der europäischen Richtli-

606 Propuesta de reforma de Estatuto político de la Comunidad de Euskadi presentada por el Parlamento Vasco (Boletín Oficial de las Cortes Generales, VIII Legislatura, Serie B: Proposiciones de Ley, 21 de enero de 2005, Nr. 149-1).

nien zuständig seien.[607] Unter allen genannten Statutsnormen wäre diese die mit Abstand am weitesten gehende Regel gewesen.

Die reformierten Autonomiestatute bestimmen mithin einheitlich, dass die entsprechende Autonome Gemeinschaft im Bereich ihrer Kompetenzen auch für den Vollzug der unionsrechtlichen Normen zuständig sei.

bb) Die Ersetzung der zentralstaatlichen Kompetenz zur Grundlagengesetzgebung in den Autonomiestatuten Kataloniens und Andalusiens

Die Autonomiestatute Kataloniens und Andalusiens enthalten darüber hinaus eine weitere Bestimmung zum Vollzug des Unionsrechts: Nach Art. 189 Abs. 3 AS Katalonien[608] und Art. 235 Abs. 2 AS Andalusien[609] soll im Falle, dass die Europäische Union eine Richtlinie erlässt, die die Basisgesetzgebung[610] des Zentralstaates ersetzt, jeweils die Generalitat bzw. Junta für die Umsetzung in nationales Recht zuständig sein, ohne dass in diesen Fällen zunächst der zentralstaatliche Gesetzgeber aktiv wird.

Angesichts dieser unterschiedlichen Statutsregeln fragt es sich, welche Konsequenzen hieraus für den nationalen Vollzug des Unionsrechts folgen. Sind etwa nur diejenigen Autonomen Gemeinschaften zum Vollzug des Unionsrechts zuständig, die eine entsprechende Kompetenz hierzu übernommen haben, in dem Sinne, dass in den anderen Fällen der Zentralstaat anstelle der Autonomen Gemeinschaft zum Vollzug zuständig ist?

Bei der Untersuchung dieser Frage wurde in Schrifttum und Rechtsprechung methodisch allgemein so vorgegangen, dass nicht etwa jede Statutsnorm individuell untersucht wurde, sondern vielmehr betrachtet wurde, ob es sich insgesamt bei den Vorschriften um (neue) Kompetenzregeln handele, zusammen mit den gegebenenfalls notwendigen Folgeproblemen im Falle der Bejahung oder Verneinung dieser Frage.

---

607 Art. 65.4 des Entwurfs einer Reform des baskischen Autonomiestatuts: *„Corresponderá a las instituciones vascas la transposición de las directivas comunitarias en el ámbito de sus competencias."*

608 Art. 189 Abs. 3 AS Katalonien: *„Im Falle, dass die Europäische Union eine Gesetzgebung erlässt, die die Grundlagengesetzgebung des Zentralstaates ersetzt, kann die Generalitat die Entwicklungsgesetzgebung der europäischen Norm erlassen."*

609 Art. 235 Abs. 2 AS Andalusien: *„Im Falle, dass die Europäische Union eine Norm erlässt, die die Grundlagengesetzgebung des Zentralstaates ersetzt, kann die Junta die Entwicklungsgesetzgebung der europäischen Norm erlassen."*

610 Vgl. zur Basisgesetzgebung des Zentralstaates 3. Kap., D. II.2.c) und IV. 3.

2. Die Interpretationen der statuarischen „Kompetenz zum Vollzug der völkerrechtlichen Verträge“ im spanischen Schrifttum

Die Ansichten über die Interpretation der fraglichen Statutsbestimmungen gingen in den ersten Jahren nach dem Beitritt Spaniens zur EWG im Schrifttum sehr weit auseinander.[611] Die Diskussion kreiste um die Frage, ob der Zentralstaat gemäß Art. 149 Abs. 1 Nr. 3 CE die alleinige Zuständigkeit im Bereich der auswärtigen Beziehungen und folglich auch deren Vollziehung habe[612] und die fraglichen Statutsregeln ohne Bedeutung seien. Oder ob im Gegenteil die statuarischen Vorschriften eine eigene Kompetenz zum Vollzug der völkerrechtlichen Verträge darstellten. Bejahendenfalls war fraglich, ob dieses Recht nur den Autonomen Gemeinschaften vorbehalten war, die eine entsprechende Kompetenz übernommen hatten und in den anderen Fällen der Zentralstaat für die Autonomen Gemeinschaften zu handeln hätte oder ob alle Autonomen Gemeinschaften für den Vollzug zuständig seien. Fraglich war auch, ob die Kompetenz zum Vollzug der völkerrechtlichen Verträge mit der Kompetenz zum Vollzug der gemeinschaftsrechtlichen Verträge gleichgesetzt werden könne oder nicht.

Eine der zentralistischsten Ansichten vertrat Miguel Zaragoza[613], nach dem aus der Pflicht des Zentralstaates nach Art. 93 CE zur Erfüllung der Verträge, durch die Spanien Kompetenzen an eine supranationale Organisation abgetreten hat, dessen ausschließliche Zuständigkeit zur Anwendung und Vollziehung des Gemeinschaftsrechts folge. Die statuarischen Regeln seien unbeachtlich, da eine direkte Beziehung zwischen der Gemeinschaftsrechtsordnung und der Rechtsordnung der Autonomen Gemeinschaften nicht bestünde. Jedoch könne der Zentralstaat nach seinem Ermessen administrative Vollzugkompetenzen an die Autonomen Gemeinschaften delegieren.

Demgegenüber vertrat die extremste Gegenansicht[614] die Auffassung, dass die Autonomen Gemeinschaften zum Vollzug des Gemeinschaftsrechts zuständig seien und zwar in dem Maße, in dem diese eine entsprechende Kompetenz in ihren Statuten übernommen haben. Angesichts der Notwendigkeit einer homogenen Beteiligung aller Autonomen Gemeinschaften, sollte nach dieser Ansicht

611 *Ordóñez Solís*, La ejecución del Derecho comunitario europeo en España, S. 172.

612 Vgl. unter B.I.

613 *Zaragoza*, Las competencias “internacionales” de las Comunidades Autónomas, in: *Abellán Honrubia* (Koord.), La integración de España en las Comunidades Europeas y las competencias de las Comunidades Autónomas: Coloquio Barcelona, S. 378 f.

614 *Garzón Clariana/Albiol Biosca/Piñol Rull/Vilá Costa*, La ejecución del Derecho comunitario en España y las competencias de las Comunidades Autonomas, in: La aplicación del Derecho de la Comunidad Europea por los organismos subestatales, Institut d’Estudis Autonòmics (Hrsg.), 1986, S. 193 ff.; *Mangas Martín*, Derecho comunitario europeo y Derecho español, S. 223 ff.

denjenigen Autonomen Gemeinschaften, die eine entsprechende Kompetenz nicht in ihren Statuten übernommen haben, diese Kompetenz „übertragen“ werden.[615]

Die anderen Ansichten im Schrifttum lagen zwischen diesen zwei Extremen: *Tornos i Mas*[616] etwa vertrat die Ansicht, die Kompetenz zum Vollzug der völkerrechtlichen Verträge dürfte nicht gleichgesetzt werden mit derjenigen für den Vollzug des Gemeinschaftsrechts, da das Gemeinschaftsrecht aufgrund seiner besonderen Rechtsnatur Teil der innerstaatlichen Rechtsordnung sei. Mithin enthielten die Autonomiestatute mit einer entsprechenden Kompetenz zum Vollzug völkerrechtlicher Verträge keinen Aussagegehalt für die Zuständigkeit zum Vollzug des Gemeinschaftsrechts, welche sich nach der innerstaatlichen Kompetenzverteilung bestimme.

Nach einer weiteren Ansicht[617] sei die Homogenität der Handlungen zum Vollzug des Gemeinschaftsrechts entscheidend, weshalb für die Zuständigkeitsverteilung die jeweils betroffenen Interessen von Zentralstaat und Autonomen Gemeinschaften maßgeblich sei, ungeachtet der fraglichen Statutsvorschriften. Grundsätzlichen seien alle Autonomen Gemeinschaften zum Vollzug des Gemeinschaftsrechts zuständig, sofern sie nach der innerstaatlichen Kompetenzverteilung zum Vollzug der entsprechenden Materie zuständig seien.

Auch nach *Pérez Tremps*[618] können und müssen im Ergebnis alle Autonomen Gemeinschaften das Gemeinschaftsrecht vollziehen, wobei seiner Meinung nach die entsprechenden Statutsregeln lediglich politischen Charakters und daher nutzlos seien.

Nach den ersten Urteilen des Verfassungsgerichts zu dieser Frage, beruhigte sich die Diskussion allmählich und das Schrifttum akzeptierte allgemein die Rechtsprechung des Verfassungsgerichts.[619] Jedoch haben die Diskussionen um die Reform der Autonomiestatute jüngst wieder Aktualität in diese Frage gebracht.[620] Im Schrifttum herrscht diesbezüglich Einigkeit darin, dass die allge-

---

615 Galizien, das eine entsprechende Kompetenz wie gezeigt in seinem Statut nicht übernommen hatte, brachte 1983 erfolglos einen Gesetzesentwurf des galizischen Parlaments bei den Cortes Generales ein, in welchem es die die Kompetenz zum Vollzug der völkerrechtlichen Verträge und Abkommen auf sich übertragen versuchte, soweit durch diese Kompetenzen Galiziens berührt würden.

616 *Tornos i Mas*, Algunos problemas competenciales en la ejecución interns de directivas comunitarias, Autonomies 1991, 31 (35).

617 Vgl. etwa *Rodriguez Iglesias*, Problemas jurídicos de la adhesión de España a la Comunidad Europea, in: Curso de Derecho Internacioal de Vitoria 1984, 191 (233).

618 *Pérez Tremps*, Comunidades Autónomas, Estado y Comunidad Europea, S. 84.

619 Vgl. *Pascua Mateo*, REDE 2002, 649 (674 f.).

620 *Gómez Puente*, REAF 2006, 154.

meinen Regeln der reformierten Autonomiestatute bezüglich des Vollzugs des Unionsrechts lediglich die geltende Rechtsprechung des Verfassungsgerichts zum Vollzug des Unionsrechts festschreiben.[621]

3. Die Rechtsprechung des Verfassungsgerichts über die Zuständigkeit für den Vollzug des Unionsrechts

Schon bald nach dem Beitritt Spaniens zur EWG hatte das Verfassungsgericht zu der Zuständigkeitsverteilung zwischen dem Zentralstaat und den Autonomen Gemeinschaften für den Vollzug des Unionsrechts erstmals Stellung zu beziehen und sich zu dem Geflecht unterschiedlicher Statutsregeln zu erklären.[622] Innerhalb der Urteile des Verfassungsgerichts mit einem Bezug zum Unionsrecht bzw. ehemals Gemeinschaftsrecht macht das Problem der Zuständigkeitsverteilung zwischen dem Zentralstaat und den Autonomen Gemeinschaften für den Vollzug des Unionsrechts in quantitativer Hinsicht den größten Teil der Urteile aus.[623]

a) Der Grundsatz der Unveränderlichkeit der nationalen Kompetenzordnung durch das Recht der EU und weitere Grundsätze des Verfassungsgerichts zum nationalen Vollzug des Unionsrechts

In dem Urteil 252/1988[624] v. 20.12.1988 formulierte das Verfassungsgericht erstmals die diese Frage flankierenden Grundsätze. Anlässlich eines Kompetenzkonfliktes zwischen der katalonischen Regierung und der Regierung des Zentralstaates im Bereich der tierärztlichen Kontrollen für Frischfleisch war streitig, welche Behörde hierfür zuständig sein sollte. Die fraglichen zentralstaatlichen Vorschriften waren im Zusammenhang mit der Umsetzung zweier europäischer Richtlinien[625] erlassen worden, welche ausdrücklich bestimmten, dass die Kontrollen von der „zuständigen Zentralbehörde des Mitgliedstaates"

---

621 Vgl. *Cienfuegos Mateo*, REAF 2007, 39 (86); *Ordóñez Solís*, RAAP Nr. 77, 2010, 131 (163).

622 *Montilla Matos*, La aplicación del Derecho europeo por las Comunidades Autónomas, in: *Balaguer Callejón*, Reformas estatuarias y distribución de competencias, 2007, S. 64.

623 *Díez Picazo*, RDP 1998, 307 (313).

624 *STC* 252/1988, v. 20.12.1988.

625 RL 64/433/EWG des Rates, v. 26.6.1996, zur Regelung gesundheitlicher Fragen beim innergemeinschaftlichen Handelsverkehr mit frischem Fleisch und RL 71/118/EWG des Rates, v. 15.2.1971, zur Regelung gesundheitlicher Fragen bei der Gewinnung und dem Inverkehrbringen von frischem Geflügelfleisch. Beide RLen wurden mittlerweile aufgehoben.

vorzunehmen sei, womit der Zentralstaat u.a. seine Zuständigkeit rechtfertigte. Katalonien hingegen führte seine Zuständigkeit u.a. auf Art. 27 Abs. 3 AS Katalonien aF zurück, wonach Katalonien im Bereich seiner Kompetenzen zum Vollzug der völkerrechtlichen Verträge zuständig war. Das Verfassungsgericht erklärte zunächst, dass die entsprechenden gemeinschaftsrechtlichen Normen lediglich bestimmten, dass die Behörde des Zentralstaates für die effektive Erfüllung der Gemeinschaftsbestimmungen verantwortlich sei, jedoch ohne vorzuschreiben, welches innerstaatlich die zuständige Behörde für die Vornahme der Kontrollen ist.[626] Sodann erklärte es, dass die Kompetenzkonflikte zwischen dem Zentralstaat und den Autonomen Gemeinschaften im Bereich des Vollzugs des europäischen Gemeinschaftsrechts anhand der innerstaatlichen Kompetenzverteilungsregeln zu entscheiden seien. Konkret heißt es in der betreffenden Passage des Urteils:

„(...) Folglich sind es die innerstaatlichen Regeln der Kompetenzverteilung, auf welchen in jedem Fall die Antwort auf die Kompetenzkonflikte zwischen dem Zentralstaat und den Autonomen Gemeinschaften gründen muss; diese können aus diesem Grund auch nicht die Erweiterung ihres jeweils eigenen Kompetenzbereichs mit einem etwaigen völkerrechtlichen Bezug der Rechtssache begründen. (...)“[627]

Im Gebiet der Autonomen Gemeinschaft Katalonien könne der Begriff der „Zentralbehörde“ i.S.d. genannten Richtlinie daher nur die „autonome Behörde“ meinen.[628]

Sodann ging das Verfassungsgericht auf die Bedeutung der Statutsklauseln über den Vollzug der völkerrechtlichen Verträge ein, zu denen es erklärte:

“Diejenigen Statutsnormen, die, wie Art. 27 Abs. 3 des Autonomiestatuts der Autonomen Gemeinschaft Kataloniens, vorsehen, dass die Autonome Gemeinschaft die notwendigen Maßnahmen für den Vollzug der völkerrechtlichen Verträge ergreift, soweit diese Materien berühren, die zum Kompetenzbereich der Autonomen Gemeinschaft gehören, sind offensichtlich keine Normen, die eine

---

626 *STC* 252/1988, v. 20. 12.1988, FJ 2.2.

627 *STC* 252/1988, v. 20.12.1988, FJ 2.3: *“Son, en consecuencia las reglas internas de delimitación competencial las que en todo caso han de fundamentar la respuesta a los conflictos de competencia planteados entre el Estado y las Comunidades Autónomas, las cuales, por esta misma razón tampoco podrán considerar ampliado su propio ámbito competencial en virtud de una conxión internacional.”*

628 Vgl. *STC*, 252/1988, a.a.O.

neue und andere Kompetenz begründen, als die, über welche die Autonome Gemeinschaft bereits Kraft anderer Vorschriften verfügt.“[629]

Nach Ansicht des Verfassungsgerichts stellen die entsprechenden Statutsbestimmungen also keine Kompetenzregeln dar. Vielmehr sei der Vollzug der völkerrechtlichen Verträge eine Verfassungsverpflichtung, die aus den von den Autonomen Gemeinschaften in ihren Statuten übernommen Kompetenzen folge. Diesen Gedanken hatte das Verfassungsgericht bereits vor dem Beitritt Spaniens zur EWG in der weiter oben erwähnten Entscheidung 58/1982[630] entwickelt, in welcher es in Bezug auf Art. 27 Abs. 3 des katalonischen Autonomiestatuts erklärt hatte, dass der Vollzug der völkerrechtlichen Verträge und Abkommen eine Pflicht und keine Kompetenz sei.[631] Das Verfassungsgericht vermied es auf diese Weise zu der Reichweite der unterschiedlichen Statutsbestimmungen Stellung beziehen zu müssen, was wahrscheinlich zu einem höchst komplexen System des Vollzugs der Verträge geführt haben würde, nach welchem einige Autonome Gemeinschaften diese nicht hätten vollziehen dürfen, andere lediglich administrative Vollzugskompetenzen und wieder andere hingegen sogar normative Vollzugskompetenzen gehabt hätten.[632]

Das Verfassungsgericht hat seine in dem Urteil 252/1988 aufgestellten Grundsätze seither in zahlreichen Entscheidungen gefestigt und konkretisiert.[633] Folgende Grundsätze wiederholt das Verfassungsgericht regelmäßig im Zusammenhang mit der Zuständigkeitsverteilung zwischen dem Zentralstaat und den Autonomen Gemeinschaften für den Vollzug des Unionsrechts:

---

629 *STC* 252/1988, v. 20.12.1988, FJ 2.3 *”Las normas estatutarias que, como la recogida en el art. 27.3 del Estatuto de Autonomía de Cataluña, prevén que la Comunidad Autónoma adoptará las medidas necesarias para la ejecución de los Tratados internacionales en lo que afecten a materias atribuidas a su competencia, no son, como resulta evidente, normas atributivas de una competencia nueva, distinta de la que en virtud de otros preceptos ya ostenta la Generalidad.”*

630 Vgl. 3.Kap.C. in Bezug auf eine Definition der Autonomen Gemeinschaften.

631 *STC* 58/1982, v. 27.7.1982, FJ 4: *„(...)* ***ejercicio de obligacion, que no competencia,*** *que impone a la Generalidad el art. 27.3 de su Estatuto de adoptar “las medidas necesarias para la ejecución de los Tratados y Convenios internacionales en lo que afecten a materias atribuidas a sus competencias.“*

632 *Pérez Tremps* (Hrsg.), La participación europea y la acción exterior de las Comunidades Autónomas, S. 204.

633 *SSTC* 252/1988, v. 20.12.1988, FJ 2; 64/1991, v. 22.5.1991, FJ 4; 76/1991, v. 11.4.1991, FJ 3; 116/1991, v. 23.5.1991, FJ 1; 236/1991, v. 12.12.1991, FJ 9; 79/1992, v. 28.5.1992, FJ 1; 117/1992, v. 16.9.1992, FJ 2; 80/1993, v. 8.5.1993, FJ 3; 141/1993, v. 22.4.1993, FJ 2; 112/1995, v. 6.7.1995, FJ 4; 146/1996, v. 19.9.1996, FJ 2; 148/1998, v. 2.7.1998, FJ 8 und 21/1999, v. 25.2.1999, FJ 1.

(1) Weder die Verfassung noch die Autonomiestatute sehen eine spezifische Kompetenz für den Vollzug des Gemeinschaftsrechts vor.[634]

(2) Daher ist hierfür die innerstaatliche Kompetenzverteilung zwischen dem Zentralstaat und den Autonomen Gemeinschaften gemäß der Verfassung und der Autonomiestatute maßgeblich, welche weder durch den Beitritt Spaniens zur EWG noch durch die Verkündung von Vorschriften des Gemeinschaftsrechts verändert wurde.[635]

(3) Die Bestimmung der jeweils zuständigen Stelle, sowohl für den normativen als auch für den administrativen Vollzug des Unionsrechts muss von Fall zu Fall geklärt werden, anhand der Verfassungs- und Statutskriterien über die Kompetenzverteilung zwischen dem Zentralstaat und den Autonomen Gemeinschaften.[636]

(4) Die Auslegung der Kompetenzordnung muss dabei im Einklang mit der Verfassung und den Autonomiestatuten stehen, woraus bei einer systematischen Verfassungsauslegung und deren Vorrang vor den Autonomiestatuten die Notwendigkeit der Kooperation zwischen dem Zentralstaat und den Autonomen Gemeinschaften (auch) im Bereich des Vollzugs des Gemeinschaftsrechts folgt.[637]

Das Verfassungsgericht weist im Kontext seiner Grundsätze über die Zuständigkeitsverteilung für den Vollzug der unionsrechtlichen Normen regelmäßig auf die Notwendigkeit hin, der Zentralregierung die unerlässlichen Instrumente zu liefern, damit diese ihrer aus Art. 93 CE folgenden Pflicht zur Erfüllung der völker- und gemeinschaftsrechtlichen Verträge nachkommen kann.[638]

Daher sei eine systematische Auslegung all dieser Vorschriften unentbehrlich, insbesondere in Materien der zwischen Zentralstaat und Autonomen Gemeinschaften geteilten oder konkurrierenden Kompetenzen, welche ausschließlich gemäß den Verfassungs- und Statutsvorschriften der Kompetenzverteilung

634 *SSTC* 115/1991, v. 23.5.1991 FJ 1; 236/1993, v. 12.12.1993, FJ 9; 79/1992, v. 28.5.1992, FJ 1; 141/1993, v. 22.4.1993, FJ 2; 117/1992, v. 16.9.1992, FJ 2; 80/1993, v. 8.3.1993, FJ 3; 96/2002, v. 25.4.2002, FJ 10; 33/2005, v. 17.2.2005, FJ 3.

635 *SSTC* 252/1988, v. 20.12.1988, FJ 2; 64/1991, v. 22.5.1991, FJ 4; 76/1991, v. 11.4.1991, FJ 3; 115/1991, v. 23.5.1991, FJ 1; 236/1991, v. 12.12.1991, FJ 8; 79/1992, v. 28.5.1992, FJ 1; 117/1992, v. 16.9.1992, FJ 2; 80/1993, v. 8.3.1993, FJ 3; 141/1993, v. 22.4.1993, FJ 2; 112/1995, v. 6.7.1995, FJ 4; 146/1996, v. 19.9.1996, FJ 2; 148/1998, v. 2.7.1998, FJ 8; 21/1999, v. 25.2.1999, FJ 1 u. 96/2002, v. 25.4.2002, FJ 10.

636 STC 236/1991, v. 12.12.1991, FJ 9.

637 *SSTC* 252/1988, v. 20.12.1988, FJ 2; 76/1991, v. 11.4.1991, FJ 5; 115/1991, v. 23.5.1991, FJ 4.

638 *STC* 252/1988, v. 20.12.1988.

zu lösen seien.[639] Dies unbeschadet der Tatsache, dass es Aufgabe des Zentralstaates sei, die Koordinations- und Kooperationssysteme zu schaffen, um Unregelmäßigkeiten oder Mängel bei der Erfüllung des Gemeinschaftsrechts zu verhindern.[640]

Das Verfassungsgericht verwies in verschiedenen Urteilen, denen Kompetenzstreitigkeiten zwischen dem Zentralstaat und den Autonomen Gemeinschaften über die Auslegung der innerstaatlichen Kompetenzordnung zu Grunde lagen, auf die Akzeptanz dieser Grundsätze sowohl auf Seiten des Zentralstaates als auch auf Seiten der Autonomen Gemeinschaften.[641]

b) Der Wandel der verfassungsgerichtlichen Rechtsprechung über die Einwirkungen des Unionsrechts auf die nationale Rechtsordnung

Kennzeichnete die Verfassungsrechtsprechung in den ersten Jahren das Bemühen, den Einfluss der Gemeinschaftsrechtsordnung auf die nationale Rechtsordnung möglichst gering zu halten[642], so erklärte es ab Mitte der 90er Jahre gleichsam – unter Beibehaltung dieser Ansicht -, dass die Auslegung der nationalen Rechtsordnung im Lichte des Gemeinschaftsrechts zu erfolgen habe: In dem Urteil 102/1995 stellte es erstmals fest, dass die Auslegung des Kompetenzverteilungssystems zwischen Zentralstaat und Autonomen Gemeinschaften im Bereich des Gemeinschaftsrechts „nicht im Leeren" geschehe.[643] In dem Urteil 33/2005 führte es hierzu näher aus, dass unbeschadet dessen, dass die Auslegung der Kompetenzordnung im Bereich des innerstaatlichen Vollzugs der europäischen Vorschriften ausschließlich nach den Regeln des nationalen Rechts

---

639 *STC* 79/1992, v. 28.5.1992, FJ 1 u. 2.

640 *SSTC* 148/1998, v. 2.7.1998, FJ 8 u. 96/2002, v. 25.4.2002, FJ 10. Siehe hierzu ausführlich 5.Kap.A.

641 *SSTC* 76/1991, v. 11.4.1991, FJ 3: *„(...) die beteiligten Parteien sind sich einig darin, dass sowohl der Zentralstaat als auch die Autonomen Gemeinschaften die Verpflichtungen zu erfüllen haben, die als Mitglied der Europäischen Gemeinschaft obliegen, die interne Kompetenzordnung beachtend (...).“* Und 115/1991, v. 23.5.1991, FJ 3: *„(...) Beide Parteien akzeptieren, dass diese Übertragung der Gemeinschaftsnormen auf das innerstaatliche Recht, den Verfassungs- und Statutsregeln über die Kompetenzverteilung zwischen dem Zentralstaat und den Autonomen Gemeinschaften zu folgen haben (...).“*

642 Siehe B.II.3.a): *"Die nationale Kompetenzordnung wurde weder durch den Beitritt Spaniens zur EWG noch durch die Verkündung gemeinschaftsrechtlicher Normen verändert.“*

643 *STC* 102/1995, v. 26.6.1995, FJ 5 : *« (...) no cabe ignorar que la propia interpretación del sistema de distribución competencial entre el Eestado y las omunidades Autónomas tampoco se produce en el vacío (...).”*

erfolge, das Gemeinschaftsrecht hierbei als ein Auslegungsmittel zur Umrahmung der fraglichen Materien dienen könne.[644] Angesichts dessen, dass die Interpretation der nationalen Kompetenzordnung nicht im Leeren geschehe, könne es unter Umständen nicht nur nützlich, sondern auch zwingend sein zu beachten, wie eine nationale Institution sich durch den Einfluss des Gemeinschaftsrechts gewandelt habe, um das innerstaatliche Kompetenzsystem richtig anzuwenden, insbesondere dann, wenn es in der fraglichen Angelegenheit bisher noch keine Präzedenzfälle gegeben habe.[645] Durch diese Rechtsprechung modifizierte das Verfassungsgericht den Grundsatz, dass die nationale Kompetenzordnung durch den Beitritt zur EWG und die europäischen Vorschriften nicht verändert werde, obgleich es diesen Grundsatz weiterhin regelmäßig wiederholt. Angesichts dieser Entwicklung wurde jedoch die Frage gestellt, was von diesem Grundsatz eigentlich noch übrig geblieben sei.[646] Tatsächlich scheint das Verfassungsgericht zwei scheinbar gegensätzlichen Zielen gerecht werden zu wollen: Einerseits der Kontinuität der nationalen Kompetenzordnung und andererseits der europäischen Integrationspflicht und der daraus folgenden Integration der nationalen in die europäische Rechtsordnung.

c) Die Rechtsprechung des Verfassungsgerichts zu den „Europa-Klauseln" der reformierten Autonomiestatute

Da die ersten reformierten Autonomiestatute erst kürzlich, nämlich zwischen 2006 und 2007, in Kraft traten, gibt es noch keine umfangreiche Rechtsprechung des Verfassungsgerichts zu ihnen. Das Verfassungsgericht hat sich bislang in zwei Urteilen[647] mit der Verfassungsmäßigkeit verschiedener Normen der als erstes reformierten Autonomiestatute Valencias und Kataloniens auseinandergesetzt. Dabei hat es dies in beiden Urteilen in sehr grundsätzlicher und ausführlicher Weise getan. Denn es wird erwartet, dass die anderen Autonomen Gemeinschaften sich an diesen zwei Statuten und der entsprechenden Rechtsprechung des Verfassungsgerichts orientieren werden.[648] Das erste der beiden Urteile des Verfassungsgerichts betraf die Verfassungsmäßigkeit verschiedener Vorschrif-

---

644 *STC* 33/2005, v. 17.2.2005, FJ 3.

645 *STC* 33/2005, v. 17.2.2005, FJ 4.

646 So etwa *Bustos Gisbert*, RVAP 2003, 163 (179).

647 *STC* 247/2007, v. 12.12.2007, BOE Nr. 13 Suplemento, v. 15.1.2008, S. 3 ff., gegen Vorschriften des reformierten Autonomiestatuts der Autonomen Gemeinschaft Valencia und *STC* 31/2010, v. 28.6.2010, BOE Nr. 172, v. 16.7.2010, Sec.TC, S. 1 ff., gegen zahlreiche Vorschriften des reformierten Autonomiestatuts der Autonome Gemeinschaft Katalonien.

648 *Cienfuegos Mateo*, REAF 2007, 39 (84).

ten des valenzianischen Autonomiestatuts.[649] In diesem Urteil nahm das Verfassungsgericht in ausführlicher und grundsätzlicher Weise Stellung zu wesentlichen Fragen des Verhältnisses zwischen dem Zentralstaat und den Autonomen Gemeinschaften. Es ging jedoch nicht auf die vorliegend fraglichen Vorschriften zum Verhältnis Valencias zur EU und speziell die Regeln über den Vollzug des Unionsrechts ein. Auf diese Frage (wie auf viele weitere) ging das Verfassungsgericht erstmals in der Entscheidung 31/2010 vom 28.6.2010 betreffend die Verfassungsmäßigkeit zahlreicher Vorschriften des reformierten Autonomiestatuts Kataloniens ein. Das Urteil war vier Jahre lang beim Verfassungsgericht anhängig und wurde von Lehre und Politik mit Spannung erwartet, da das katalonische Autonomiestatut unter allen bereits reformierten Autonomiestatuten dasjenige Statut mit den am weitestgehenden Modifikationen der bestehenden Kompetenzordnung durch Stärkung der katalonischen Kompetenzen ist. Zu erwarten ist, dass sich die anderen Autonomen Gemeinschaften künftig an ihm sowie der entsprechenden Rechtsprechung des Verfassungsgerichts orientieren werden. Wie gezeigt sind die Autonomiestatute wesentlicher Bestandteil der nationalen Kompetenzordnung, weshalb ihre Modifizierung Auswirkungen auf das Verhältnis zwischen dem Zentralstaat und den Autonomen Gemeinschaften hat.[650] Dementsprechend bedeutsam ist die Reform der Autonomiestatute. Die Bedeutung des Urteils des Verfassungsgerichts vom 28.6.2010 tritt, über seinen Inhalt hinaus, an zwei Aspekten zutage: Zum einen am Umfang des Urteils von beachtlichen 881 Seiten sowie zum anderen an der unmittelbaren Resonanz auf das Urteil. Als Reaktion auf das Urteil kamen in Barcelona, der Hautstadt Kataloniens, am 10.7.2010 1,5 Mio. Menschen zusammen, um auf den Straßen Barcelonas gemeinsam gegen die Entscheidung des Verfassungsgerichts zu protestieren und die Rechtmäßigkeit des reformierten Autonomiestatuts zu bekunden.[651] Eine ähnliche Bekundung des Nationalgefühls Kataloniens hatte es zuletzt bei der Massendemonstration am 11.8.1977 nach Ende der Franco Diktatur gege-

649 *STC*, 247/2007, v. 12.12.2007.

650 *Tudela Aranda* weist daher in diesem Zusammenhang darauf hin, dass es sich nicht eigentlich um einen Reformprozess der Autonomiestatute, sondern um eine Änderung des bisher bestehenden Territorialmodells handele, *Tudela Aranda*, Föderalismus als Notwendigkeit nach der Reform der Autonomiestatute, in: *Tudela Aranda/Kölling* (Hrsg.), Die Reform des Deutschen Bundesstaates und die Reform des Spanischen Autonomiestaates, S. 250 f.

651 Vgl. z.B. den Artikel auf dem online- Portal der Zeitung „El Mundo“ v. 10.7.2010, „Masiva Manifestación en Barcelona en apoyo al Estatut y contra el Constitucional“, http://www.elmundo.es/elmundo/2010/07/10/barcelona/1278761492.html

ben, bei welcher 1,5 Mio. Katalanen ihr Recht auf Selbstbestimmung, auf eigene Sprache, Kultur und Nation gefordert hatten.[652]

Trotz des Grundsatzcharakters dieses Urteils soll an dieser Stelle lediglich auf die Passagen des Urteils eingegangen werden, die den Vollzug des Unionsrechts durch die Autonome Gemeinschaft Katalonien betreffen. Das Verfassungsgericht nahm in dieser Entscheidung erstmals Stellung zu den Regeln über das Verhältnis Kataloniens zur EU. An dieser Stelle interessieren dabei insbesondere die Ausführungen des Gerichts zu Art. 189 AS Katalonien, der, wie gezeigt[653], den Vollzug des Unionsrechts durch die Generalitat Kataloniens betrifft. Im 123. Entscheidungsgrund des Urteils[654] geht das Verfassungsgericht auf die Verfassungsmäßigkeit des Art. 189 AS Katalonien ein.

Wie gezeigt erklärt Art. 189 Abs. 1 AS Katalonien, dass Katalonien im Bereich seiner Kompetenzen für den Vollzug des Unionsrechts zuständig ist. Das Verfassungsgericht verweist in diesem Zusammenhang auf seine ständige Rechtsprechung, nach welcher kein Grund dagegen spreche, dass Katalonien im Bereich seiner Kompetenzen auch für den Vollzug des Unionsrechts zuständig sei und Art. 189 Abs. 1 AS Katalonien mithin die ständige Rechtsprechung des Verfassungsgericht feststelle.[655]

In Bezug auf Art. 189 Abs. 3 AS Katalonien, der das Recht der Generalitat betrifft, unter bestimmten Umständen die zentralstaatliche Befugnis zur Grundlagengesetzgebung zu ersetzen[656], erklärt das Verfassungsgericht das Folgende:

Hinsichtlich der in Art. 189 Abs. 3 AS Katalonien vorgesehenen Möglichkeit, dass, im Falle, dass eine Vorschrift der EU die Grundlagengesetzgebung des Zentralstaates ersetzt, die Generalitat unmittelbar Maßnahmen zum Vollzug der unionsrechtlichen Vorschrift ergreifen kann, ohne dass es eines vorherigen Grundlagengesetzes des Zentralstaates bedürfe, verweist das Verfassungsgericht zunächst auf seine ständige Rechtsprechung, wonach kein Grund dagegen spreche, dass die Autonomen Gemeinschaften im Bereich ihrer Kompetenzen das Recht der EU vollzögen[657], so wie dies auch von Art. 189 Abs. 1 AS Katalonien in allgemeiner Weise festgestellt werde. Prinzipiell spreche folglich auch nichts dagegen, dass die Autonomen Gemeinschaften, wenn dies notwendig sei, ein Entwicklungsgesetz („legislación de desarrollo") für Vorschriften des Unionsrechts erlassen, durch welche die Grundlagengesetzgebung des Zentralstaates in

---

652 Vgl. *Bernecker*, Spanien Hdb, S. 151.

653 Siehe zu Art. 189 KA B.II.1.c).

654 *STC* 31/2010, v. 28.6.2010, FJ 123.

655 *STC* 31/2010, v. 28.6.2010, FJ 123.

656 Oben B.II.1.c)bb).

657 *STC* 31/2010, v. 28.6.2010, FJ 123, mit dem Verweis auf *STC* 148/1998, v. 2.7.1998, FJ 4.

einer Materie ersetzt worden sei. Gleichwohl beinhalte eine verfassungskonforme Auslegung des Art. 189 Abs. 3 AS Katalonien immer den Schutz der zentralstaatlichen Kompetenz zur Grundlagengesetzgebung im jeweiligen Fall, die durch die unionsrechtliche Norm weder verdrängt noch beseitigt werde, in dem Sinne, dass der Zentralstaat auch künftig, in Wahrnehmung seiner ihm verfassungsmäßig garantierten Kompetenzen, Grundsatznormen erlassen kann, da die Ersetzung von Grundlagen durch das Europarecht die verfassungsmäßige Kompetenz des Zentralstaates zur Bestimmung der Grundlagen nicht wesentlich verändere.[658]

Im Ergebnis stellt das Verfassungsgericht die Verfassungsmäßigkeit von Art. 189 AS Katalonien fest, unter Hinweis auf die Notwendigkeit einer verfassungskonformen Auslegung der Vorschrift.

4. Ergebnis

Folglich kann im Ergebnis festgestellt werden, dass für den Vollzug des Unionsrechts in Spanien sowohl der Zentralstaat als auch die Autonomen Gemeinschaften gemäß der innerstaatlichen Kompetenzverteilung zuständig sind, so wie sie sich aus der Verfassung und den Autonomiestatuten[659] ergibt, welche jedoch im Lichte der Einwirkungen des Unionsrechts auf diese neu ausgelegt werden muss. Weder begründet Art. 149 Abs. 1 Nr. 3 CE eine ausschließliche Zuständigkeit des Zentralstaates für den Vollzug des Unionsrechts, noch begründen die entsprechenden Vorschriften der Autonomiestatute eine neue Kompetenz, welche sich von derjenigen unterscheidet, über die die Autonomen Gemeinschaften Kraft der nationalen Kompetenzordnung bereits verfügen. Insgesamt kommt der Rechtsprechung des Verfassungsgerichts zu dieser Thematik große Bedeutung zu.[660] Die Statutsregeln der reformierten Autonomiestatute über den Vollzug des Unionsrechts verändern diese Rechtslage grundsätzlich nicht, sondern stellen vielmehr die geltende Rechtsprechung des Verfassungsgerichts auf eine norma-

658 *STC* 31/2010, v. 28.6.2010, FJ 123: *"(...) no existe razón alguna para objetar que la Comunidad Autónoma pueda adoptar, cuando lo sea necesario, legislación de desarrollo a partir de una legislación europea que sustitya a la normativa básica del Estado en una materia. Ahora bien, una concepción constitucionalmente adecuada dep precepto implica siempre la salvaguarda de la competencia básica del Estado en su caso concernida, que no resulta ni desplazada ni eliminada por la normativa europea, de modo que el Estado puede dictar futuras normas básicas en el ejercicio de una competencia constitucionalmente reservada, pues, la sustitución de unas bases del Derecho europeo no modifica constitutivamente la competencia constitucional de emanación de bases."*

659 Vgl. 3. Kapitel, D.

660 *Moreno Molinas*, La ejecución del Derecho comunitario, S. 147.

tive Grundlage. Abzuwarten bleibt jedoch die Entwicklung hinsichtlich derjenigen Bestimmungen, die die Ersetzung der zentralstaatlichen Grundlagengesetzgebung durch autonome Normen vorhersehen. In der Praxis dürfte es allerdings eher selten zu einer tatsächlichen Anwendung dieser Vorschriften kommen, da dies voraussetzte, dass einerseits ein zentralstaatliches Grundlagengesetz zu einer bestimmten Materie existiert und andererseits eine europäische Richtlinie zu genau derselben Materie, die darüber hinaus den Mitgliedstaaten genügend Raum zu individuellen Regelungen lässt[661] (, was in der Praxis in immer selteneren Fällen geschieht). Sollte es aber doch einmal zu dieser Situation kommen, so ist die Regelung nach der beschriebenen Rechtsprechung des Verfassungsgericht verfassungskonform auszulegen und verdrängt keinesfalls grundsätzlich den Zentralstaat aus seiner Kompetenz zur Grundlagengesetzgebung.

Zentralstaat und Autonome Gemeinschaften teilen sich mithin den Vollzug des Unionsrechts, wobei hierbei dem Kooperationsprinzip[662] wesentliche Bedeutung zukommt.

III. Konsequenzen der Rechtsprechung des Verfassungsgerichts: Die Fortsetzung der nationalen Kompetenzkonflikte im Bereich des nationalen Vollzugs des Unionsrechts

Gleichwohl nimmt der Zentralstaat in der Praxis in der überwiegenden Mehrzahl der Fälle die normative Umsetzung der europäischen Rechtsvorschriften in die nationale Rechtsordnung vor, was von den Autonomen Gemeinschaften in der Regel auch akzeptiert wird.[663] Die Kompetenzkonflikte zwischen Zentralstaat und Autonomen Gemeinschaften im Bereich des Vollzugs des Unionsrechts betreffen daher grundsätzlich die Kompetenz zum normativen Vollzug der nicht direkt wirksamen Rechtsakte sowie die Kompetenz zum administrativen Vollzug der direkt wirksamen und indirekt wirksamen Rechtsakte.

Trotz der grundsätzlichen Akzeptanz und Achtung der Rechtsprechung des Verfassungsgerichts bezüglich der Anwendbarkeit der nationalen Kompetenzordnung sowohl von Seiten des Zentralstaates als auch der Autonomen Gemeinschaften, ist zu beobachten, dass beide Seiten stets bemüht sind, selbige zu ihren Gunsten zu interpretieren und ihre Kompetenzen auf diese Weise über den

---

661 Vgl. hierzu *Ordóñez Solís*, RAAP Nr. 77, 2010, S. 131 (165).

662 Siehe hierzu unter C.

663 Vgl. *Consejo de Estado de España*, Infirme sobre la inserción del Derecho europeo en el ordenamiento español, 2008, S. 113.

„Umweg" des Vollzugs der unionsrechtlichen Normen zu erweitern. Der Zentralstaat etwa verweist in den betreffenden Kompetenzkonflikten regelmäßig auf seine Rolle als „Garant der Einhaltung der unionsrechtlichen Normen" gemäß Art. 93 S. 2 CE sowie auf seine verfassungsmäßige Zuständigkeit für die „auswärtigen Beziehungen" nach Art. 149 Abs.1 Nr. 3 CE. Über den Verweis auf den vermeintlichen „internationalen" Kontext einer Materie versuchen die Vertreter des Zentralstaates regelmäßig, dessen Zuständigkeit auch für Bereiche zu begründen, die nicht zu seiner ausschließlichen Zuständigkeit gehören, worauf im Schrifttum schon früh hingewiesen wurde.[664] So seien die europäischen Vorschriften wegen des europäischen Ziels eines einzigen Marktes und der dadurch bewirkten Berührung des freien Warenverkehrs, Vorschriften über den „Handel" bzw. die „Gesundheit" und fielen wegen ihres internationalen Kontextes in den Zuständigkeitsbereich des Zentralstaates. Hierzu hat das Verfassungsgericht erklärt, dass der Zentralstaat nicht prinzipiell seine ausschließliche Kompetenz im Bereich der auswärtigen Beziehungen gemäß Art. 149 Abs. 1 Nr. 3 CE vorschützen könne, um seinen Kompetenzbereich auf jegliche Handlungen auszuweiten, die Entwicklung, Vollzug oder Anwendung des abgeleiteten Gemeinschaftsrechts darstellten.[665] Wäre dem so, entstünde, angesichts der fortschreitenden Erweiterung der materiellen Interventionsbereiche der Europäischen Gemeinschaft eine merkliche Entleerung derjenigen Kompetenzbereiche, die die Verfassung und die Statute den Autonomen Gemeinschaften übertragen haben.

Dieser Rechtsprechung des Verfassungsgerichts zum Trotz führt der Zentralstaat regelmäßig in entsprechenden Kompetenzkonflikten seine Zuständigkeit nach Art. 149 Abs. 1 Nr. 1 CE (Regelung der grundlegenden Bedingungen, die die Gleichheit aller Spanier bei der Ausübung ihrer Rechte und der Erfüllung ihrer verfassungsmäßigen Pflichten gewährleisten) und Art. 149 Abs. 1 Nr. 13 CE (Grundlagen und Koordination der allgemeinen Wirtschaftsplanung) zur Rechtfertigung seiner Zuständigkeit auch zum Vollzug der europäischen Normen an.[666] Dies führte in der Praxis dazu, dass trotz der grundsätzlichen Beteiligung der Autonomen Gemeinschaften am Vollzug der europäischen Rechtsakte,

---

664 *Tornos i Mas*, Algunos problemas competenciales en la ejecución interna de directivas comunitarias, Autonomíes 1991, S. 31 (43).

665 *STC* 79/1992, v. 28.5.1992, FJ 3 aE: *„El Estado no puede amparar por principio en su competencia exclusiva sobre las relaciones internacionales (art. 149.1.3° CE) para extender su ámbito competencial a toda actividad que constituya desarrollo, ejecución o aplicación del Derecho derivado europeo. Si así fuera, dada la progresiva ampliación de la esfera material de intervención de la Comunidad Europea, habría de producirse un vaciamento notable del área de competencias que la Constitución y los Estatutos atribuyen a las Comunidades Autónomas."*

666 Vgl. *Cruz Villalón*, Hacía la europeización de la Constitución española, S. 200.

tatsächlich der Zentralstaat in immer mehr Fällen diese Kompetenz wahrnimmt.[667]

Unter anderem als Gegengewicht zu dieser Praxis des Zentralstaates sowie in Ermangelung einer Regelung auf Verfassungsebene[668] haben die Autonomen Gemeinschaften die Reform ihrer Autonomiestatute dazu genutzt, ihre Kompetenzen im Bereich des Unionsrechts durch Festschreibung des bereits Geltenden und Hinzufügung neuer Elemente zu stärken bzw. zu präzisieren. Durch diese Regeln soll vermieden werden, dass die Kompetenzen der Autonomen Gemeinschaften durch die zentralstaatlichen Grundlagengesetze „auf Null reduziert" werden.[669] Jedoch herrscht in Schrifttum und Rechtsprechung Einigkeit darüber, dass die Regeln der reformierten Autonomiestatute die dargestellte Rechtsprechung des Verfassungsgerichts über die Anwendbarkeit der nationalen Kompetenzordnung auf die Zuständigkeitsverteilung für den Vollzug des Unionsrechts nicht verändern, sondern diese Rechtsprechung lediglich festschreiben.[670]

C. Kooperation und Koordination durch die „Konferenz für Angelegenheiten der Europäischen Gemeinschaften"

Bereits in dem Urteil 252/1988 sowie in den Folgeurteilen wies das Verfassungsgericht auf die Bedeutung des Kooperationsprinzips zwischen dem Zentralstaat und den Autonomen Gemeinschaften im Bereich des Vollzugs des Unionsrechts hin.[671] Das Kooperationsprinzip begrenzt dabei die grundsätzliche Unabhängigkeit der Organe beim Vollzug ihrer Kompetenzen.[672]

---

667 *Cruz Villalón,* a.a.O., S. 200; *Consejo de Estado de España,* Informe sobre la inserción del Derecho europeo en el ordenamiento español, 2008, S. 112 ff; *Consejo de Estado de España,* Informe sobre la modificación de la Constitución española, 2006, S. 116.

668 *Cienfuegos Mateo,* REAF 2007, 39 (83).

669 *Balaguer Callejón,* JöR 57 (2009), 601 (602 f.).

670 *STC 31/*2010, v. 28.6.2010, FJ 123; *Cienfuegos Mateo,* REAF 2007, 39 (80 ff.); *Gómez Puente,* REAF 2006, 153 ff.; *Montilla Martos,* La aplicación del Derecho europeo por las Comunidades Autónomas, in: *Balaguer Callejón, Francisco* (Hrsg.), Reformas Estatutarias y distribución de competencias, 61 (73).

671 *SSTC* 252/1988, v. 20.12.1988, FJ 2 am Ende; 76/1991, v. 11.4.1991, FJ 5 am Ende: *„(...) Sowohl eine systematische Verfassungsauslegung als auch der Vorrand der Verfassung vor den Statuten ergeben die Notwendigkeit der Kooperation zwischen Zentralstaat und Autonomen Gemeinschaften, welche in vielen Fällen, insbesondere in Zusammenhang mit unserer Eingliederung in die EWG, Artikulationsformen erfordern kann (wie z.B. die Ausführung von Aufgaben des Zentralstaat durch die Verwaltung der*

Zur Kooperation der Handlungen und Positionen des Zentralstaates und der Autonomen Gemeinschaften wurde die „Konferenz für Angelegenheiten der Europäischen Gemeinschaften" („Conferencia para Asuntos Relacionados con las Comunidades Europeas"[673]) geschaffen. Ziel der CARCE ist es, die effektive Beteiligung der Autonomen Gemeinschaften beim Zustandekommen und der Vollziehung der europäischen Rechtsakte zu fördern und mit dem Zentralstaat zu koordinieren.[674] Die CARCE wurde 1988 durch eine Vereinbarung zwischen zentralstaatlichen und autonomen Ministern ins Leben gerufen.[675] Nach verschiedenen weiteren bloß politischen Vereinbarungen zur Regelung der CARCE, wurde diese schließlich 1997 erstmalig auf Gesetzesebene geregelt.

Gemäß Art. 2 des Gesetzes 2/1997 setzt sich die CARCE zusammen aus dem Minister für die öffentliche Verwaltung (bzw. nunmehr Minister für die territoriale Politik[676]), welcher die Verwaltung des Zentralstaates vertritt und den entsprechenden Ministern („Consejeros") der Autonomen Gemeinschaften, welche deren Verwaltungen vertreten. Der Minister für die territoriale Politik leitet die Konferenzen. Für das von ihnen Beschlossene werden Vereinbarungen („acuerdos") getroffen. Insbesondere betreffen die Vereinbarungen diejenigen Politikbereiche der EU, die die Kompetenzen der Autonomen Gemeinschaften berühren.[677] Im Rahmen der CARCE können sowohl multilaterale als auch le-

---

Autonomen Gemeinschaften mit der erforderlichen und auf diesen Fall begrenzen Unterwerfung unter die Vorgaben und Überwachung durch die Verwaltung des Zentralstaates), die nur eine unangemessene Auslegung der Verfassungs- und Statutsvorschriften verhindern können."

672 *Casanova y La Rosa*, RIE Nr. 3, 1989, 767 (784).

673 Im Folgenden CARCE. Die CARCE wird geregelt durch das Gesetz 2/1997, v. 13.3.1997, por la que se regula la Conferencia para Asuntos Relacionados con las Comunidades Europeas, BOE Nr. 64, v. 15.3.1997, S. 8518 ff.

674 Vgl. Art. 1 Abs. 2 des Gesetzes 2/1997: *"En particular, la Conferencia debe garantizar la participación efectiva de las Comunidades Autónomas en la fase de formación de la voluntad del Estado ante las instituciones comunitarias y en la ejecución del Derecho comunitario."*

675 Die Vereinbarung basierte zunächst auf Art. 4 des Gesetzes 12/1983 Gesetz 12/1983, v. 14.10.1983, del Proceso Autonómico, und später auf Art. 5 des Gesetzes 30/1992, v. 26.11.1992, de régimen jurídico de las Administraciones públicas y del procedimiento administrativo común, welche die Koordination zwischen Zentralstaat und Autonomen Gemeinschaften im Rahmen von sektoriellen Konferenzen im Allgemeinen regelt.

676 Das Ministerium der öffentlichen Verwaltungen (Ministerio de Administraciones Públicas) wurde mittlerweile umbenannt in Ministerium der territorialen Politik (Ministerio de Política Territorial).

677 *Consejo de Estado de España*, El informe sobre la inserción del Derecho europeo en el ordenamiento español, S. 57.

diglich bilaterale Vereinbarungen, allgemeiner Art oder bloß für spezielle Bereiche getroffen werden[678], wenn die Angelegenheit speziell das Gebiet und die Kompetenzen einer bestimmten Autonomen Gemeinschaft betrifft.[679]

Im Rahmen der CARCE wurden bis heute zahlreiche Abkommen geschlossen, die dazu beigetragen haben, die Beziehungen zwischen dem Zentralstaat und den Autonomen Gemeinschaften sowohl im Bereich der Entstehung europäischer Rechtsakte als auch im Bereich des Vollzugs des Unionsrechts zu koordinieren.[680] Durch die Schaffung der CARCE wurde die Beteiligung der Autonomen Gemeinschaften an europäischen Angelegenheiten kontinuierlich erweitert. Die reformierten Autonomiestatute haben weitestgehend das in den Vereinbarungen der CARCE Beschlossene übernommen und diese Vereinbarungen so auf Gesetzesebene gehoben. Durch die auf diese Weise bewirkte zunehmende Beteiligung der Autonomen Gemeinschaften am europäischen Integrationsprozess, wurde die Frage nach der Verantwortung der Autonomen Gemeinschaften auch für die von ihnen verursachten Verstöße gegen das Recht der EU immer häufiger[681], für die gegenüber der EU, wie gezeigt, der Zentralstaat die Verantwortung trägt. Bezeichnenderweise betrafen die beiden ersten Vereinbarungen, die im Rahmender CARCE beschlossen wurden, daher den Bereich des Vertragsverletzungsverfahrens.[682]

---

678 Vgl. Art. 5 Abs. 1 Gesetz 30/1992.

679 Vgl. die 1. Zusatzbestimmung des Gesetzes 2/1997.

680 An dieser Stelle seien beispielhaft nur einige der wichtigsten Abkommen der CARCE genannt: Acuerdo sobre colaboración en los procedimientos por incumplimiento y de la cuestión prejudicial y sobre notificación de ayudas públicas, v. 29.11.1990; Acuerdo sobre la participación interna de las Comunidas Autónomas en los asuntos comnitario europeos a través de las Conferencias sectoriale, v. 30.11.1994; Acuerdo para la creación de la Consejería para Asunts Autnómicos en la Representación Permanente de España ante la Unión Eurpea, v. 22.7.1996; Acuerdo relativo a la participación de las Comunidades Autónomas en los procedimientos ante el Tribunal de Justicia de la Unión Europea, v. 11.12.1997; Acuerdos sobre la partipación de las Comunidades Autónomas en los grupos de trabajo del Consejo de la Unión Europea y sobre el sistema de representación autonómica en las formaciones del Consejo de la Unión Europea, v. 9.12.2004.

681 Vgl. *Ordóñez Solís*, CDP 1999, 37 (55).

682 "Acuerdo para regular la intervención de las Comunidades Autónomas en las actuaciones del Estado en procentmientos precontenciosos de la Comisión de las Comunidades Europeas y en los asuntos relacionados con el Tribunal de Justicia de las Comunidades Europeas que afecten a sus competencias" und "Acuerdo sobre la notificación de las ayudas públicas", beide v. 29.11.1990. Diese Vereinbarungen wurden ergänzt durch den "Acurdo sobre la partipación de las Comunidades Autónomas en las actuaciones ante el Tribunal de Justicia de las Comunidades Europeas", v. 11.12.1997. Siehe hierzu auch noch unter 5.Kap.A.III.1.

In dem Grade, in dem einerseits der europäische Integrationsprozess und andererseits der innerstaatliche politische Dezentralisierungsprozess in Spanien voranschreiten, wächst entsprechend auch die Bedeutung der CARCE.

D. Ein Spezialfall: Die Vollzugszuständigkeit im Bereich der europäischen Fonds

Wie weiter oben ausgeführt teilen sich die EU und die Mitgliedstaaten die Verwaltung der europäischen Fonds. Aufgrund des komplexen Verwaltungssystems und der Bedeutung des EGFL und der Strukturfonds im Haushalt der EU ist der Bereich der Fonds der EU besonders anfällig für Unregelmäßigkeiten.[683]

In Spanien war die Finanzierung durch die Fonds der EU eines der wesentlichen Elemente des Beitritts Spaniens zur EWG.[684] Die Bedeutung, die den Fonds der EU in Spanien von Beginn an zukam, hatte jedoch nicht eine normative Regelung der Verwaltung und noch weniger der Kontrolle der an Spanien zugeteilten Mittel zur Folge.[685] Es kam in diesem Bereich daher zu zahlreichen Kompetenzkonflikten zwischen dem Zentralstaat und den Autonomen Gemeinschaften – in den ersten Jahren nach dem Beitritt zur EWG ausschließlich den Autonomen Gemeinschaften des Baskenlandes und Kataloniens – vor dem spanischen Verfassungsgericht.[686] Wie gezeigt[687] haben diese Konflikte auch auf europäischer Ebene ihre Folgen, da es besonders im Bereich der Mittel aus den Fonds der EU zu zahlreichen Vertragsverstößen Spaniens kommt, für die häufig Vollzugsdefizite der Autonomen Gemeinschaften ursächlich sind.[688]

Das Verfassungsgericht hatte daher seine allgemeinen Grundsätze über die Zuständigkeit für den Vollzug der europäischen Rechtsnormen sehr bald für den speziellen Bereich der europäischen Fonds zu konkretisieren. Die Grundsätze für den nationalen Vollzug der europäischen Fonds stellte das Verfassungsgericht in dem Urteil 79/1992[689] auf, welche es bis heute im Wesentlichen beibe-

683 *Priebe*, Sanktionen, in: *van Gerven/Zuleeg*: Sanktionen als Mittel zur Durchsetzung des Gemeinschaftsrechts, S. 55 (56); *Schöndorf- Haubold*, Die Strukturfonds der EG, S. 298.

684 *Ordóñez Solís*, REAF 2006, 105 (107).

685 *Ordóñez Solís*, a.a.O., S. 107.

686 *Ordóñez Solís*, a.a.O., S. 114.

687 Vgl. 2. Kapitel.

688 Vgl. 2. Kapitel.

689 *STC* 79/1992, FJ 3, über die Instrumentalisierung der Zuschüsse aus dem EAGFL, Abteilung Garantie.

halten hat.[690] Die in dem Urteil 79/1992 aufgestellten Grundsätze wurden in den letzten Jahren sowohl vom zentralstaatlichen als auch verschiedenen autonomen Gesetzgebern in Rechtsnormen festgeschrieben. Aufgrund dieser Bedeutung des Urteils werden zunächst die wesentlichen Grundsätze dargestellt, um sodann auf die entsprechenden Normen einzugehen, welche, wie zu sehen sein wird, von Bedeutung für die Haftung für Verstöße gegen unionsrechtliche Normen sind.

I. Die Rechtsprechung des Verfassungsgerichts zur Zuständigkeit für die Verwaltung der Fonds der EU

In dem Urteil 79/1992 hatte das Verfassungsgericht über 15 Kompetenzkonflikte zwischen den Regierungen der Autonomen Gemeinschaften des Baskenlandes und Kataloniens auf der einen Seite und der Zentralregierung auf der anderen Seite zu entscheiden, die alle die Zuständigkeit einerseits zur normativen, andererseits zur administrativen Vollziehung der europäischen Vorschriften über die Verwaltung der Mittel aus dem EAGFL, Abteilung Garantie zum Gegenstand hatten. Zur Entscheidung der Kompetenzkonflikte zog das Verfassungsgericht zunächst die Grundsätze heran, die es in seiner kurz zuvor begründeten Rechtsprechung über die Zuständigkeit für den Vollzug des europäischen Gemeinschaftsrechts aufgestellt hatte: Es wiederholte, dass nach seiner ständigen Rechtsprechung „die Umsetzung der europäischen Vorschriften in die innerstaatliche Rechtsordnung zwingend den Verfassungs- und Statutsvorschriften über die Kompetenzverteilung zwischen dem Zentralstaat und den Autonomen Gemeinschaften zu folgen“ habe, „Vorschriften, die weder durch den Beitritt Spaniens zur EWG noch durch die Verkündung gemeinschaftsrechtlicher Vorschriften verändert wurden“, da die Abtretung von staatlichen Kompetenzen an die Organe der Gemeinschaft nicht bedeute, dass die nationalen Behörden in ihrer Eigenschaft als öffentliche Gewalten aufhörten an die Verfassung und den Rest der nationalen Kompetenzordnung gebunden zu sein.[691] Nachdem das Verfassungsgericht die Bedeutung der nationalen Kompetenzverteilung zur Entscheidung der Kompetenzkonflikte im Bereich des Vollzugs des Unionsrechts erneut festgestellt hatte, ging es sodann auf die Kompetenz im Bereich der Landwirtschaft und Viehzucht („agricultura y ganadería“) ein, welche jeweils nach dem baskischen und katalonischen Autonomiestatuten zur „ausschließlichen Kompetenz“ der Autonomen Gemeinschaft gehört, jedoch „im Einklang mit der allgemeinen

---

690 *Ordóñez Solís*, REAF 2006, 105 (115).

691 *STC* 79/1992 FJ 1 mit Verweis auf *SSTC* 252/1988; 64/1991; 76/1991; 115/1991 u. 236/1991; vgl. zum Ganzen B.II.3.a).

Wirtschaftsordnung“[692]. Nach Ansicht des Verfassungsgerichts beziehe sich dies auf die Kompetenz des Zentralstaates für die Grundlagen und Koordination der allgemeinen Wirtschaftsplanung gemäß Art. 149 Abs. 1 Nr. 13 CE. Es geriet daher zu dem Schluss, dass es sich um einen Fall der „geteilten Kompetenz[693]“ handle. Sodann erklärte es, dass die der Kompetenzstreitigkeit zu Grunde liegenden umstrittenen Vorschriften des Zentralstaates denjenigen über die Erteilung staatlicher Beihilfen und Subventionen an Landwirte und Viehzüchter ähnlich seien, über welch letztere das Verfassungsgericht in zahlreichen Entscheidungen Stellung genommen habe. Der einzige wesentliche, wenn auch entscheidende Unterschied zwischen den Zuschüssen an Landwirte und Viehzüchter aus dem EAGFL, Abteilung Garantie und den staatlichen Beihilfen und Subventionen für Landwirte und Viehzüchter sei, dass die Finanzierung im ersteren Fall ausschließlich von der EG, im letzteren Fall ausschließlich vom Zentralstaat vorgenommen werde, wobei die Mittel aus dem EAGFL, Abteilung Garantie von der EG an den Haushalt des Zentralstaates überwiesen werden. Daraufhin stellte das Verfassungsgericht klar, dass letzteres nicht von den streitenden Parteien in Frage gestellt werde. Umstritten sei vielmehr die Frage, welchen Behörden (zentralstaatliche oder autonome) die Kompetenz zustünde, die aus dem EAGFL, Abteilung Garantie an den Zentralstaat überwiesenen Mittel zu verwalten und an die Berechtigten auszuteilen. Da diese Frage nicht vom Gemeinschaftsrecht vorbestimmt worden sei, richte sich dies gemäß dem Grundsatz der institutionellen und prozessualen Autonomie der Mitgliedstaaten nach den entsprechenden nationalen Regeln. Deswegen sowie wegen der Ähnlichkeit des Bereichs der europäischen Fonds zu dem der staatlichen Beihilfen und Subventionen richte sich die Zuständigkeit für die europäischen Fonds nach den Grundsätzen, die das Verfassungsgericht in Bezug auf die Kompetenz für die staatlichen Beihilfen und Subventionen im Bereich der Landwirtschaft und Viehzucht[694] aufgestellt habe.[695]

1. Die Rechtsprechung des Verfassungsgerichts zur Kompetenz für die Verwaltung der staatlichen Beihilfen und Subventionen

Nach der Rechtsprechung des Verfassungsgerichts über die Kompetenz für die staatlichen Subventionen und Beihilfen im Bereich der Landwirtschaft und Viehzucht gilt in normativer Hinsicht, dass der Zentralstaat lediglich Kraft sei-

692 Vgl. Art. 10 Abs. 9 AS Baskenland und Art. 12 Abs. 1 Nr. 4 AS Katalonien a.F.

693 3.Kapitel, D.II.2.c) und III.2.

694 *SSTC* 95/1986 u. 96/1986, v. 10.7.1986; 101/1988, v. 8.6.1988; 145/1989, v. 21.9.1989; 188/1989, v. 16.11.1989 und 13/1992, v. 6.2.1992, FJ 8.

695 *STC* 79/1992, FJ 2.

ner Grundlagenkompetenz zur Regelung der allgemeinen Wirtschaft zum Handeln befugt ist, da dieser Bereich zur spezifischen Kompetenz der Autonomen Gemeinschaften gehört. Er darf daher die Bedingungen für die Gewährung der Beihilfen regeln, soweit ihm dies nach seiner Grundlagenkompetenz erlaubt ist, jedoch nur soweit er dabei noch einen Bereich für die Autonomen Gemeinschaften übrig lässt, in dem diese die entsprechenden zentralstaatlichen Regeln über die Bedingungen zur Erteilung der Beihilfen ausführen, ergänzen und durchführen können.[696]

Die Verwaltung der Beihilfen, mit denen die Handlungen im Landwirtschaftssektor gefördert werden sollen, falle grundsätzlich in die Zuständigkeit der Autonomen Gemeinschaften, was bedeute, dass die Beihilfen unter ihnen aufzuteilen seien. Ausnahmsweise könne es jedoch zulässig sein, dass die Beihilfen von den Behörden des Zentralstaates oder diesem zugehörigen Stellen verwaltet werden: Zum einen, wenn dies zur Wahrung der vollständigen Effektivität der Beihilfen unerlässlich sei. Zum anderen, um den von den Beihilfen potentiell Begünstigten im gesamten Staatsgebiet den gleichen Zugang zu ihnen zu gewähren. Die Verwaltung der Beihilfen durch zentralstaatliche Behörden verhindere dabei, dass der Höchstbetrag der jeweils bereitgestellten Mittel überschritten werde. In jedem Fall aber müssten die zentralstaatliche Behörden begründen, weshalb die Verwaltung der Beihilfen durch sie im konkreten Fall unerlässlich sei.[697]

2. Die Übertragung der Beihilfe-Rechtsprechung auf den Bereich der Mittel aus den europäischen Fonds

Diese Grundsätze übertrug das Verfassungsgericht in der genannten Entscheidung 79/1992 auf den Bereich der Verwaltung der Mittel aus dem EAGFL, Abteilung Garantie. Für die Kompetenz in diesem Bereich ergebe sich aus den genannten Grundsätzen das Folgende:

(1) Was den normativen Vollzug anbetrifft so erklärte das Verfassungsgericht, dass die entsprechenden europäischen Vorschriften in der Regel Direktwirkung hätten und dem staatlichen Gesetzgeber keinen Raum für ergänzende Regelungen ließen, die über die Festlegung organisatorischer oder verfahrensmäßiger Grundsätze hinausgingen. In den wenigen Fällen, in denen das Unionsrecht dem staatlichen Gesetzgeber Raum zur Ergänzung der europäischen Vorschriften lasse, seien Vorschriften des zentralstaatlichen Gesetzge-

696 *STC* 13/1992, v. 6.2.1992, FJ 2.
697 Vgl. *STC* 13/1992, v. 6.2.1992, FJ 8.

bers nur dann direkt anwendbar, wenn sie als „Grundlagengesetze[698] zur Marktordnung“ qualifiziert werden können oder wenn eine Materie eine gemeinsame Regelung zur Koordination zwischen Zentralstaat und Autonomen Gemeinschaften erfordert.[699] Unter diesem Vorbehalt könnten die Autonomen Gemeinschaften sodann die notwendigen Vorschriften zur Ergänzung des Gemeinschaftsrechts und der zentralstaatlichen Grundlagengesetze erlassen.

In den übrigen Fällen, in denen eine Norm des zentralstaatlichen Gesetzgebers zur Anwendung des Unionsrechts erlassen worden sei, die nicht als Grundlagengesetz zu qualifizieren ist, würden die zentralstaatlichen Normen diejenigen der Autonomen Gemeinschaften ergänzen, die diese zum Vollzug des Unionsrechts erlassen hätten. Zwar sei die Ergänzungsklausel („cláusula de supletoriedad“[700]) des Art. 149 Abs. 3 CE keine Kompetenzregel.[701] Gleichwohl sei es in diesen Fällen zur Wahrung der einheitlichen Geltung des Gemeinschaftsrechts gerechtfertigt, dass der Zentralstaat Ergänzungsnormen zu denen der Autonomen Gemeinschaften erlasse.[702]

(2) Hinsichtlich des administrativen Vollzugs der Mittel aus dem EAGFL, Abteilung Garantie erklärte das Verfassungsgericht, dass für diesen grundsätzlich die Autonomen Gemeinschaften zuständig seien. Eine Ausnahme von diesem Grundsatz gelte für Fälle, in denen die EWG an das Königreich Spanien Beihilfen für die Landwirtschaft und Viehzucht erteile, für die ein fester Höchstbetrag für das gesamte Staatsgebiet festlegt werde. Würde in diesen Fällen die administrative Verwaltung der Beihilfen von den Autonomen Gemeinschaften wahrgenommen, bestünde das Risiko, den Höchstbetrag zu überschreiten und es könnte den potentiell von den Beihilfen Begünstigten nicht im gesamten Staatsgebiet der gleiche Zugang zu den Beihilfen garantiert werden. Daher sei es in diesen Fällen gerechtfertigt, dass ein Organ der Zentralverwaltung und nicht der Autonomen Gemeinschaften über die entsprechenden Beihilfeanträge entscheide.[703]

(3) Schließlich erklärt das Verfassungsgericht in Bezug auf die Kompetenz für die Auszahlung der Beihilfen, dass auch diese sich nach den Regeln der nationalen Kompetenzordnung richte.[704] Da der Auszahlungsakt („el acto de pago“) der Beihilfen eine Vollzugshandlung sei, ergebe sich aus dem zuvor

698 3. Kapitel, D.III.2.d) und IV.2.
699 Vgl. *STC* 79/1992, v. 28.5.1992, FJ 3.
700 3.Kapitel, D.II.3.
701 *STC* 79/1992, v. 28.5.1992, FJ 3.
702 *STC* 79/1992, a.a.O., FJ 3.
703 *STC* 79/1992, a.a.O., FJ 4.
704 *STC* 79/1992, a.a.O., FJ 5.

Festgestellten, dass im Allgemeinen die Autonomen Gemeinschaften zuständig für die Auszahlungsakte seien. Lediglich in den genannten Fällen, in denen es ausnahmsweise gerechtfertigt sei, dass Organe der Zentralverwaltung die administrative Vollziehung der Beihilfen wahrnehmen, könne auch die Auszahlung von den Organen der Zentralverwaltung vorgenommen werde. Die Auszahlung sei hier akzessorischer Akt zum Hauptakt, der Erteilung der Beihilfe.[705]

Basierend auf dieser Rechtsprechung und den entsprechenden Vorschriften des Unionsrechts wurde der „Spanischer Fonds zur Garantie der Landwirtschaft" („Fondo Español de Garantía Agraria[706]") durch die VO 1441/2001[707] gegründet. Er ist als Koordinierungs- und Zahlstelle für die aus dem EGFL finanzierten Beihilfen zuständig. Daneben haben alle Autonomen Gemeinschaften eigene Zahlstellen für den Bereich ihres Territoriums geschaffen.[708]

Die in dem Urteil 79/1992 entwickelten Grundsätze in Bezug auf den Vollzug der Mittel aus dem EAGFL, Abteilung Garantie wandte das Gericht in späteren Entscheidungen auch auf den Bereich der europäischen Strukturfonds an.[709]

Folge der verfassungsgerichtlichen Rechtsprechung ist, dass in der Praxis die Verwaltung der europäischen Fonds im Bereich der Landwirtschaft zu mehr als 90 % von den Behörden der Autonomen Gemeinschaften vorgenommen wird. Im Bereich der Strukturfonds sind die Behörden des Zentralstaates und der Autonomen Gemeinschaften hingegen etwa im Verhältnis 50% -50% für die Verwaltung der Mittel zuständig.[710]

Da es im Bereich der europäischen Fonds, wie gezeigt, besonders häufig zu Unregelmäßigkeiten kommt (sowohl im Allgemeinen als auch speziell in Spanien), die zur Folge haben können, dass die Ausgaben, die von den Mitgliedstaaten nicht in Übereinstimmung mit den Vorschriften der EU getätigt worden sind, im Rahmen des Rechnungsabschlussverfahrens von der Gemeinschaftsfinanzierung ausgeschlossen werden, kommt der Haftungsverteilung besonders in diesem Bereich wesentliche Bedeutung zu. Adressat der Anlastungsentscheidungen der Kommission ist stets der Zentralstaat, selbst, wenn für den Vollzug der ent-

705 Vgl. *STC* 79/1992, a.a.O., FJ 5.

706 Im Folgenden FEGA.

707 VO 1441/2001, v. 21.12.2001, durch die das Statut des FEGA geschaffen wird.

708 *Gómez Puente*, REAF 2005, 153 (190).

709 Vgl. *SSTC* 70/1997, v. 10.4.1997; 148/1998, v. 2.7.1998; 128/1999, v. 1.7.1999.

710 Vgl. die aktuellen Zahlen in: *Ministerio de Economía y Haciendo*, Relaciones financieras entre España y la Unión Europea 2009, Secretaria de Estado de Hacienda y Presupuesto, Madrid 2010, S. 37 ff.

sprechenden Vorschriften die Autonomen Gemeinschaften zuständig sind. Auf ein Verschulden oder nationale Schwierigkeiten bei der Durchführung der betreffenden Maßnahme kommt es dabei nicht an.[711] Somit hat der Zentralstaat den entsprechenden Betrag an die EU zu erbringen[712], obwohl der Verstoß in vielen Fällen von den Autonomen Gemeinschaften begangen wurde.[713]

II. Die Übernahme der verfassungsgerichtlichen Rechtsprechung durch zentralstaatliche und autonome Gesetze

Nur langsam und lediglich fragmentarisch fanden die Grundsätze des Verfassungsgerichts über die Verwaltung der europäischen Fonds Eingang in die Gesetzgebung des Zentralstaates und der Autonomen Gemeinschaften.

Auf zentralstaatlicher Ebene sind die wichtigsten Gesetze das Allgemeine Subventionsgesetz 38/2003 [714] sowie das Allgemeine Haushaltsgesetz 47/2003[715].

Das Allgemeine Subventionsgesetz 38/2003 gilt sowohl für ausschließlich vom Königreich Spanien als auch für ausschließlich von der EU finanzierte sowie für von beiden kofinanzierte Beihilfen gleichermaßen. Die für die aus den europäischen Fonds finanzierten Beihilfen maßgeblichen Bestimmungen enthalten die Art. 6 und 7 des Gesetzes 38/2003. Art. 6 bestimmt den Grundsatz, dass für die von der EU finanzierten Beihilfen die entsprechenden Vorschriften des Unionsrechts maßgeblich sind und die entsprechenden staatlichen Gesetze, Verordnungen, etc. dieses lediglich ergänzen. Art. 7 regelt die finanzielle Haftung für die Verwaltung der europäischen Fonds. Hierauf beziehen sich sodann die Art. 84 ff. des Allgemeinen Haushaltsgesetzes 47/2003, welches in seiner Präambel hierzu ausdrücklich erklärt, dass mit diesen Regeln beabsichtigt wird, einen dauerhaften und effektiven Rahmen für den Zahlungsfluss der Fonds zwischen Spanien und der Europäischen Union zu schaffen.[716]

Auf Ebene der Autonomen Gemeinschaften wurden kaum normative Regelungen bezüglich der europäischen Fonds geschaffen. Die Autonomiestatute

711 *EuGH*, v. 4.7.1996 – Rs. C- 50/94, Slg. 1996, I- 3331 – Kommission/Griechenland.

712 *Koenig/Braun*, NJ 2004, 97 (99).

713 Vgl. 2. Kapitel.

714 Ley 38/2003, v. 17.11.2003, General de Subvenciones, BOE Nr. 276, v. 18.11.2003, S. 40505- 40532.

715 Ley 47/200F3, v. 26.11.2003, General Presupuestaria, BOE Nr. 284, v. 27.11.2003, S. 42079- 42126.

716 Auf diese Vorschriften ist im Rahmen des 5. Kapitels zurück zu kommen.

enthielten zunächst überhaupt keine Referenz in Bezug auf die Fonds (, was sich damit erklärt, dass alle Autonomiestatute vor dem Beitritt Spaniens zur EWG geschaffen worden). Aber auch auf einfach-gesetzlicher Ebene schufen die Autonomen Gemeinschaften in den ersten Jahrzehnten nach dem Beitritt Spaniens zur EWG kaum Regeln in Bezug auf die europäischen Fonds. Der 2005 begonnene Reformprozess der Autonomiestatute änderte dies. Sechs der sieben bereits reformierten Statute enthalten nun ausdrückliche Regeln über die Zuständigkeit für die Verwaltung der europäischen Fonds durch die jeweilige Autonome Gemeinschaft: So bestimmt Art. 190 AS Katalonien im Rahmen des Kapitels „Die Beziehungen Kataloniens zur EU", dass für die Verwaltung der Fonds der EU im Bereich ihrer Kompetenzen die Generalitat Kataloniens zuständig ist, gemäß dem in den Art. 114 und 210 AS Katalonien Bestimmten. Art. 114 und 210 AS Katalonien ihrerseits betreffen die Kompetenz für die staatlichen Beihilfen und Subventionen und wiederholen hierbei die entsprechenden, zuvor dargestellten Grundsätze der Rechtsprechung des Verfassungsgerichts[717].

Auch das Autonomiestatut der Balearen enthält im Kapitel über die Beziehungen zur EU in Art. 115 AS Balearen eine ähnliche Bestimmung, nach welcher die Verwaltung der Fonds der EU zur Kompetenz der Autonomen Gemeinschaft der Balearen gehört, ausgenommen diejenigen, die zur Kompetenz des Zentralstaates gehören.

Die reformierten Autonomiestatute Andalusiens, Valencias, Extremaduras und Aragoniens enthalten zwar auch Kompetenzregeln für den Bereich der europäischen Fonds, jedoch befinden sich diese entweder unter den allgemeinen Vorschriften über die Kompetenzen der jeweiligen Autonomen Gemeinschaft oder unter denen über das Finanzsystem.[718] Alle anderen reformierten Autonomiestatute verweisen auf die Fonds im Rahmen anderer Bestimmungen, jedoch nicht speziell im Kapitel über „die Beziehungen zur EU".

Diese Statutsklauseln versuchen in mehr oder weniger ähnlich detaillierter Weise die Rechtsprechung des Verfassungsgerichts über den Vollzug der europäischen Fonds zu kodifizieren.[719]

Die Autonomen Gemeinschaften haben es dabei jedoch vermieden, im Rahmen der Reform ihrer Autonomiestatute den Zuständigkeitsbestimmungen bezüglich der Vollziehung des Unionsrechts bzw. der Verwaltung der Fonds der

---

717 Siehe oben C.I.

718 Vgl. Art. 185 AS Andalusien; Art. 51 Abs. Nr. 10 und Art. 72 AS Valencia sowie Art. 79 Abs. 2 AS Aragonien.

719 *Montilla Martos*, in: *Balaguer Callejón* (Hrsg.), Reformas estatuarias y distribución de competencias, S. 70 ff.; *Cienfuegos Mateos*, REAF 207, 39 (80 ff.); *Ordóñez Solís*, REAF 2006, 105 (131 ff.).

EU entsprechende Haftungsregeln für den Fall finanzieller Sanktionen der europäischen Institutionen wegen etwaiger Vollzugsdefizite hinzuzufügen.

5. Kapitel Die Haftungsverteilung für finanzwirksame Unionsrechtsverstöße zwischen dem Zentralstaat und den Autonomen Gemeinschaften

Durch die allgemeine Anerkennung der Beteiligung der Autonomen Gemeinschaften am europäischen Integrationsprozess sowie speziell am nationalen Vollzug der europäischen Vorschriften wuchs auch ihre Verantwortung für die Erfüllung der europäischen Pflichten. In dem Maße, in dem die Einbeziehung der Autonomen Gemeinschaften in den europäischen Integrationsprozess sich ausdehnte, gewann die Frage zunehmend an Bedeutung, wie die Fälle zu regeln seien, in denen sie gegen Vorschriften des Unionsrechts verstoßen. Die rechtswissenschaftliche Literatur betrachtete dieses Thema zunächst ausschließlich unter dem Aspekt, ob und falls ja, welche präventiven Interventionsmöglichkeiten des Zentralstaates die Verfassung zur Vermeidung derartiger Verstöße bzw. zur nachträglichen Wiederherstellung der ordnungsgemäßen Rechtslage enthalte. Im Zentrum stand hierbei die Frage, ob der Zentralstaat im Falle eines (drohenden) Unionsrechtsverstoßes durch Autonome Gemeinschaften das Recht habe, deren verfassungsmäßige Kompetenzen zu übernehmen und falls ja, aus welchen Verfassungsnormen dieses Recht folge.

Nachdem der EuGH das Institut der mitgliedstaatlichen Haftung für Schäden Einzelner entwickelt hatte[720], sowie die EU von den Mitgliedstaaten mit – begrenzten – Sanktionsbefugnissen im Falle von Unionsrechtsverstößen ausgestattet worden war[721], begann in der spanischen Rechtswissenschaft auch eine intensive Auseinandersetzung mit der nationalen Regelung der Haftung der öffentlichen Gewalten für aus einem Unionsrechtsverstoß resultierende Schäden Einzelner.[722] Die vorliegend relevante Frage nach der interkörperschaftlichen

720 Siehe hierzu 1.Kapitel, C.II.

721 Im Falle von Zwangsgeldern und Pauschalbeträgen des EuGH, von Finanzkorrekturen der europäischen Kommission im Bereich der Fonds sowie im Falle finanzieller Maßnahmen des Rates wegen eines übermäßigen Defizits. Siehe hierzu 1. Kapitel, C.I.

722 Um nur einige zu zitieren, z.B.: *Fernández García/Serrano Sordo*, Noticias de la UE 1998, 91 (116f.); *Nicolás Lucas*, La incidencia en la práctica española del principio de responsabilidad patrimonial por incumplimiento del Derech comunitario, RAP 2005, 351 (364 ff.); *García Gómez de Mercado*, La responsabilidad del Estado en la aplicación normativa del Derecho comunitario, in: *Ministerio de Justicia* (Hrsg.), La Constitución española en el ordenamiento comunitario europeo, Bd. I, S. 216 (228 ff.); *Guichot*, La respnsabilidad extracontractual de los poderes públicos según el Derecho comunitario, S. 565 ff.; *Gómez Puente*, La responsabilidad por incumplimiento del

Haftung für finanzwirksame Unionsrechtsverstöße erhielt in diesem Zusammenhang erst allmählich Beachtung in Literatur und Rechtsprechung. Angesichts der sich häufenden Unionsrechtsverstöße durch Autonome Gemeinschaften mit drohenden oder tatsächlichen finanziellen Sanktionen gegen das Königreich Spanien[723], gewann jedoch die Frage zunehmend an Bedeutung, ob die Autonomen Gemeinschaften für ihr Verhalten bei der Ausführung von Unionsrecht auch die vollständige finanzielle Verantwortung tragen. Vieles ist hierbei bislang noch unklar, weshalb, die Zentralregierung den Staatsrat Spaniens („Consejo de Estado de España") am 23.11.2009 mit der Erstellung eines Gutachtens speziell zu dieser Frage beauftragte.[724] Am 15.12.2010 veröffentlichte dieser sein Gutachten über „Die Gewähr der Einhaltung des Gemeinschaftsrechts"[725], in dem er sich intensiv mit der Haftung für Unionsrechtsverstöße befasste.[726]

Es fragt sich hierbei zunächst, ob der Einstandspflicht des Zentralstaates gegenüber der EU für Unionsrechtsverstöße der Autonomen Gemeinschaften[727] innerstaatlich in komplementärer Weise Rückgriffsmöglichkeiten gegenüberstehen. Sodann fragt es sich, ob auch den Autonomen Gemeinschaften ein entsprechendes Rückgriffsrecht gegenüber dem Zentralstaat bzw. untereinander zusteht sowie, ob und wie im Bereich der zwischen Zentralstaat und Autonomen Gemeinschaften geteilten Kompetenzen die Haftung für finanzwirksame Unionsrechtsverstöße zu verteilen ist. Insgesamt gilt es zu klären, wer im Falle finanzwirksamer Entscheidungen der EU innerstaatlich die Finanzverantwortung zu tragen hat und wonach sich dies bestimmt.

Derecho comunitario, REAF 2006, 153 (181 ff.); *Pérez González*, Responsabilidad del Estado frente a particulares por incumplimiento del Derecho comunitario, S. 45 ff.

723 Siehe hierzu die Ausführungen im 2. Kapitel.

724 Vgl. den Beschluss des Ministerrats v. 23.11.2009, vgl. Fn. 55.

725 *Consejo de Estado de España*, Informe sobre garantías del cumplimiento del Derecho Comunitario, v. 15.12.2010. Das Gutachten ist abrufbar unter *http://www.consejo-estado.es/bases.htm*. (Stand: 6.2.2007).

726 Hierauf ist im Rahmen der Reformvorschläge für eine normative Regelung der Haftung zurückzukommen.

727 Vgl. hierzu 1. Kapitel B.

A. Die Haftung für finanzwirksame Unionsrechtsverstöße nach der spanischen Rechtsordnung

Zur Klärung dieser Fragen ist im Folgenden die spanische Rechtsordnung auf Regeln über die Lastentragung zwischen den Institutionen des Zentralstaates und der Autonomen Gemeinschaften im Falle von finanzwirksamen Unionsrechtsverstößen zu untersuchen. Beispiele hierfür sind, wie beschrieben, die Verhängung von Zwangsgeldern und Pauschalbeträgen durch den EuGH, Finanzkorrekturen durch die europäische Kommission aufgrund fehlerhafter Verausgabungen von EU-Mitteln oder finanzielle Maßnahmen des Rates wegen eines übermäßigen Defizits.[728]

I. Keine Unionshaftung nach der Verfassung und den Autonomiestatuten

Ebenso wie die spanische Verfassung die Zuständigkeit für den Vollzug des Unionsrechts nicht ausdrücklich regelt[729] so enthält sie keine ausdrückliche Verteilung der Haftung zwischen dem Zentralstaat und den Autonomen Gemeinschaften im Falle von finanzwirksamen Verstößen gegen Unionsrecht durch die Autonomen Gemeinschaften.[730] Auch auf Ebene der Autonomiestatute wurde die Haftung für finanzielle Sanktionen der EU nicht normativ geregelt. Die Reform der Autonomiestatute wurde nicht dafür genutzt, auch ihre Haftung für den Verstoß gegen das Unionsrecht (weder für die Staatshaftungsfälle noch für die Fälle finanzieller Sanktionen der europäischen Institutionen) zu regeln[731], was im Gegensatz zu dem Bemühen der Autonomen Gemeinschaften steht, ihre Kompetenzen u.a. im Bereich der EU zu erweitern.[732]

---

728 Siehe hierzu die Ausführungen unter 1. Kapitel, C.I.

729 Vgl. 4. Kapitel.

730 Vgl. *Consejo de Estado de España*, Informe sobre modificaciones de la Constitución española, 2006, S. 124 ff.; *ders.*, Informe sobre la inserción del Derecho europeo en el ordenamiento español, 2008, S. 124 f. u. 171; *Cienfuegos Mateo,* REAF 2007, 39 (79); *Ordóñez Solís,* La responsabilidad de las Comunidades Autónomas y de los entes locales españoles por la violación del Derecho de la Unión Europea: Procedimientos de reclamación, in: *Biglino Campos/Delgado del Rincón* (Hrsg.), El incumplimiento del Derecho comunitario en el Estado autonómico, S. 162.

731 *Cienfuegos Mateo,* REAF 2007, 39 (88 f.); *Ordóñez Solís*, a.a.O., S. 28.

732 Vgl. hierzu die Ausführungen im 4. Kapitel.

II. Anwendbarkeit existierender Haftungsnormen der Verfassung und der Autonomiestatute auf die Unionshaftung?

Da also eine allgemein gültige Haftungsnorm auf Verfassungsebene für alle denkbaren Haftungskonstellationen im Zusammenhang mit finanzwirksamen Unionsrechtsverstößen - vergleichbar etwa mit Art. 104 a Abs. 6 GG n.F. und Art. 109 Abs. 5 GG n.F. – bislang nicht existiert, fragt es sich, ob Bestimmungen der Verfassung entsprechend ausgelegt und angewendet werden können.

Die Verfassung enthält an verschiedenen Stellen Regelungen bezüglich der Haftung der öffentlichen Gewalten: So bestimmt Art. 9 Abs. 3 CE, dass die Verfassung die Haftung der öffentlichen Gewalten gewährleiste. Art. 106 Abs. 2 CE regelt den Anspruch von Privatpersonen auf Schadensersatz im Falle der Verletzung in Gütern oder Rechten durch den öffentlichen Dienst. Nach Art. 149 Abs. 1 Nr. 18 a.E. CE hat der Zentralstaat die Kompetenz zur Grundlagengesetzgebung über das Haftungssystem aller öffentlichen Verwaltungen. Der zentralstaatliche Gesetzgeber hat hieraufhin das Gesetz 30/1992 über das Rechtsregime der öffentlichen Verwaltung und über das allgemeine Verwaltungsverfahren[733] erlassen. Die Art. 139-146 des Gesetzes 30/1992 regeln die Haftung der öffentlichen Verwaltungen für Schäden von Privatpersonen („particulares“)[734]. Sie konkretisieren die allgemeine Haftungsregel des Art. 106 Abs. 2 CE. Nach ganz allgemeiner Ansicht[735] umfassen diese Regeln in analoger Weise auch den

733 Gesetz 30/1992 über das Rechtsregime der öffentlichen Verwaltung und das allgemeine Verwaltungsverfahren, v. 26.11.1992 („Ley 30/1992, de régimen jurídico de las Administraciones Pùblicas y del procedimiento administrativo común“).

734 Die Art. 139 ff. Gesetz 30/1992 werden ergänzt durch die Königliches Dekret 429/1993, v. 26.3.1993, durch welche die Verordnung über das Verfahren der öffentlichen Verwaltung in Bereich der Vermögenshaftung gebilligt wird, BOE Nr. 106, v. 4.5.1993, S. 13250 ff sowie durch die Art. 120- 123 des Gesetzes über Zwangsenteignungen (Ley de Expropiación Forzosa), v. 16.12.1954, BOE Nr. 351, v. 7.12.1954.

735 St.Rspr. des Tribunal Supremo und der Audiencia Nacional: U.a. *SSTS* Nr. 7515/2009, v. 27.11.2009 und Nr. 46/1999, v. 12.6.2003. *SSAN* Nr. 365/2001, v. 7.5.2002; Nr. 46/ 1999, v. 12.6.2003; Nr. 553/2007, v. 10.2.2009 und Nr. 362/2007, v. 23.4.2009. Ebenso *Consejo de Estado de España*, z.B. in: Informe sobre la inserción del Derecho europeo en el ordenamiento español, S. 172 ff; *ders.*Gutachten Nr. 3399/1998, v. 12.11.1998; *ders.* Gutachten Nr. 25555/2000, v. 14.9.2000. Aus dem Schrifttum z.B.: *Fernández García/Serrano Sordo*, Noticias de la UE 1998, 91 (116 f.); *Nicolás Lucas*, La incidencia en la práctica española del principio de responsabilidad patrimonial por incumplimiento del Derech comunitario, RAP 2005, 351 (364 ff.); *García de Enterría,* Gaceta Jurídica de la CEE Nr. 60, 1989, S. 2 ff.; *García Gómez de Mercado*, La responsabilidad del Estado en la aplicación normativa del Derecho comunitario, in:

Fall, dass die Rechtsverletzung des Einzelnen auf einem Verstoß der staatlichen Stellen gegen das Recht der EU beruht.[736]

Art. 121 CE regelt die Haftung für Schäden, die auf Grund eines Justizirrtums oder als Folge inkorrekter Ausübung der Justizverwaltung entstanden sind, welche durch die Art. 292 ff. des Organgesetztes über die rechtsprechende Gewalt[737] näher ausgestaltet werden. Auch sie sind nach allgemeiner Ansicht in analoger Weise anwendbar auf die Fälle des Verstoßes der rechtsprechenden Gewalt gegen Unionsrecht.[738]

Neben diesen Regeln der Verfassung enthalten auch die reformierten Autonomiestatute Vorschriften betreffend die nationale Staatshaftung.[739]

Die Verfassungs- und Autonomiestatutsregeln betreffen jedoch ausschließlich die Haftung des Staates für Schäden, die dieser in Ausübung seiner öffentlichen Gewalt Einzelnen verursacht hat. Hieraus lassen sich jedoch keine Rückschlüsse ziehen auf die vorliegend relevante Haftungsverteilung zwischen dem Zentralstaat und den Autonomen Gemeinschaften im Falle von Unionsrechtsverstößen mit finanziellen Sanktionen europäischer Institutionen. Denn diese Fälle

---

Ministerio de Justicia (Hrsg.), La Constitución española en el ordenamiento comunitario europeo, Bd. I, S. 216 (228 ff.); *Guichot*, La respnsabilidad extracontractual de los poderes públicos según el Derecho comunitario, S. 565 ff.; *Gómez Puente*, La responsabilidad por incumplimiento del Derecho comunitario, REAF 2006, 153 (181 ff.); *Pérez González*, Responsabilidad del Estado frente a particulares por incumplimiento del Derecho comunitario, S. 45 ff. Auf das Problem der Haftung der Legislative wird an dieser Stelle nicht eingegangen, da es für die vorliegende Untersuchung nicht erheblich ist und die entsprechende Rechtsprechung des Tribunal Supremo vom *EuGH* in der Rs. C-118/08, v. 26.1.2010 als unionsrechtswidrig erklärt wurde. Siehe hierzu *Rodriguez Carbajo*, Actualidad Administrativa 2010, S. 1000 ff.

736 Vgl. in Bezug auf die Verwaltungshaftung das Urteil des Tribunal Supremo Nr. 7515/2009, v. 27.11.2009 und hierbei insbesondere das „voto particular“ des Richters *Díez- Picazo Giménez*: „(...) In Ermangelung einer Vorschrift, die ausdrücklich die Haftung des Staates für Handlungen oder Unterlassungen der Verfassungsorgane regelt, muss diese durch die Rechtsprechung über das Modell der Haftung der öffentlichen Verwaltung gemäß Art. 106 CE geregelt werden, (...). In Bezug auf die Haftung der Cortes Generales auf Schadensersatz wegen der Nichtumsetzung einer europäischen RL: Urteil der Audiencia Nacional Nr. 365/2001, v. 7.5.2002 und in Bezug auf die Pflicht zum Schadensersatz der Zentralregierung: Urteil des Tribunal Supremo Nr. 46/1999, v. 12.6.2003.

737 Organgesetz 6/1985, v. 1.7.1985, del Poder Judicial, BOE Nr. 157, v. 2.7.1985.

738 Etwa Urteil der Audiencia Nacional (Sala de lo contencioso- administrativo, sección 3ª) Nr. 553/2007, v. 10.2.2009 und Nr. 362/2007, v. 23.4.2009.

739 Vgl. Art. 159 Abs. 5 AS Katalonien; Art. 47 Abs. 4 AS Andalusien; Art. 75 Abs. 12 AS Aragonien; Art. 31 Abs. 1 AS Balearen; Art. 32 Abs. 3 AS Kastilien-León: Art. 50 Abs. 1 AS Valencia.

betreffen allein das inter-körperschaftliche Verhältnis. Die Staatshaftungsfälle hingegen betreffen die Beziehung des Staates zum Einzelnen, in denen es überdies nicht zur Verhängung von finanziellen Sanktionen kommt.[740] Sie sind nicht Gegenstand der vorliegenden Untersuchung.[741]

Diese Vorschriften sind mithin nicht anwendbar für die Verteilung der Lastentragung im Falle finanzwirksamer Unionsrechtsverstöße.

III. Art. 149 Abs. 1 Nr. 3 CE i.V.m. Art. 93 S. 2 CE als Regressnorm?

Fraglich ist aber, ob nicht Art. 149 Abs. 1 Nr. 3 CE i.V.m. Art. 93 S. 2 CE als Grundlage für einen Rückgriffsanspruch des Zentralstaates in Betracht kommt. Wie gezeigt[742] hat der Zentralstaat gemäß Art. 149 Abs. 1 Nr. 3 CE die „ausschließliche Kompetenz für die auswärtigen Beziehungen" und gemäß Art. 93 S. 2 CE obliegt ihm die Gewährleistung der Erfüllung der völkerrechtlichen Pflichten.

1. Die Haftung des Zentralstaates gegenüber der EU

Das Verfassungsgericht erklärte in diesem Zusammenhang, dass zu unterscheiden sei zwischen einerseits der Verantwortung für die Einhaltung des ordnungsgemäßen Vollzugs und andererseits der Kompetenz zum Vollzug selbst.[743] Letzterer ist, wie gezeigt, nicht dem Zentralstaat kraft seiner Kompetenz für die auswärtigen Beziehungen gemäß Art. 149 Abs. 1 Nr. 3 CE i.V.m. Art. 93 S. 2 CE ausschließlich vorbehalten.

Hingegen gehört die Pflicht zur Einhaltung des ordnungsgemäßen Vollzugs, d.h. die Haftung nach außen, nach der ständigen Rechtsprechung des Verfassungsgericht zu dem sog. „harten Kern" der Kompetenzen, die von Art. 149 Abs. 1 Nr. 3 CE i.V.m. Art. 93 S. 2 CE dem Zentralstaat ausschließlich vorbehalten sind.[744]

740 Vgl. Einleitung A. und 1.Kap.C.

741 Vgl. Einleitung, A.

742 Siehe 4. Kapitel, A. und B.I.

743 *STC* 54/1990, v. 28.3.1990, FJ 3.

744 St. Rspr. des Verfassungsgericht: *SSTC* 148/1998, v. 2.7.1998, FJ 8; 165/1994, v. 26.5.1994, FJ 5; 80/1993, v. 8.3.1993, FJ 3; 79/1992, v. 28.5.1992, FJ 5; 153/1989, v. 5.10.1989, FJ 8; 252/1988, v. 20.12.1988, FJ 2.

2. Die Befugnis des Zentralstaates zur Übertragung der Haftung auf die Autonomen Gemeinschaften und zum Erlass entsprechender Gesetze

Bereits in dem Grundsatzurteil 252/1988[745] des Verfassungsgerichts hatte dieses im Zusammenhang mit dem Grundsatz der Anwendbarkeit der nationalen Kompetenzordnung auf den nationalen Vollzug des Unionsrechts[746] erklärt, dass, unbeschadet dieses Grundsatzes, die Notwendigkeit nicht ignoriert werden könne

„der Zentralregierung die unerlässlichen Instrumente zu verschaffen, damit sie ihrer Funktion gemäß Art. 93 CE (die notwendigen Maßnahmen zu ergreifen, um die Einhaltung der völkerrechtlichen Verträge zu gewährleisten, durch die Spanien Kompetenzen abgetreten hat) gerecht wird.“[747]

Näher ging das Verfassungsgericht hierauf in seiner bereits mehrfach[748] erwähnten Entscheidung 79/1992 über die Kompetenz zur Verwaltung der europäischen Fonds ein. Es nahm in dieser Entscheidung erstmals Stellung zu den Konsequenzen, die aus der Haftung des Zentralstaates nach außen im innerstaatlichen Verhältnis zu den Autonomen Gemeinschaften folge, indem es erklärte:

„(...) Die Haftung der Zentralverwaltung nach außen rechtfertigt zwar nicht die Aneignung einer Kompetenz, die ihr nach der Kompetenzordnung nicht zusteht, obwohl sie ihr auch nicht verbietet, die Haftung nach innen auf die zuständigen Autonomen Gemeinschaften zu übertragen, die ihnen von Fall zu Fall zukommt.“[749]

Erstmals setzte das Verfassungsgericht in dieser Entscheidung also ausdrücklich die aus Art. 149 Abs. 1 Nr. 3 i.V.m. Art. 93 S. 2 CE folgende Verantwortung des Zentralstaates nach außen für die korrekte Anwendung des Unionsrechts in direkte Verbindung mit dem Recht des Zentralstaates, diese Haftung innerstaatlich auf die tatsächlich für den Verstoß verantwortlichen Stellen zu übertragen. Das Verfassungsgericht konkretisierte dieses Recht des Zentralstaates in dem Urteil 148/1998[750], in welchem es wieder um einen Kompetenzkonflikt zwischen dem Zentralstaat und der Autonomen Gemeinschaft des Basken-

---

745 *STC* 252/1988, v. 20.12.1988.

746 Siehe hierzu 4. Kapitel, B.

747 St. Rspr. seit dem Verfassungsgerichtsurteil *STC* 252/1988, v. 20.12.1988, FJ 2: *“(...) tampoco cabe ignorar (...) la necesidad de proporcionar al Gobierno los instrumentos indispensables para desempeñar la función que le atribuye el art. 93 CE (adoptar las medidas necesarias para garantizar el cumplimiento de las resoluciones de los organismos internacionales en cuyo favor se han cedido competencias, es decir, del llamado derecho derviado)(...).”*

748 Siehe 4. Kapitel, D.

749 *STC* 79/1992, v. 28.5.1992, FJ 5.

750 *STC* 148/1998, v. 2.7.1998, FJ 10.

landes über die Verwaltung von Mitteln aus den europäischen Strukturfonds ging. Es wiederholte hierfür zunächst seine Grundsätze aus dem Urteil 79/1992, indem er erklärte:

„(…)All dies wird nicht durch die Tatsache widerlegt, dass es für den Zentralstaat zu finanziellen Verantwortlichkeiten kommen kann als Konsequenz von Unregelmäßigkeiten bei der Verwaltung der Beihilfen durch die zuständigen Autonomen Gemeinschaften. Das Gericht stellte in dem Urteil 252/1988, FJ 2 fest, „dass die Notwendigkeit, der Zentralregierung die unerlässlichen Instrumente zu verschaffen, um ihrer Aufgabe nach Art. 93 CE gerecht zu werden" nicht ignoriert werden könne, eine Feststellung, die das Gericht auch in dem Urteil 79/1992, FJ 5 wiederholte und in diesem Sinne wies das zuletzt genannte Urteil im 5. Entscheidungsgrund bereits daraufhin, was an dieser Stelle zu wiederholen ist, dass „diese Haftung der Zentralverwaltung nach außen nicht die Aneignung von Kompetenzen rechtfertigt, die ihr nicht zustehen, obwohl sie ihr andererseits auch nicht verbietet, die Haftung nach innen auf die zuständigen Autonomen Gemeinschaften zu übertragen, die ihnen von Fall zu Fall zukommt." (…).“[751]

Sodann fügte es konkretisierend hinzu:

„Es ist Aufgabe des Zentralstaates die Koordinations- und Kooperationssysteme zu schaffen, durch die Unregelmäßigkeiten oder Mängel bei der Erfüllung der gemeinschaftsrechtlichen Normen von vorneherein verhindert werden, sowie die Schaffung von interadministrativen Kompensationssystemen für die finanzielle Haftung, die den Zentralstaat treffen kann, sofern es tatsächlich zu den besagten Unregelmäßigkeiten oder Mängeln kommt und diese von den Institutionen der Europäischen Gemeinschaft festgestellt werden.“[752]

---

751 *STC* 148/1998, v. 2.7.1998, FJ 8: *« (…)Todo ello no queda desvirtuado por el hecho de que, como apunta el Abogado del Estado, pudieran generarse responsablidades financieras del Estdo ante las instituciones comunitarias como consecuencia de las irregularidades o negligencias derivadas de la actuación de las Comunidades Autónomas competentes para gestionar las ayudas. En la STC 252/1988, fundamento jurídico 2.°, se dijo que no cabe "ignorar que la necesidad de proporcionar al Gobierno los instrumentos indispensables para desempeñar la función que le atribuye el Art. 93 CE", criterio recogido también en la STC 79/1992 fundamento jurídico 1.° y, a tal efecto, esta última sentencia ya dejó apuntado en su fundamento jurídico 5.°, y ahora no came sino reiterarlo, que "esa responsabilidad "ad extra" de la Administración del Estado no justifica la asunción de una competencia que no le corresponde, aunque tampoco le impide repercutir "ad intra", sobre las Administraciones públicas autonómicas competentes, la responsabilidad que en cada caso proceda. (...)"*

752 STC 148/1998, v. 2.7.1998, FJ 8: *„(…) Corresponde al Estado establecer los sistemas de coordinación y cooperación que permitan evitar las irregularidades o las carencias*

Demnach rechtfertigt die Einstandspflicht des Zentralstaates gegenüber der EU gemäß Art. 149 Abs. 1 Nr. 3 CE i.V.m. Art. 93 S. 2 CE für die Erfüllung der unionsrechtlichen Pflichten zwar nicht die Übernahme von Kompetenzen, die ihm nach der Kompetenzordnung nicht zustehen. Es ist ihm aber erlaubt (, weil nicht verboten), seine Verantwortung nach außen innerstaatlich auf diejenigen Autonomen Gemeinschaften zu übertragen, die den Verstoß verursacht haben, sofern er gegenüber der EU für Verstöße haften muss, die die Autonomen Gemeinschaften verursacht haben. Dieses Recht folgt somit aus Art. 149 Abs. 1 Nr. 3 CE i.V.m. Art. 93 S. 2 CE. Aus der Feststellung des Verfassungsgerichts, dass die Verantwortung des Zentralstaates nach außen ihm „nicht verbiete“ seine Haftung innerstaatlich zu übertragen sowie, dass es „Aufgabe des Zentralstaates“ sei, die Haftung für finanzwirksame Unionsrechtsverstöße zu regeln, folgt, dass Art. 149 Abs. 1 Nr. 3 CE i.V.m. Art. 93 S. 2 CE keine unmittelbare Anspruchsgrundlage für einen Regress des Zentralstaates bei den Autonomen Gemeinschaften ist. Vielmehr beinhaltet Art. 149 Abs. 1 Nr. 3 CE i.V.m. Art. 93 S. 2 CE die Regelungskompetenz des Zentralstaates zur Schaffung eines entsprechenden Haftungssystems für finanzwirksame Unionsrechtsverstöße. Allerdings ließ das Verfassungsgericht in dem Urteil 148/1998 noch offen, nach welchen Kriterien und nach welchem Verfahren die Haftung der Autonomen Gemeinschaften für Verstöße gegen unionsrechtliche Pflichten zu erfolgen habe.

3. Vorgaben für die Regelung eines Haftungssystems für Unionsrechtsverstöße

Bis heute hat das Verfassungsgericht zwar noch keine konkreten Feststellungen hinsichtlich der Ausgestaltung eines allgemeinen Haftungssystems für Unionsrechtsverstöße getroffen. Aus dem Urteil 96/2002[753] lassen sich jedoch Rückschlüsse auf derartige Anforderungen ziehen: In diesem Urteil wiederholte das Verfassungsgericht seine in den Urteilen 79/1992 und 148/1998 begründete Rechtsprechung bezüglich des Rechts des Zentralstaates zur Übertragung der Haftung für Unionsrechtsverstöße auf die tatsächlich verantwortlichen Autonomen Gemeinschaften, stellte diese Rechtsprechung aber erstmals in direkte Verbindung zu seiner Rechtsprechung bezüglich der Anwendbarkeit der innerstaatlichen Kompetenzordnung auch für die Verteilung der Zuständigkeiten für den nationalen Vollzug des Unionsrechts. Aus der Systematik und Strukturierung

---

en el cumplimiento de la normativa comunitaria, así como los sistemas de compensación interadministrativa de la responsabilidad financiera que pudiera generarse para el propio Estado en el caso de que dichas irregularidades o carencias se produjeran efectivamente y así se constatara por las instituciones comunitarias."

753 *STC* 96/2002, v. 25.4.2002, FJ 10

seiner Argumentation lassen sich dabei Schlüsse auf die Anforderungen einer allgemeinen Haftungsnorm ziehen. Da die Art der Formulierung des Gerichts hierfür wesentlich ist, wird im Folgenden die entsprechende Textstelle des Urteils zunächst wörtlich übersetzt, worauf sodann näher eingegangen wird. Im 10. Entscheidungsgrund des Urteils 96/2002 erklärte das Verfassungsgericht:

„(…)Tatsächlich, im Einklang mit unserer Rechtsprechung, gilt die Kompetenzverteilung zwischen dem Zentralstaat und den Autonomen Gemeinschaften nach der Verfassung auch für den Vollzug des Gemeinschaftsrechts, da die Übertragung dieses supranationalen Rechts die Verfassungsregeln der Kompetenzverteilung unberührt lässt, in dem Sinne, dass die geschaffene Kompetenzordnung weder durch den Beitritt Spaniens zur Europäischen Gemeinschaft noch durch Verkündung von Gemeinschaftsnormen verändert wird (st. Rspr.: siehe Angabe in der Fn.).

Letztendlich richtet sich nicht nur „der Vollzug des Gemeinschaftsrechts danach, wer materiell die Kompetenz gemäß den innerstaatlichen Kompetenzregeln innehat, da „keine spezifische Kompetenz für den Vollzug des Gemeinschaftsrechts existiert“ (STC 236/1991, v. 12.12.1991, FJ 9)“ (STC 79/1992, v. 28.5.1992, FJ 1), sondern „diese Haftung der Zentralverwaltung nach außen rechtfertigt nicht die Aneignung von Kompetenzen, die ihr nicht zustehen, obwohl sie ihr andererseits auch nicht verwehrt, die Haftung nach nnen auf die zuständigen Autonomen Gemeinschaften zu übertragen, die ihnen von Fall zu Fall zukommt.“[754]

754 *STC* 96/2002, v. 25.4.2002, FJ 10: *„(…) En efecto, conforme a nuestra doctrina, la distribución competencial que entre el Estado y las Comunidades Autónomas ha operado el Texto Constitucional rige también para la ejecución del Derecho Comunitario, pues la traslación de este Derecho supranacional no afecta a los criterios constitucionales del reparto constitucional, de tal manera que el orden competencial establecido no resulta alterado ni por el ingreso de España en la Comunidad Europea ni por la promulgación de normas comunitarias (SSTC* 252/1988, v. 20.12.1988, FJ 2; 64/1991, v. 22.5.1991, FJ 4; 76/1991, v. 11.4.1991, FJ 3; 116/1991, v. 23.5.1991, FJ 1; 236/1991, v. 12.12.1991, FJ 9; 79/1992, v. 28.5.1992, FJ 1; 117/1992, v. 16.9.1992, FJ 2; 80/1993, v. 8.5.1993, FJ 3; 141/1993, v. 22.4.1993, FJ 2; 112/1995, v. 6.7.1995, FJ 4; 146/1996, v. 19.9.1996, FJ 2; 148/1998, v. 2.7.1998, FJ 8 und 21/1999, v. 25.2.1999). *En definitiva, no sólo “la ejecución del Derecho comunitario corresponde a quien materialmente ostente la competencia, según las reglas de Derecho interno, puesto que “no existe una competencia específica para la ejecución del Derecho comunitario”* (*STC* 236/1991, FJ 9)”(*STC* STC 79/1992, FJ 1)*, sino que “esa responsabilidad ad extra de la Administración del Estado no justifica la asunción de una competencia que no le corresponde, aunque tampoco le impide repercutir “ad intra”, sobre las Administraciones Pública autonómicas competentes, la responsabilidad que en cada caso proceda”* (*STC* 148/ 1998, FJ 8).*”*

Methodisch geht das Verfassungsgericht dabei derart vor, dass es zunächst seine bereits seit dem Urteil 252/1988 gefestigte Rechtsprechung wiederholt, nach welcher der Vollzug des Unionsrechts sich in Spanien nach der innerstaatlichen Kompetenzordnung der Verfassung richtet, um sodann in einem nächsten Schritt zu erklären, dass nicht nur der Vollzug des Unionsrechts sich danach richte, wer gemäß der innerstaatlichen Kompetenzverteilung die Kompetenz für die entsprechende Materie inne hat, sondern auch die finanzielle Haftung im Falle der Verletzung der unionsrechtlichen Vorschriften. Liest man das Urteil in seiner Originalfassung, so überrascht zunächst, dass die entscheidende Textpassage sprachlich nicht korrekt und dadurch zunächst nicht gut verständlich ist, denn das Verfassungsgericht beginnt den entsprechenden Satz damit, dass es erklärt, dass „nicht bloß der Vollzug des Unionsrechts" sich danach richte, „wer gemäß der innerstaatlichen Kompetenzverteilung die entsprechende Kompetenz inne" habe und verbindet sodann diese Aussage mittels des Wortes „sondern" mit seiner zuvor dargestellten Rechtsprechung über die zentralstaatliche Befugnis zur Übertragung der Haftung auf die tatsächlich verantwortlichen Autonomen Gemeinschaften. Dabei wiederholt das Verfassungsgericht die entsprechende Rechtsprechung wörtlich und nimmt in Kauf, dass es so auf die Haftung des Zentralstaates nach außen Bezug nimmt, von der zuvor jedoch gar nicht die Rede war. Die sprachliche Ungenauigkeit scheint aber das Mittel zur Erreichung des Ziels zu sein, die zuletzt genannte Rechtsprechung bezüglich des Rechts des Zentralstaates zur Übertragung seiner Haftung auf die Autonomen Gemeinschaften in den Kontext seiner Rechtsprechung über die Geltung der innerstaatlichen Kompetenzverteilung auch für den Vollzug des Unionsrechts in Spanien zu stellen. Dies ist durchaus konsequent und erklärt mithin die zunächst seltsam anmutende Art der Formulierung. Das Verfassungsgericht setzt die Haftung für den fehlerhaften Vollzug auf diese Weise in direkte Beziehung zur Kompetenzverteilung für den Vollzug des Unionsrechts und dadurch zur nationalen Kompetenzordnung, wodurch die Verbindung aller drei Bereiche deutlich wird.

Hieraus folgt für den zentralstaatlichen Gesetzgeber in Bezug auf die Schaffung einer allgemeinen Haftungsregel für finanzwirksame Verstöße gegen das Recht der EU, dass diese der innerstaatlichen Kompetenzordnung entsprechen muss, d.h. sie muss im Einklang stehen mit dem „bloque de constitucionalidad" sowie dem Finanzsystem.[755]

755 Siehe hierzu die Ausführungen unter 3. Kapitel, D. u. E.

4. Ergebnis

Im Ergebnis ist festzustellen, dass nach der Rechtsprechung des Verfassungsgerichts, der Zentralstaat das Recht hat, seine Haftung auf die Autonomen Gemeinschaften zu übertragen. Art. 149 Abs. 1 Nr. 3 CE i.V.m. Art. 93 CE ist dabei jedoch selbst keine Anspruchsgrundlage für einen Rückgriff des Zentralstaates bei den Autonomen Gemeinschaften, sondern enthält die Regelungsbefugnis des Zentralstaates zur Schaffung eines entsprechenden Haftungssystems. Hierbei ist der zentralstaatliche Gesetzgeber an die Regeln über die materielle und finanzielle Kompetenzordnung gebunden. Von der Befugnis zur Schaffung eines interkörperschaftlichen Haftungssystems für finanzwirksame Unionsrechtsverstöße hat der zentralstaatliche Gesetzgeber bislang jedoch noch nicht in allgemeiner Form Gebrauch gemacht.

IV. Einfachgesetzliche Haftungsregeln für spezielle Materien

In Ermangelung eines allgemeinen Haftungssystems hat der zentralstaatliche Gesetzgeber für spezielle Bereiche auf einfachgesetzlicher Ebene Haftungsnormen geschaffen, die die interkörperschaftliche Zuständigkeit für finanzwirksame Unionsrechtsverstöße regeln. Ihre Anzahl ist in den vergangenen Jahren kontinuierlich gestiegen.

Die Haftung für Verstöße gegen das Recht der EU war nach dem Beitritt Spaniens zur EWG im Jahre 1986 auf einfach-gesetzlicher Ebene zunächst lange Zeit gar nicht normiert. Seit 1999 begann der zentralstaatliche Gesetzgeber dann, die Haftung für Unionsrechtsverstöße für einzelne Bereiche zu normieren: Zunächst erließ er Haftungsregeln für den Bereich der Fonds der EU, sodann auch für den Bereich der Haushaltsstabilität im Falle eines übermäßigen öffentlichen Defizits sowie für den Bereich der Zwangsgelder und Pauschalbeträge durch den EuGH.

Insgesamt ist seit 1999 ein Prozess des zentralstaatlichen Gesetzgebers zu beobachten, die Haftung der öffentlichen Verwaltung für finanzwirksame Verstöße gegen das Recht der EU in immer mehr Bereichen normativ zu regeln, was umgehend starke Gegenreaktionen der Autonomen Gemeinschaften auslöste. Diese legten gegen die einzelnen Haftungsregeln des zentralstaatlichen Gesetzgebers regelmäßig – erfolglos – Widerspruch ein, mit der Behauptung, durch diese Vorschriften in ihren Kompetenzen verletzt zu werden.[756]

Die Frage der normativen Regelung der Haftung für Unionsrechtsverstöße ist derzeit von hoher Aktualität wie an dem neusten Gutachten des spanischen Staatsrats vom 15.12.2010 über die „Gewährleistung der Erfüllung des Gemeinschaftsrechts" zu sehen ist, welches dieser im Auftrag der Zentralregierung erarbeitete.[757] Überdies sind wie im 2.Kapitel gezeigt aktuell zwei Verfahren beim EuGH anhängig, die zu einer erneuten Verurteilung Spaniens und der Verhängung von Zwangsgeldern und Pauschalbeträgen führen können.[758] Zu beobachten ist, dass in dem Maße, in dem die Befugnisse der EU zu finanziellen Sanktionen gegen die Mitgliedstaaten wachsen, der zentralstaatliche Gesetzgeber von seiner Befugnis zur Regelung der innerstaatlichen Haftungsverteilung für derartige Sanktionen Gebrauch macht.[759] Er hat die entsprechende Haftung bislang stets von Fall zu Fall geregelt, da er immer (erst) dann aktiv wurde, wenn die Verhängung finanzieller Sanktionen gegen das Königreich Spanien durch europäische Institutionen konkret drohte.[760] Dabei sind die entsprechenden Normen genau in jenen Bereichen erlassen worden, in denen die EU die Befugnis zu finanziellen Sanktionen hat, nämlich im Bereich der Fonds der EU, im Bereich des öffentlichen Defizits sowie im Zusammenhang mit dem Nichtvollzug von EuGH-Urteilen.[761] Für den konkreten Bereich wurde dann relativ zügig eine spezielle Haftungsregel erlassen.[762]

1. Spezielle Haftungsregeln für die Finanzkorrekturen im Bereich der Fonds der EU

Die ersten Haftungsregeln für Verstöße gegen das Unionsrecht wurden im Bereich des Agrarrechts erlassen und zwar im Zusammenhang mit Art. 8 Abs. 2

756 *STSS* Nr. 114/2003, v. 28.6.2005, ponente: *Martí García* u. Nr. 78/2003, v. 20.11.2005, ponente: Enríquez Sancho. Näher hierzu im Folgenden im Zusammenhang mit der speziellen Haftungsregel im Bereich des EGFL.

757 Siehe Einleitung, A. und 5. Kapitel, S. 156.

758 Vgl. hierzu oben, 2.Kapitel, A.II.

759 *Consejo de Estado de España*, Informe sobre garantías del cumplimiento del Derecho Comunitario, v. 15.12.2010, S. 169 f.

760 *Consejo de Estado de España*, Informe sobre garantías del cumplimiento del Derecho Comunitario, v. 15.12.2010, S. 155.

761 Vgl. hierzu die Ausführungen 1.Kapitel, C.I. und 2. Kapitel.

762 *Consejo de Estado de España*, Informe sobre garantías del cumplimiento del Derecho Comunitario, v. 15.12.2010, S. 155.

VO (EWG) Nr. 729/70[763]: Bereits ein Jahr nach dem Beitritt Spaniens zur EWG im Jahre 1986 enthielt eine Verfügung des zentralstaatlichen Ministeriums für Landwirtschaft, Fischerei und Ernährung[764] vom 12.3.1987 in Ziffer 8 eine Regel, die bestimmte:

„(...) die Haftungsregelung des Art. 8 Abs. 2 der VO (EWG) Nr. 729/70 hat Auswirkungen auf die verschiedenen öffentlichen Verwaltungen in Bezug auf ihre jeweiligen Handlungen."[765]

Diese Bestimmung erhielt im Laufe der Zeit die Bezeichnung „Klausel der finanziellen Haftungsteilung" ("cláusula de corresponsabilidad financiera") und fand in verallgemeinerter Form Eingang in zahlreiche Verwaltungsanweisungen und Königliche Verordnungen im Bereich der Verwaltung der Fonds der EU. Bis Ende 1999 wurde die Thematik jedoch nicht auf Gesetzesebene, sondern lediglich auf Verordnungsebene geregelt. Grund hierfür war die Tatsache, dass Spanien von Beginn an zu den von den europäischen Fonds privilegierten „Empfängerstaaten" gehörte.[766] Erst durch die verstärkte Kontrolle durch die Kommission sowie durch die Herabsetzung der an Spanien verteilten Gelder aus den Fonds der EU wurde die innerstaatliche Regelung der finanziellen Haftung zwischen den verschiedenen öffentlichen Verwaltungen immer dringlicher und fand mehr Beachtung im Schrifttum.[767]

a) Die erste legislative Haftungsregel für die Verwaltung der europäischen Fonds

Daher erließ der zentralstaatliche Gesetzgeber am 19.12.1999 erstmals auf legislativer Ebene eine Haftungsvorschrift für den speziellen Bereich der europäi-

763 VO (EWG) Nr. 729/70 des Rates v. 21.4.1970 über die Finanzierung der Gemeinsamen Agrarpolitik; mittlerweile aufgehoben und ersetzt durch VO (EG) Nr. 1258/1999, v. 17.5.1999 über die Gemeinsame Agrarpolitik, die ihrerseits aufgehoben und ersetzt wurde durch VO (EG) Nr. 1290/2005 des Rates, v. 21.6.2005 über die Finanzierung der Gemeinsamen Agrarpolitik, siehe 1. Kapitel, C.I.2.a).

764 Orden del Ministerio de Agricultura, Pesca y Alimentación, v. 12.3.1987.

765 *„(...) el régimen de responsabilidad previsto en el art. 8.2 del Reglamento (CEE) nr° 729/70, afectará a las diferentes Administracines Públicas en relación con sus respectivas actuaciones."*

766 Vgl. *Ordóñez Solís*, La responsabilidad de las Comunidades Autónomas y de los entes locales españoles por la violación del Derecho de la Unión Europea: Procedimientos de reclamación, in: *Biglino Campos/Delgado del Rincón* (Hrsg.), El incumplimiento del Derecho comunitario en el Estado autonómico, S. 166.

767 *Ordóñez Solís*, a.a.O., S. 166.

schen Fonds: Art. 44 des Sondermaßnahmengesetzes 55/1999[768] trug den Titel „Finanzielle Haftung für die Verwaltung der europäischen Fonds“ („Responsabilidad financiera por la gestión de los fondos procedentes de la Unión Europea”) und enthielt Regeln für die finanzielle Haftung für Unionsrechtsverstöße im Bereich der Fonds der EU. Die Regel ging zurück auf Art. 13 der – mittlerweile aufgehobenen - Königlichen Verordnung 2206/1995[769], die bereits auf Verordnungsebene das sog. „Prinzip der finanziellen Haftungsteilung“ („principio de corresponsabilidad financiera“) für den Bereich der Finanzkorrekturen der EU im Zusammenhang mit dem EAGFL-Abteilung Garantie enthalten hatte.[770] Art. 44 Sondermaßnahmengesetz 55/1999 schrieb dieses Prinzip erstmals auf Gesetzesebene fest. Das Prinzip gilt seither allgemein im Bereich der Verwaltung sämtlicher Fonds der EU.

b) Die Haftungsregelung in Art. 7 des Allgemeinen Subventionsgesetzes 38/2003

Aktuell ist das Allgemeine Subventionsgesetz 38/2003[771] das für aus den europäischen Fonds finanzierte Beihilfen maßgebliche Gesetz, das in Art. 7 eine allgemeine Haftungsregel für den Bereich der Finanzkorrekturen der europäischen

---

768 Ley 55/1999, v. 29.12.1999, de Medidas fiscales, administrativas y de orden social para el año 2000; BOE Nr. 312, v. 30.12.1999, S. 46095- 46149. Zu Deutsch: Gesetz zur Besteuerung, administrativen Regelung und sozialen Angelegenheit (im Folgenden Sondermaßnahmengesetz 55/1999). Ein „Sondermaßnahmengesetz“ wird jedes Jahr gemeinsam mit dem Haushaltsgesetz verabschiedet.

769 Art. 13 del Real Decreto 2206/1995, v. 28.12.1995, por el que se regulan las actuaciones interadministrativas relativas a los gastos de la sección Garantía del Fondo Europeo de Orientación y Garantía Agrícola (FEOGA). Mittlerweile aufgehoben und ersetzt durch Real Decreto 327/2003, v. 14.3.2003, por el que se regula el régimen de los organismos pagadores y de coordinación con el FEOGA- Garantía; BOE Nr. 80, v. 3.4.2003, S. 12853- 12856.

770 „Los Organismos pagadores y las Administraciones de las que dependan asumirán la responsabilidad financiera que pudiera corresponderles por la realización de actuaciones o pagos indebidos, y en particular de las correscciones financieras que pudiera aplicar la Unión Europea por actuaciones derivadas de su gestión.” Zu deutsch:
„Die Zahlstellen und die Verwaltungen, denen die Zahlstellen unterstehen, übernehmen die finanzielle Verantwortung, die ihnen zukommen kann wegen der Wahrnehmung unangemessener Handlungen oder Zahlungen, und insbesondere für die Finanzkorrekturen der EU, die diese für Handlungen anwenden kann, die aus der Verwaltung der Fonds herrühren.“

771 Ley 38/2003, v. 17.11.2003, General de Subvenciones, BOE Nr. 276, v. 18.11.2003, S. 40505- 40532. Vgl. hierzu die Ausführungen unter 4. Kapitel, D.II. Im Folgenden Gesetz 38/2003.

Kommission für alle europäischen Fonds enthält. Art. 7 entspricht Art. 44 des Sondermaßnahmengesetzes 55/1999 fast wörtlich. Er trägt die Überschrift „Finanzielle Haftung für die Verwaltung der europäischen Fonds“ und bestimmt in drei Absätzen das Folgende:

„*1. Die öffentlichen Verwaltungen oder ihre verwaltenden Organe oder Körperschaften, die, im Einklang mit ihren jeweiligen Kompetenzen, Verwaltungs- oder Kontrollhandlungen in Bezug auf aus dem Europäische Ausrichtungs- und Garantiefonds für die Landwirtschaft (Abteilung Ausrichtung und Garantie), dem Europäische Fonds für regionale Entwicklung, dem Europäischen Sozialfonds, dem Europäischen Fischereifond und dem Europäischen Kohäsionsfonds, sowie aus jeglichem anderen Gemeinschaftsfonds finanzierte Beihilfen ausüben,* ***übernehmen die Haftung, die sich aus diesen Handlungen ergibt, einschließlich derjenigen, die sich aus Entscheidungen der Organe der Europäischen Union ergeben, insbesondere im Zusammenhang mit dem Rechnungsabschlussverfahren und der Anwendung der Haushaltsdisziplin durch die europäische Kommission.***

2. Die zuständigen Organe der Zentralverwaltung entscheiden über die Bestimmung der jeweiligen finanziellen Haftung, um so die Beihilfezahlungen aus jedem der Fonds zu koordinieren oder vorzuschlagen, wobei hierbei zuvor die betroffenen, im vorherigen Absatz erwähnten Gebietskörperschaften angehört werden. Diese Beschlüsse werden an das Wirtschaftsministerium geleitet, damit die finanziellen Verrechnungen, Abzüge und Kompensationen gegenüber den beeinträchtigten Gebietskörperschaften durchgeführt werden können.

3. Die finanziellen Kompensationen, die als Konsequenz der im vorherigen Absatz genannten Handlungen vorzunehmen sind, übt die Generaldirektion „Schatzkammer und finanzielle Politiken“[772] *des Wirtschaftsministeriums aus, indem der Betrag der Schadenssumme von in der Zukunft zu gewährenden Zahlungen abgezogen wird, die aus den genannten Fonds der Europäischen Union stammen, im Einklang mit der jeweiligen Rechtsnatur jeder dieser Fonds und den entsprechenden Verfahren, die mittels einer gemeinsamen Verordnung des Wirtschafts- und Finanzministeriums bestimmt* werden.“[773]

---

772 La Dirección General del Tesoro y Política Financiera.

773 Art. 7 des Gesetzes 38/2003, General de Subvenciones lautet im Original:
1. Las Administraciones públicas o sus órganos o entidades gestoras que, de acuerdo con sus respectivas competencias, realicen actuacines de gestión y control de las ayudas financiadas por cuenta del Fondo Europeo de Orientación y Garantía Agraria (Secciones Orientación y Garantía), Fondo Europeo de Desarrollo Regional, Fondo Social Europeo, Instrumento Financiero de Orientación Pesquera y Fondo de

Zusammengefasst bestimmt Art. 7 Abs. 1 Gesetz 38/2003 demnach den für alle europäischen Fonds geltenden Grundsatz, dass die gemäß der Kompetenzordnung zuständige Behörde die finanzielle Haftung, insbesondere für die Finanzkorrekturen der europäischen Kommission übernimmt. Art. 7 Abs. 2 Gesetz 38/2003 legt fest, dass einerseits die Organe der Zentralverwaltung über die Bestimmung der jeweiligen finanziellen Haftung entscheiden und andererseits den betroffenen Körperschaften zuvor rechtliches Gehör zu gewährleisten ist.

Schließlich ist nach Art. 7 Abs. 3 Gesetz 38/2003 die Generaldirektion „Schatzkammer und Finanzpolitik" des Wirtschaftsministeriums, also des Zentralstaates, für die Realisierung der finanziellen Verrechnungen, Abzüge und Kompensationen zuständig, wobei hierbei die entsprechenden Beträge von künftigen Zuteilungen aus den Fonds abzuziehen sind.

Jedoch regelt Art. 7 Gesetz 38/2003 weder, nach welchen Kriterien die Zentralverwaltung ihre Entscheidung über die Haftung zu bemessen hat noch, nach welchem Verfahren die Verrechnung der Beträge zu erfolgen hat.

c) Art. 84 des Allgemeine Haushaltsgesetzes 47/2003

Auf Art. 7 Gesetz 38/2003 bezieht sich auch das Allgemein Haushaltsgesetz 47/2003[774], das in den Art. 82-84 die finanziellen Transaktionen zwischen Spanien und der Europäischen Union regelt. Nach Art. 84 Abs. 1 Gesetz 47/2003 folgt die Rückerstattung von Beihilfen sowie die finanzielle Haftung für die

---

Cohesión, así como de cualesquiera otros fondos comunitarios, asumirán las responsabilidades que se deriven de dichas actuaciones, incluidas las que sobrevengan por decisiones de los organos de la Uión Europea, y especialmente en lo relativo al proceso de liquidación de cuentas y a la aplicación de la disciplina presupuestaria por parte de la Comisión Europea.

2. Los órganos competentes de la Administración General del Estado para proponer o coordinar los pagos de las ayudas de cada Fondo o Instrumento, previa audiencia de las entidades afectadas mencionadas en el apartado anterior, resolverán acerca de la determinación de las referidas responsabilidaes financieras. De dichas resoluciones se dará traslado al Ministerio de Hacienda para que se efectúen las liquidaciones, deducciones o compensaciones financieras pertinentes a aplicar a las entidades afectadas.

3. Las compensaciones financieras que deban realizarse como consecuencia de las actuaciones señaladas en el apartado anterior, se llevarán a cabo por la Dirección General del Tesoro y Política Financiera, mediante la deducción de sus importes en los furos libramientos que se realicen por cuenta de los citados Fondos e Instrumentos Financieros de la Unión Europea, de acuerdo con la respectiva naturaleza de cada uno de ellos y con los procedimientos que se establezcan mediante Orden del Ministerio de Economía y Hacienda, previo Informe de los Departamentos competentes."

774 Vgl. zum Gesetz 47/2003 oben 4. Kapitel, D.

Verwaltung der Fonds der Europäischen Union den Bestimmungen des Allgemeinen Subventionsgesetzes und des Gemeinschaftsrechts. Art. 84 Abs. 2 Gesetz 47/2003 wiederholt sodann den in Art. 7 Abs. 1 Gesetz 38/2003 enthaltenen Grundsatz, dass im Bereich der Gemeinsamen Agrarpolitik im Falle einer Anlastung durch die Europäische Gemeinschaft ein nicht zurückerstatteter Betrag von den jeweiligen Verwaltungseinrichtungen entsprechend ihren jeweiligen Handlungen zu entrichten ist. Auch Art. 84 Gesetz 47/2003 enthält keine Regeln hinsichtlich des Maßstabes zur Bestimmung der Haftung sowie des anzuwendenden Verfahrens zur Verrechnung der zu zahlenden Beträge.

d) Die spezielle Haftungsregelung im Bereich des EGFL

Für den Bereich des EAGFL, Abteilung Garantie (bzw. nunmehr EGFL[775]) enthalten die Art. 12-14 der Königlichen Verordnung 327/2003[776] spezielle Regeln für die finanzielle Haftung der öffentlichen Verwaltung. Sie sind insgesamt detaillierter ausgestaltet als die zuvor genannten Regeln und enthalten konkrete Verfahrensregeln für den Fall der Finanzkorrekturen der europäischen Kommission. Art. 12 KVO 327/2003 schreibt zunächst das allgemeine Prinzip der finanziellen Haftungsteilung speziell auch für den Bereich des EGFL fest, wonach die Zahlstellen gemäß ihrer jeweiligen Kompetenz die finanzielle Haftung für ihre Handlungen übernehmen.[777] Sodann enthält Art. 13 KVO 327/2003 detaillierte Regeln für das Verfahren zur Haftungsbestimmung („procedimiento para la determinación de la responsabilidad“). Zusammengefasst[778] sieht es vor, dass im Falle einer Finanzkorrektur der europäischen Kommission der FEGA[779] eine Stellungnahme hinsichtlich der innerstaatlichen Verteilung der Lasten abgibt.

---

775 Siehe 1. Kapitel, C.I.2.

776 Königliche Verordnung 327/2003, v. 14.3.2003, por el que se regula el régimen de los organismos pagadores y de coordinación con el FEOGA- Garantía (VO, durch welche das System der Zahlstellen und der Koordination mit dem EAGFL, Abteilung Garantie geregelt wird), BOE Nr. 80, v. 3.4.2003, S. 12853 ff. Im Folgenden KVO 327/2003.

777 Art. 12 Abs. 1 KVO 327/2003 im Originalwortlaut: *„Los organismos pagadores que, de acuerdo con sus respectivas competencias, realicen actuaciones de gestión y control de las ayudas financiadas por cuenta de la sección Garantía del FEOGA asumirán las responsabilidades que se deriven de dichas actuaciones, incluidas las que sobrevengan por decisiones de la Unión Europea y, especialmente, en lo relativo al proceso de liquidación de cuentas y a la aplicación de la disciplna presupuestaria.”*

778 Aus Platzgründen wird an dieser Stelle darauf verzichtet, den Originalwortlaut des Art. 14 KVO 327/2003 wiederzugeben. Siehe hierfür BOE Nr. 80, v. 3.4.2003, S. 12856.

779 Die zentrale Zahlstelle, vgl. 4. Kapitel, I.2.

Die hiervon betroffene Zahlstelle[780] hat sich innerhalb eines Monats hierzu zu äußern. Im Falle, dass sie dem Anlastungsvorschlag des FEGA widerspricht (, wofür sie einen Monat Zeit hat), erfolgen innerhalb von drei Monaten bilaterale Konferenzen zwischen dem FEGA und der betroffenen Zahlstelle. Im Falle, dass diese zu keiner Einigung führen oder dass die betroffene Zahlstelle nicht widerspricht oder die Frist untätig verstreichen lässt, trifft der FEGA eine endgültige Entscheidung über den anzulastenden Betrag. Hiergegen steht der betroffenen Stelle der Rechtsweg vor den Verwaltungsgerichten offen. Gemäß Art. 14 VO 327/2003 wird die Entscheidung des FEGA an das Wirtschaftsministerium geleitet, das sodann darüber entscheidet, in welcher Höhe die anzulastenden Beträge verrechnet werden mit denjenigen Beträge, die der entsprechenden Zahlstelle gemäß dem Finanzsystem aus dem Staatshaushalt zustehen.[781] Im Falle, dass es sich bei dieser Zahlstelle um eine Autonome Gemeinschaft handelt, die nicht zum allgemeinen Finanzsystem gehört[782], ist vorgesehen, dass ihr die entsprechenden Beträge unmittelbar von den ihr zustehenden Gemeinschaftsmitteln abgezogen werden.

Das innerstaatliche Haftungssystem ist mithin für den Bereich des EGFL differenzierter ausgestaltet als für den Bereich aller anderen europäischen Fonds. Einzig in diesem Bereich ist ein interadministrativer Austausch im Verfahren zur Haftungsverteilung geregelt und es wird den Besonderheiten des Finanzsystems bei der Verrechnung der Anlastungsbeträge Rechnung getragen. Die allgemeine Haftungsregel des Art. 7 des Allgemeinen Subventionsgesetzes hingegen berücksichtigt diese speziellen Beziehungen bislang nicht.

Gegen das in Art. 13 KVO 327/2003 vorgesehene Verfahren, insbesondere gegen die darin erklärte Zuständigkeit der Zentralverwaltung für die Bestimmung der Haftung, haben die Autonomen Gemeinschaften Aragonien und Extremadura Widerspruch vor dem Obersten Gerichtshof (Tribunal Supremo) eingelegt, welcher diesem jedoch nicht stattgegeben hat, sondern befand, dass

---

780 Art. 13 KVO 327/2003 spricht von „organismo afectado“. Aus Art. 12 und Art. 14 KVO 327/2003 ergibt sich aber, dass damit die Zahlstellen der Autonomen Gemeinschaften gemeint sind, da Art. 12 KVO 327/2003 sich auf die „Zahlstellen“ („organismos pagadors“) bezieht und Art. 14 Abs. 3 KVO 327/2003 auf „jene Autonomen Gemeinschaften, die nicht zum Allgemeinen Finanzsystem“ gehören. Aus der Zusammenschau der vorschriften ergibt sich daher, dass mit „organismo afectado“ in Art. 13 KVO 327/2003 die betroffenen Zahlstellen der Autonomen Gemeinschaften gemeint sind.

781 Siehe zum Finanzsystem die Ausführungen im 3. Kapitel, E.

782 3. Kapitel, E.III.

das nationale System der Haftungsteilung im Agrarbereich im Einklang mit Verfassung und Gesetz stünde.[783]

Das in Art. 12 ff. KVO 327/2003 vorgesehene Verfahren kam erstmals zur Anwendung im Zusammenhang mit der oben[784] erwähnten EuGH Entscheidung, Rs. C-214/00[785]: Nachdem der EuGH das Königreich Spanien wegen des Verstoßes gegen seine vertraglichen Pflichten verurteilt hatte[786], nahm die europäische Kommission gegenüber dem Zentralstaat entsprechende Finanzkorrekturen vor. Dieser nahm daraufhin hierfür Regress bei denjenigen Autonomen Gemeinschaften, die die fraglichen Fonds verwaltet hatten. Die Autonomen Gemeinschaften hatten jedoch lediglich die entsprechenden zentralstaatlichen Gesetze vollzogen, welche ursächlich für die Entscheidung des EuGH waren, da sie nicht im Einklang mit dem Unionsrecht waren. Die Autonomen Gemeinschaften waren an dem Erlass der Gesetze nicht beteiligt gewesen. Obwohl sie somit den Vertragsverstoß nicht verursacht hatten, führten die Haftungsregeln der Art. 12 ff. KVO 327/2003 dazu, dass die Autonomen Gemeinschaften die finanziellen Konsequenzen aus dem Verstoß zu tragen hatten, da nach dem Wortlaut des Art. 12 Abs. 1 VO 327/2003 die zuständigen öffentlichen Stellen die Haftung übernehmen, die sich aus ihren Handlungen zur Erteilung der Beihilfen ergibt. Die Erteilung der Beihilfe, wenn auch in Vollzug gemeinschaftswidriger Vorschriften des Zentralstaates, war aber durch die Autonomen Gemeinschaften erfolgt, weshalb der Zentralstaat nach den Regeln der Art. 12 ff. des KVO 327/2003 bei diesen für die Finanzkorrekturen der europäischen Kommission Regress nehmen konnte. Eine Regel für einen Fall wie dem vorliegenden, in welchem den Autonomen Gemeinschaften ein Schaden aus unionsrechtswidrigen Handlungen des Zentralstaates entsteht, enthalten die Vorschriften hingegen nicht. Sie regeln folglich nicht alle praktisch relevanten und theoretisch möglichen Fälle, was einer der Hauptkritikpunkte an ihnen ist.[787]

---

783 Vgl. *STSS* Nr. 114/2003, v. 28.6.2005, ponente: *Martí García* u. Nr. 78/2003, v. 20.11.2005, ponente: Enríquez Sancho.

784 2. Kapitel, A.II.

785 *EuGH*, v. 15.5.2003 – Rs. 214/00, Slg. 2003, Slg. I-4667 – Kommission/Königreich Spanien.

786 Sehe hierzu bereits unter 2.Kapitel, A.II.aE.

787 Vgl. etwa *Gómez Puente*, REAF 2006, 153 (190 ff.).

2. Spezielle Haftungsregeln für den Bereich des öffentlichen Defizits

Nachdem Ende 2001 die Wirtschafts- und Währungsunion in ihre dritte Phase getreten und der Euro die verbindliche Währung in Spanien geworden war, erließ der zentralstaatliche Gesetzgeber auch Haftungsregeln für den Bereich der Haushaltsstabilität im Falle finanzieller Sanktionen des Rats gegen Spanien wegen des Nichtbehebens eines übermäßigen Defizits.[788]

Die erste Haftungsregel für den Fall eines übermäßigen öffentlichen Defizits enthielt Art. 10 des Allgemeinen Haushaltsstabilitätsgesetzes 18/2001[789], der den Titel trug" „Finanzielle Haftung im Falle eines Verstoßes gegen Verpflichtungen, die Spanien gegenüber der EU eingegangen ist im Bereich der Haushaltsstabilität", ergänzt durch das Organgesetz 5/2001[790].

Das Allgemeine Haushaltsstabilitätsgesetz wurde mehrfach modifiziert, inhaltlich und vom Wortlaut her ist die Haftungsklausel jedoch bis heute fast unverändert geblieben.[791] Aktuell richtet sich das Verfahren im Falle, dass für Spanien ein übermäßiges Haushaltsdefizit festgestellt wird, nach Art. 10 des Allgemeinen Haushaltsstabilitätsgesetzes 15/2006[792]. Die Vorschrift besteht aus fünf

---

788 *Ordóñez Solís*, La responsabilidad de las Comunidades Autónomas y de los entes locales españoles por la violación del Derecho de la Unión Europea, in: *Biglino Campos/Delgado del Rincón* (Hrsg.), El incumplimiento del Derecho comunitario en el Estado autonómico, S. 165.

789 Gesetz 18/2001, v. 12.12.2001, General de Estabilidad Presupuestaria (Allgemeines Haushaltsstabilitätsgesetz); mittlerweile außer Kraft getreten und ersetzt durch das Gesetz 15/2006, v. 26.5.2006, de reforma de la Ley 18/2001, v. 12.12.2001, General de Estabilidad Presupuestaria.

790 Ley Orgánica 5/2001, complementaria a la Ley General de Estabilidad Presupuestaria; modifiziert durch Organgesetz 3/2006, v. 26.5.2006, de reforma de la Ley Orgánica 5/2001, v. 13.12.2001, complementaria de la Ley General de Estabilidad Presupuestaria; BOE Nr. 126, v. 27.5.2006, S. 19939- 19944.

791 Vgl. Art. 10.5 des Gesetzes 15/2006, v. 26.5.2006, de reforma de la Ley 18/2001, v. 12.12.2001, General de Estabilidad Presupuestaria; sowie Art. 7.4 LO 3/2006, v. 26.5.2006, de reforma de la LO 5/2001, v. 13.12.2001, complementaria de la Ley General de Estabilidad Presupuestaria (Art. 7.4) sowie Real Decreto 2/2007, v. 28.12.2007, por el que se apruebe el Texto refundido de la Ley General de Estabilidad Presupuestaria. Art. 10.5 Gesetz 15/2006, Art. 10.5 RD 2/2007 und Art. 7.4 Organgesetz 3/2006 sind dabei identisch.

792 Gesetz 15/2006, v. 26.5.2006, de reforma de la Ley 18/2001, v. 12.12.2001, General de Estabilidad Presupuestaria; BOE Nr. 126, v. 27.5.2006, S. 19957- 19964. Das Vorschrift wird ergänzt durch Art. 7 Abs. 4 des das Allgemeine Haushaltsstabilitätsgesetz ergänzenden Organgesetzes 3/2006, BOE Nr. 126, v. 27.5.2006, S. 1993- 1994; sowie

Absätzen. In Art. 10 Abs. 1-4 Allgemeines Haushaltsstabilitätsgesetz 15/2006 ist das präventive Verfahren zur Verhinderung von Fällen eines übermäßigen öffentlichen Defizits geregelt. Zusammengefasst ist vorgesehen, dass die Zentralregierung dafür zuständig ist, „den verantwortlichen Verwaltungsträger auf die Gefahr eines öffentlichen Defizits durch sein Verhalten hinzuweisen“. Sodann hat sie entweder den Rat für Steuer- und Finanzpolitik der Autonomen Gemeinschaften oder die Nationale Kommission der Lokalverwaltung[793] hiervon zu unterrichten, je nachdem, ob es sich bei dem verantwortlichen Verwaltungsträger um eine Autonome Gemeinschaft oder Lokalkörperschaft handelt. Der Verstoß gegen die Haushaltsstabilität erfordert den Erlass eines Wirtschafts- und Finanzplans für einen „Neuausgleich“ innerhalb von drei Jahren, welcher von der Zentralregierung gemeinsam mit dem Rat für Steuer- und Finanzpolitik der Autonomen Gemeinschaften und der Nationalen Kommission der Lokalverwaltung erarbeitet, bewertet und erlassen werden soll.

In Art. 10 Abs. 5 Allgemeines Haushaltsstabilitätsgesetz 15/2006 ist sodann die Haftung im Falle eines übermäßigen öffentlichen Defizits geregelt:

„Die in Art. 2[794] *des vorliegenden Gesetzes aufgezählten Subjekte, die durch die Verletzung von in diesem Gesetz enthaltenen Pflichten oder von zur Ausübung dieser Pflichten getroffenen Vereinbarungen des Wirtschaftsministeriums oder des Rates für Steuer- und Finanzpolitik der Autonomen Gemeinschaften*[795]*, die Verletzung von Pflichten auslösen oder zu ihr beitragen, die Spanien gegenüber der EU eingegangen ist als Konsequenz des Stabilität- und Wachstumspakts,* ***übernehmen in dem ihnen zuzuschreibenden Maße die finanzielle Verantwortung****, die aus diesem Verstoß resultiert.*

Im Verfahren der finanziellen Haftungsübernahme, auf das sich der vorangegangene Absatz bezieht, wird der betroffenen Verwaltung oder Körperschaft in jedem Fall rechtliches Gehör gewährt. “[796]

---

von Art. 10 Abs. 5 der Königlichen Verordnung 2/2007, die den Text des Allgemeinen Haushaltsstabilitätsgesetzes überarbeitet, BOE Nr. 313, v. 31.12.2007, S. 53953- 53961.

793 Die Nationale Kommission der Lokalverwaltung ist das politische Organ, das die Interessen der Lokalkörperschaften vertritt.

794 Art. 2 Allgemeines Haushaltsstabilitätsgesetz bestimmt, dass für die Zwecke dieses Gesetzes als zum öffentlichen Wesen zugehörige Gruppen von Staatsvertretern folgende verstanden werden: Die Zentralverwaltung, die Körperschaften des Sozialversicherungssystems, die Verwaltung der Autonomen Gemeinschaften und die Lokalkörperschaften, jeweils samt aller ihnen zugehörigen Einrichtungen und Organen.

795 Siehe zum Rat für Steuer- und Finanzpolitik der Autonomen Gemeinschaften 3.Kapitel, E.II.

796 Art. 10.5 Gesetz 15/2006: *“Los sujetos enumerados en el art. 2 de la presente Ley que, incumpliendo las obligaciones en ella contenidas o los acuerdos que en su ejecución*

In Falle finanzieller Maßnahmen des Rates tragen demnach der Zentralstaat, die Autonomen Gemeinschaften oder die Lokalkörperschaften sowie die von ihnen abhängigen Organe die finanzielle Verantwortung für die Verletzung der unionsrechtlichen Vorschriften, jeweils in dem Maße, in dem sie ihnen zuzuschreiben ist. Bei der Verteilung der finanziellen Verantwortlichkeiten wird den betroffenen Stellen in jedem Fall rechtliches Gehör gewährt. Darüber hinaus enthält die Vorschrift jedoch keine näheren Regeln dafür, wonach sich die Verteilung der Lasten bemisst und nach welchem Verfahren die Aufrechnung der Beträge jeweils zu erfolgen hat.

Nachdem der Rat am 27.4.2009 ein übermäßiges Haushaltsdefizit für Spanien festgestellt hatte[797], kam es innerstaatlich erstmals zur Anwendung des in Art. 10 Abs. 1-4 Haushaltsstabilitätsgesetz 15/2006 vorgesehenen präventiven Verfahrens. Da die europäische Kommission laut ihrer Mitteilung an den Rat über „die ergriffenen Maßnahmen derjenigen Mitgliedstaaten, bei denen der Rat am 30.11.2009 die Existenz eines übermäßigen Defizits feststellte", die ergriffenen Maßnahmen zur Korrektur der übermäßigen Haushaltsdefizite speziell in Bezug auf Spanien als positiv und effektiv bewertete[798], scheint die Gefahr, dass es in absehbarer Zeit erstmals zur Anwendung der Haftungsregel des Art. 10 Abs. 5 Haushaltsstabilitätsgesetz 15/2006 kommen werde, aktuell sehr gering zu sein.

3. Spezielle Haftungsregeln für den Bereich der Zwangsgelder und Pauschalbeträge nach Art. 260 Abs. 2 u. Abs. 3 AEUV

Letztlich hat der zentralstaatliche Gesetzgeber auch spezielle Haftungklauseln für den Fall geschaffen, dass Spanien vom EuGH zur Zahlung eines Zwangsgeldes oder Pauschalbetrages gemäß Art. 260 Abs. 2 und Abs. 3 AEUV verurteilt werden sollte. Dies hat er jedoch bislang nur für ganz spezifische Bereiche getan, in denen es entweder bereits zur Verhängung eines Zwangsgeldes gegen Spanien kam (der „Badegewässer-Fall[799]) oder in denen die Verhängung auf

fuesen adoptados por el Ministerion de Economía y Hacienda o por el Consejo de Política Fiscal y Financiera de las Comunidades Autónomas, provoquen o contribuyan a producir el incumplimiento de las obligaciones asumidas por España frente a la Unión Europea como consecuencia del Pacto de Estabilidad y Crecimiento, asumirán en la parte que les sea imputable las responsabilidades que de tal incumplimiento se hubiesen derivado. En el proceso de asunción de responsabilidad financiera a que se refiere el párrafo anterior, se garantizará, en todo caso, la audiencia de la Administración o entidad afectada."

797 Siehe 2. Kapitel, B.II.

798 Siehe 2.Kapitel, B.II.

799 Siehe 2. Kapitel, A.I.

Grund der Komplexität der Materie in der Zukunft nicht unwahrscheinlich ist (die Umsetzung der Dienstleistungsrichtlinie in die spanische Rechtsordnung).

a) Art. 121.bis der Wasserverordnung 1/2001

Die erste Haftungsklausel für die innerstaatliche Verteilung der Lasten im Zusammenhang mit Zwangsgeldern oder Pauschalbeträgen des EuGH wurde für den Bereich des Wassers als spezieller Aspekt des Umweltschutzes erlassen: Durch das Gesetz 62/2003[800] wurde in die Legislative Königliche Verordnung 1/2001[801] ein neuer Art. 121bis. eingefügt, der die Haftungsverteilung zwischen den für Wasser jeweils zuständigen öffentlichen Verwaltungen im Falle von Sanktionen der europäischen Institutionen regelt. Die Vorschrift wurde genau einen Monat, nachdem der EuGH am 25.11.2003 in der Rs. C-278/01[802] gegen Spanien im oben beschriebenen Badegewässer-Fall ein Zwangsgeld i.H.v. 624.150 € verhängt hatte, geschaffen, da der Zentralstaat durch das Urteil zur Zahlung eines Zwangsgeldes an die EG verpflichtet war, obgleich dieser sich nach der nationalen Kompetenzordnung die Kompetenz für die Materie Wasser mit den Autonomen Gemeinschaften teilt und im konkreten Fall letztere an der Nicht-Vollziehung des ersten EuGH-Urteils in erheblichem Maße mitverantwortlich waren.[803] Mit dem neu geschaffenen Art. 121.bis der legislativen Königlichen Verordnung 1/2001 sollte daher die finanzielle Haftung der Autonomen Gemeinschaften für diesen Bereich geregelt werden. Die Vorschrift trägt die Überschrift „gemeinschaftsrechtliche Haftung" („responsabilidad comunitaria") und bestimmt:

„Die in jedem Wassergebiet zuständigen öffentlichen Verwaltungen, die gegen die in der Wasserplanung enthaltenen Umweltziele oder die Pflicht zur Informierung über diese Angelegenheiten verstoßen und dadurch Finanzsanktionen der europäischen Institutionen gegen das Königreich Spanien verursachen, ***übernehmen für den Teil des Verstoßes, der ihnen zuzuschreiben ist, die finanzielle Verantwortung.*** *Im Verfahren der Haftungsbestimmung ist dem betroffenen Verwaltungsträger in jedem Fall* **rechtliches Gehör** *zu gewähren, wo-*

800 Gesetz 62/2003, v. 30.12.2003, de Medidas Fiscales, Administrativas y de Orden Social.

801 Legislative Königliche Verordnung 1/2001, v. 20.7.2001, durch welche das Wassergesetz (Ley de Aguas) 29/1985, v. 2.8.1985 aufgehoben und ersetzt wurde; BOE Nr. 176, v. 24.7.2001, S. 26791- 26817.

802 *EuGH*, v. 25.11.2003 – Rs. C-278/01, Slg. 2003, I-14141 – Kommission/Königreich Spanien.

803 Siehe 2. Kapitel, A.I.

bei der festgelegte Betrag mit den Transfermitteln verrechnet werden kann, die ihr aus dem Staatshaushalt zustehen. [804]"

Die Vorschrift entspricht den bereits für andere Bereiche existierenden Haftungsklauseln weitgehend. Neu ist jedoch, dass sie über den Grundsatz der Gewährung rechtlichen Gehörs im Verfahren der Haftungsverteilung hinaus bestimmt, dass der anzulastende Betrag mit den Mitteln verrechnet werden kann, die der für den Verstoß verantwortlichen Stelle nach dem Finanzsystem aus dem Staatshaushalt zustehen. Konkrete Regeln für die Verrechnung der Beträge enthält die Bestimmung allerdings nicht.

Im Badegewässer-Fall entschied die europäische Kommission letztlich, Spanien die Zahlung des Zwangsgeldes zu erlassen, da sie befand, dass, obgleich die vollständige Anpassung an die fraglichen Normen des Unionsrechts noch nicht erreicht worden sei, Spanien Fortschritte bei der Abstimmung seiner Badegewässer erzielt hatte. Es kam daher nicht zur Anwendung dieser Haftungsregelung.

Bislang war dies der einzige Fall, in dem Spanien vom EuGH zur Zahlung eines Zwangsgeldes verurteilt wurde. Wie gezeigt kann es aber in absehbarer Zeit erneut zur Verhängung eines Zwangsgeldes und Pauschalbetrages gegen das Königreich Spanien kommen.[805] Auf Grund der zunehmenden Komplexität einerseits der europäischen Vorschriften und andererseits des kontinuierlichen Dezentralisierungsprozesses in Spanien und der damit steigenden Einbindung der verschiedenen Gebietseinheiten in den Prozess der Umsetzung der europäischen Vorschriften, hat der zentralstaatliche Gesetzgeber in den letzten Jahren für immer mehr Materien Haftungsklauseln für den Fall der Verhängung von Zwangsgeldern durch den EuGH geschaffen.

---

804 Art. 121 bis.: „*Las Administraciones Públicas competentes en cada demarcación hidrográfica, que incumplieran los objetivos ambientales fijados en la planificación hidrólogica o el deber de informar sobre estas cuestiones, dando lugar a que el Reino de España sea sancionado por las institciones europeas, asumirán en la parte que les sea imputable las responsabilidades que de tal incumplimiento se hubieran derivado. En el procedimiento de imputación de responsabilidad que se tramite se garantizará, en todo caso, la audiencia de la Administración afectada, pudiendo compensarse el importe que se determine con cargo a las transferiencias financieras que la misma reciba.*"

805 Vgl. oben, 2.Kapitel, A.II., Rs. C-610/10, Kommission/Königreich Spanien, Klage eingereicht am 22.12.2010, ABlEU Nr. C 186/25, v. 25.6.2011, S. 14 und Rs. C-184/11, Kommission/Königreich Spanien, Klage eingereicht am 18.4.2011, ABlEU Nr. C 72/21, v. 5.3.2011, S. 12.

b) *Die Haftungsregeln in den Gesetzen 17/2009, 25/2009 und 1/2010 zur Umsetzung der Dienstleistungsrichtlinie*

Diese Entwicklung begann mit der Umsetzung der sog. Dienstleistungsrichtlinie[806] in die spanische Rechtsordnung. Die Umsetzung der Dienstleistungsrichtlinie erforderte einen komplexen Umsetzungsprozess, der in Spanien primär durch zwei Gesetze der Cortes Generales, nämlich den Gesetzen 17/2009[807] und 25/2009[808], vollzogen wurde. Auf Grund der Komplexität der Materie waren hieran sowohl die Zentralregierung als auch die Autonomen Gemeinschaften und sogar die Lokalkörperschaften zu beteiligen.[809] Bei der Umsetzung der Richtlinie in die spanische Rechtsordnung ist daher eine ungewöhnlich intensive Sorge des zentralstaatlichen Gesetzgebers um die Konsequenzen eines etwaigen Verstoßes gegen die Richtlinie durch eine der Gebietskörperschaften zu beobachten[810]: Ursprünglich enthielt jedes der drei bislang für die Umsetzung der Dienstleistungsrichtlinie am wichtigsten Gesetze, nämlich das Dienstleistungsgesetz 17/2009, sein Anpassungsgesetz 25/2009 sowie das Gesetz 1/2010 über den Einzelhandel[811], im Entwurfstext in identischer Weise eine Haftungsklausel für den Fall der Verletzung der Dienstleistungsrichtlinie und daraus resultierender finanzieller Sanktionen der EU. Im Dienstleistungsgesetz 17/2009 ist diese in der 4. Schlussbestimmung tatsächlich in Kraft getreten, das entsprechende Anpassungsgesetz 25/2009 hat die im Entwurf noch enthaltene Haftungsklausel nicht mehr in den Gesetzestext mit aufgenommen und das Gesetz 1/2010 enthält

---

806 RL 2006/123/EG des Europäischen Parlaments und des Rates v. 12.12.2006, über Dienstleistungen im Binnenmarkt; ABl. Nr. L 376, v. 27.12.2006, S. 36.

807 Gesetz 17/2009, v. 23.11.2009, über den freien Zugang zu Dienstleistungen und ihrer Ausübung (sobre el libre acceso a las actividades de servicios y su ejercicio); BOE Nr. 283, v. 24.11.2009. Im Folgenden Dienstleistungsgesetz 17/2009.

808 Gesetz 25/2009, v. 22.12.2009, zur Modifizierung verschiedener Gesetze für ihre Anpassung an das Gesetz über den freien Zugang zu Dienstleistungen und ihrer Ausübung (de modificación de diversas leyes para su adaptación a la Ley sobre el libre acceso a las actividades de servicios y su ejercicio; BOE Nr. 308, v. 23.12.2009. Im Folgenden Anpassungsgesetz 25/2009.

809 *Consejo de Estado de España*, Informe sobre las garantías del cumplimiento del Derecho Comunitario, v. 15.12.2010, S. 165 ff.; *Ordóñez Solis*, La responsabilidad de las CCAA y de los entes locales españoles por la violación del Derecho de la UE: Procedimientos de reclamación, Votrag v. 20.4.2010 im CEPC, S. 23.

810 *Ordóñez Solis*, a.a.O, S. 23 f.

811 Gesetz 1/2010, v. 1.3.2010, zur Reform des Gesetzes 7/1996, über die Ordnung des Einzelhandels (de reforma de la Ley 7/1996, v. 15.1.1996, de Ordenación de Comercio Minorista), BOE Nr. 53, v. 2.3.2010, S. 20216 ff. Im Folgenden Einzelhandelsgesetz 1/2010.

in der 7. Zusatzbestimmung eine Haftungsklausel, die der 4. Schlussbestimmung des Dienstleistungsgesetzes 17/2009 entspricht.

Die 4. Schlussbestimmung des Dienstleistungsgesetzes 17/2009 regelt die "Schuldenkompensation im Falle der Haftung wegen eines Verstoßes"[812] und bestimmt:

"Die öffentlichen Verwaltungen, die ***in Ausübung ihrer Kompetenzen*** *gegen das in diesem Gesetz Bestimmte oder gegen die entsprechenden Vorschriften des Gemeinschaftsrechts verstoßen und dadurch bewirken, dass das Königreich Spanien von den europäischen Institutionen sanktioniert wird,* ***übernehmen die Verantwortung hierfür in dem Maße, in dem der Verstoß ihnen zuzuschreiben ist.*** *Die Zentralverwaltung kann hierfür den Schuldenbetrag mit den Beträgen verrechnen, die der Zentralstaat an die für den Verstoß verantwortliche Verwaltung gemäß dem Allgemeinen Finanzsystem aus dem Staatshaushalt zu transferieren hat*[813]*, im Einklang mit dem Verfahren des Sondermaßnahmengesetzes 50/1998*[814]*, vom 30.12.1998. Im Verfahren der Lastenverteilung ist der betroffenen Verwaltung in jedem Fall rechtliches Gehör zu gewähren.*[815]*"*

Die Vorschrift entspricht der Haftungsklausel des Wassergesetzes[816]. Über den Grundsatz der Gewährung rechtlichen Gehörs im Verfahren der Lastenverteilung hinaus enthält auch sie eine Regel zum Verfahren der Verrechnung der Lasten mit den Zuweisungen des Zentralstaates aus dem Staatshaushalt. Im Unterschied zu der Haftungsklausel des Wassergesetzes sowie allen anderen exis-

812 "Compensación de deudas en caso de responsabilidad por incumplimiento".

813 Siehe hierzu 3. Kapitel, E.III.

814 Sondermaßnahmengesetz 50/1998, v. 30.12.1998, de Medidas Fiscales, Administrativas y del Orden Social, BOE Nr. 313, v. 31.12.1998, S. 44412 (44484). Die 26. Zusatzbestimmung des Sondermaßnahmengesetzes 50/1998 regelt das Verfahren der Verrechnung der Schulden der öffentlichen Körperschaften, die diese gegenüber dem Staatshaushalt haben, mit den Beträgen, die die Zentralverwaltung ihnen aus dem Staatshaushalt nach dem allgemeinen Finanzsystem zu überweisen hat.

815 4. Schlussbestimmung des Gesetzes 17/2009: *"Las Administraciones Públicas que, en el ejercicio de sus competencias, incumplieran lo dispuesto en esta Ley o en el Derecho comunitario afectado, dando lugar a que el Reino de España sea sancionado por las instituciones europeas asumirán, en la parte que les sea imputable, las responsabilidades que de tal incumplimiento se hubieran derivado. La Administación del Estado podrá compensar dicha deuda contraída por la administración responsable con la Hacienda Pública estatal con las cantidades que deba transferir a aquella, de acuerdo con el procedimiento regulado en la Ley 50/1998, de 30 de diciembre, de Medidas Fiscales, Administrativas y del Orde Social. En todo caso, en el procedimiento de imputación de responsabilidd que se tramite se garantizará, la audiencia de la Adminisración afectada."*

816 Vgl. den Nachweis unter Fn. 800 und 801.

tierenden Haftungsklauseln wird jedoch zusätzliches erstmals auf ein konkretes Verfahren, nämlich das der 26. Zusatzbestimmung des Sondermaßnahmegesetzes 50/1998[817] verwiesen, nach dem der Zentralstaat seinen Regressanspruch gegenüber der für den Unionsrechtsverstoß tatsächlich verantwortlichen Stelle verwirklichen kann. Hiernach kann der Zentralstaat die entsprechenden Beträge von den Beträgen abziehen, die der betroffenen Stelle nach dem Allgemeinen Finanzsystem aus dem Staatshaushalt zustehen. Spezielle Regeln hinsichtlich der Autonomen Gemeinschaften, die nicht zum Allgemeinen Finanzsystem gehören, enthält die Regelung jedoch nicht. Sie enthält ferner keine Regeln für ein Rückgriffsrecht der Autonomen Gemeinschaften gegenüber dem Zentralstaat sowie für den Fall der von Zentralstaat und Autonomen Gemeinschaften gemeinsamen Verursachung eines Verstoßes gegen die Richtlinie. Folglich regelt auch die Haftungsklausel des Gesetzes 17/2009 die Haftung für finanzwirksame Unionsrechtsverstöße nicht umfassend.

In das Anpassungsgesetz 25/2009 wurde eine entsprechende Klausel auf Vorschlag des Staatsrats nicht mit aufgenommen. Dieser hatte sich im Gutachten 779/2009[818], vom 21.5.2009 in Bezug auf den damals nur als Gesetzentwurf vorliegenden Text gegen dieses Vorhaben ausgesprochen, da seiner Meinung nach das Anpassungsgesetz nicht der geeignete Ort zur Regelung der Haftungsfrage sei, da sie bereits im Dienstleistungsgesetz 17/2009 angemessen geregelt wäre. Dem ungeachtet enthält die 7. Zusatzbestimmung des Einzelhandelsgesetzes 1/2010 eine der Haftungsklausel des Dienstleistungsgesetzes 17/2009 entsprechende Vorschrift. Da sie mit dieser wörtlich übereinstimmt, wird diesbezüglich auf den Wortlaut der 4. Zusatzbestimmung des Dienstleistungsgesetzes 17/2009 verwiesen.[819]

---

817 Vgl. hierzu die Anmerkungen in Fn. 814.

818 *Consejo de Estado de España*, Gutachten Nr. 779/2009, v. 21.5.2009, über den Gesetzentwurf für ein Gesetz zur Modifikation verschiedener Gesetze für ihre Anpassung an das Gesetz über den freien Zugang zu Dienstleistungen und ihrer Ausübung (sobre el Anteproyecto de Ley de modificación de diversas Leyes para su adaptación a la Ley .../.... sobre el libre Acceso a las actividades de servicios y su ejercicio).

819 Auch die 3. Zusatzbestimmung des Entwurfs eines Gesetzes zum Schutz der Meeresumwelt, durch welches Spanien seine Pflicht zur Umsetzung der Meeresstrategie- Rahmenrichtlinie (RL2008/56/EG des Europäischen Parlaments und des Rates v. 17.6.2008) zu erfüllen beabsichtigt, sieht eine identische Haftungsregel für Verstöße gegen das in dem Gesetz oder dem entsprechenden Unionsrecht Geregelte vor. Da das Gesetz jedoch noch nicht verabschiedet ist, wird an dieser Stelle nicht näher hierauf eingegangen. Siehe zum Stand des Gesetzgebungsverfahrens: *http://www.congreso.es*, „proyectos de ley“ (Stand: 9.2.2011).

Der Staatsrat nahm im Gutachten Nr. 99/2009[820] über den Gesetzentwurf des heutigen Dienstleistungsgesetzes 17/2009 zu der Haftungsklausel Stellung. Er erklärte: „Angesichts dessen, dass es in der spanischen Rechtsordnung aktuell kein Verfahren gibt, welches auf allgemeine Weise den Regress des Zentralstaates bei den das Unionsrecht verletzenden territorialen Untergliederungen für die wirtschaftlichen Folgen dieses Unionsrechtsverstoßes regelt, erachtet es der Staatsrat für angemessen, eine Haftungsregel wie die zu analysierende in den Entwurf einzufügen. Eine solche ist insbesondere angesichts der bereits erwähnten Komplexität des Umsetzungsverfahrens der Dienstleistungsrichtlinie erforderlich, bei welchem die verschiedenen öffentlichen Verwaltungen des Staatsgebietes notwendig mitzuwirken haben. Dies erhöht folglich das Risiko, dass die etwaigen Rechtsverstöße von unterschiedlichen staatlichen Ebenen verursacht werden."[821] Zur Begründung der Befürwortung der fraglichen Haftungsklausel verwies der Staatsrat auch auf die verstärkte Gefahr von Verstößen gegen das Unionsrecht, die von dem aktuellen Reformprozess der Autonomiestatute ausginge, durch welchen die autonomen Kompetenzen gestärkt würden, insbesondere auch in Bezug auf das Verhältnis zur EU.[822]

Dieses sind bislang alle existierenden Haftungsregeln für die interadministrative Verteilung der finanziellen Haftung im Falle finanzwirksamer Unionsrechtsverstöße.

4. Bewertung der existierenden Haftungsklauseln

Die Darstellung der existierenden Haftungsregeln hat gezeigt, dass der zentralstaatliche Gesetzgeber mittlerweile für spezifische Bereiche, in denen es zu finanziellen Sanktionen europäischer Institutionen kommen kann, zahlreiche Gesetze erlassen hat, die dem Zentralstaat ein Rückgriffsrecht für den Fall gewähren, dass er gegenüber der EU für einen Verstoß seiner Gebietskörperschaften finanziell ein zu stehen hat.

Zwar betreffen die Haftungsklauseln unterschiedliche Materien. Sie weisen dabei aber deutliche Gemeinsamkeiten in Wortlaut und Struktur auf:

(1) Gemeinsam ist allen Haftungsklauseln, dass sie allesamt nur ein Rückgriffsrecht des Zentralstaates gegenüber seinen Gebietskörperschaften vorsehen. Ein Rückgriffsrecht der Autonomen Gemeinschaften für den Fall, dass ihnen

---

820 *Consejo de Estado de España*, Gutachten Nr. 99/2009, v. 18.3.2009, sobre el Anteproyecto de la Ley .../... sobre libre Acceso y Ejercicio de las Actividades de Servicio.

821 Vgl. *Consejo de Estado de España*, Gutachten Nr. 99/2009, v. 18.3.2009, sobre el Anteproyecto de Ley sobre Libre Acceso y Ejercicio de las Actividades de Servicios.

822 Siehe 4. Kapitel, B.II.

durch ein unionsrechtswidriges Verhalten zentralstaatlicher Institutionen ein finanzieller Schaden entsteht, regeln sie nicht. Ebenso wenig enthalten sie Regeln für einen Rückgriff der Gebietskörperschaften untereinander. Auch der Fall der geteilten Verursachung eines Unionsrechtsverstoßes im Bereich der zwischen Zentralstaat und Autonomen Gemeinschaften geteilten Kompetenzen, ist in den Haftungsklauseln nicht geregelt worden.

(2) Ausgangspunkt aller Haftungsklauseln ist stets die Anknüpfung an die Kompetenz, indem sie in ähnlichen Worten bestimmen, dass diejenige Stelle, die in Ausübung ihrer Kompetenzen einen finanzwirksamen Verstoß gegen unionsrechtliche Pflichten verursacht, die hieraus resultierenden finanziellen Lasten zu tragen habe und zwar in dem Maße, in dem ihr der Verstoß zuzuschreiben ist. Diese Regelung zieht sich wie ein roter Faden durch alle existierenden Haftungsklauseln. Sie entspricht dabei der Rechtsprechung des Verfassungsgerichts, nach welcher der Zentralstaat das Recht hat, seine Haftung gegenüber der EU innerstaatlich auf die für einen Verstoß tatsächlich verantwortlichen Autonomen Gemeinschaften zu übertragen.[823] Auch die Verbindung von Kompetenz und finanzieller Verantwortung entspricht den verfassungsgerichtlichen Anforderungen an die Regelung eines entsprechenden Haftungsregimes für finanzwirksame Unionsrechtsverstöße.[824]

(3) Jedoch enthalten alle Haftungsklauseln – mit Ausnahme derjenigen der KVO 327/2003 – über diesen Haftungsgrundsatz hinaus keine näheren Verfahrensregeln dafür, wonach sich die Verteilung der Lastentragung bestimmt. Lediglich die Pflicht, der betroffenen Stelle bei diesem Verfahren rechtliches Gehör zu gewähren, ist geregelt. Aus der allseits verwendeten Formulierung, dass die entsprechenden Verwaltungen die Haftung „in dem Maße tragen, in dem ihnen die Verletzung der unionsrechtlichen Vorschrift zuzuschreiben ist“, ergibt sich jedoch nicht, nach welchen konkreten Regeln die Verteilung der Lasten zu erfolgen hat und wie die vom Zentralstaat verauslagten Beträge von den Gebietskörperschaften zu erstatten sind. Immerhin enthalten die zwei zuletzt geschaffenen Haftungsklauseln der Gesetze 17/2009 und 1/2010 erstmals einen ausdrücklichen Verweis auf das Verfahren der Verrechnung der Lasten mit den Zuweisungen aus dem Staatshaushalt, wobei sie jedoch keine Sonderregeln hinsichtlich des besonderen Finanzsystems zwischen dem Zentralstaat und den Autonomen Gemeinschaften des Baskenlandes und Navarras vorsehen.

(4) Eine Ausnahme gilt für die Haftungsklauseln im Bereich der europäischen Fonds und hierbei insbesondere des EGFL, für den bereits ein differenziertes

823 Vgl. hierzu die Ausführungen unter 5. Kapitel, A.III.

824 Siehe oben 5. Kapitel, A.III.

Haftungssystem im Falle von Finanzkorrekturen der europäischen Kommission existiert. Für diesen Fall enthalten Art. 7 des Allgemeinen Subventionsgesetzes sowie die Art. 12-14 ff. der KVO 327/2003 detaillierte Regeln, nach welchen Kriterien die Verteilung der Lasten auf die Zahlstellen zu erfolgen hat. Bei der Entscheidung hierüber wird der betroffenen Stelle nicht allein rechtliches Gehör gewährt, sondern sie hat das Recht zu der Entscheidung im Rahmen bilateraler Verhandlungen mit dem FEGA Stellung zu nehmen. Auch berücksichtigen die Regeln die besonderen Finanzbeziehungen zwischen dem Zentralstaat und den Autonomen Gemeinschaften des Baskenlandes und Navarra. Ein Rückgriffsrecht der Autonomen Gemeinschaften gegenüber zentralstaatlichen Institutionen sowie Regeln für den Fall der geteilten Verursachung eines Unionsrechtsverstoßes enthalten aber auch diese Vorschriften nicht.

Mit Ausnahme des Bereichs des EGFL ergibt sich insgesamt aus dem Vorangegangenen, dass sich der zentralstaatliche Gesetzgeber bislang mehr darauf konzentriert hat, eine Verwaltungshaftung für finanzwirksame Unionsrechtsverstöße in speziellen Bereichen überhaupt zu normieren als darauf, konkrete Regeln für die Verteilung der Lasten und für das Verfahren der Erstattung festzuschreiben. Der Zentralstaat hat somit zwar für spezifische Bereiche ein Rückgriffsrecht gegenüber seinen Gebietskörperschaften, sofern es in diesem Bereich zu einem finanzwirksamen Verstoß gegen unionsrechtliche Regeln kommt. Ohne Regeln zur Realisierung des Rückgriffsanspruchs ist jedoch die praktische Bedeutung der Haftungsklauseln gering.

In Ermangelung von Verfahrensregeln führt der Grundsatz, dass die Haftung sich nach der Kompetenz richtet dazu, dass das spanische Haftungssystem für finanzwirksame Unionsrechtsverstöße auf den nationalen Beziehungen zwischen dem Zentralstaat und den Autonomen Gemeinschaften gründet, die, wie beschrieben, nicht einheitlich und überdies durch den aktuellen Reformprozess der Autonomiestatute im Wandel begriffen sind.

Da Grundlage aller Haftungsklauseln die nationale Kompetenzordnung ist, besteht die Gefahr, dass die nationalen Konflikte so eine Fortsetzung im Bereich der Haftungsverteilung für finanzielle Sanktionen der EU haben. Dies gefährdet die einheitliche Anwendung des Unionsrechts und kann weitere Verstöße gegen das Recht der EU zur Folge haben.

Neben diesem grundsätzlichen Problem der interkörperschaftlichen Verantwortungsverteilung für finanzwirksame Unionsrechtsverstöße ist der entscheidende Mangel aller existierenden Haftungsklauseln, dass sie nur auf den jeweils spezifischen Bereich des Gesetzes anwendbar sind und daher nicht alle denkbaren Haftungsfälle umfassen. Und sogar in diesem speziellen Bereich regeln sie die Haftung, wie gezeigt, nicht umfassend, da sie nur die Regressmöglichkeiten des Zentralstaates gegenüber den Gebietskörperschaften regeln, nicht hingegen den, wie gezeigt, durchaus relevanten Fall, dass den Autonomen Gemeinschaften ein Schaden durch ein unionsrechtswidriges Verhalten des Zentralstaates entstanden ist. Ebenso wenig enthalten sie Regeln für den bislang häufigsten Fall, dass mehrere staatliche Stellen, insbesondere des Zentralstaates und der Autonomen Gemeinschaften den Unionsrechtsverstoß gemeinsam verursacht haben. Auch regeln die existierenden Haftungsnormen nicht die Frage, ob und wie eine Autonome Gemeinschaft bei einer anderen Autonomen Gemeinschaft Regress nehmen kann für Schäden, die ihr aus einem unionsrechtswidrigen Verhalten letzterer entstanden sind. Schließlich berücksichtigen die meisten Haftungsklauseln das besondere Finanzsystem zwischen dem Zentralstaat und den Autonomen Gemeinschaften des Baskenlandes und Navarra nicht.

Die sektorspezifischen Haftungsregeln sind mithin in ihrem Regelungsgehalt bislang nicht umfassend genug und lassen viele Fragen offen, zu deren Klärung es eines allgemeinen Haftungssystems bedürfte.

B. Vorschläge für die Einführung eines allgemeinen Haftungssystems für finanzwirksame Unionsrechtsverstöße

Aus diesem Grunde befassten sich Praxis und Wissenschaft in den letzten Jahren vermehrt mit den Möglichkeiten zur Realisierung eines allgemeinen Haftungssystems für Unionsrechtsverstöße.

Als erstes befasste sich der Staatsrat Spaniens im Auftrag der Zentralregierung in detaillierter Weise mit dieser Frage: In seinem Gutachten über eine Verfassungsreform[825] analysierte er u.a. die Möglichkeit der Einbeziehung des europäischen Integrationsprozesses in den Verfassungstext. In diesem Rahmen machte er einen Vorschlag für eine allgemeine Haftungsnorm auf Verfassungsebene, der im rechtswissenschaftlichen Schrifttum auf allgemeine Akzeptanz stieß. Da die intendierte Verfassungsreform jedoch scheiterte, modifizierte er in einem neuen Gutachten über die Einwirkungen des Europarechts auf die spanische Rechtsordnung[826] seinen Vorschlag und schlug nun Lösungen vor, die nicht zwingend mittels einer Verfassungsreform zu realisieren wären. Die Lösungs-

825 *Consejo de Estado de España*, Informe sobre modificaciones de la Constitución española, v. 16.2.2006.

826 *Consejo de Estado de España*, Informe sobre la inserción del Derecho europeo en el ordenamiento español, v. 14.2.2008.

vorschläge dieses Gutachtens hat der Staatsrat in seinem neuesten Gutachten über die Gewährleistung der Erfüllung des Gemeinschaftsrechts konkretisiert.[827] Vor dem Hintergrund der gescheiterten Verfassungsreform und den Vorschlägen des Staatsrats ist die allgemeine Haftungsregel für finanzwirksame Unionsrechtsverstöße zu betrachten, die das am 6.3.2011 in Kraft getretene Gesetz für eine nachhaltige Wirtschaft[828] in seiner 1. Zusatzbestimmung enthält (hierzu unter C.).

I. Die Vorschläge des Staatsrates

Dem Staatsrat wurde durch die Reform des Organgesetzes 3/2004[829] über den Staatsrat Spaniens die neue Befugnis übertragen, auf Anfrage der Regierung oder nach eigenem Ermessen Studien, Berichte oder Denkschriften zu erarbeiten, insbesondere in Bezug auf den Vollzug des Rechts der Europäischen Union, sowie Gutachten über Entwürfe von Gesetzen oder Verfassungsreformen zu erstellen.[830]

Er hat seither von dieser Befugnis mehrfach Gebrauch gemacht und sich im Rahmen dreier Studien aus den Jahren 2006[831], 2008[832] und 2010[833] explizit auch zu der Regelung der Haftung für finanzwirksame Unionsrechtsverstöße geäußert. Die Studien des Staatsrats fanden im Schrifttum viel Beachtung. Abhandlungen über die Haftung für Unionsrechtsverstöße nehmen regelmäßig und häufig sogar ausschließlich Bezug auf die Studien des Staatsrats. Über die genannten Studien hinaus bezog der Staatsrat auch im Rahmen mehrerer bereits erörterter Gutachten über verschiedene Gesetzesentwürfe zu der Haftungsfrage Stel-

827 *Consejo de Estado de España*, Informe sobre garantías de cumplimiento del Derecho Comunitario, v. 15.2.2010.

828 Gesetz 2/2011, de Economía Sostenible, v. 4.3.2011, BOE Nr. 55, v. 5.3.2011, S. 25033 ff.

829 Ley Orgáica (Organgesetz) 3/2004, v. 28.12.2004, por la que se modifica la Ley Orgánica 3/1980, v. 22.4.1980, del Consejo de Estado; BOE Nr. 313, v. 29.12.2004, S. 42199. Vgl. die Anmerkung in Fn. 52.

830 Vgl. Art. 22 ff. Organgesetz 3/1980, v. 22.4.1980 über den Staatsrat, in der Fassung vom 28.12.2004.

831 *Consejo de Estado de España*, Informe sobre modificaciones de la Constitución española,v. 16.2.2006.

832 *Consejo de Estado de España*, Informe sobre la inserción del Derecho europeo en el ordenamiento españo, v. 14.2.2008.

833 *Consejo de Estado de España*, Informe sobre garantías de cumplimiento del Derecho comunitario, v. 15.12.2010. Alle Gutachten sind als pdf- Datei einzusehen unter *http://www.consejo-estado.es/bases.htm*.

lung: Zum einen in den Gutachten Nr. 99/2009[834] und Nr. 779/2009[835] über die Entwürfe der mittlerweile in Kraft getretenen Gesetze 17/2009 und 25/2009 sowie in dem Gutachten 91/2010[836] über einen Gesetzentwurf zum Schutz der Meeresumwelt und insbesondere in dem Gutachten 215/2010[837] über den seinerzeit noch Gesetzesentwurf für ein Gesetz zur nachhaltigen Wirtschaft.[838]

In seinen Studien und Gutachten bringt der Staatsrat regelmäßig seine Überzeugung von der Notwendigkeit zum Ausdruck, sich der Schaffung eines innerstaatlichen Systems der Haftungsverteilung für die Fälle der nicht oder nicht ordnungsgemäßen Umsetzung der Vorschriften des Unionsrechts mit Entschiedenheit zu stellen und die Regelung der Haftung der Autonomen Gemeinschaften wegen des Verstoßes gegen ihre Pflicht zur Umsetzung des Unionsrechts von einer umfassenden und allgemeinen Sichtweise aus in Angriff zu nehmen, um so die bislang ausschließlich partielle Regelung der Thematik zu überwinden.[839]

1. Der Erlass einer Haftungsklausel auf Verfassungsebene

Erstmals befasste sich der Staatsrat mit der Haftung für finanzwirksame Unionsrechtsverstöße in dem Gutachten von 2006 über eine Reform der spanischen Verfassung. Nachdem die Regierung Zapateros 2004 die Wahlen gewonnen und so den Regierungswechsel in Spanien herbei geführt hatte, wurde die von einer immer breiter werdenden Masse geforderte Verfassungsreform erstmals konkret in Angriff genommen.[840] Hierfür beschloss der Ministerrat am 4.3.2005 den

---

834 *Consejo de Estado de España,* Gutachten Nr. 99/2009, v. 18.3.2009, sobre el Anteproyecto de Ley sobre Libre Acceso y Ejercicio de las Actividades de Servicios.

835 *Consejo de Estado de España,* Gutachten Nr. 779/2009, v. 21.5.2009, sobre el Anteproyecto de Ley de modificación de diversas Leyes para su adaptación a la Ley ... /...[mittlerweile als Gesetz 17/2009 inkraftgetreten]- sobre el libre Acceso y Ejercicio de las Actividades de Servicios.

836 *Consejo de Estado de España,* Gutachten Nr. 91/2010, v. 25.2.2010, sobre el Anteproyecto de Ley de Protección del Medio Marino.

837 *Consejo de Estado de España,* Gutachten Nr. 215/2010, v. 18.3.2010, sobre el Anteproyecto de Ley de Economía Sostenible.

838 Siehe hierzu bereits die Ausführungen unter 5. Kapitel, A. III.

839 Vgl. *Consejo de Estado de España*, Informe sobre la inserción del Derecho comunitario en el ordenamiento español, v. 14.2.2008, S. 156; ders., Gutachten Nr. 99/2009, v. 18.3.2009, sobre el Anteproyecto de la Ley .../... sobre libre Acceso y Ejercicio de las Actividades de Servicio.

840 Die einzige Reform, die an der Verfassung von 1978 bislang vorgenommen wurde, war die Einfügung des Wortes „passiv" in den Art. 13 Abs. 2 CE, welcher das Recht von Ausländern zur Teilnahme an Wahlen betrifft. Diese Änderung war zur Ratifikation des

Staatsrat mit der Erarbeitung einer Studie über eine Reform der Verfassung zu beauftragen.[841] In diesem Beschluss bat er den Staatsrat hierbei insbesondere auf folgende Aspekte einzugehen: 1. Die Beseitigung der Privilegierung des Mannes in der Thronfolge; 2. die Zugehörigkeit Spaniens zur Europäischen Union; 3. die Einfügung der Benennung der Autonomen Gemeinschaften in den Verfassungstext sowie schließlich 4. die Reform des Senats.[842] Im Rahmen des 2. Punktes untersuchte der Staatsrat ausführlich die Einbindung Spaniens in den europäischen Integrationsprozess und die Auswirkungen der Mitgliedschaft Spaniens in der EU auf die nationale Rechtsordnung.[843] Er gelangte zu dem Schluss, dass die Nichterwähnung der Europäischen Union in der spanischen Verfassung unbefriedigend sei. Nach der Untersuchung der geltenden Rechtsordnung sowie einem rechtsvergleichenden Überblick über die Rechtslage in anderen Mitgliedstaaten der EU, stellte der Staatsrat fest, dass weder die Mitgliedschaft Spaniens in der EU noch die Haftung für Verstöße gegen die Vorschriften der EU in der Verfassung geregelt und auch durch die Auslegung der existierenden Vorschriften nicht in ausreichendem Maße zu regeln seien.[844] Er schlug daher vor, in die Verfassung einen neuen „Europaartikel“ („cláusula europea“) einzufügen, der alle in Bezug auf die EU relevanten Fragen regeln sollte.[845] Diese Vorschrift sollte in einem eigens hierfür geschaffenen neuen Kapitel „Über die Europäische Union“ stehen, welches systematisch entweder zwischen dem VII. Abschnitt der Verfassung („Wirtschaft und Finanzen“) und dem VIII. Abschnitt („Die territoriale Gliederung des Staates“) oder aber nach dem VIII. Abschnitt der Verfassung eingefügt werden sollte, da es sich nicht bloß um die Aufnahme der Europäischen Union in die spanische Verfassung handelte, sondern um ein neues Verständnis der Struktur und Ordnung des Staates.[846] Die neue „Europaklausel“

Vertrags von Maastricht notwendig. Vgl. BOE Nr. 207, v. 28.8.1992, S. 29907 ff. sowie die Erklärung (Declaración) des Verfassungsgerichts vom 1.7.1992, oben Fn. 551.

841 Vgl. den Beschluss des Ministerrats v. 4.3.2005. Der Beschluss im Originalwortlaut: *“Acuerdo por el que se solicite al Consejo de Estado, en Pleno, que informe sobre las modificaciones de la Constitución Española que se contienen en el documento que se acompaña (...) en los términos y con los objetivos reflejados en el referido documento.”* Der Beschluss ist abgdruckt in: *Consejo de Estado de España*, Informe sobre modificaciones de la Constitucíón española, 2006, S. 2.

842 Vgl. *Consejo de Estado de España*, Informe sobre modificaciones de la Constitucíón española, 2006, S. 2 f.

843 Vgl. das 3. Kapitel des Gutachtens über eine Verfassungsreform: “La recepción en la Constitución del proceso de construción europea”, S. 40- 127.

844 *Consejo de Estado de España*, Informe sobre modificaciones de la Constitucíón española, 2006, S. 100 ff.

845 *Consejo de Estado de España*, a.a.O., S. 106 f.

846 *Consejo de Estado de España*, a.a.O., S. 104.

sollte ergänzt werden um Zusatzbestimmungen, die alle weiteren im Zusammenhang mit der EU relevanten Fragen regelten, wie etwa die Beteiligung des Parlaments und der Autonomen Gemeinschaften an den Entscheidungsprozessen der EU sowie die Haftung für finanzwirksame Unionsrechtsverstöße.[847] Auf letztere ging der Staatsrat im Rahmen seiner Betrachtungen über das Verhältnis zwischen dem Zentralstaat und den Autonomen Gemeinschaften in Angelegenheiten der EU ein.[848] Angesichts dessen, dass einzig der Zentralstaat gegenüber der EU für die korrekte Vollziehung und Anwendung des Rechts der EU hafte sowie in Ermangelung von spezifischen Verfassungsregeln, die sicher stellten, dass dieser seiner aus Art. 93 S. 2 CE folgenden Aufgabe zur Gewährleistung der ordnungsgemäßen Erfüllung der unionsrechtlichen Pflichten gerecht werde, sei es erforderlich, dem Zentralstaat die Mittel zur Verfügung zu stellen, damit dieser seiner unionsrechtlichen Verantwortung nachkommen könne.[849] Dies geböte auch der Umstand, dass die institutionelle Autonomie der Mitgliedstaaten immer stärker durch die Vorgaben des Unionsrechts beschränkt werde.[850] Bei der Suche nach einer geeigneten Lösung zur Regelung der Haftungsverteilung im Falle von finanzwirksamen Unionsrechtsverstößen in Spanien, betrachtete er auch die Haftungsregeln anderer föderativ organisierter Mitgliedstaaten[851], wobei er hierbei insbesondere auf die deutsche Haftungsregel des Art. 104 a Abs. 6 GG n.F. der BRD einging.[852] Er kam zu dem Schluss, dass die Regelung der Haftungsgrundsätze zur Verteilung der Lasten im Falle finanzwirksamer Unionsrechtsverstöße auch in Spanien, entsprechend der Regelung in Deutschland, auf Verfassungsebene erfolgen sollte. Nur so könne gewährleistet werden, dass diejenige Stelle finanziell haftet, die den Verstoß tatsächlich begangen hat.[853] Eine Verfassungsvorschrift sollte daher, ähnlich wie Art. 157 Abs. 3 CE, ausdrücklich auf ein zentralstaatliches Gesetz verweisen, durch welche die Fälle der Haftung wegen des Verstoßes gegen das Gemeinschaftsrecht durch die Autonomen Gemeinschaften sowie das dazu erforderliche Verfahren näher geregelt würden. Auf Grund des Gesetzesvorbehalts im Bereich von Haushalt und Finanzen[854], sollte die Verfassung zur Regelung der Haftung für finanzwirksame Uni-

847 *Consejo de Estado de España*, a.a.O., S. 106.

848 *Consejo de Estado de España*, a.a.O., S. 116- 127.

849 *Consejo de Estado de España*, a.a.O., S. 122.

850 Siehe 1. Kapitel, A.III.

851 *Consejo de Estado de España*, Informe sobr modificaciones de la Constitución española, 2006, S. 122 f.

852 *Consejo de Estado de España*, a.a.O., S. 126.

853 *Consejo de Estado de España*, a.a.O., S. 126.

854 Vgl. Art. 133 Abs. 1 CE: *„Die ursprüngliche Befugnis für die Erhebung von Steuern obliegt ausschließlich durch Gesetz dem Zentralstaat."*

onsrechtsverstöße wie Art. 157 Abs. 3 CE[855] auf ein Organgesetz verweisen, in welchem das Nähere der Haftung geregelt werde. Da der Staatsrat in dem Gutachten auch vorschlug, den Senat zu einer echten Territorialvertretung zu reformieren, befand er, dass die Haftungsbestimmung überdies in die Liste des Art. 74 Abs. 2 CE[856] aufgenommen werden sollte.[857]

Das Gutachten des Staatsrates erfuhr viel Beachtung und Anerkennung im rechtswissenschaftlichen Schrifttum, jedoch kam es letztlich nicht zu einer Verfassungsreform im Sinne der Art. 166 ff. CE[858], ja nicht einmal zur Initiative einer Verfassungsreform, da die Regierung Zapateros eine Minderheitsregierung war und folglich nicht über die für eine Verfassungsreform erforderlichen Mehrheiten im Parlament verfügte.[859]

2. Die Regelung der Haftung für Unionsrechtsverstöße auf einfachgesetzlicher Ebene

Da das Problem des zunehmenden Einflusses des Unionsrechts auf die nationale Rechtsordnung und insbesondere auch auf die territoriale Staatsstruktur somit weiterhin ungelöst blieb, eine Lösung jedoch angesichts des voranschreitenden Reformprozesses der Autonomiestatute immer dringlicher wurde, beauftragte die Zentralregierung den Staatsrat am 23.2.2007 erneut mit der Erstellung eines Gutachtens, diesmal jedoch ausschließlich über „den Einfluss des Europarechts auf die spanische Rechtsordnung".[860] Die Zentralregierung bat den Staatsrat,

855 Das Gutachten zitiert versehentlich Art. 158 CE, der jedoch die „interterritorialen Ausgleichsfonds" regelt und keine Bestimmungen zu Organgesetzen enthält. Gemeint ist daher Art. 157 CE. So *Pascua Mateo*, La ejecución normativa del Derecho comunitario en España: Problemas y perspectivas, in: *Consejo de Estado*, La inserción del Derecho comunitario en el ordenamiento español, 2008, S. 579, Fn. 245.

856 Art. 74 Abs. 2 CE erklärt, dass die in den Art. 94 Abs. 1, 145 Abs. 2 und 158 Abs. 2 CE vorgesehenen Beschlüsse der Cortes Generales mit der Mehrheit jeder der Kammern gefasst werden.

857 *Consejo de Estado de España*, Informe sobr modificaciones de la Constitución española, 2006, S. 127.

858 Die Art. 166-169 CE regeln das Verfahren für eine Verfassungsreform.

859 *Àlvarez Conde*, Curso de Derecho Constitucional, S.706 f.; *Belda Pérez- Pedro*, La fallida reforma de la Constitución española durante la VIII. Legislatura 2004- 2008, S. 39 ff.

860 Vgl. den Beschluss des Ministerrats v. 23.2.2007. Wortlaut des Beschlusses im Original: *„Acuerdo por el que se solicite al Consejo de Estado la elaboración de un estudio sobre las cuestiones que, para la Administración General del Estado, plantea la inserción del Derecho europeo en nuestro ordenamiento."* Der Beschlss ist abgedruckt in: *Consejo de Estado de España*, Informe sobr modificaciones de la Constitución española, 2006, S. 3- 5.

hierbei insbesondere dazu Stellung zu nehmen, wie gewährleistet werden könne, dass bei der Entstehung der europäischen Rechtsakte die spanischen Interessen angemessen berücksichtigt würden sowie wie ihre ordnungsgemäße Umsetzung innerstaatlich vollständig garantiert werden könne.[861] Das entsprechende Gutachten veröffentlichte der Staatsrat am 14.2.2008.[862] Im Rahmen seiner Untersuchungen über den Einfluss des Europarechts auf die spanische Rechtsordnung ging er auch und noch ausführlicher als in dem ersten Gutachten von 2006 auf die Regelung der Haftung für Unionsrechtsverstöße in Spanien ein. Da die Zentralregierung jedoch auf Grund der Komplexität der Haftungsthematik ihre Untersuchung nur als ein Teil von allgemeiner ausgerichteten Studien als nicht ausreichend erachtete, beauftragte sie den Staatsrat am 23.11.2009 erneut mit der Erstellung eines Gutachtens, nunmehr ausschließlich über „die Möglichkeiten zur Gewährleistung der Erfüllung des Gemeinschaftsrechts und der Verfahren zur Bestimmung und Übertragung der Haftung der Autonomen Gemeinschaften und anderen Körperschaften im Falle von Gemeinschaftsrechtsverstößen“.[863] Das „Gutachten über die Gewährleistung der Erfüllung des Gemeinschaftsrechts“ veröffentlichte der Staatsrat am 15.12.2010.[864] Es widmet sich nunmehr ausschließlich der Frage, wie einerseits präventiv gewährleistet werden könne, dass der Zentralstaat seiner Aufgabe zur ordnungsgemäßen Erfüllung des Unionsrechts gemäß Art. 93 S. 2 CE gerecht werde[865] sowie, andererseits, wie im Falle eines erfolgten Verstoßes im Nachhinein die innerstaatliche Haftung der verschiedenen staatlichen Ebenen für etwaige finanzielle Konsequenzen des Verstoßes geregelt werden könne.[866] Da der Staatsrat seine im Gutachten von 2008 getroffenen Vorschläge im Gutachten von 2010 nicht änderte, sondern sie präzisierte und konkretisierte, wird auf beide Gutachten gemeinsam eingegangen. Der Staatsrat traf seine Ausführungen hierbei vor dem Hintergrund des Scheiterns der intendierten Verfassungsreform. Er formulierte seine Vorschläge daher diesmal derart, dass es zu ihrer Realisierung nicht notwendigerweise einer Verfassungsreform bedürfte.[867]

---

861 Vgl. den Beschluss des Ministerrats v. 23.2.2007, a.a.O., S. 4f.

862 *Consejo de Estado de España*, Informe sobre la inserción del Derecho europeo en el ordenamiento español, v. 14.2.2008.

863 Beschluss des Ministerrats v. 23.11.2009. Siehe die Anmerkungen in Fn. 55.

864 *Consejo de Estado de España*, Informe sobr las garantías del cumplimiento del Derecho Comunitario, v. 15.12.2010.

865 *Consejo de Estado de España*, Informe sobre la inserción del Derecho europeo en el ordenamiento español, 2008, S. 124 ff.

866 *Consejo de Estado de España*, a.a.O., S. 189 ff. u. S. 264 f.

867 *Consejo de Estado de España*, Informe sobr modificaciones de la Constitución española, 2006, S. 6 f und S. 124 f.

a) Anwendbarkeit der existierenden Regeln zur Verhinderung eines Verstoßes gegen europäische Pflichten

Zur Gewährleistung der Erfüllung der unionsrechtlichen Pflichten Spaniens ging der Staatsrat zunächst auf die in der spanischen Rechtsordnung existierenden Mittel zur Vermeidung von Verstößen gegen diese Pflichten ein[868]:

(1) An erster Stelle nannte er die Stärkung der bereits in der Rechtsordnung existierenden Mechanismen zur Vorbeugung und Lösung etwaiger Kompetenzkonflikte, wobei insbesondere die Rolle der sog. sektorspezifischen Konferenzen („conferencias sectoriales“) und hierbei in erster Linie die CARCE[869] gestärkt werden sollte als Mittel zur Vermeidung und Behebung von Kompetenzkonflikten zwischen dem Zentralstaat und den Autonomen Gemeinschaften.[870] Auch könne die Position des Ministers für die öffentlichen Verwaltungen („Ministro de Administraciones Públicas“) als Vermittler hierfür gestärkt werden sowie die Konferenz der Präsidenten der Autonomen Gemeinschaften, um nach Lösungen für einen Konsens in den jeweiligen Angelegenheit zu suchen.[871]

(2) An zweiter Stelle nannte der Staatsrat die Harmonisierungsgesetze („leyes de armonización“) des Art. 150 Abs. 3 CE[872], die als präventives Mittel zur Vorbeugung etwaiger Unionsrechtsverstöße genutzt werden könnten, insbesondere in Bereichen, in denen nach der nationalen Kompetenzordnung die Autonomen Gemeinschaften die ausschließliche Kompetenz inne haben[873], für die aber durch das Unionsrecht eine allgemeine und einheitliche Regelung erforderlich ist.[874] Durch die Harmonisierungsgesetze könnten die Vorschriften der Autonomen Gemeinschaften, die von diesen zur Umsetzung europäischer Normen erlassen wurden, „harmonisiert“, d.h. angeglichen werden, wodurch verhindert würde, dass die Normen der Autonomen Gemeinschaften das Unionsrecht uneinheitlich umsetzten und dadurch einen Verstoß gegen

868 *Consejo de Estado de España*, Informe sobre la inserción del Derecho europeo en el ordenamiento español, 2008, S. 124 ff.; *ders.,* Informe sobre las garantías del cumplimiento del Derecho Comunitario, 2010, S. 209 ff.

869 Siehe zur CARCE 4. Kapitel, C.

870 *Consejo de Estado de España*, *Consejo de Estado de España*, Informe sobre la inserción del Derecho europeo en el ordenamiento español, 2008, S. 125.

871 *Consejo de Estado de España*, a.a.O., S. 125.

872 Siehe zu Art. 150 CE bereits oben 3. Kapitel, D.IV.

873 Siehe zur Kompetenzverteilung 3. Kapitel, D.

874 *Consejo de Estado de España*, Informe sobre la inserción del Derecho europeo en el ordenamiento español, 2008, S.125.

selbiges bewirken könnten.[875] In dieser Zielsetzung würde zugleich das von Art. 150 Abs. 3 CE geforderte „Allgemeine Interesse“ begründet liegen, da dieses in der korrekten Erfüllung der unionsrechtlichen Pflichten und der Vermeidung der Haftung des Zentralstaates liege.[876]

(3) An dritter und letzter Stelle ging der Staatsrat im Rahmen der präventiven Mittel zur Verhinderung von Verstößen gegen das Unionsrecht durch ein Fehlverhalten der Autonomen Gemeinschaften darauf ein, dem Zentralstaat das Recht zu gewähren, die Gesetzgebungsbefugnis der Autonomen Gemeinschaften im Bereich des Unionsrechts vorübergehend ersetzen zu können („el desplazamiento temporal de la potestad normativa autonómica“), sollten die Autonomen Gemeinschaften eine Richtlinie der EU, zu deren Umsetzung sie nach der nationalen Kompetenzordnung befugt sind, nicht fristgemäß umsetzen.[877] Die Befugnis des Zentralstaates hierzu folge aus Art. 149 Abs. 3 S. 3 CE.[878] Nach Ansicht der Staatsrat sei der geeignete Ort für eine derartige Regelung zwar die Verfassung. Es sei aber auch möglich, sie in ein bestehendes Gesetz einzufügen.[879] Der Staatsrat betont, dass es sich bei einem solchen Substitutionsrecht des Zentralstaates um ein zeitlich befristetes Recht handeln würde, das nur dann Anwendung fände, wenn eine Autonome Gemeinschaft das Unionsrecht nicht fristgemäß umsetze und nur solange erhalten bliebe, bis die Autonome Gemeinschaft ihrer Umsetzungspflicht nachkomme.[880]

Zwar existiere bislang keine klare Rechtsprechung des Verfassungsgerichts zu einer derartigen „Befugnis“ des Zentralstaates.[881] Jedoch habe das Verfassungsgericht in ständiger Rechtsprechung erklärt, dass „nur eine unrichtige Interpretation der Verfassungs- und Statutsvorschriften dem Zentralstaat die erforderlichen Instrumente“ verwähre, die dieser zur Erfüllung seiner unionsrechtlichen Pflichten benötige.[882] Da Spanien im Falle, dass der Zentralstaat nicht über eine derartige Befugnis verfügte, die einheitliche Anwendung des Unionsrechts nicht gewährleisten könne, müsse dem Zentralstaat, nach Ansicht des Staatsrats, ein derartiges Recht zustehen.[883]

---

875 *Consejo de Estado de España*, a.a.O., S.125 f.

876 *Consejo de Estado de España*, a.a.O., S.126.

877 *Consejo de Estado de España*, a.a.O., S.126 ff.

878 Siehe 3.Kapitel, D.III.3 und 5. Kapitel, A.III.

879 *Consejo de Estado de España*, Informe sobre la inserción del Derecho europeo en el ordenamiento español, 2008, S. 128.

880 *Consejo de Estado de España*, a.a.O., S. 128.

881 *Consejo de Estado de España*, a.a.O., S. 128.

882 *STC* 252/1988, v. 20.12.1988. Siehe 4. Kapitel, B.II.3.a).

883 *Consejo de Estado de España*, Informe sobre la inserción del Derecho europeo en el ordenamiento español, 2008, S. 129.

b) *Der Erlass eines Gesetzes betreffend die Gewährleistung der Erfüllung des Unionsrechts*

Angesichts der Tatsache, dass weder auf kurze noch auf mittlere Frist mit der Realisierung einer Verfassungsreform gerechnet werden könne, schlug der Staatsrat in beiden Gutachten vor, auf einfachgesetzlicher Ebene alle mit dem Verstoß der unionsrechtlichen Pflichten relevanten Fragen zu regeln.[884] Es sollte hierzu ein eigenes „Gesetz für die Gewährleistung der Erfüllung des Rechts der EU" erlassen werde.[885] Dieses Gesetz sollte gezielt und ausschließlich die interadministrativen Beziehungen im Falle des Verstoßes gegen die europäische Rechtsordnung betreffen. Einheitlich sollte es sowohl die präventiven Mittel zur Verhinderung von Verstößen als auch die Haftungsverteilung im Falle eines Verstoßes regeln.[886] Nach Ansicht des Staatsrates sei Art. 149 Abs. 1 Nr. 3 i.V.m. Art. 93 S. 2 CE die verfassungsrechtliche Grundlage für den Erlass eines Gesetzes mit den genannten Merkmalen.[887] Hierzu verwies er auch auf die weiter oben dargestellte Rechtsprechung des Verfassungsgerichts, nach der es Aufgabe des Zentralstaates sei, *„die Koordinations- und Kooperationssysteme zu schaffen, durch die Unregelmäßigkeiten oder Mängel bei der Erfüllung der gemeinschaftsrechtlichen Normen von vorneherein verhindert werden, sowie die Schaffung von interadministrativen Kompensationssystemen für die finanzielle Haftung, die den Zentralstaat treffen kann, sofern es tatsächlich zu Unregelmäßigkeiten oder Mängeln kommt und diese von den Institutionen der Europäischen Gemeinschaft festgestellt werden."*[888]

Da die Gewährleistung der Erfüllung des Unionsrechts nicht zu den Materien gehört, für die Art. 81 Abs. 1 CE oder andere Verfassungsbestimmungen die Form eines Organgesetzes vorschreibt[889], könne zum Erlass dieses Gesetzes das für ordentliche Gesetze („leyes ordinarias") vorgesehene Verfahren angewendet werden. Obwohl der Erlass eines „Gesetzes zur Gewährleistung der Er-

884 *Consejo de Estado de España*, a.a.O., S. 124 f.

885 *Consejo de Estado de España*, Informe sobre las garantías del cumplimiento del Derecho Comunitario, 2010, S. 309, 323; *ders.*, Informe sobre la inserción del Derecho europeo en el ordenamiento español, 2008, S. 124 f.

886 *Consejo de Estado de España*, Informe sobre las garantías del cumplimiento del Derecho Comunitario, 2010, S. 309, 323; *ders.*, Informe sobre la inserción del Derecho europeo en el ordenamiento español, 2008, S. 124 f., 190, 265.

887 *Consejo de Estado de España*, Informe sobre las garantías del cumplimiento del Derecho Comunitario, 2010, S. 309, 323.

888 Vgl. hierzu unter 5. Kapitel, A.III.2.

889 vgl. *Consejo de Estado de España*, Informe sobre las garantías del cumplimiento del Derecho Comunitario, 2010, S. 311 ff.

füllung des Rechts der EU“ somit nicht notwendigerweise der absoluten Mehrheit des Kongresses bedürfe, sei es nach Ansicht des Staatsrates zweckdienlich, dass das Gesetz von einer breiten parlamentarischen Mehrheit verabschiedet würde.[890] Denn ein solches Gesetz sei von wesentlicher Bedeutung für die Entwicklung der Beziehungen zwischen dem Zentralstaat und den Autonomen Gemeinschaften.[891]

Aus diesem Grund empfahl der Staatsrat, dass an der Ausarbeitung des Gesetzes neben dem Zentralstaat auch die CARCE (und damit die Autonomen Gemeinschaften) sowie der Staatsrat selbst, in seiner Rolle als Beratungsorgan, entscheidend beteiligt würden.[892]

Inhaltlich könne das Gesetz in zwei große Teile gegliedert werden: Der erste Teil betreffend die Maßnahmen zur Verhinderung eines Verstoßes gegen europäische Pflichten; der zweite Teil betreffend die Maßnahmen zur Verteilung der Lasten, die aus einem Verstoß gegen europäische Pflichten resultieren.[893] In diesem Zusammenhang befasste sich der Staatsrat ausführlich mit der Schaffung eines allgemeinen Haftungssystems zur Verteilung der Verantwortlichkeiten der verschiedenen am Vollzug des Unionsrechts beteiligten Staatsebenen.

c) *Die Schaffung eines Haftungssystems für den Fall finanzwirksamer Unionsrechtsverstöße*

In Ergänzung der bereits genannten präventiven Regeln sei es zur Gewährleistung des ordnungsgemäßen Vollzugs des Unionsrechts unerlässlich, dass ein zukünftiges „Gesetz zur Gewährleistung der Erfüllung des Unionsrechts“ ein allgemeines Haftungssystem für die aus einem Unionsrechtsverstoß resultierenden finanziellen Konsequenzen schaffe.[894] Hierdurch sollte die bislang bloß partielle Regelung der Haftung beseitigt werden.[895] Parallel zur Schaffung eines allgemeinen Haftungssystems sollten die bestehenden partiellen Haftungsklau-

890 *Consejo de Estado de España*, a.a.O., S. 314.

891 *Consejo de Estado de España*, a.a.O., S. 314.

892 *Consejo de Estado de España*, Informe sobre la inserción del Derecho europeo en el ordenamiento español, 2008, S. 124 f.

893 *Consejo de Estado de España*, Informe sobre las garantías del cumplimiento del Derecho Comunitario, 2010, S. 310.

894 *Consejo de Estado de España*, Informe sobre la inserción del Derecho europeo en el ordenamiento español, 2008, S. 190 und S. 265; *ders.*, Informe sobre las garantías del cumplimiento del Derecho Comunitario, 2010, S. 309 ff.

895 *Consejo de Estado de España*, Informe sobre la inserción del Derecho europeo en el ordenamiento español, 2008, S. 190 und S. 265; *ders.*, Informe sobre las garantías del cumplimiento del Derecho Comunitario, 2010, S. 266 u. 318.

seln außer Kraft gesetzt werden.[896] Die Befugnis zur Schaffung dieses Systems habe, laut den Urteilen des Verfassungsgerichts, der Zentralstaat.[897]

Ausnahmen von der zu erlassenden allgemeinen Haftungsregelung sollten nur in den Bereichen zulässig sein, in denen es auf Grund der Besonderheit der Materie empfehlenswerter sei über spezielle Haftungsregeln für den Verstoß des Unionsrechts zu verfügen.[898] Dies gelte zum einen in Bezug auf das existierende Haftungssystem im Bereich der Verwaltung der europäischen Fonds und hierbei insbesondere im Bereich des EGFL[899] sowie zum anderen hinsichtlich der existierenden Haftungsregeln für den Bereich eines übermäßigen Haushaltsdefizits. Diese Bereiche sollten separat, außerhalb des allgemeinen Haftungssystems geregelt werden.[900] Die existierenden Haftungsklauseln sollten hier beibehalten und gegebenenfalls ergänzt werden.[901]

In Bezug auf den Inhalt einer allgemeinen Haftungsklausel sei es nach Ansicht des Staatsrats erforderlich, über die Normierung des Grundsatzes, dass die Haftung für einen Unionsrechtsverstoß sich nach der nationalen Kompetenz richtet, hinaus die wesentlichen Elemente des Systems zu konkretisieren. Nur so sei die Verteilung der aus einem Unionsrechtsverstoß resultierenden Lasten auch praktisch zu verwirklichen.[902] Überdies schwäche das Fehlen entsprechender Regeln auch die Präventionswirkung, die Haftungsvorschriften allgemein innewohne.[903] Folgende Aspekte seien deshalb bei der Schaffung eines allgemeinen Haftungssystems zu berücksichtigen:

(1) Zunächst sei es wichtig den persönlichen Anwendungsbereich des Gesetzes zu definieren, indem genau bestimmt werde, für welche Körperschaften die Haftungsregel gelte, wobei die Definition so weit als möglich zu fassen sei.[904] Zur Regelung des Näheren solle auf Verordnungen verwiesen werden.[905] Es sei hierbei unerlässlich den Besonderheiten der Autonomen Gemeinschaften des Baskenlandes und Navarras Rechnung zu tragen, insbesondere im Hinblick auf ihr besonderes Finanzsystem.[906] Ohne derartige Zusatzregeln sei die

896 *Consejo de Estado de España*, Informe 2010, S. 266.
897 *Consejo de Estado de España*, a.a.O., S. 265 f.
898 *Consejo de Estado de España*, a.a.O., S. 266 u. S. 318.
899 *Consejo de Estado de España*, a.a.O., S. 267.
900 *Consejo de Estado de España*, a.a.O., S. 269.
901 *Consejo de Estado de España*, a.a.O., S. 266 ff. u. 318 f.
902 *Consejo de Estado de España*, a.a.O., S. 269 u. S. 319.
903 *Consejo de Estado de España*, a.a.O., S. 269.
904 *Consejo de Estado de España*, a.a.O., S. 270 ff. u. 319.
905 *Consejo de Estado de España*, a.a.O., S. 319.
906 *Consejo de Estado de España*, a.a.O., S. 319.

vollständige Verantwortungsteilung für Unionsrechtsverstöße nicht zu realisieren.[907]

(2) Sodann müsse das Gesetz in sachlicher Hinsicht festlegen, auf welche konkreten Fälle die Haftungsregeln anwendbar seien sowie welche Kriterien für die Verteilung der Haftung maßgeblich seien.[908] Für beides sei es vorzugswürdig, allgemeine, nicht abschließende Regeln zu etablieren, damit die Vielfalt der in der Praxis möglichen Fälle von Unionsrechtsverstößen von den Regeln umfasst würde.[909] Es sei daher notwendig eine allgemeine Bestimmung zu schaffen, die auf jeden möglichen Verstoß gegen Unionsrecht mit finanziellen Konsequenzen anwendbar sei.[910]

Hinsichtlich der Haftungsverteilung müsse das Gesetz den Grundsatz festschreiben, dass sich die Lastentragung für einen Unionsrechtsverstoß nach der innerstaatlichen Kompetenz richte.[911] In der Folge trüge dann die nach der Kompetenzordnung für den Vollzug einer europäischen Vorschrift zuständige staatliche Einheit die finanzielle Verantwortung für ihr (unionsrechtswidriges) Verhalten, sollte dieses für die Verhängung finanzieller Sanktionen europäischer Institutionen gegen das Königreich Spanien ursächlich sein.[912]

Für den Fall, dass für einen Verstoß gegen europäische Vorschriften mehrere staatliche Ebenen verantwortlich sind schlägt der Staatsrat vor, dass die Haftungsanteile von Fall zu Fall verteilt würden. Das Gesetz sollte lediglich allgemeine Kriterien festlegen, die in jedem konkreten Fall abzuwägen seien, wie etwa: Die tatsächlichen Umstände des Falles, die zu einem Verstoß geführt haben sowie ob es sich um einen fortgesetzten oder wiederholten Verstoß gegen Unionsrecht handele.[913]

(3) Nach Ansicht des Staatsrates sollte das Gesetz ein einheitliches Verfahren zur Verteilung der Haftung und der anschließenden, daraus folgenden Verrechnung der entsprechenden Beträge festlegen.[914] Zuständig für die Entscheidung hierüber solle der Ministerrat sein.[915] Die Verrechnung der Beträge sollte als bloßer Vollzug der Entscheidung über die Haftung ausgestaltet

907 *Consejo de Estado de España*, a.a.O., S. 272 ff. u. 319.
908 *Consejo de Estado de España*, a.a.O., S. 277 u. 319.
909 *Consejo de Estado de España*, a.a.O., S. 280 u. 319.
910 *Consejo de Estado de España*, a.a.O., S. 278 ff. u. 319.
911 *Consejo de Estado de España*, a.a.O., S. 280 u. 320.
912 *Consejo de Estado de España*, a.a.O., S. 280 u. 320.
913 *Consejo de Estado de España*, a.a.O., S. 280 u. 320.
914 *Consejo de Estado de España*, a.a.O., S. 285 u. 320.
915 *Consejo de Estado de España*, a.a.O., S. 286 f. u. 321.

werden.[916] Nur gegen diesen Akt solle sodann die Beschwerde möglich sein.[917]

Das anzuwendende Verfahren müsse neben der Gewähr von rechtlichem Gehör der betroffenen Verwaltungen im Einklang mit den allgemeinen Grundsätzen des Verwaltungsverfahrens des Gesetzes 30/1992 stehen.[918]

Es sei notwendig, dass die Entscheidung über die Haftung und Verrechnung festlege, welches die für einen Unionsrechtsverstoß verantwortlichen Verwaltungen sind sowie die für die Verteilung maßgeblichen Kriterien, ferner den Betrag der Schuld.[919]

(4) Nach Ansicht des Staatsrates sollte kein konkretes Erstattungsverfahren auf Gesetzesebene festgelegt werden. Stattdessen sollte auf Gesetzesebene lediglich ausdrücklich festgestellt werden, dass die Erstattung der Lasten mittels der Rückgriffsmöglichkeiten, die das Finanzsystem der Autonomen Gemeinschaften enthalte, möglich sei.[920] Hierbei sei auf die Besonderheiten des Finanzsystems der Autonomen Gemeinschaften des Baskenlandes und Navarras Rücksicht zu nehmen.[921]

d) Verstärkte Beteiligung der Autonomen Gemeinschaften an den Verfahren vor dem EuGH

Die für den Unionsrechtsverstoß verantwortliche Autonome Gemeinschaft (bzw. gegebenenfalls Gemeinschaften) sollte im Gegenzug stärker an den Verfahren vor dem EuGH sowie allen hierbei relevanten Verfahren beteiligt werden, um so ihre Handlungen besser verteidigen zu können.[922] In diesem Zusammenhang verwies der Staatsrat auf die im Rahmen der CARCE geschlossenen Vereinbarungen über die Beteiligung der Autonomen Gemeinschaften an den Verfahren vor dem EuGH.[923] Nach seiner Auffassung würde die gesetzliche (und nicht wie bisher bloß politische) Anerkennung, der Beteiligung und Einbindung der Autonomen Gemeinschaften in die Verfahren vor dem EuGH, die freiwillige Übernahme ihrer auch finanziellen Verantwortung für die durch ihr Verhalten dem Königreich Spanien auferlegten Sanktionen begünstigen.[924] Die Autonomen

---

916 *Consejo de Estado de España*, a.a.O., S. 285 ff. u. 320 f.

917 *Consejo de Estado de España*, a.a.O., S. 285 ff. u. 320 f.

918 *Consejo de Estado de España*, a.a.O., S. 287 ff. u. 321.

919 *Consejo de Estado de España*, a.a.O., S. 287 ff. u. 321.

920 *Consejo de Estado de España*, a.a.O., S. 290 u. 321.

921 *Consejo de Estado de España*, a.a.O., S. 290 ff. u. 322 f..

922 *Consejo de Estado de España*, a.a.O., S. 190 f. und S. 265.

923 Siehe zu diesen Vereinbarungen oben 4. Kapitel, C u. 5. Kapitel, A.IV.1.

924 *Consejo de Estado de España*, Informe sobre la inserción del Derecho europeo en el ordenamiento español, 2008, S. 191.

Gemeinschaften hätten dabei jedoch in jedem Fall die Einheit der Verteidigung der Interessen des Königreichs Spaniens gegenüber den Institutionen der EU zu wahren.[925]

Es bleibt abzuwarten, ob der zentralstaatliche Gesetzgeber den Vorschlägen des Staatsrates zur Schaffung eines „Gesetzes zur Gewährleistung der Erfüllung des Rechts der EU" folgen wird.

II. Die Übernahme der Vorschläge des Staatsrates durch das rechtswissenschaftliche Schrifttum

Das Schrifttum hat bisher die Frage der innerstaatlichen Haftung für Verstöße gegen das Unionsrecht fast ausschließlich unter dem Gesichtspunkt behandelt, welche Möglichkeiten die Verfassung und die Rechtsordnung bieten, um einen vermeintlichen Verstoß der Autonomen Gemeinschaften im Vorfeld zu verhindern oder nachträglich wieder gut zu machen, jedoch nur vereinzelt die Regelung der Verteilung der finanziellen Lasten in den Blick genommen. In diesen wenigen Fällen wird in diesem Kontext dann kurz auf die Ausführungen des Staatsrates in seinen verschiedenen Gutachten hierzu verwiesen und sich dessen Vorschlägen bezüglich der Regelung der Frage im Rahme einer Verfassungsreform angeschlossen[926], jedoch wurden darüber hinaus bislang keine anderen Lösungsvorschläge zur Regelung der Verantwortungsverteilung für finanzwirksame Unionsrechtsverstöße gemacht.

C. Das Gesetz für eine nachhaltige Wirtschaft

Vor diesem Hintergrund ist die 1. Zusatzbestimmung des am 6.3.2011 nach langen Beratungen in Kraft getretenen Gesetzes für eine nachhaltige Wirtschaft zu betrachten.[927] Es normiert die Haftung für finanzwirksame Unionsrechtsverstö-

---

925 *Consejo de Estado*, a.a.O., S. 191 und S. 265.

926 Vgl. etwa *Cienfuegos Mateo*, REAF 2007, 39 (77 ff.); *Ordóñez Solís,* La responsabilidad de las Comunidades Autónomas y de los entes locales españoles por la violación del Derecho de la Unión Europea: Procedimientos de reclamación, in: *Biglino Campos/Delgado del Rincón* (Hrsg.), El incumplimiento del Derecho comunitario en el Estado autonómico, S. 162; *Gómez Puente*, REA 2006, 153 (156); *Pascua Mateo,* La ejecución normativa del Derecho comunitario en España: Problemas y perspectivas, in: *Consejo de Estado de España*, Informe sobre la inserción del Derecho europeo en el ordenamiento español, S. 578 ff.

927 Ley 2/2011, de Economía Sostenible (Gesetz für eine nachhaltige Wirtschaft), v. 4.3.2011, BOE Nr. 55, v. 5.3.2011, Sec. S. 25033 ff. Im Folgenden Gesetz 2/2011.

ße erstmals auf allgemeine Weise, weshalb im Folgenden auf die Vorschrift näher einzugehen ist. Allgemeines Ziel des Gesetzes 2/2011 ist laut Art. 1 „die notwendigen Strukturreformen in die spanische Rechtsordnung einzuführen, um die Bedingungen zu schaffen, die eine nachhaltige Entwicklung der Wirtschaft begünstigen".

I. Die Haftungsklausel des Gesetzes 2/2011 über eine nachhaltige Wirtschaft

Die 1. Zusatzbestimmung des Gesetzes 2/2011 trägt die Überschrift „Haftung wegen des Verstoßes gegen Vorschriften des Gemeinschaftsrechts".

Absatz 1 bestimmt zunächst den Grundsatz, dass sich die finanzielle Haftung nach der Kompetenzverteilung richtet:

„Die öffentlichen Verwaltungen und jegliche andere Körperschaften des öffentlichen Rechts, die, in Ausübung ihrer Kompetenzen, gegen Bestimmungen des Rechts der EU verstoßen und hierdurch bewirken, dass das Königreich Spanien von den Institutionen der EU sanktioniert wird, übernehmen in dem Maße, in dem ihnen der Verstoß zuzurechnen ist, die Haftung für die sich hieraus ergebenden Konsequenzen, im Einklang mit dem in dieser Vorschrift und in den sie ausführenden Verordnungen Bestimmten."[928]

Absatz 2 enthält sodann Regeln zur Verteilung der finanziellen Verantwortung und zur Verrechnung der Lasten mit den Zuteilungen aus dem Staatshaushalt:

"Der Ministerrat ist zuständig dafür, die Haftung für den Verstoß festzustellen und gegebenenfalls die daraus resultierenden Lasten mit den Beträgen zu verrechnen, die der Zentralstaat an die Verwaltungen und Lokalkörperschaften aus dem Staatshaushalt zu transferieren hat. Hierbei ist den betroffenen Verwaltungen und Körperschaften Gehör zu gewähren. Die Entscheidung des Ministerrats hat die Begründungen der entsprechenden Entscheidungen der europäischen Institutionen zu berücksichtigen sowie anzugeben, an welchen Kriterien die Entscheidung über die Haftung orientiert wurde. Ferner ist die vollständige oder

---

928 1. Zusatzbestimmung Abs. 1 Gesetz 2/2011: „ *Las Administraciones Públicas y cualesquiera otras entidades integrantes del sector público que, en el ejercicio de sus competencias, incumplieran obligaciones derivadas de normas del derecho de la Unión Europea, dando lugar a que el Reino de España sea sancionado por las instituciones europeas asumirán, en la parte que les sea imputable, las responsabilidad que se devenguen de tal incumplimiento, de conformidad con lo previsto en esta disposición y en las de cáracter reglamentario que, en desarrollo y ejecución de la misma, se dicten."*

teilweise Löschung der Schuld festzusetzen. Diese Entscheidung ist im Amtsblatt zu veröffentlichen.“[929]

Schließlich enthält Absatz 3 eine Befugnis der Zentralregierung zur Ausführungsgesetzgebung:

„Die Regierung wird ermächtigt, das in dieser Vorschrift Bestimmte in Rechtsverordnungen näher zu regeln, um die für die verschiedenen Verwaltungen und Körperschaften geltenden Besonderheiten hiermit in Einklang zu bringen.“[930]

Die Vorschrift ähnelt in Wortlaut und Struktur den bislang existierenden sektorspezifischen Haftungsnormen[931], hat jedoch einen weiteren Anwendungsbereich und ist allgemeiner gefasst, weshalb sie über das in jenen Haftungsregeln Bestimmte deutlich hinausgeht:

(1) In subjektiver Hinsicht ist die gesamte öffentliche Verwaltung einbezogen ("Die öffentliche Verwaltung und jegliche andere Körperschaft des öffentlichen Sektors").

(2) In objektiver Hinsicht geht es nicht mehr allein um die Verletzung eines speziellen Rechtsaktes der EU, sondern die Vorschrift betrifft allgemein den Verstoß gegen „das Recht der EU".

(3) Im Unterschied zu den partiellen Haftungsklauseln, die keine konkreten Verfahrensregeln enthalten, sieht die 1. Zusatzbestimmung in Absatz 2 des Gesetzes 2/2011 nunmehr Verfahrensregeln vor: Sie enthält zum einen Bestimmungen zur Entscheidung über die Haftungsanteile sowie ferner zur Verrechnung und Erstattung der jeweiligen Lasten mit den Beträgen, die der betroffenen Stelle aus dem Staatshaushalt des Zentralstaates zustehen. Zuständig für die Entscheidung über die Haftung und die Anlastungsbeträge ist ge-

---

929 1. Zusatzbestimmung Abs. 2 LES- Entwurf: „ *El Consejo de Ministros, previa audiencia de las Administraciones o entidades afectadas, será el órgano competente para declar la responsabilidad por dicho incumplimiento y acordar, en su caso, la compensación de dicha deuda con las cantidades que deba transferir el Estado a la Administración o entidad responsable por cualquier concepto, presupuestario y no presupuestario. En dicha resolución que se adopte se tendrán en cuenta los hechos y fundamentos contenidos en la resolución de las instituciones europeas, se recogerán los criterios de imputación tenidos en cuenta para declarar la responsabilidad, y se acordará la extinción total o parcial de la deuda. Dicho acuerdo se publicará en el Boletín Oficial del Estado."*

930 1. Zusatzbestimmung Abs. 3 LES- Entwurf: *"Se habilita al Gobierno para desarrollar reglamentariamente lo establecido en la presente disposición, regulando las especialidades que resulten aplicables a las diferentes Administraciones Públicas y entidades a que se refiere el apartado uno de esta disposición."*

931 Siehe 5. Kapitel, A.IV.

nerell der Ministerrat, wobei den betroffenen Stellen im Verfahren Gehör zu gewähren ist.

(4) Dadurch, dass in Absatz 3 schließlich die Regierung zum Erlass von Vorschriften ermächtigt wird, „um die für die verschiedenen Verwaltungen und Körperschaften geltenden Besonderheiten“ mit der Regelung in Einklang zu bringen, ermöglicht die Vorschrift es, bei der Verteilung der Lasten auf die Besonderheiten des Autonomiestaates, und insbesondere auf das besondere Finanzsystem zwischen dem Zentralstaat und den Autonomen Gemeinschaften des Baskenlandes und Navarras, Rücksicht zu nehmen. Freilich ist bislang weder ein Ausführungsgesetz erlassen noch ein entsprechender Entwurf vorgesehen.

II. Bewertung der Haftungsklausel

Aufgrund der genannten Merkmale der Haftungsklausel des Gesetzes 2/2011 bewertete der Staatsrat, der das seinerzeit noch als Gesetzesentwurf vorliegende Gesetz auf Anfrage der Zentralregierung im Rahmen eines Gutachtens zu analysieren hatte, als grundsätzlich positiv.[932] Angesichts des bisherigen Fehlens einer allgemeinen Norm über die Verantwortungsverteilung im Falle finanzwirksamer Unionsrechtsverstöße, stelle die Vorschrift, sollte sie in Kraft treten, einen bedeutenden Fortschritt zur aktuellen Rechtslage dar.[933] Für die Gewährleistung der Erfüllung des Unionsrechts sei es notwendig, dass die spanische Rechtsordnung über Regeln mit allgemeiner Reichweite verfüge, durch die im Falle des Verstoßes gegen unionsrechtliche Vorschriften die Verantwortung für den Verstoß und insbesondere die hieraus resultierenden finanziellen Konsequenzen innerstaatlich zugeordnet und verteilt werden können. Sowohl die dezentrale Staatsstruktur Spaniens als auch die Verschärfung der Sanktionsbefugnisse der EU, insbesondere durch den modifizierten Art. 260 AEUV, ließen die allgemeine Regelung der Haftung in der 1. Zusatzbestimmung des Entwurfes daher als notwendig erscheinen.[934]

Gleichwohl ist in tatsächlicher Hinsicht keine wesentliche Verbesserung der aktuellen Rechtslage durch die Haftungsklausel des Gesetzes 2/2011 zu erwarten.[935]

932 *Consejo de Estado de España*, Gutachten Nr. 215/2010, v. 18.3.2010, sobre el Anteproyecto de Ley de Economía Sostenible, 11 A)- F).

933 *Consejo de Estado de España*, Gutachten Nr. 215/2010, a.a.O., 11.

934 *Consejo de Estado de España*, Gutachten Nr. 215/2010, a.a.O., 11.

935 *Consejo de Estado de España*, Gutachten Nr. 215/2010, a.a.O., 11 F).

(1) Im Unterschied zur bisherigen Rechtslage enthält sie zwar Verfahrensregeln für die Verteilung der Haftung und für die Verrechnung der Schuldenbeträge.
(2) Weder aber lege sie konkret fest, nach welchen Kriterien die Haftungsanteile im Falle eines Unionsrechtsverstoßes zu verteilen sind, noch, nach welchem Verfahren die Lasten genau zu verrechnen sind.[936]
(3) Ferner enthält die Vorschrift weder Regeln für den Fall der gemeinsamen Verursachung eines Unionsrechtsverstoßes durch den Zentralstaat und die Autonomen Gemeinschaften noch für den Fall, dass den Autonomen Gemeinschaften durch ein unionsrechtswidriges Verhalten zentralstaatlicher Stellen ein Schaden entstanden ist.
(4) Überdies ist fragwürdig, ob die Regelung der Haftung für Unionsrechtsverstöße in der Form lediglich einer Zusatzbestimmung zu einem Gesetz über die nachhaltige Wirtschaft der angemessene Ort ist. Denn die Haftungsfrage berührt, wie gezeigt, das grundsätzlich zwischen dem Zentralstaat und den Autonomen Gemeinschaften bestehende Verhältnis.

Aufgrund dieser Mängel kam auch der Staatsrat zu dem Schluss, dass die Regelung der 1. Zusatzbestimmung des Entwurfs nicht ausreiche, um alle im Zusammenhang mit Unionsrechtsverstößen relevanten Fragen zu klären. Es sei daher notwendig, ein Gesetz zu schaffen, das gezielt und ausschließlich die Haftung für finanzwirksame Unionsrechtsverstöße regle und diese Frage nicht bloß in einer Zusatzbestimmung zu einem Gesetz zu regeln, das nicht gezielt die Haftung für Unionsrechtsverstöße betreffe.[937]

Jedenfalls ohne ein entsprechendes Ausführungsgesetz, das die Regeln der 1. Zusatzbestimmung konkretisiert, dürfte der praktische Nutzen dieser neuen Regel gering sein. Angesichts der beiden anhängigen Klagen der Kommission vor dem EuGH, bei denen Spanien die erneute Verhängung von Zwangsgeldern und Pauschalbeträgen wegen der Nichtbeachtung zweier Urteile des EuGH droht, für die innerstaatlich das Baskenland verantwortlich ist[938], könnte es bald zur erstmaligen Anwendung der Vorschrift kommen.

936 *Consejo de Estado de España*, Gutachten Nr. 215/2010, a.a.O., 11 F).
937 Vgl. oben zu dem Ziel des LES- Entwurfs.
938 Siehe hierzu 2.Kapitel, A.II.

D. Zusammenfassung der Ergebnisse und Reformbedarf

Zusammenfassend ist festzustellen, dass der Einstandspflicht des Zentralstaates gegenüber der EU für Unionsrechtsverstöße der Autonomen Gemeinschaften innerstaatlich nach der aktuellen Rechtslage bislang nur in speziellen Bereichen ausreichende Rückgriffsmöglichkeiten in komplementärer Weise gegenüberstehen.

Die Verfassung und die Autonomiestatute enthalten bislang keine Regeln für eine Unionshaftung. Jedoch folgt nach der Rechtsprechung des Verfassungsgerichts die Befugnis des Zentralstaates zur Schaffung eines allgemeinen Haftungssystems für finanzwirksame Unionsrechtsverstöße aus Art. 149 Abs. 1 Nr. 3 CE i.V.m. Art. 93 S. 2 CE. Dabei hat das System in Einklang mit der Kompetenzordnung der Verfassung und den Autonomiestatuten zu stehen, bei gleichzeitiger Gewährleistung der einheitlichen Anwendung des Unionsrechts.

Zur Verteilung der Haftung im Falle, dass sowohl der Zentralstaat als auch die Autonomen Gemeinschaften den Verstoß verursacht haben, hat sich das Verfassungsgericht bislang nicht geäußert.

Von seiner Regelungskompetenz hat der zentralstaatliche Gesetzgeber lange Zeit nicht umfassend Gebrauch gemacht, sondern die Haftung für finanzwirksame Unionsrechtsverstöße nur von Fall zu Fall geregelt und auch immer nur für den spezifischen Bereich, in dem unmittelbar die Gefahr eines Verstoßes mit finanziellen Konsequenzen drohte.

Die Darstellung der existierenden Haftungsregeln hat aber gezeigt, dass es mittlerweile auf einfachgesetzlicher Ebene zahlreiche Spezialgesetze für die drei Haftungsbereiche gibt, in denen die europäischen Institutionen finanzielle Sanktionen im Falle des Verstoßes gegen europäische Vorschriften vornehmen können. Die Hauptkritik an allen bislang existierenden Haftungsregeln ist jedoch, dass sie insgesamt, mit Ausnahme des Bereichs des EGFLs, die Haftung für finanzwirksame Unionsrechtsverstöße nicht umfassend regeln.

Insofern ist die Haftungsklausel im Gesetz 2/2011 über eine nachhaltige Wirtschaft bislang die umfassendste Rückgriffsregel. Gleichwohl werden auch durch diese Regelung, wie gezeigt, nicht alle relevanten Fragen geklärt. Denn sie enthält weder Regeln für den Fall der gemeinsamen Verursachung eines Unionsrechtsverstoßes durch den Zentralstaat und die Autonomen Gemeinschaften noch für den Fall, dass den Autonomen Gemeinschaften durch ein unionsrechtswidriges Verhalten zentralstaatlicher Stellen ein Schaden entstanden ist. Auch fehlt es an klaren Kriterien für die Verteilung der Lasten und für das anzuwendende Verfahren bei der Erstattung der zu zahlenden Beträge. Hieraus folgt, dass die 1. Zusatzbestimmung des Gesetzes 2/2011 zwar nun erstmals eine allgemeine Haftungsregel auf einfachgesetzlicher Ebene enthält; die aktuelle Rechtslage wird durch sie jedoch nicht wesentlich verbessert.

Es besteht in Spanien daher nach wie vor Reformbedarf. Um die einheitliche Anwendung des Unionsrechts zu gewährleisten, ist es erforderlich konkrete Regeln dafür zu schaffen, dass der Kompetenz zum Vollzug auch die finanzielle Verantwortung korrespondiert. Über die Normierung dieses Grundsatzes hinaus wären Verfahrensregeln notwendig, die die Durchsetzbarkeit der Erstattungsansprüche des Zentralstaates gewährleisten und dabei den Besonderheiten des spanischen Finanzsystems Rechnung tragen. Durch die Schaffung konkreter Haftungsregeln werden die Verantwortlichkeiten der Autonomen Gemeinschaften und des Zentralstaates in Angelegenheiten der EU klarer von einander abgegrenzt, was auch in präventiver Hinsicht zur Vermeidung von Unionsrechtsverstößen von Bedeutung ist.

Es wäre erforderlich, dass der zentralstaatliche Gesetzgeber hierzu, entsprechend den Vorschlägen des spanischen Staatsrates, von seiner Gesetzgebungskompetenz Gebrauch machte und ein eigenes Gesetz erließe, in dem die Haftung für Unionsrechtsverstößen umfassend, in allgemeiner Weise und für alle aufgezeigten Fallkonstellationen geregelt würde.

Fazit und Ausblick

1. Grundsätzlich obliegen die Anwendung und der Vollzug der unionsrechtlichen Vorschriften den Mitgliedstaaten der EU. Diese genießen hierbei, im Rahmen der vom EuGH für den mitgliedstaatlichen Unionsrechtsvollzug aufgestellten Grundsätze, institutionelle und verfahrensmäßige Autonomie. In der Regel erfolgt der Vollzug des Unionsrechts daher nach den nationalen Regeln der Mitgliedstaaten. Diese sind hierbei jedoch insbesondere an den Grundsatz der einheitlichen Geltung und Anwendung des Unionsrechts gebunden, wodurch ihre Autonomie erheblich beschränkt wird.
2. Das Prinzip der institutionellen und verfahrensmäßigen Autonomie der Mitgliedstaaten hat in Mitgliedstaaten mit einer föderativen Staatstruktur die Konsequenz, dass die nationale Kompetenzordnung für die Vollzugszuständigkeit des Unionsrechts maßgeblich ist.
3. Im Falle etwaiger Vollzugsdefizite ist nach der ständigen Rechtsprechung des EuGH die nationale Rechts- und Kompetenzordnung der Mitgliedstaaten auf europäischer Ebene jedoch kein Rechtfertigungsgrund. Die EU betrachtet die Mitgliedstaaten insofern, dem Allgemeinen Völkerrecht entsprechend, als „Einheitsstaaten" und lässt ihre inneren Staatsstrukturen unberücksichtigt. Die Mitgliedstaaten sind daher verpflichtet, das Unionsrecht ordnungsgemäß anzuwenden und ihre nationalen Rechtsordnungen gegebenenfalls an die Rechtsordnung der EU anzupassen. Im Falle, dass ein finanzwirksamer Verstoß gegen Unionsrecht auf dem Fehlverhalten selbständiger Gebietseinheiten eines föderativ organisierten Mitgliedstaates beruht, haftet nach der Rechtsprechung des EuGH gegenüber der EU stets der Gesamtstaat. Die Übertragung der Haftung des Zentralstaates auf die für den Verstoß tatsächlich verantwortlichen Gebietskörperschaften ist in der nationalen Rechtsordnung zu regeln. Aus Art. 4 Abs. 3 EUV folgt jedoch die Pflicht der Mitgliedstaaten, Schwierigkeiten bei der Durchführung der unionsrechtlichen Regeln, den Organen der EU mitzuteilen und, unter Aufzeigung von Lösungswegen, nach Treu und Glauben mit diesen zusammen zu arbeiten, um die Schwierigkeiten zu überwinden.
4. Grundsätzlich sind zwei Haftungskonstellationen zu unterscheiden, in denen das Fehlverhalten von Gebietskörperschaften eines föderativ organisierten Mitgliedstaates die Haftung des Gesamtstaates gegenüber der EU auslöst und innerstaatlich zu der Frage nach der Haftungsverteilung zwischen den entsprechenden staatlichen Ebenen führt:
   Zum einen im Zusammenhang mit Finanzsanktionen des EuGH im Bereich des Vertragsverletzungsverfahrens nach Art. 258, 260 AEUV (Zwangsgeld

und Pauschalbetrag), mit Finanzkorrekturen der europäischen Kommission im Bereich der europäischen Landwirtschafts- und Strukturfonds sowie mit Finanzsanktionen des Rates im Bereich des öffentlichen Haushaltsdefizits nach Art. 126 Abs. 11 EAUV.
Zum anderen im Zusammenhang mit Schadensersatzansprüchen Einzelner für Schäden, die aus einem mitgliedstaatlichen Verstoß gegen das Unionsrecht resultieren, wenn in föderal organisierten Mitgliedstaaten ein Fehlverhalten einer Untergliederung den Schaden des Einzelnen verursacht hat. Auch in diesen Fällen muss nach der innerstaatlichen Rechtsordnung der Mitgliedstaaten geregelt werden, welche staatliche Ebene für diese Schäden aufzukommen hat. Der grundlegende Unterschied zwischen beiden Haftungskonstellationen ist, dass es nur in ersterer zu Finanzsanktionen europäischer Institutionen kommen kann. Im Falle von Schäden einzelner, die durch Unionsrechtsverstöße staatlicher Stellen verursacht wurden, verhängt die EU keine finanziellen Sanktionen gegen die Mitgliedstaaten.

5. In Spanien ist es in allen Haftungskonstellationen dazu gekommen, dass europäische Institutionen gegen das Königreich Spanien wegen des Verstoßes gegen europäische Pflichten finanzielle Sanktionen verhängt haben bzw. drohen zu verhängen. Häufig ist hierbei ein Fehlverhalten der Autonomen Gemeinschaften zumindest mit-ursächlich für die Vollzugsdefizite. Denn diese sind am Vollzug des Unionsrechts wesentlich beteiligt. Nach der ständigen Rechtsprechung des spanischen Verfassungsgerichts richtet sich der nationale Vollzug des Unionsrechts nach der verfassungsmäßigen Kompetenzverteilung zwischen dem Zentralstaat und den Autonomen Gemeinschaften. Diese sei durch die Mitgliedschaft Spaniens in der EU nicht verändert worden. Dabei ist die Kompetenzordnung nicht nur maßgeblich für die Kompetenzverteilung im Bereich des Vollzugs des Unionsrechts, sondern auch hinsichtlich der Haftungsverteilung für die finanziellen Folgen von Vollzugsfehlern. Daher steht im Zentrum der zwischen dem Zentralstaat und den Autonomen Gemeinschaften bestehenden Verantwortungs- und Haftungsbeziehungen im Bereich des Unionsrechts das zwischen ihnen bestehende interkörperschaftliche Verhältnis gemäß der nationalen Kompetenzordnung.
6. Die nationale Kompetenzordnung ist dabei in hohem Maße heterogen und spannungsgeladen. Die spanische Verfassung von 1978 hatte kein abgeschlossenes Staatsmodell geschaffen, sondern sich auf die Festlegung bestimmter Strukturprinzipien beschränkt. Die Bildung von Autonomen Gemeinschaften war in ihr nur als Möglichkeit angelegt, jedoch nicht vorkonstitutionell vorausgesetzt. Von dieser Möglichkeit wurde jedoch allseits Gebrauch genommen, so dass sich zwischen 1979 und 1983 siebzehn Auto-

nome Gemeinschaften bildeten, 1995 ergänzt um zwei Autonome Städte, die sich die Staatsaufgaben seither mit dem Zentralstaat teilen. Die Verfassung sah für die Konstituierung als Autonome Gemeinschaft unterschiedliche Verfahren vor. Abhängig vom Verfahren der Konstituierung konnten unterschiedlich viele Kompetenzen übernommen werden. Dies ist der Grund dafür, weshalb nicht alle Autonomen Gemeinschaften über dieselben Kompetenzen verfügten. Zwar sollten die Kompetenzen der Autonomen Gemeinschaften durch verschiedene zentralstaatliche Gesetze mehrfach einander angeglichen werden. Eine Vereinheitlichung wurde jedoch nicht erreicht. Durch den aktuellen Reformprozess der Autonomiestatute werden die Unterschiede zwischen den Autonomen Gemeinschaften wieder stärker betont. Insgesamt wurde durch die Verfassung von 1978 der Jahrhunderte lang währende Zentralismus abgeschafft und ein „Staat der Autonomie“ geschaffen, indem die Staatsaufgaben von verschiedenen Territorialebenen wahrgenommen werden.

7. Als weitere Besonderheit und bedeutsam im Zusammenhang mit dem Vollzug des Unionsrechts ist das nationale Finanzsystem. In Spanien gibt es zum einen ein allgemeines Finanzsystem und zum anderen ein besonderes Finanzsystem, das nur für die Autonomen Gemeinschaften des Baskenlandes und Navarra gilt. Grund hierfür ist, dass die Verfassung sich verpflichtet hat, die historisch gewachsenen, als „foros“ bezeichneten Sonderrechte dieser beiden Regionen zu wahren. Diese Sonderrechte sind insbesondere bedeutsam für die Finanzbeziehungen des Zentralstaates und der Autonomen Gemeinschaften. Zum einen verfügen Navarra und das Baskenland - im Gegensatz zu allen anderen Autonomen Gemeinschaften - über vollständige Steuerautonomie. Zum anderen beteiligen Navarra und das Baskenland sich an der Finanzierung der zentralstaatlichen Ausgaben, in dem sie einen bestimmten vereinbarten Betrag („cupo“) an die Zentralregierung abtreten, der alle fünf Jahre erneut festgelegt wird. Navarra und das Baskenland leiten jeweils von den von ihnen eingezogenen Steuern einen Teil an die Autonomen Gemeinschaften weiter und führen eine Quote an den Zentralstaat ab.
Das heterogene Kompetenz- und Finanzsystem führt innerstaatlich regelmäßig zu Kompetenzkonflikten zwischen dem Zentralstaat und den Autonomen Gemeinschaften.

8. Durch die Rechtsprechung des Verfassungsgerichts, nach der die nationale Kompetenzordnung maßgeblich auch für die Zuständigkeit für den nationalen Vollzug des Unionsrechts ist, haben die innerstaatlichen Kompetenzkonflikte sowie insgesamt das ungelöste Problem der Territorialordnung ihre Fortsetzung im Bereich des Unionsrechtsvollzugs und führen zu neuen Kompetenzstreitigkeiten. Hierdurch wird insgesamt die einheitliche Umset-

zung der unionsrechtlichen Vorschriften in Spanien gefährdet. Grund hierfür ist, dass weder die Verfassung noch die Autonomiestatute eine spezifische Kompetenz für den Vollzug des Unionsrechts enthalten. Da der Kompetenzkatalog der Art. 148, 149 CE keine ausdrücklichen Regeln für den Vollzug der völker- und unionsrechtlichen Verträge enthält, konnten die Autonomen Gemeinschaften gemäß Art. 149 Abs. 3 S. 1 CE entsprechende Regeln zum Vollzug der „internationalen Verträge" nach ihrem Ermessen in ihre Autonomiestatute mit aufnehmen. Dies haben sie in uneinheitlicher Weise getan. Hierbei lassen sich drei Gruppen unterscheiden: Autonomiestatute ohne jegliche Zuständigkeitsregeln für den Vollzug der völker- und unionsrechtlichen Verträge, solche mit Zuständigkeitsregeln für den Vollzug nur der „völkerrechtlichen Verträge" und schließlich solche mit ausdrücklichen Kompetenzregeln für den Vollzug des Rechts der EU. Das Verfassungsgericht erklärte schon sehr bald nach dem Beitritt Spaniens zur EWG, dass die verschiedenen Statutsregeln keine neue Kompetenzvorschrift darstellten. Vielmehr würden weder die Verfassung noch die Autonomiestatute eine spezifische Kompetenz für den Vollzug des Gemeinschaftsrechts enthalten. Daher sei hierfür die innerstaatliche Kompetenzverteilung zwischen dem Zentralstaat und den Autonomen Gemeinschaften gemäß der Verfassung und der Autonomiestatute maßgeblich, welche weder durch den Beitritt Spaniens zur EWG noch durch den Erlass von Vorschriften des Gemeinschaftsrechts verändert wurde. Diesen Grundsatz wiederholt das Verfassungsgericht in ständiger Rechtsprechung.

9. Zur Kooperation der Handlungen und Positionen des Zentralstaates und der Autonomen Gemeinschaften im Bereich des Unionsrechts wurde die „Konferenz für Angelegenheiten der Europäischen Gemeinschaften" („Conferencia para Asuntos Relacionados con las Comunidades Europeas") geschaffen. Sie ist das Koordinationsinstrument zwischen dem Zentralstaat und den Autonomen Gemeinschaften für die effektive Beteiligung letzterer beim Zustandekommen und der Vollziehung der europäischen Rechtsakte. Im Rahmen der CARCE wurden zahlreiche Vereinbarungen getroffen, wodurch die Beteiligung der Autonomen Gemeinschaften an europäischen Angelegenheiten erheblich gefördert wurde.
10. Durch die grundsätzliche Anerkennung der Beteiligung der Autonomen Gemeinschaften am Vollzug des Unionsrechts, trat die Frage zunehmend in den Vordergrund, ob sie hierbei auch die finanzielle Verantwortung für ihr Verhalten tragen. Weder die Verfassung noch die Autonomiestatute regeln diese Frage. Nach der Rechtsprechung des Verfassungsgerichts folgt jedoch aus Art. 149 Abs. 1 Nr. 3 CE i.V.m. Art. 93 S. 2 CE, dass der Zentralstaat die Befugnis hat, ein Haftungssystem zu schaffen, um seine Verantwortung

nach außen innerstaatlich auf die tatsächlich verantwortliche Autonome Gemeinschaft zu übertragen. Bislang hat er hiervon jedoch nicht in allgemeiner Weise Gebrauch gemacht. Stattdessen wurde die Haftung für finanzwirksame Unionsrechtsverstöße lediglich für spezifische Bereiche normiert, für die die Gefahr von Finanzsanktionen europäischer Institutionen unmittelbar drohte. Die existierenden Haftungsregeln bestimmen zwar allesamt den Grundsatz, dass die Verantwortung für einen Verstoß gegen Unionsrecht sich nach der nationalen Kompetenzordnung richtet. Sie sind bis auf wenige Ausnahmen jedoch allesamt nicht konkret genug, da sie bislang kein Verfahren vorsehen, nach dem die finanzielle Verantwortung für einen Unionsrechtsverstoß zu bestimmen ist.

Darüber hinaus gehen sie insgesamt nicht weit genug, da sie nur für ihren spezifischen Bereich, nicht aber allgemein anwendbar sind. Insgesamt ungeregelt ist bislang die Frage, wer im Falle der geteilten Verursachung die Verantwortung zu tragen hat.

11. Mit der 1. Zusatzbestimmung des am 6.3.2011 in Kraft getretenen Gesetzes 2/2011 wurde nun eine allgemeine Haftungsregel auf einfachgesetzlicher Ebene erlassen. Sie trägt jedoch zu keiner wirklichen Klärung der Haftungsregelung für Unionsrechtsverstöße bei, da die Vorschrift insgesamt zu unbestimmt ist und überdies viele Aspekte ungeregelt bleiben,

    Zur Wahrung der einheitlichen Anwendung des Unionsrechts und zur Vermeidung (finanzwirksamer) Unionsrechtsverstöße ist es notwendig, dass der zentralstaatliche Gesetzgeber ein allgemeines Haftungssystem für Unionsrechtsverstöße schafft, das die Verantwortlichkeiten klar verteilt und auch den Besonderheiten der einzelnen Autonomen Gemeinschaften Rechnung trägt.

12. Da die nationale Kompetenzordnung der „Dreh- und Angelpunkt" der Verantwortungs- und Haftungsbeziehungen zwischen dem Zentralstaat und seinen Autonomen Gemeinschaften im Bereich des Vollzugs des Unionsrechts ist, bedürfte es einer eindeutigen Klärung der Territorialordnung und einer klaren Verteilung und Abgrenzung der jeweiligen Zuständigkeitsbereiche zur Gewährleistung des einheitlichen Vollzugs des Unionsrechts.

13. Für den von der Verfassung von 1978 geschaffenen „Staat der Autonomien" scheint die Mitgliedschaft in der EU dabei in gewisser Weise eine Chance zur Lösung der bislang nicht abschließend geklärten Territorialordnung zu sein. Denn Spanien ist als Mitglied der EU zur ordnungsgemäßen Erfüllung der europarechtlichen Ziele und Vorgaben verpflichtet. Die grundsätzliche Wahrung der nationalen Verfassungssysteme durch die EU sowie deren Unbeachtlichkeit im Falle von Verstößen gegen das Unionsrecht zusammen mit den Sanktionsbefugnissen der EU, machen es notwendig, dass der Zentral-

staat und die Autonomen Gemeinschaften ihre Zuständigkeiten zumindest für den Bereich des Unionsrechts deutlich von einander abgrenzen. Andernfalls kann die einheitliche Anwendung des Unionsrechts nicht gewährleistet werden, was in der Folge zu finanziellen Sanktionen der EU führen kann, die sodann erneut die Klärung der Verantwortlichkeiten erforderlich machen. Die Notwendigkeit der klaren Verteilung und Abgrenzung der Zuständigkeiten im Bereich des Unionsrechts könnte in der Folge positiv auf das nationale Kompetenzsystem einwirken und so zu einer klareren Abgrenzung der Zuständigkeiten zwischen dem Zentralstaat und den Autonomen Gemeinschaften auch im nationalen Bereich führen.

14. Ob und wie der Zentralstaat und die Autonomen Gemeinschaften diese Chance bzw. Aufgabe nutzen, bleibt abzuwarten. Auch, wenn eine Verfassungsreform bislang nicht realisiert werden konnte, so ist durch den aktuellen Reformprozess der Autonomiestatute sowohl in Bezug auf das allgemeine Verhältnis zwischen Zentralstaat und Autonomen Gemeinschaften als auch in Bezug auf das Verhältnis zur EU Bewegung gekommen. Die Entwicklung des aktuellen Reformprozesses und seine etwaigen Auswirkungen auf die spanische Territorialordnung sind bislang zwar noch nicht absehbar. Möglicherweise könnte er am Ende aber die unausweichliche Konsequenz der Anpassung der Verfassung an die durch die Autonomiestatute modifizierte Rechtsordnung haben.

15. Tatsächlich erscheint die effektivste Lösung und Klärung der Verantwortungs- und Haftungsbeziehungen zwischen dem Zentralstaat und seinen Autonomen Gemeinschaften im Bereich des Unionsrechts in einer grundlegenden Reform der Verfassung von 1978 zu liegen. Ohne eine solche müssen die Verantwortungs- und Haftungsbeziehungen daher vorerst weiterhin lediglich mittels einfachgesetzlicher Bestimmungen für spezifische Bereiche geregelt werden, wobei deren Ergiebigkeit höchst fraglich ist und Kompetenzstreitigkeiten durch sie mehr verlagert denn gelöst werden. Denn alle Konflikte zwischen Zentralstaat und Autonomen Gemeinschaften im Zusammenhang mit dem Unionsrecht sind im Grunde auf die ungelöste Territorialordnung zurückzuführen. Deren Klärung scheint eine der dringlichsten aller Aufgaben für Spanien zu sein. Durch die Überwindung der „offenen Staatsordnung" zugunsten einer klaren und von allen Staatsebenen akzeptierten Definition der Staatsform Spaniens, ließen sich jegliche Zuständigkeiten und Verantwortlichkeiten eindeutiger zuordnen, was in der Folge zu einer klareren und eindeutigeren Zuordnung der Verantwortungen auch im Bereich des Vollzugs des Unionsrechts sowie schließlich im Bereich des fehlerhaften Vollzugs des Unionsrechts führen würde.

Literaturverzeichnis

Abellán Honrubia, Victoria (Koord.), La integración de España en las Comunidades Europeas y las competencias de las Comunidades Autónomas: Coloquio Barcelona, Barcelona 1985. Zitierter Bearbeiter:
Zaragoza, Juan de Miguel, Las competencias "internacionales" de las Comunidades Autónomas, S. 365-380.

Aguiar de Luque, Luis (Koord.), Implicaciones constitucionales y políticas del ingreso de España en la CEE y su incidencia en las Comunidades Autónomas: Àctas del V Congreso de la Asociación Epañola de Ciencia Política y Derecho Constitucional celebrado en Bilbao y Sansebastián los días 9, 10 y 11 de octubre de 1985, IVAP 1986.

Albertí Rovira, Enoch, El desarrollo y la ejecución por las Comunidaes Autónomas de la normativa comunitaria en materias de competencia compartida, REAF 2006, S. 79 ff.

Àlvarez Conde, Enrique, Curso de Derecho Constitucional, Vol. II, 6. Aufl., Madrid 2008.

Azcona Pastor, José Manuel/Gortari Unanua, Joaquín, Navarra y el nacionalismo vasco – Ensayo histórico-político sobre las señas de identidad originaria del Viejo Reino, Madrid 2001.

Balado Ruiz-Gallegos, Manuel/Blasco Lerma, Joan/García Escudero, Pío (Hrsg.), La España de las Autonomías. Reflexiones 25 años después, Barcelona 2005. Zitierte Bearbeiter:
- *Barroso, José Manuel,* La nueva Europa y las regiones, S. 41 ff.;
- *Folgado Blanco, José,* La financiación autonómica en España, S. 607 ff.

Balaguer Callejón, Francisco (Hrsg.), Reformas Estatutarias y distribución de competencias, Sevilla 2007. Zitierte Bearbeiter:
- *Balaguer Callejón, Francisco,* Competencias exclusivas, § 1, S. 19 ff.
- *Ortega Àlvarez, Luis,* Competencias Compartidas y Bases- desarrollo, § 2, S. 33 ff.
- *Montilla Martos, José Antonio,* La aplicación del Derecho europeo por las Comunidades Autónomas, § 4, S. 61 ff.

Balaguer Callejón, Francisco, Die Territorialreform in Spanien, JöR 57, 2009, S. 601 ff.

Bassols Coma, Martín, La Administración Pública de las Comunidades Autónomas, 1. Auflage, Madrid INAP 2004.

Belda Pérez-Pedro, Enrique, La fallida reforma de la Constitución española durante la VIII. Legislatura 2004-2008, Madrid 2008.

Bernecker, Walter, Spanien-Handbuch (Spanien Hdb), Geschichte und Gegenwart, Tübingen und Basel 2006.

Bieber Roland/Epiney Astrid/Haag, Marcel, Die Europäische Union (Die EU), 8. Aufl., Baden-Baden 2009.

Biglino Campos, Paloma/Delgado del Rincón, Luis E. (Hrsg.), El incumplimiento del Derecho comunitario en el Estado autonómico – Prevención y Responsabilidad, Madrid 2011. Zitierter Bearbeiter:

- *Ordóñez Solís, David,* La responsabilidad de las Comunidades Autónomas y de los entes locales españoles por la violación del Derecho de la Unión Europea: Procedimientos de reclamación, S. 141 ff.

Blanke, Hermann-Josef, Föderalismus und Integrationsgewalt – Die Bundesrepublik Deutschland, Spanien, Italien und Belgien als dezentralisierte Staaten der EG -, Diss., Berlin 1991.

Bleckmann, Albert, Europarecht – Das Recht der Europäischen Union und der Europäischen Gemeinschaften (Europarecht), 6. Aufl., 1997, Köln, Berlin, Bonn, München 1997.

Blümel, Willi (Hrsg.), Das spanische Verwaltungsrecht nach dem Reformgesetz von 1992, Beiträge der fünften gemeinsamen Tagung des Forschungsinstituts für öffentliche Verwaltung bei der Hochschule für Verwaltungswissenschaften Speyer und der Escola d'Administració Pública de Catalunya, 2.-5.11.1994, Forschungsinstitut für öffentliche Verwaltung bei der Hochschule für Verwaltungswissenschaften Speyer 1996. Zitierte Bearbeiter:

- *Ferret i Jacas, Joquím*: Die Verwaltungsorganisation im Gesetz 30/1992 über das Rechtsregime der öffentlichen Verwaltung und über das allgemeine Verwaltungsverfahren, S. 177 ff.

- *Montoro Chiner, María Jesús*: Die Haftung der öffentlichen Verwaltung nach dem Gesetz 30/1992 über das Rechtsregime der öffentlichen Verwaltung und über das allgemeine Verwaltungsverfahren, S. 135 ff.

Bogdandy, Armin v./Cruz Villalón, Pedro/Huber, Peter M., Handbuch Ius Publicum Europaeum (Hdb Ius Publicum Europaeum), Bd. I, Grundlagen und Grundzüge staatlichen Verfassungsrechts, Heidelberg 2007. Zitierter Bearbeiter:

Medina Guerrero, Manuel, § 11, S. 625 ff.

Bustos Gisbert, Rafael, La ejecución del Derecho comunitario por el Gobierno central, RVAP, Nr. 67, 2003, S. 163 ff.

Calliess, Christian/Ruffert, Matthias (Hrsg.), EUV/EGV (EUV/EGV) – Das Verfassungsrecht der Europäischen Union mit Europäischer Grundrechtecharta, Kommentar, 3. Auflage, München 2007. Zitierte Bearbeiter:

- *Kahl, Wolfgang*, ART. 10 EGV.

- *Häde, Ulrich,* ART. 104 EGV.

Casanova y La Rosa, Oriol, Las competencias de las Comunidades Autónomas en la aplicación del Derecho comunitario europeo (Comentario a la sentencia 252/1988, de 20 de diciembre, del Tribunal Constitucional), RIE Nr. 3, 1989, S. 767 ff.

Cienfuego Mateo, Manuel, El impacto de la Comunidad Europea en las competencias de las Comunidades Autónomas, REAF 2006, S. 13 ff.

Cienfuegos Mateo, Manuel, Comunidades Autónomas, Tribunales de la Unión Europea y responsabilidad por el incumplimiento autonómico. Reflexiones a partir de la práctica reciente, REAF 2007, 39 ff.

Consejo de Estado de España, Gutachten Nr. 215/2010, v. 18.3.2010, sobre el Anteproyecto de Ley de Economía Sostenible.

Consejo de Estado de España, Gutachten Nr. 99/2009, v. 18.3.2009, sobre el Anteproyecto de la Ley .../... sobre libre Acceso y Ejercicio de las Actividades de Servicio.

Consejo de Estado de España, Gutachten Nr. 779/2009, v. 21.5.2009, sobre el Anteproyecto de Ley de modificación de diversas Leyes para su adaptación a la Ley .../.... sobre el libre Acceso a las actividades de servicios y su ejercicio.

Consejo de Estado de España, Gutachten 91/2010, v. 25.2.2010 sobre el Anteproyecto de Ley de Protección del Medio Marino.

Consejo de Estado de España, Gutachten Nr. 3399/1998, v. 12.11.1998, sobre reclamación de daños.

Consejo de Estado de España, Gutachten Nr. 2555/2000, v. 14.9.2000, sobre responsabilidad patrimonial.

Consejo de Estado de España, Informe sobre modificaciones de la Constitución española, Madrid 2006.

Consejo de Estado de España, Informe sobre la inserción del Derecho Europeo en el ordenamiento español, Texto del informe, estudios y ponencias, Madrid 2008. (Koor.): *Rubio Llorente, Francisco.* Zitierte Bearbeiter:
- *Baquero Cruz, Julio/Sarmiento, Daniel,* Principios fundamentales del ordenamiento comunitario y administraciones nacionales, S. 473 ff.
- *Pascua Mateo, Fabio,* La ejecución normativa del Derecho comunitario en España: Problemas y perspectivas, S. 491 ff.

Consejo de Estado de España, Informe sobre la garantía del cumplimiento del Derecho Comunitario, Madrid 2010.

Cruz Villalón, Pedro (Koord.), Hacia la europeización de la Constitución española – La adaptación de la Constitución española al marco constitucional de la Unión Europea, Bilbao 2006. Zitierte Bearbeiterin: *Carmona Contreras, Ana M.,* Las Comunidades Autónomas, S. 175 ff.

Cruz Villalón, Pedro, Die Neugliederung des spanischen Staates durch die „Autonomen Gemeinschaften", JöR Nr. 34 (1985), S. 195 ff.

Dahm, Georg/Delbrück, Jost/Wolfrum, Rüdiger, Völkerrecht, Band I/3, 2. Auflage, Berlin 2002.

Dederer, Hans-Georg, Regress des Bundes gegen ein Land bei Verletzung von EG-Recht, NVwZ 2001, S. 258 ff.

Díaz Abad, Nuria, Las Comunidades Autónomas en la Unión Europea: Problemática actual, in: XXVII. Jornadas de Estudio de la Abogacia del Estado: Autonomías y organización territorial del Estado, presente y perspectivas de futuro, Ministero de Justicia, BOE 2006, S. 247 ff.

Díez Estella, Fernando/Díez Moreno, Fernando, Las ayudas de Estado en las llamadas "vacaciones fiscales", Gaceta Jurídica de la Unión Europeas y la competencia 2009, S. 61 ff.

Díez-Picazo, Luis María, Directivas comunitarias y Comunidades Autónomas: El Derecho patrimonial, RDP 1998, 303 ff.

Espitalier, Stefanie, Ein unwiderstehliches Angebot - Wahlstation beim Spanischen Staatsrat in Madrid, JuS-Magazin 4/2008, S. 27 f.

Fernández García, Lionel/Serrano Sordo, Teresa, Responsabilidad Patrimonial de los Estados Miembros por incumplimiento del Derecho comunitario, Noticias de la UE 1998, S. 91 ff.

Galetta, Diana-Urania, Procedural Autonomy of EU Member States: Paradise Lost ? A Study on the "Funcionalized Procedural Competence" of EU Member States, Berlin, Heidelberg 2010.

Garay y Chamizo, Catalina, Rechtswörterbuch – Mit Erläuterungen, Darstellung von Gesetzen, Verordnungen, Verträgen, Abkürzungen, Gerichtsverfassungen, Rechtsbehelfen, Spanisch-Deutsch/Deutsch-Spanisch, 3. Aufl., Köln 2008. (Zitiert: *Garay*, Rechtswörterbuch).

García de Enterría,Eduardo, La responsabilidad de la administración española por daños causados por infracción del Derecho comunitario, Gaceta Jurídica de la CEE Nr. 60, 1989, S. 2 ff.

García Flóres, Dionisio, Ceuta y Melilla – Cuestión de Estado (Ceuta y Melilla), Ceuta, Melilla 1999.

García, Ricardo Alonso, La ejecución normativa del Derecho comunitario europeo en el ordenamiento español, RAP 1990, S. 213 ff.

Geiger, Rudolf/Khan, Daniel-Erasmus/Kotzur, Markus, EUV/AEUV, Vertrag über die Europäische Union und Vertrag über die Arbeitsweise der Europäischen Union, Kommentar, 5. Aufl., (EUV/AEUV, 5. Aufl., 2010), München 2010.

Gerven, Walter van/Zuleeg Manfred (Hrsg.), Sanktionen als Mittel zur Durchsetzung des Gemeinschaftsrechts, Schriftenreihe der Europäischen Rechtsakademie Trier, Bd. 12, 1996. Zitierter Bearbeiter:
Priebe, Reinhard, Sanktionen und sanktionsgleiche Maßnahmen im Rahmen der Gemeinschaftsfonds – Neue Entwicklungen in der Gemeinschaftsgesetzgebung, S. 55 ff.

Gómez Puente, Marcos, La responsabilidad por incumplimiento del Derecho comunitario, REAF 2006, S. 153 ff.

Grabitz, Eberhard/Hilf, Meinhard, Das Recht der Europäischen Kommission, Kommentar, Bd. I, (EU Komm., Bd. I), München 2009. Zitierter Bearbeiter:
v. Bogdandy, Armin, Art. 10 EGV.

Grabitz, Eberhard/Hilf, Meinhard, Das Recht der Europäischen Kommission, Kommentar, Bd. II (EU Komm, Bd. II), München 2009. Zitierter Bearbeiter:
Bandilla, Rüdiger, Art. 104 EGV.

Grabitz, Eberhard/Hilf, Meinhard, Das Recht der Europäischen Kommission, Kommentar, Bd. III, (EU Komm, Bd. III), München 2009. Zitierte Bearbeiter:
Karpenstein, Peter/Karpenstein, Ulrich, Art. 228 EGV.

Guichot Reina, Emilio, La responsabilidad extracontractual de los poderes públicos según el Derecho comunitario, Valencia 2001.

***H**anf, Dominik*, Bundesstaat ohne Bundesrat? - Die Mitwirkung der Glieder und die Rolle zweiter Kammern in evolutiven und devolutiven Bundesstaaten. Eine rechtsvergleichende Untersuchung – Diss., Baden-Baden 1999.

Hatje, Armin, Die gemeinschaftsrechtliche Steuerung der Wirtschaftsverwaltung – Grundlagen, Erscheinungsformen, verfassungsrechtliche Grenzen am Beispiel der Bundesrepublik Deutschland, Baden-Baden 1998.

Haratsch, Andreas/Koenig, Christian/Pechstein, Matthias, Europarecht, 6. Auflage, Tübingen 2009.

Holtschneider, Rainer/Schön, Walter (Hrsg.), Die Reform des Bundesstaates, Beiträge zur Arbeit der Kommission zur Modernisierung der bundesstaatlichen Ordnung 2003/2004 und bis zum Abschluss des Gesetzgebungsverfahrens 2006, 1. Aufl., Baden-Baden 2007. Zitierte Bearbeiter:
- *Kröning, Volker*, Innerstaatliche Haftung für Rechtsverstöße der BRD im Außenverhältnis, S. 335 ff.
- *Riebel, Jochen*, EU-Haftung und Nationaler Stabilitätspakt, S. 353 ff.

***I**bán, Iván*, Einführung in das spanische Recht, Baden-Baden 1995.

Ignacio del Burgo, Jaime, Navarra – Pasado, presente y futuro, Pamplona 2008.

Institut d'Estudis Autonómics (Hrsg.), La aplicación del Derecho de la Comunidad Europea por los organismos subestatales, Barcelona 1986. Zitierte Bearbeiter:
- *Garzón Clariana, Gregorio/Albiol Biosca, Gloria/ Piñol i Rull, Joan Llus/Vilá i Costa*, La ejecución del Derecho Comunitario en España y las competencias de las Comunidades Autónomas, S. 193 ff.

Ipsen, Knut, Völkerrecht, 5. Auflage, München 2004.

Isensee, Josef/Kirchhof, Paul (Hrsg.), Handbuch des Staatsrechts (Hdb StaatsR), Bd. VII – Normativität und Schutz der Verfassung – Internationale Beziehungen, §§ 158-183, 1. Aufl., Heidelberg 1992. Zitierter Bearbeiter:
Streinz, Rudolf, Der Vollzug des Europäischen Gemeinschaftsrechts durch deutsche Staatsorgane, § 182, S. 817 ff.

Jiménez Asensio, Rafael, La ejecución del derecho comunitario por las Comunidades Autónomas en la jurisprudencia constitucional, RVAP 1995, Nr. 41, April, S. 181 ff.

Jíménez Campo, Javier, Qué es lo basico? Legislación compartida en el Estado Autonómico, REDC 1989, S. 39 ff.

Kemmler, Iris, Nationaler Stabilitätspakt und Aufteilung der EU-Haftung zwischen Bund und Ländern nach der Föderalismusreform, LK 2006, S. 529 ff.

Kimmel, Adolf/Kimmel, Christiane, Verfassungen der EU-Mitgliedstaaten, 6. Auflage, München 2005.

Koenig, Christian/Braun, Jens-Daniel, Rückgriffsansprüche des Bundes bei einer Haftung für Verstöße der Bundesländer gegen Gemeinschaftsrecht, NJ 2004, S. 97 ff.

Köbler, Gerhard, Rechtsspanisch – Deutsch-spanisches und spanisch-deutsches Rechtswörterbuch für jedermann, 2. Aufl., München 2003.

Kramer, Jutta (Hrsg.), Die Entwicklung des Staates der Autonomien in Spanien und der bundesstaatlichen Ordnung in der BRD, Baden-Baden 1996. Zitierter Bearbeiter:
Alberti Rovira, Enoch, Die Beziehungen zwischen dem Staat und den Autonomen Gemeinschaften: Kooperation und Konflikt, S. 129 ff.

Lambertz, Karl-Heinz/Große Hüttmann, Martin (Hrsg.), Europapolitik und Europafähigkeit von Regionen, Baden-Baden 2009. Zitierter Bearbeiter:
Nagel, Klaus-Jürgen, Zur Europapolitik und Europafähigkeit der spanischen Regionen, S. 84 ff.

Lenz, Carl Otto/Borchardt, Klaus-Dieter, EU-Verträge, Kommentar nach dem Vertrag von Lissabon (EU-Verträge), 5. Aufl., Köln 2010. Zitierte Bearbeiter:

- *Busse, Christian*, Art. 38 u. 40 AEUV.
- *Borchardt, Klaus- Dieter*, Art. 177 AEUV u. 258 AEUV.
- *Hetmeier, Heinz*, Art. 291 AEUV.

Lenz, Carl Otto/Borchardt, Klaus-Dieter (Hrsg.), EU-und EG-Vertrag, Kommentar, 4. Aufl., 2006 (EU-u. EG-Vertrag, 4. Aufl., 2006), Köln 2006. Zitierter Bearbeiter:

- *Busse, Christian*, Art. 34 EGV.

López Pina, Antonio (Hrsg.), Spanisches Verfassungsrecht, Heidelberg 1993. Zitierter Bearbeiter:

Solé-Tura, Jordí, Das politische Modell des Staates Autonomer Gebietskörperschaften, S. 249 ff.

Littwin, Frank, Die innerstaatliche Verteilung der Finanzierungslasten aus der Mitgliedschaft der BRD in der EU, DVBl. 1997, S. 151 ff.

Mangas Martín, Araceli, Derecho comunitario europeo y Derecho español, 2. Aufl., Madrid 1987.

Mangoldt, Hermann von/Klein, Friedrich/Starck, Christian, Kommentar zum GG, Bd. III, Art. 83-146, 6. Aufl., (GG-Kommentar, Bd. III, 6. Aufl.), München 2010. Zitierte Bearbeiter:

- *Hellermann, Johannes*, Art. 104 a GG.
- *Kirchhof, Gregor*, Art. 109 GG.

Maria J. Montoro Chiner, Spanien als Staat der Autonomen Gemeinschaften", DÖV 1987, S. 85 ff.

Ministerio de Administraciones Públicas (Hrsg.), El sistema de financiación territorial en los modelos de estado español y alemán, Madrid 2000. Zitierte Bearbeiter:

- *Acosta, Eugenio Simón*, Modelos singulares de financiación autonómica. El régimen foral, S. 219 ff.
- *Costa Climent, Juan D.*, El Estado actual de la financiación autonómica en España, S. 259 ff.
- *Giménez-Reyna Rodríguez, Enrique/Martín Fernández, Javier*, Los sistemas español y alemán de financiación territorial: Un análisis comperativo, S. 16 ff.
- *Giménez-Reyna Rodríguez, Enrique/Martín Fernández, Javier*, El sistema español de financiación autonómica, S. 87 ff.

Ministerio de Economía y Hacienda (Hrsg.), Relaciones Financieras entre España y la Unión Europea 2009, Madrid 2010.

Ministerio de Justicia (Hrsg.), XVI. Jornadas de Estudio sobre "La Constitución española en el ordenamiento comunitario europeo, Bd. I, Madrid 1993. Zitierter Bearbeiter:
García Gómez de Mercado, Franciso, La responsabilidad del Estado en la aplicación normativa del Derecho comunitario, S. 216 ff.

Molas, Isidre, Derecho Constitucional, 4. Auflage, Madrid 2008.

Montilla Martos, José Antonio, Derecho de la Unión Europea y Comunidades Autónomas, El desarrollo normativo del Derecho de la Unión en el Estado autonómico, Madrid 2005.

Montoro Chiner, Maria Jesus, Spanien als Staat der Autonomen Gemeinschaften, DÖV 1987, S. 85 ff.

Morena Molina, Ánge Manuel, La ejecución administrativa del Derecho comunitario. Régimen europeo y español, Madrid 1998.

Müller, Heinz/Haensch, Günther, Langenscheidts Handwörterbuch Spanisch, Spanisch – Deutsch, Deutsch-Spanisch, Berlin, München 2010.

Muñoz Machado, Santiago, Derecho Público de las Comunidades Autónomas, Bd. I, 2. Aufl., Madrid 2007.

Muñoz Machado, Santiago, Derecho Público de las Comunidades Autónomas, Bd. II, 2. Aufl., Madrid 2007.

Muñoz Machado, Santiago, Los Pactos Autonómicos de 1992: La ampliación de competencias y la reforma de los estatutos, RAP 1992, S. 85 ff.

Muñoz Machado, Santiago, Tratado de Derecho comunitario (Estudio sistemático desde el Derecho español), Bd. I, Madrid 1986.

Nicolás Lucas, Asunción, La incidencia en la práctica española del principio de responsabilidad patrimonial por incumplimiento del Derecho comunitario, RAP 2005, S. 351 ff.

Nicolaysen, Gert, Europarecht II, Das Wirtschaftsrecht im Binnenmarkt, 1. Aufl., (Europarecht II, 1. Aufl., 1996), Baden-Baden 1996.

Nopper, Frank, Bund-Länder-Haftung beim fehlerhaften Verwaltungsvollzug von Gemeinschaftsrecht durch die deutschen Länder, Diss., Baden-Baden 1998.

Oppermann, Thomas/Classen, Dieter/Nettesheim, Martin, Europarecht, 4. Auflage, München 2009.

Ordóñez Solís, David, Comunidades Autónomas, Financiación europea y responsabilidad por incumplimiento del Derecho comunitario europeo, RVAP Nr. 59, 2001, S. 150 ff.

Ordóñez Solís, David, El Tratado de Lisboa, los nuevos Estatutos de Autonomía y la protección judicial de los derechos fundamentales, Noticias de la Unión Europea 2009, S. 5 ff.

Ordóñez Solís, David, La ejecución del Derecho comunitario europeo en España, Madrid 1994.

Ordóñez Solís, David, La gestión de las subvenciones y las ayudas comunitarias por parte de las Comunidades Autónomas, REAF 2006, S. 105 ff.

Ordóñez Solís, David, Las correcciones financieras por la gestión en España de los fondos europeos, Actualidad administrativa Nr. 4, 2011, S. 1 ff .

Ordóñez Solís, David, Las cláusulas europeas de los nuevos Estatutos de Autonomía en la perspectiva del Tratado de Lisboa, RAAP Nr. 77, 2010, S. 131 ff.

Ordóñez Solís, David, Las relaciones entre la Unión Europea y las Comunidades Autónomas en los Nuevos Estatutos de Autonomía, REAF 2007, S. 69 ff.

Ordóñez Solís, David, Resonsabilidad del Estado, Comunidades Autónomas y Derecho comunitaro europeo, CDP 1999, S. 37 ff.

Ordóñez Solís, David, La dimensión europea de la actividad jurisdiccional de los jueces españoles, RUEA 2009, S. 5 ff.

Ortega Àlvarez, Luis, El artículo 93 de la Constitución como título estatal de competencia concurrente para los supuestos de incumplimientos autonómicos de las obligaciones comunitarias, REDA 1998, S. 353 ff.

***P**ache, Eckhard*, Der Schutz der finanziellen Interessen der Europäischen Gemeinschaften, Diss., Berlin 1994.

Parejo Alfonso, Luciano, El ordenamiento español y la integración en las Comunidades Europeas: Un problema capital de renovación, RVAP Nr. 13, 1985, S. 189 ff.

Pascua Mateo, Fabio, Cuestiones de técnica normativa de la incorporación de directivas comunitarias en el Derecho español, REDU 2002, 649 ff.

Pérez Gallego, Roberto, Derecho constitucional (Organización política y territorial del Estado en la Constitución vigente de 1978), Madrid 2000.

Pérez González, María Carmen, Responsabilidad del Estado frente a particulares por incumplimiento del Derecho comunitario, Valencia 2001.

Pérez Tremps, Pablo (Koord.), La participación europea y la acción exterior de las Comunidades Autónomas, Institut d'Estudis Autonómics, Madrid-Barcelona 1998.

Pérez Tremps, Pablo, Comunidades Autónomas, Estado y Comunidad Europea, Madrid 1987.

Pielow, Johann-Christian, Autonomía Local in Spanien und Kommunale Selbstverwaltung in Deutschland, München 1992.

***R**odríguez Carbajo, José Ramón*, La responsabilidad patrimonial del Estado español derivada de las normas internas que infringen el Derecho comunitario después de la STJCE de 26 de enero de 2010, Actualidad

Administrativa, Nr. 8, Sección Fundamentos de Casación, April 2010, S. 1000, Bd. 1, La Ley.

Rodríguez Iglesias, Gil Carlos, Zu den Grenzen der verfahrensrechtlichen Autonomie der Mitgliedstaaten bei der Anwendung des Gemeinschaftsrechts, EuGRZ 1997, S. 289 ff.

Rodríguez Iglesias, Gil Carlos, Derecho comunitario y administración nacional, Documentación Administrativa Nr. 152, 1973, S. 7 ff.

Rodríguez Iglesias, Gil Carlos, Problemas jurídicos de la adhesión de España a la Comunidad Europea, in: Curso de Derecho Internacional de Vitoria 1984, Bilbao 1985.

Rubio Llorente, Francisco (Hrsg.), La forma del poder, Madrid 1993. Zitierter Bearbeiter:

Rubio Llorente, Francisco, El bloque de constitucionalidad, S. 99 ff.

Ruíz Ruíz, Florentino, Las competencias de las Comunidades Autónomas en el desarrollo normativo y la ejecución del derecho comunitario europeo, Análisis de la jurisprudencia constitucional, REDC 1995, S. 279 ff.

Santamaría Pastor, Juan Alfonso, Principios de Derecho Administrativo General I, 1. Aufl. Madrid 2009.

Santamaría Pastor, Juan Alfonso, Principios de Derecho Administrativo General, Bd. II, 1. Aufl., Madrid 2009.

Sardina Paramo, Juan Antonio, El concepto de fuero – Un análisis filosófico de la experiencia jurídica, Santiago de Compostela 1979.

Schmidt, Peer (Hrsg.), Kleine Geschichte Spaniens, Stuttgart 2004. Zitierter Bearbeiter:

Schmidt, Peer, Diktatur und Demokratie (1939-2004), S. 443 ff.

Schneider, Jens-Peter/Velasco Caballero, Francisco (Hrsg.), Strukturen des Europäischen Verwaltungsverbunds – Ergebnisse einer deutsch-spanischen Forschergruppe, Die Verwaltung 2009, Beiheft 8. Zitierte Bearbeiterin:

Díez Sastre, Silvia: Administrative Verflechtungsbeziehungen in der spanischen Rechtsordnung, S. 28 ff.

Schoch, Friedrich, Die Europäisierung des Allgemeinen Verwaltungsrechts und der Verwaltungsrechtswissenschaft, Die Verwaltung 1999, Beiheft 2, S. 135 ff.

Schöndorf-Haubold, Sabine, Die Strukturfonds der Europäischen Gemeinschaft – Rechtsformen und Verfahren europäischer Verbundverwaltung -, Diss., München 2005.

Schulze, Reiner/Zuleeg, Manfred/Kadelbach, Stefan (Hrsg.), Europarecht – Handbuch für die deutsche Rechtspraxis (Hdb Europarecht), 2. Aufl., Baden-Baden 2010. Zitierte Bearbeiter:

- *Gundel, Jörg,* § 3,Verwaltung, S. 123 ff.
- *Magiera, Siegfried,* § 13, Durchsetzung des Europarechts, S. 508 ff.

Schwarze, Jürgen (Hrsg.), EU-Kommentar, 2. Aufl., Baden-Baden 2009. Zitierte Bearbeiter:
- *Hatje, Armin,* Art. 10 EGV.
- *Hattenberger, Doris,* Art. 104 EGV.
- *Schwarze, Jürgen,* Art. 228 EGV.

Schwarze, Jürgen, Europäische Rahmenbedingungen für die Verwaltungsgerichtsbarkeit, NVwZ 2000, S. 241 ff.

Starck, Christian, Rechtsvergleichung im öffentlichen Recht, JZ 1997, S. 1021 ff.

Stein, Torsten/Buttlar, Christian v., Völkerrecht, 12. Auflage, München 2009.

Streinz, Rudolf, EUV/EGV – Vertrag über die Europäische Union und Vertrag zur Gründung der Europäischen Gemeinschaft – (EUV/EGV), Kommentar, München 2003. Zitierter Bearbeiter:
Streinz, Rudolf, Art. 10 EGV.

Streinz, Rudolf, Europarecht, 8. Aufl., Heidelberg, München, Landsberg, Berlin 2008.

Tomás y Valiente, Francisco, Códigos y Constituciones 1808-1978, Madrid 1989.

Tornos i Mas, Joaquim, Algunos problemas competenciales en la ejecución interna de directivas comunitarias, Autonomies: Revista Catalana de Derecho público, Nr. 13, 1991, S. 31 ff.

Tudela Aranda, José/Kölling, Mario (Hrsg.), Die Reform des Deutschen Bundesstaates und die Reform des Spanischen Autonomiestaates, Navarra 2009. Zitierte Bearbeiter:
- *Kölling, Mario,* Einführung, S. 9 ff.
- *Tudela Aranda, José,* Föderalismus als Notwendigkeit nach der Reform der Autonomiestatute, S. 245 ff.

Verdross, Alfred/Simma, Bruno, Universelles Völkerrecht – Theorie und Praxis, 3. Auflage, Berlin 1984.

Weber, Albrecht, Die spanische Verfassung von 1978, JöR Bd. 29 (1980), S. 209 ff.

Wendland, Kirsten, Spanien auf dem Weg zum Bundesstaat? – Entstehung und Entwicklung der Autonomen Gemeinschaften –, Baden-Baden 1998.

Schriften der Deutsch-Spanischen Juristenvereinigung

Band 1 Santiago Gonzáles-Varas: Die Verwaltung in Privatrechtsform in Spanien und Deutschland. 2002.

Band 2 Eva Romanski: Sozialstaatlichkeit und soziale Grundrechte im Grundgesetz der Bundesrepublik Deutschland und in der spanischen Verfassung. 2000.

Band 3 Alexander von Kuhlberg: Änderung und Revision der spanischen Verfassung vom 29. Dezember 1978. 2000.

Band 4 Kai Christian Fischer: Verbraucherschutz im spanischen Vertragsrecht im Lichte der europäischen Rechtsangleichung. Eine Studie mit rechtsvergleichenden Bezügen zum deutschen Recht. 2000.

Band 5 Miguel Félix Rodríguez y Rowinski: Die Haftung für Hilfspersonen im spanischen Recht. 2001.

Band 6 Ole Brühl: Immissionsschutzrechtliche Vorhabengenehmigung in Deutschland und Spanien. Eine rechtsvergleichende Untersuchung unter besonderer Berücksichtigung der Rechtslage in den Autonomen Gemeinschaften Spaniens. 2001.

Band 7 Florian Pagenkemper: Die Mängelhaftung des Bauunternehmers in Spanien nach der *Ley de Ordenación de la Edificación* und dem *Código civil*. Eine Untersuchung der vertraglichen und gesetzlichen Haftung mit rechtsvergleichenden Bemerkungen zum deutschen Recht. 2002.

Band 8 Daniel Friedrich Berg: Die Rückabwicklung gescheiterter Verträge im spanischen und deutschen Recht. Eine rechtsvergleichende Untersuchung unter besonderer Berücksichtigung des Einheitsrechts. 2002.

Band 9 Maria Isabel Haas: Der Durchgriff im deutschen und spanischen Gesellschaftsrecht. Eine rechtsvergleichende Analyse. 2003.

Band 10 Sonja Kohtes: Das Recht der vorformulierten Vertragsbedingungen in Spanien. Die Umsetzung der Richtlinie 93/13/EWG über missbräuchliche Klauseln in Verbraucherverträgen. 2004.

Band 11 Markus Artz: Kollisionsrecht und ausländisches Recht in spanischen und deutschen Zivilverfahren. Eine rechtsvergleichende Untersuchung. 2004.

Band 12 Johannes F.K. Rheinheimer: Arbeitsrechtliche Fragen nationaler und internationaler Telearbeit in der Europäischen Union an den Beispielen Deutschland und Spanien. 2004.

Band 13 Julia B. Spaethe: Spaniens Abstammungsrecht in Geschichte und Gegenwart. Unter besonderer Berücksichtigung der Nichtehelichkeit. 2004.

Band 14 Thomas Reineke: Das Recht der Arbeitnehmerüberlassung in Spanien und Deutschland und sein Verhältnis zu der geplanten europäischen Regelung. 2004.

Band 15 Christian Gohm: Maßnahmen zur Beschleunigung und Konzentration im neuen spanischen und deutschen Zivilprozess.Eine rechtsvergleichende Analyse im Lichte der Europäisierung des Zivilprozessrechts. 2004.

Band 16 Till Pense: Das spanische Schwurgericht. Die Jury im Spannungsfeld von Rechtsstaat und Demokratie. 2006.

Band 17 Jan Hückel: Persönlichkeitsschutz und Geldersatz im deutschen und spanischen Zivilrecht. 2006.

Band 18 Ilja I. Selenkewitsch: Spanisches Tarifrecht. Mit spezieller Betrachtung der arbeitszeitrechtlichen Regelungen. 2006.

Band 19 Sven Klaiber: Mitwirkungsbefugnisse des Bürgers auf Seiten der Strafverfolgungsorgane in Deutschland und in Spanien im Rechtsvergleich. 2006.

Band 20 Raimundo Baglietto Bergmann: Der einstweilige Rechtsschutz nach der neuen spanischen Zivilprozeßordnung und der deutschen Zivilprozeßordnung. Eine rechtsvergleichende Untersuchung der Art. 721–747 LEC und der §§ 916–945 ZPO für den Bereich des Zivilprozeßrechts. 2007.

Band 21 Holger Dierkes: Sicherungspflichten des Bauträgers in Spanien und Deutschland. Insbesondere aus Art. 19 Ley de Ordenación de la Edificación und aus §§ 3 und 7 Makler- und Bauträgerverordnung. 2007.

Band 22 Nele Rades: Die *Sociedad Limitada Nueva Empresa*. Eine Diskussion des spanischen Gesetzes Nr. 7/2003 im Kontext des spanischen und deutschen GmbH-Rechts. 2008

Band 23 Peter Stadler: Das interregionale Recht in Spanien. Darstellung unter besonderer Berücksichtigung des Ehegüter- und Erbrechts. 2008.

Band 24 Christian Ochs: Die Haftung des GmbH-Geschäftsführers im deutschen und spanischen Recht. 2008.

Band 25 Janire Mimentza: Der Auskunftsanspruch im deutschen und spanischen Markenrecht. Vor dem Hintergrund der europäischen Richtlinie 2004/48/EG zur Durchsetzung der Rechte des geistigen Eigentums. 2008.

Band 26 Thomas Kaiser: Steuerliche Gewinnermittlung in Spanien und Deutschland. 2008.

Band 27 Thomas M. Mannsdorfer / Susana Navas Navarro: Spanisches Haftungs- und Versicherungsrecht. 2008.

Band 28 Annemarie Hofedank: Arbeitsmarkt und Kündigungsschutz in Spanien. 2009.

Band 29 Tobias Rösner : Verlust des Stammkapitals und Geschäftsführerhaftung in der GmbH. Ein deutsch-spanischer Rechtsvergleich. 2009.

Band 30 Sebastian Schalk: Deutsche Präjudizien und spanische „Jurisprudencia“ des Zivilrechts. Eine vergleichende Gegenüberstellung. 2009.

Band 31 Anna-Maja Schaefer: Das autonome internationale Insolvenzrecht Spaniens im Vergleich zum deutschen Recht. 2009.

Band 32 Volkart Tresselt: Die Rechtsstellung des Verwalters einer spanischen Sociedad de Responsabilidad Limitada und des Geschäftsführers einer deutschen GmbH im Rechtsvergleich. 2009.

Band 33 Festschrift 25 Jahre Deutsch-Spanische Juristenvereinigung. Conmemoración de la Asociación Hispano-Alemana de Juristas. Herausgegeben von Marc André Gimmy und der Deutsch-Spanischen Juristenvereinigung. Editado por Marc André Gimmy y la Asociación Hispano-Alemana de Juristas. 2009.

Band 34 Alexander Tacer: Die territoriale Struktur Spaniens. Der Weg zum asymmetrischen Föderalismus. 2010.

Band 35 Hendrik R. Bott: Absicherung der Mängelrechte im spanischen Bauvertragsrecht unter rechtsvergleichenden Aspekten. Eine Untersuchung der Rechtsverhältnisse zwischen Besteller und Unternehmer. 2010.

Band 36 Ingo R. Müller: Spanisches Anwaltshaftungsrecht. 2010.

Band 37 Katharina Grüter: Kapitalaufbringung und Kapitalerhaltung bei der spanischen Sociedad de Responsabilidad Limitada und der deutschen Gesellschaft mit beschränkter Haftung. 2010.

Band 38 Florian Michallik: Instrumentarien zur Steuerung von Einzelhandel in Deutschland und Spanien. Ein Beitrag zu nachhaltiger Raum- und Stadtentwicklung. 2010.

Band 39 Franziska Hohlers: Der Vertragsschluss im e-Commerce nach deutschem und spanischem Recht. Unter besonderer Berücksichtigung der europarechtlichen Vorgaben zu den Informationspflichten. 2010.

Band 40 Kristina Orthmann: Kapitalmarktinformationshaftung der Vorstände von Aktiengesellschaften in Deutschland und Spanien. 2011.

Band 41 Bettina Janka: Corporate Governance in Deutschland und Spanien. 2011.

Band 42 Stefanie Espitalier: Die innerstaatliche Haftung für Unionsrechtsverstöße in Spanien. Eine Untersuchung der Verantwortungs- und Haftungsbeziehungen zwischen dem spanischen Zentralstaat und den Autonomen Gemeinschaften im Falle finanzwirksamer Entscheidungen der Europäischen Union. 2012.

www.peterlang.de

Kolibri 360 GmbH
Ferdinand-Jühlke-Straße 7
99095 Erfurt, Deutschland
produktsicherheit@kolibri360.de

Druck:
CPI Druckdienstleistungen GmbH
im Auftrag der
Kolibri 360 GmbH
Ferdinand-Jühlke-Str. 7
99095 Erfurt